本书是2011年教育部人文社会科学青年项目、2015年国家社科基金项目的研究成果，并获得中山大学"中国道路与文明发展"学术成果系列资助出版。

抗战时期的广东保甲制度

沈成飞 著

人民出版社

序言一

　　沈成飞的著作《抗战时期的广东保甲制度》交由人民出版社正式出版发行，是一件令人高兴的事。我作为该书的最早读者，在其面世时理应为它作个序。

　　自辛亥革命以来，传统的君主专制政权及其体制在"抽心一烂"之后，迅速地崩溃瓦解；新生之民国政权在经历天翻地覆之变局后，又未能及时建立起有效的权威统治架构，致使近代中国基层社会因而失范。为了维护对基层社会的政治控制，民国之各届政府各自为政，新旧杂陈；就国民党政权而言，不同时期之中央与地方政府亦各施其法，其中常用的就是地方自治与保甲制度两种乡村治理策略，且以后者之推行时间长、影响力更大。

　　史学界对于民国保甲制度的关注，始于20世纪二三十年代保甲制被重新捡拾之时，到三四十年代时，与保甲制度直接相关的出版物已达十几种之多，间接讨论则更多。然而，这些出版物最大的缺憾在于：基本没有从农村的角度，参照农民的看法来作具体研究；而较多的是望文生义地分析法规，主观臆断地评价其得失。新中国史学界对保甲制度的研究出现在20世纪80年代，90年代呈现繁荣景象。这显然是受到了近年来学界对乡村社会越来越关注的影响。综观这些研究，可见其有三个明显的特征：第一，地区性强。此项研究多集中在华北地区，如河南等，以及四川、贵州、上海等地；第二，多数研究成果只涉及保甲制度的建立情况、历史评价，及其与自治和新县制的关系问题，而不能立足于扎实的史料钩稽，及在史实重建之基础上展开讨论；第三，动态的考察乡村社会制度的研究虽已展开，但力度还不够。由上述可知，保甲制度的研究上有较多的空间，对其进行分区域、划时段的研究，是必须而不可少的。以往学界对广东保甲制的研究尤显薄弱，作者正是有鉴于此，才确定以本书之书名，作为其博士论文选题。这个选题显然既有学术价值，又有一定现实意义。

然而，该论文选题的研究难度很大，面临着以下挑战：首先，要处理好几对关系。如保甲与自治（新县制）的关系，汪伪与蒋系保甲制度冲突和互相控制的关系，共产党与汪、蒋保甲制度的关系，地方势力与保甲制度的关系，广东保甲制度与国内其他地区保甲制度实施的关系等；其次，要确定好研究范围。保甲制度基本上是基层地方行政的全能机构，管辖范围无所不包，要有重点而又全面地反映这一问题，有一定的困难；再次，是理论上的难点。保甲制度的研究牵涉士绅阶层、宗族结构、乡村社会控制等问题，这里面有一些社会学、人类学、政治学以及法律等方面的理论，这显然增加了研究的难度。尽管如此，作者还是迎难而上，通过自己的不懈努力，终使这项研究做得颇为成功。

史料丰富而翔实，是这部著作的特色之一。作者为广泛地搜集本地资料，足迹遍布广东省基层各县市，他还在全国范围内尽量搜集各种相关材料，并在美国访学和香港进行学术交流时，也时时刻刻搜集有关资料。平时，其通过参加各种学术会议，积极与该领域的学者进行交流研讨，来提高自己的研究写作水平。这样一来，作者就使自己的博士毕业论文写作建立在充分掌握史料之扎实基础上。其间他数易其稿，几经寒暑才终于杀青。

内容丰富而有创新，是这部论著的突出之处。广东是最早和长期推行保甲制的重要省份，其省府从1929年开始在全省范围内，推行保甲制度以"绥靖地方"，从而在国内率先迈出了以保甲制度治理乡村社会之第一步。这一制度随着广东权归中央及南京政府"停自治行保甲"方针的实施而强化。而到抗日战争爆发后，其保甲制度得以大规模的推行，并发挥到了极致。当时的广东执政者认为：此乃最好的治民之策，是"民众自治自卫之良规，刑教兼施之善政"。

1938年10月广州沦陷后，广东省政府北迁韶关，日伪政权在广州建立，中共领导的华南抗日游击根据地迅速扩大。广东省内出现了国民党政权、日伪政权，以及中共抗日游击队三种政治势力并存局面。这期间，三者间就如何争取与增强对广东乡村社会之控制权，展开了长时间的角力。

国民党政权继续利用保甲制度加强对基层社会的控制，这在一定程度上抵制了汪伪势力的渗透，也为抗战提供了大量的人力物力资源。然而，由于广东国民党政权从上到下之腐败黑暗，其保甲制度的推行显得涣散无力而效果不彰，乡村混乱的局面没有根本改观。造成此局面之最重要原因，乃是其不能提出与民更始的乡村政策，不能解决农民长久的贫困问题。中国是农业国家，国民党对乡村社会治理乏术，其政权的存在也就成为问题。抗战胜利后不过四年光景，国民党政府在大陆的统治即告终结，便是证明。

日伪广东政权不仅承奉南京汪伪"中央"严密推行保甲制度的政令，寻求有效控制基层社会的政策，而且继承了战前广东保甲制度的具体策略——这一点在广州市的表现尤为明显；不过，因其基层政策具侵略性而受到基层民众的抵制，亦无法达到预想效果。

中共党政军组织为有效地防止国民党和汪伪势力的挤压，也在根据地乡村进行"两面政权"建设，力图在基层社会站稳脚跟，由于其符合乡村社会的政策得到了广大民众的拥护，中共抗日游击队的力量及其地方抗日民众政权终于逐步地壮大了起来。

作者在此书中对上述广东推行保甲制的错综复杂情况作了全方位的论述，屡有新视角与新见解出现于史论结合中——细心的读者自然会在书中找到这些闪光点。尤可称道的是他在扎实发掘史料并厘清、整合史实的基础上，从一个动态的过程来考察保甲制的推行及效果：如从保甲制度的实施者——基层行政人员的视角，来论述保甲制度的推行情况；又从保甲制度实施的对象——基层民众身上，来看保甲制度实施的效果。这就全面地论证了保甲制度最本质的特点，并指陈其不足，而将这项研究深入并推进了一大步。其研究理念与实践，将会对我国学界乡村社会的研究提供有益的借鉴，从而使这一研究继续深化下去。

著述千古事，艰辛寸心知。本著作来之不易。作者作为一位年轻的学者，书中存在的不足甚至错误，在所难免，我在此希望方家及广大读者朋友，多给予批评指教，俾其能在学术发展上，百尺竿头更进一步。

周兴樑

2015 年夏初于中山大学蒲园书店

序言二

    中国以农立国，乡村管制问题是一个十分重要的政治问题。实现国家对乡村社会的有效治理、管控，一直是历代当国者重视的政治目标。其中，保甲制度作为一项古老而又重要的基层社会控制制度，一直是国家管控基层社会的良好工具。它在中国古代存在了两千多年的时间，虽然有的时代，其作用隐匿而不彰，但在乱世，尤其是战争时期，国家为了更好地动员基层社会参与战争，防奸防盗、足兵足食而着力推进。这一点在近代，尤其是抗日战争时期得到进一步的凸显。科学地研究这一时期的保甲制度，吸取前人之经验教训，可以为今日正在勃发的乡村自治研究提供一种历史资源，甚或对现代化的乡村社会治理事业提供学术参考。因此，沈成飞博士之该项研究既有学术价值，又具现实关怀。

    保甲制度的实施及其推行不是孤立的，它受诸多因素的影响，同时，这些因素之间也发生互动关系。就战时乡村而言，举凡乡村行政——无论在政治、经济、社会等各种事业之消极的或积极的方面，都可利用保甲组织的机能，而收到相当的效果。向不能由政治层而实达于社会层者，皆可期其渐次现诸事实。战时广东省政府主席李汉魂曾概括保甲长最基本的职责时为十个方面：一、国民精神总动员；二、户口调查与人事登记；三、兵役工役；四、保卫；五、教育；六、财政；七、农林；八、合作及贷款；九、禁政；十、卫生防疫。要之，凡举管、教、养、卫之全般设施，都可纳入保甲行政之范围。由此可见，战时保甲制度之研究就非常复杂而困难。沈成飞博士之研究可谓知难而上了。综合而言，该研究的特点和优点表现在如下一些方面：

第一，资料的整理与运用丰富而充实。与保甲制度相关的材料，不仅包括保甲条例、地方自治条例、基层政权建设等方面的内容，而且涵盖了乡村教育、民众动员、地方公务及士绅、华侨、兵役、盗匪等各个方面。直接材料方面，大多偏在政府机关方面的史料，而具体实施情况的反馈材料则相对较少。该书使用之资料包括档案史料与资料丛编、报刊资料、调查资料、近人著述和回忆材料、外文资料等。具体而言，其档案材料不仅包含了中国第二历史档案馆所藏的行政院、内政部资料，汪伪行政院、内政部档案；广东省档案馆馆藏民国广东省政府、民政厅、财政厅档案，还更深入基层档案馆，挖掘了广州市、汕头市、韶关市（广东战时省会），以及广东一些地方县级档案馆之资料，这些难得的一手资料，为本书之研究提供了最基本的资料，也能有权威而充分地将问题说清。

报刊资料包括了利用较少的战时资料，如《中山日报》、《大光报》、《建国日报》、《新华南》、《广东政治》、《广东一月间》、《粤政简报》、《申报》、《中央日报》、《东方杂志》、《大公报》、广州《保甲周刊》（汪伪）、广州《抗战农村》、《战时南路》、广西《抗战时代》、广西《基层建设》、重庆《农学月刊》、南京《行政研究》、南京《地方自治》、江西《地方行政周刊》等。这些报刊材料的消息发布较及时，涉及的方面亦广，不仅有许多学者的言论和主张，而且也部分地反映了下层民众对基层政权的看法及乡村社会的实际情况。

调查资料方面，不仅有国共两党之调查资料，如《广东农民运动报告》、《解放前的中国社会》、《华南农村危机研究》、《广东农村生产关系与生产力》等，还有当代学者对闽西、赣南、粤东等地的田野调查资料。同时，作者也曾前往佛山、梅州、汕头等地从事一些乡村调查、访问，获得了一些有益于本课题研究的基层口碑材料。

第二，研究方法真实可信。本书根据研究对象——乡村政治制度的特点，坚持历史唯物主义的观点，力求尽可能穷尽有关史料，并在爬梳、分析史料的基础上严格遵守论从史出、史论结合的科学立论方式。同时，作者坚持在心智上和感情上真正置身于乡村社会实际的历史场景中，具体地体验过去时代的生活，力图在同一场景中理解过去。为此，作者在历史文献的考辨、解读和对往昔典章制度的真切了解是足够的、可信的。

另外，本书还借鉴了"城市与乡村的二元政治结构"的理论来考察国家与社会的互动关系，并在动态的基础上考察保甲制度的实施情况、效果等具体的问题，在研究具体问题的过程中，尽量避免将"官方—民间""精英—大众"、"国家—乡村"之类的分析工具简单地外化为历史事实和社会关系本身。这些方法的借鉴使用，增加了本研究的深度和可信度。

第三，注重几对关系的处理。如保甲与自治（新县制）的关系，汪伪与蒋系保甲制度冲突和互相控制的关系，共产党与汪、蒋保甲制度的关系，地方势力与保甲制度的关系、广东保甲制度与国内其他地区保甲制度实施的关系等，开辟了新的研究领域。

当然，本研究尚有诸多方面值得进一步完善。即如近代中国是一个大变局、大转型的时代，不仅包括了王朝终结，共和肇造，而且历经北洋政府、国民政府、共产党新政权几个阶段，其间更是由于日军入侵而给整个国家带来深重灾难，如此之大变局自然导致一切庶政百废而待举、百创而更新，近代中国的制度转型亦以次而肇端。因此，如能将近代中国基层社会的治理制度——保甲制度放置于如此大背景之下，讨论转型期中这一制度的时代变迁、历史续延、改造消亡的过程、影响，将会更加有意义。

我的家乡在粤东农村。抗战胜利后不久，国共内战爆发，那时我虽属童蒙，但多少也知道社会上的事。知道管我们的是保甲长，有关帮助政府捉壮丁、催收地税、防贼（每到禾黄时节，外村贼人会乘夜偷割谷尾），以及组织民众兴修水利（沟渠圳道）的事，都是保甲长出面做的。保甲长还做了哪些事，因为那时年龄小，我无从知道。1949 年以后，保甲长不存在了，保甲制度自然成了人们陌生的历史名词。

说起来，保甲长还是真正"牧"民之"官"。在我家乡土话（客家话）里，长与牧是同一概念。普通话放牛、放羊，即是牧牛、牧羊，客家话称长牛、长羊。牧民之官，即长民之官。虽然严格说来，保甲长不算一级政权，但它无疑是政府进行社会控制的一种重要手段，是最基层、最亲民的"官"。

在正常年代，保甲制度的职能较为单纯。但到了外敌入侵、国内同时存在多种政权的情况下，比如抗日战争时期，传统的保甲制度如何适应和存在，便成了问题。曾经是政治现实而又早已淡出政治界域的抗战时期的保甲制度，今日不但为绝大多数国民所不知，即使是专深的现代史学者，恐怕也是一片茫然。正是由于这个原因，所以，当日沈成飞博士选定抗日战争时期的广东保甲制度作为研究课题的时候，我极表支持，以为此课题确有价值。经过十年努力，现在书稿行将出版，我表示诚挚的祝贺。

我与沈博士是朋友，往深一点说，是忘年之交。学界交友，无非是切磋学术。沈博士希望我为其著作刊世写篇序言。事出突然，听言之后，迟回者久之。权衡再三，最后还是答应下来：作为书稿的一个热心、认真的读者，写读后的观感，并向未知的其他读者，作概略性地推介。此书确实值得一读，至少它填补了广东现代史研究的一项空白。

李吉奎

2015 年 6 月于中山大学步云轩

目录

前　言

我对近代广东乡村社会政治发展的研究兴趣萌发于 2001 年。当时下决心做立足广东、放眼全国，从而讨论近代中国乡村社会变迁之过程与趋势的研究。然而，稍作深入即发现，放眼全国几不可能，立足广东亦属不易。

近代广东，处中西交汇之下，古今转折关头，区位因素特殊，时代特色明显；它是近代南北纷争重地，国共政争源头，中日博弈据点，对外政策起点，政局变幻、波谲云诡；其乡村社会新旧杂陈，举凡国民党（元老派与太子派、中央与地方、广东与广西、党与团）、共产党、汪伪、宗族、绅士、华侨、主客、盗匪，各方势力交错颉颃，纵横捭阖，以至蔚为大国。在近代中国历史转折的时代关头，想要抽丝剥茧，厘清广东乡村社会发展之全貌，本人坦承，力有不能。无奈之下，只能另辟蹊径，以期曲径通幽。

为达提纲挈领、一通百通之效，本人之研究也就只能回归传统，立足政治制度史之研究，来讨论近代乡村社会一转百转之制度基础。诚如有学者所言："如果忽视制度史的研究而侈谈基层社会研究，是难免'隔靴搔痒'或'削足适履'的偏颇的。"[①] 本人抓住的这一制度即保甲制度，时间段则集中于抗日战争时期。

保甲制度这一"良法美意"乃周代比闾族党之遗制。自商鞅变法行"什伍连坐法"后，从秦汉以至魏晋南北朝，皆有乡党版籍之职役，及至隋唐，其制益备。宋王安石制定"户籍保甲法"后，"保甲"之名遂行诸后世。因此，中国封建社会历朝历代都以此为控制基层社会的手段；近代中国社会转折从旧政权"抽心一烂"之局而来，其后新秩序一时无法建立，乡村社会失范。如何重建乡村社会秩序，有效控制、动员乡村以为我所用，成为各派政治势力站稳脚跟、角逐政权的关键。故而保甲制度被当时执政者认为是最好的治民之策，是"民众自治自

---

① 刘志伟、陈春声：《历史学本位的乡村社会史研究》，《中国历史学年鉴（1997）》，中华书局1998年版。

卫之良规，刑教兼施之善政"。[①]

抗日战争为近代中国民族命运攸关、国共纷争关键之时刻。举凡中国之政治、军事、经济、社会、文化都在抗日战争时期发生巨大转变。中国传统乡村社会成为各方政治势力争取战争资源、人力资源的角逐场。在广东省内，广州沦陷后，省政府北迁韶关。国民党政权、汪伪政权，以及中共抗日游击队三种政治势力并存。国民党除了继续利用保甲制度加强对基层社会的控制外，还严密防止汪伪势力的渗透；汪伪政权在广东建立后，亦积极地寻求有效控制基层社会的策略。终日军占据广东部分地区约七年的时间里，日伪广东政权不仅承奉南京汪伪"中央"严密推行保甲制度的政令，且继承了战前广东保甲制度的具体策略，这一点在广州市的表现尤为明显；中共为了有效地防止国民党和汪伪势力的挤压，也在乡村进行"两面政权"建设，力图在基层社会站稳脚跟。

国民党政权在乡村实施的保甲制度，在一定程度上抵制了汪伪的渗透，也为抗战提供了大量的人力物力资源。然而由于国民党政府从上到下的黑暗腐败，其基层也必然腐朽和涣散无力。同时，保甲制度的推行也因得不到乡村宗族势力的有力配合而效果不彰；汪伪政权的基层政策因其侵略性而受到基层民众的抵制，亦无法达到其预想的效果；只有中共符合乡村社会的政策得到了民众的拥护，中共抗日游击队的力量也逐步壮大。

抗战时期，广东国民党政权在乡村推行保甲制度效果不彰，乡村混乱的局面没有根本改观，最重要的原因乃是其不能提出与民更始的乡村政策，不能解决农民长久的贫困问题。中国是农业国家，国民党在乡村社会治理乏术，其政权的存在也就成为问题。抗战胜利后不过四年光景，国民党政府在大陆的统治即告终结，这便是证明。

鉴于保甲制度是一个基层社会的全能机构，映衬出乡村社会的各方势力关系，凸显出中国传统社会的近代转向，是中国乡村社会转型的一个多棱镜，史学界对此亦有诸多研究。综观这些研究，有三个明显的特征：第一，地区性强。研究多集中在华北、河南、四川、贵州及上海等地。第二，多数研究只涉及保甲制

---

① 闻钧天：《中国保甲制度》，商务印书馆 1935 年版，第 543 页。

度的建立情况、历史评价及其与自治和新县制的关系问题，而不能立足于扎实的史料钩稽和史实重建的基础上展开讨论。第三，动态地考察乡村社会制度的研究虽然已经展开，但力度还不够。

保甲制度的实施及其推行不是孤立的，它受诸多因素的影响，这些因素之间也发生互动关系。诚如钱穆所言："任何一项制度之成立与推行，决不是孤立的，它必然须和同时其他几项制度相配合，它必然会受其他某几项制度之牵动和影响。循此推说，任何一时期的各项制度，必然会互相配合，互相牵动影响，而形成一整套。"①因此，对于保甲制度的研究，也要兼顾到其前后左右的关系和渊源。本书以抗战时期的广东保甲制度为研究对象，有以下考虑：

保甲制度是一种基层社会的控制制度，然而中国幅员辽阔，政治、经济、文化等方面的发展极不平衡，地方风俗习惯之差异巨大，因此这一基层制度，在各地推行的变异可想而知。更何况国民党的政策多具弹性，地方官可以根据地方情形斟酌处理。因此，对于保甲制度的研究必须分区域、定专题，以此进行细致而比较的研究。在有的学者看来，对于社会科学研究而言，没有不具有"典型性"的区域。因此任何致力于地方史的研究都是值得提倡的，都是有其特殊的学术价值和现实意义的。②抗战时期的广东保甲制度研究这一课题，具有丰富的内容。搞清楚战时广东乡村几种力量的冲突，及各自政策的异同，将能为国民党的抗日、反汪、防共政策，汪伪为笼络人心开展的渗透政策，中共为抗日救国、寻求抗战空间而进行的反汪、抗蒋的政策等，找到一个历史解释的基点，并能为全国保甲制度的研究提供一个较为成熟的研究个案。

国民党的乡村政策，总体来说是失败的，但这并不表示国民党放弃过这方面的努力与尝试。保甲制度的全面施行是在 1932 年的"剿匪"前线，而其加强则在抗战时期。因此，国民党的保甲制度与限制共产党，以及抵制日伪的渗透是紧密联系在一起的，讨论抗战时期的保甲制度，势必要将三者联系起来讨论。有鉴于此，本书将把它和汪伪政权基层制度进行比较，由此分析国统区保甲制度在控

---

① 钱穆：《中国历代政治得失》，三联书店 2001 年版，第 134 页。
② 刘志伟：《在国家与社会之间——明清广东里甲赋役制度研究》，中山大学出版社 1997 年版，第 6 页。

制乡村方面所做的努力、成效与缺点；了解汪伪为了维持政权而在乡村所做的欺骗动员与战争征发；并通过对共产党对保甲的利用——即基层"两面政权"的建立，来看国民党政权农村社会动员能力的孱弱、无能，以及中共在乡村的优势和赢得胜利的必然性。

近几年学术界对乡村基层社会的研究理论性较强，对保甲制度的研究往往侧重于保甲制这一制度的建立、结构和评价问题，多停留在制度的层面上论述保甲制度自身，对资料整理与运用则嫌不足。因此，在扎实发掘史料并厘清、整合史实的基础上，从一个动态的过程来考察保甲制的推行及效果，具体地说就是更多地从保甲制度的实施者——乡镇保甲长身上来论述保甲制度的推行情况，及保甲制度实施的对象——农民身上来看保甲制度实施的效果，从而论证保甲制度最本质的特点和不足，将是这一研究进一步深入的基点。另外，本书将采取点面结合的方法来展开论说，尤其拟通过一个个案——黄冈示范乡和一场特殊的运动——建保年的研究，来说明抗战时期国统区保甲制度推行的特殊性、紧迫性以及统治者的思想理路，从而为乡村社会的研究提供一种较为适当的思路，并将这一研究深化一步。

汪伪在中国部分地区的统治问题，是一个重要的研究课题。但关于汪伪基层政权的探讨，却相对欠缺。就笔者目力所及，东北、华北、上海、江浙的汪伪基层政权的研究已经起步。然而，就广东这个虽远离汪伪中央政府，但却深受汪伪中央重视的地区而言，其基层政权的研究还相当不够。本书希望通过对广州市以及广东南路保甲制度的研究，来讨论汪伪基层政权的实施情形，并力争对广东这样一个国、汪势力对峙，并且互相渗透的大省的基层社会有一个较为清晰的认识，也为全国性的汪伪基层政权研究提供一个深入的基点。

学界有关近代中国乡村社会控制的研究，在晚清以前多以宗族和士绅作为着手点，如张仲礼的《中国绅士》[①]、徐茂明的《江南士绅与江南社会（1368—1911）》[②]，以及弗里德曼的《中国东南的宗族组织》[③]等。然而，民国以降，由于乡

---

① 张仲礼：《中国绅士——关于其在十九世纪中国社会中作用的研究》，上海社会科学院出版社2002年版。
② 徐茂明：《江南士绅与江南社会（1368—1911年）》，商务印书馆2004年版。
③ ［美］莫里斯·弗里德曼：《中国东南的宗族组织》，刘晓春译，上海书店出版2000年版。

村宗族和士绅力量的相对削弱，其能发挥的作用，也不再如清末那么突出，个案的材料也越来越难找。① 因此，笔者认为，以保甲制度、地方自治为对象来讨论民国乡村社会的控制问题，并以此来了解战时国家和社会两方力量在乡村地方的颉颃，将是一个非常适当的切入点。

中国以农立国，乡村问题是一个十分重大的政治问题。"实现国家对乡村社会的有效治理，一直是历朝统治者努力探索和梦寐以求的政治目标。"② 而乡村问题又不是孤立存在的问题，即使在民国时期，陈济棠亦指出："欲谋复兴城市之经济，必先自救济农村始；农村经济充裕，则城市经济自可复兴也。"③ 而要救济乡村经济，则需要有力、合理的基层政权作为保障。民国时期的乡村政策，内容相当丰富，亦有诸多弊病，然而它却凸显了基层政权建设的重要性。科学地研究民国时期的保甲制度，吸取经验教训，不仅为今日正在勃发的乡村自治研究提供一种历史资源和学术支持，而且将对拓展现代化的农村建设事业有重大的帮助。

本书之写作历经十二年有余。在学位论文的基础上，重订专题、反复修改。为此，笔者曾广泛求教于史学界相关专家前辈，更巨细靡遗搜集各色"不相关联"之乡村社会资料，参加各种乡村社会史之学术研讨，考察广东乡村各地之祠堂、古迹，遍访各个相关之基层档案馆，亦进行口述史的分析研究。作者希望这些工作能更全面地展示广东乡村社会的全貌以及近代转型。

自从本书 2012 年纳入出版计划以来，修改完善之工作一直在进行。其间，多蒙同事之启发，并多次获得人民出版社林敏编辑的指教，甚感谢之。周兴樑教授、李吉奎教授之赠序为本书增色之处所在良多，一并致谢。

---

① 当然，宗族在民国时期的乡村仍然有一定的能量，我们在讨论的过程中也不会忽略它的存在。有学者就指出："家族，中国农村以姓氏血缘关系而结成的一种有形无形的古老组织，在国民党统治时期仍历久不衰，依然是研究此时中国农村的不容忽视的重要方面。"参见张静如、卞杏英主编：《国民政府统治时期中国社会之变迁》，中国人民大学出版社 1993 年版，第 306 页。

② 李德芳：《民国乡村自治问题研究》，人民出版社 2001 年版，第 3 页。

③ 《救济广东农村计划》（1934 年 9 月），《广东西北区绥靖月刊》第 31 期。引自广东省档案馆资料丛刊：《陈济棠研究史料（1928—1936）》，1985 年印，第 302 页。

第一章　民国以来广东保甲制度的历史考察

　　广东民众对民国创建作出了巨大贡献。然而，民初十余年间，广东大体上处于战乱频仍的局面。政府对乡村之无序感到不满，而民众更不满于政府在基层社会统治的乱象，于是，乡村治理的模式开始朝传统回归。然而，直到北伐胜利的1928 年，广东社会的治理模式并没有得到太大的改善，无论是保甲制度的复燃，抑或是地方自治的提倡，最后都无疾而终。

　　1929 年，陈济棠确立了其在广东的统治。此后的七年时间，广东政局基本稳定，经济建设和政治建设都有所推进，基层社会也相对平静。基于这些因素，陈济棠开始对基层社会秩序进行重建。他通过恢复保甲制度，加强了对乡村社会的控制；通过弭盗剿匪，在一定程度上使民众的生活和生命财产得到保障。这些措施为其在广东的长期统治打下了基础。然而，陈济棠在基层社会的控制并没有摆脱传统保甲制度自身的缺陷，也没能有效地将民众组织起来。这也是抗日战争爆发后，国民政府动员民众不力的重要原因之一。

第一节　辛亥革命后的广东社会状况概述

近代以降，中国的积弱使广东在列强的入侵中首当其冲，遭受了巨大的破坏。然而，也正是因为这种亘古不遇之大变局，使广东成为"中国民族资本的摇篮和资产阶级维新思想的启蒙之地，继而成为资产阶级民主革命和第一次国内革命战争的策源地和根据地"。[1] 同时也使它在近百年的中国历史上，"在反帝反封建斗争和资产阶级改革、资产阶级革命运动中，一直站在祖国的最前列"。[2] 民国肇造，武昌首役之功不可没，可是作为最早的资产阶级革命发源地和最主要的革命活动场所，广东之功绩，足寿武昌。

然而，广东军政府的成立并未给广东人民带来安宁和幸福，社会动荡的局面亦未因清政府的灭亡而一时烟消云散。首先，广东军政府无法在全省范围内建立有效统治，基层失范。[3] 其后，乱源频出，时局更加动荡。龙济光在粤三年，统治暴虐，被视为"无恶不作"[4]。陆荣廷、陈炯明、杨希闵等亦祸粤多年。仅在1911年到1921年十年间，广东军政长官即更换了28任，其动荡不安的局势可想而知。广东地方政府在乡村的调查也指出，广东乡村受连年政治变动的影响，"所以农村方面也很是起了很大的变化。我们晓得广东自辛亥革命直到现在没有几个月是安静的，一方面受异省军阀龙济光、陆荣廷、杨希闵、刘震寰、莫容新、沈鸿英等的专制；另一方面受本省军阀陈炯明、魏邦平、许崇智等的蹂躏，每半年或三月便要大变动一次，变动的结果，各县成了割据的形势，一个县的政权常被土匪劣绅防军民团弄得异常紊乱，拼命的开烟开赌，筹饷拉夫，添设了许多的苛捐杂税，再加以贪官污吏的剥削，以及政府的预征，农村不安的情形也就

---

① 岭南文库编辑委员会、广东中华民族文化促进会合编：《岭南文库》，前言第 1 页。
② 蒋祖缘、方志钦主编：《简明广东史》，广东人民出版社 1993 年版，第 20 页。
③ 邱捷对这一时期广东军政府的统治做过分析，他认为："省对县一级基本上能行使权力，但在县以下的乡村基层社会，广东军政府一直未能建立有效的统治。……即使在大举清乡后，广东军政府对广州附近的乡村，也未能建立有效的控制。"见邱捷：《清末民初地方政府与社会控制——以广州地区为例的个案研究》，《中山大学学报》2001 年第 6 期。
④ 孙中山曾电黎元洪，要求罢免龙济光的广东巡按使之职。并说龙"在粤三年，无恶不作，粤人恶龙，甚于洪水猛兽，此人不去，粤无噍类矣。"参见上海《民国日报》1916 年 6 月 29 日。

可想而知了。"①

余炎光、陈福霖总结其间广东时局的特点有：第一，割据统治广东的军阀，不是以粤系为主，而是以外来军阀为主。第二，在广东统治和混战的军阀，占据广东的时间都不很长。第三，割据广东的军阀，几乎都是打着革命的旗号。"异族"统治不知体恤，短暂的占领必以掠夺为能事，"打着革命的旗号"，更容易欺骗人民。这三个特点正好表明了军阀割据对广东的巨大破坏性，以及广大民众受到的深重灾难。因此，余、陈在概括从1913年到1936年的广东政局后认为："总的来说，他们（按割据的军阀）在广东统治期间，都给人民带来了灾难，阻碍了广东社会的向前发展。"②

与上层统治的混乱相比，晚清以来因保甲制度的"名存实亡"③而造成的基层失范和民国初年的遍地盗匪，给广东民众造成了更大的痛苦。广东地处沿海，毗连港澳，近代以降匪患就十分严重。辛亥革命中，革命党人为推翻清王朝而利用盗匪组成为民军。广东光复后，军政府为减少财政开支和排除民军在城市的骚乱而将其遣散，又使他们中的一部分人因无所事事而再度为匪。于是土匪活动"直线上升"，造成了广东地方"遍地皆匪"的局面。虽然何文平通过大量的数据和科学的方法论证了"粤东盗甲天下"之说的不可信性，④但广东之盗匪绝对数量巨大，匪氛炽烈，则是不争的事实。⑤即使在广州城内，从广东光复到1913年龙济光入据前，"有组织的抢劫活动已导致大约3000人丧生，财产损失据说不下1000万元"⑥。

---

① 《广东农民运动概述》，《农民丛刊》第2卷，1926年7月。

② 余炎光、[美]陈福霖主编：《南粤割据——从龙济光到陈济棠》，广东人民出版社1989年版，第378页。

③ [美]杜赞奇：《文化、权力与国家——1900—1942年的华北农村》，王福明译，江苏人民出版社1996年版，第37页。

④ 何文平：《盗匪问题与清末民初广东社会（1875—1927）》，中山大学2002年博士论文（未刊稿），第67—73页。

⑤ 1926年有人做了一个简单的调查，估算当时全广东的股匪至少有11万人；1925年，一个日本人的调查认为，广东有匪帮85个，土匪总数为102340；20世纪20年代末，更有人调查认为广东全省的土匪总数，有二十万之多。以上数据引自何文平：《盗匪问题与清末民初广东社会（1875—1927）》，第11页。土匪活动猖獗，"匪帮规模庞大，组织有序，获取情报、拦截火车。"这种情况常搞得"官员无所作为，导致许多地区成为'十足的土匪世界'。[英]贝思飞：《民国时期的土匪》，徐有威、李俊杰等译，上海人民出版社1996年版，第45页。

⑥ 广州市地方志编撰委员会办公室、广州海关志编撰委员会编译：《近代广州口岸经济社会概况——粤海关报告汇集》，暨南大学出版社1995年版，第994页。

辛亥革命后广东经济的衰退，同样让人担忧。贸易从 1912—1916 年"年年入超"[①]。税收下降，鸦片走私严重。受资本主义世界经济危机的波及，及"土地关系变化剧烈，农村经济衰败"的影响，广东这十几年的经济发展缓慢，萎靡不振，人口大量"迁南洋等地"[②]。同时，"一个有悠久历史的帝国瞬息之间变成了共和国"的阵痛，使得"旧的规章法律的约束力随着满清王朝的崩溃而被抛弃在一边……任何禁令不再被承认，风俗习惯和礼节仪式不得不为自己的存在提供法律依据"，从而造成了"人们的心理状态几乎像政治一样混乱"。[③] 虽然据粤海关十年报告说，广东从 1911 年到 1921 年这十年间，"希望与失望、前进与倒退、失败与成功互相交替。这样相互更迭的结果，是把这个富裕的省份从毁灭中拯救了出来，把勤劳的人民从颓废中拯救了出来"。[④] 然而，一方面是军阀割据统治，政潮暗涌，军费开支巨大，人民负担日重一日；另一方面是土匪活动猖獗，政府无力控制，基层社会混乱，广大民众的生命财产得不到保障。民众喁喁望治，民国政府却因苦无良策而在乡村的治理上无所作为。

基层的失范使统治者对乡村的"和平"治理失去了耐心，取而代之的是企图对基层社会的强力控制和规范。于是作为传统政治资源的保甲制度，以其强制性的什伍编组和连坐责任，而受到统治者青睐，以为此乃最良好的驭民之策。因此，广东乡村社会的治理在方式上开始回归传统。

第二节　民初广东恢复保甲编制的争论及保甲制的复燃

关于民国时期广东恢复保甲制度的讨论，最早在 1913 年龙济光治粤时期就曾出现。是年底，广东省政府颁布了《广东筹办保甲团练暂行章程》。该章程指

---

① 广东省地方史志编纂委员会编：《广东省志·对外经济贸易志》，广东人民出版社 1996 年版，第 45 页。
② 广东省地方史志编纂委员会编：《广东省志·人口志》，广东人民出版社 1996 年版，第 42 页。
③ 广州市地方志编撰委员会办公室、广州海关志编撰委员会编译：《近代广州口岸经济社会概况——粤海关报告汇集》，第 990、992 页。
④ 广州市地方志编撰委员会办公室、广州海关志编撰委员会编译：《近代广州口岸经济社会概况——粤海关报告汇集》，第 993 页。

出：“保甲团练行而盗不作，防患于未然者也”，并称举办保甲团练是“救粤之要图”。该章程规定县下分区，设区长，区下为乡，设乡长。每乡之内，分段设甲。它要求各县奉到章程后，“即于各区内遴派区长，并督同各区长于各乡遴派乡长，由各乡长速行分段遴派保长，保长分派户口册籍，照式填报，遴派甲长”；并规定，“以每区所管之地为一大团，设大团长，由区长兼之，各乡或数乡联为一小团，设乡团长，以乡长兼之”；按户选择团勇，“以本乡之人，守护本乡之地，各自保其身家性命”。①次年1月，龙济光更以“广州各州县盗贼四起，民不聊生”为由，而“欲恢复前清保甲制度，委任乡绅切实办理”，②并将拟好的章程交国务院参谋、陆军两部核准存案。同年，康有为也因地方不宁，而“请都督省长恢复地方绅董制，俾使学士富户得以约束平民”，③但这种议论因为倡导者心有余而力不足而不了了之。

1914年年底，广东政府屡受炸弹案之威胁。为了控制秩序起见，政府又公布了十条《保结章程》，打算在广州市区采取“五家联保”法。然而这一做法立刻掀起了轩然大波，“各团体、各商店，纷纷陈述意见，力指其窒碍难行”④。广东商会在上都督、巡按使书中指出：“省城五方杂处，良莠不齐……虽父子之亲，兄弟之切，而向各殊，亦难并保，遑论外人”，如果实行五家联保法，“一旦事发，同律并究，罪及无辜，是安分守正之良民，因联保而莫自保，无端而罹杀身之祸，人情之最不甘者”。他们指责当局说：“地方责任，军警岂可诿诸供给税饷之人民而自居于养尊处优之地？”“安分良民惟其自保，倘责以联保别人，宁迁居失业，而不肯为人任过者。”最后他们提出要求：“暂从缓办，并体察变通，另订妥便办法，以利推进而从民便。”⑤由于各界之反对，该章程颁发后二十余天毫无成绩可言。在这种情况下，当局不得不变通处置，把章程初颁布时的每街挨户五家联保，改为任意五家联保。极贫寒小户可只觅两家任保即可，而在衙署公所办公、

---

① 《广东筹办保甲团练暂行章程》，广州《华国报》1913年11月24日。
② 广州电，《申报》1914年1月10日。
③ 广州电，《申报》1914年1月16日。
④ 特约员品生：《粤省实行五家联保之近态》，《申报》1914年12月17日。
⑤ 《粤商会反抗五家联保法》，《申报》1914年12月15日。

科员以上者，可以由其长官印保，从而把五家联保分成了联保户、任保户、印保户三种。同时针对商人的担心，政府还提出各商店店员，归该店店主负责联保。但即使是如此，保单的填写依然难以进行，以致造成政府骑虎难下的局面。它不得不再次作出变通："观目前状况，其不填保单者无论矣，既填保单者，其所谓联保中，多随意书写，并非本人所认可者。而稽查人员，有并不十分盘诘，但能有人填缴保单，便不深求。"[1]居民敷衍，办事者应付，五家联保之议终无疾而终。就这样，政府再一次恢复保甲编制、妄图强力控制社会秩序的努力，在各方面的强烈反对下而胎死腹中。

当民国肇造、百般除旧布新之际，古老腐朽的保甲制度，岂有立身之地？对此，《申报》评论员曾戏谑地指出，广东"五家联保"的提出与推行，是"政界食古不化之儒生，神游太古，异想天开，以为商君令民为什伍相守，司连坐可以治秦"。[2]此评论虽可谓尖刻，但亦反映了民国初年政治气氛的相对宽松。

在保甲制度难以推行的同时，政府也尝试在乡村实行另一种管理模式，即施行地方自治。在清末行预备立宪时的1907年，广东成立了两个较有影响的立宪团体，即粤商自治会和广东地方自治研究会。全省县一级亦开始试行自治，如"广东大埔县亦设自治研究会所于县城，而报名参加者多为绅士"。[3]但民初的自治行政实施伊始，即一方面控制在绅士手里，另一方面则随时面临解体的问题。到1914年，省长即令行开平县等停办各级自治，"又以各属多盗，乡团警察为自卫上策，迭经官厅劝令举行，惟苦无经费，嗣后各乡筹办乡团或警察，如经费不敷，可将地方自治经费尽数拨用，俾以办理完竣"[4]。

以民初大埔县为例，我们可以看到广东当时在地方管理上的混乱。该县民团局、保安局、保卫团等名目翻新，地方自治时断时续。此后，大埔县自治虽再复行，"惟城镇各区规复与否，颇不一致，办理未久，又奉饬取消。"究其底里，时

---

[1] 特约员品平生：《粤省实行五家联保之近态》，《申报》1914年12月17日。
[2] 特约员品平生：《粤省实行五家联保之近态》，《申报》1914年12月17日。
[3] 刘织超修、温廷敬等纂：《民国新修大埔县志》，卷7，经政志，第23页。
[4] 余棨谋修，张启煌纂：《民国开平县志》，民国二十二年（1933），香港民声印书局铅印本影印，卷22，前事·民国上，第6页。

人认为其时"全国政治已失重心，应运复行只出自县中，民意认为当然。政府未有下令规复之明文饬令，取消亦出自省，非关中央法令。故虽规复时期，亦不过徒有虚名而已"。1922年援闽粤军回粤后，广东创行民选县长之制，同时又规复县议会。但是"城镇乡各区自治，则未尝奉令。未几，自治会亦奉令取消"。① 而在自治停顿期间，各区代表之人民机关，或为民团局，或为保安局，或为保卫团，且其名目亦迭次更改。据大埔县志记载："民团局，民国三年创办，四年取消，八年复办，十三年取消；保卫团，民国四年创办，五年取消，六年复办，八年取消，十三年复办，十五年取消；保安局，民国四年创办，五年取消。"而且当时所谓民团局、保卫团、保安局者，名义上似一团练机关，但"实际上并无若何团练，不过为一方之绅士机关，遇事则传达官厅之命令而已。且自民五而后，连年战事频仍，每遇课派军饷，则军政当局，惟责之各区绅董：绅董负其责，就区内摊族派户，如额上供，对地方利害之兴革，所能为力者殊罕也"。② 可见，民初的广东地方社会管理并无章法，保甲制度无法推行，地方自治没有进展，乡村权力仍掌握在地方绅董手中，而这些绅董又受到军政当局的遥制，致各地基层管理无序，更无兴革之象。

1928年北伐胜利，广东也完成了全省的统一。为绥靖地方、严控基层社会，国民党广东政权再次提出推行保甲制度以敉平盗匪的问题，并成为力行保甲制的省份之一。那时，其他省份也在致力推行保甲制度，其中"尤以山西为最著，广东、河北次之，湖南、江苏、云南、广西、贵州、四川、山东又次之"。③ 当时各省办理保甲名称各异：比如"山西称为'邻'（五家），'闾'（二十五家）、'村'（三百户以上）；河北呼之为'村'（编全村为五组）；湖南名之曰'挨户团'（大概以十家为一团，但无划一制度）；江苏名曰'甲'（十家至十五家）、'保'（三十家至五十家）、'分团'（一村或一里）；广东名之曰'牌'（二十五家）、'甲'（数牌为一甲，户数增减无定）"。④ 鉴于这些名称中没有"保甲"字样，故一般研究

① 《民国新修大埔县志》，卷7，经政志，第24页。
② 《民国新修大埔县志》，卷7，经政志，第25页。
③ 郎擎霄：《保甲运动之理论与实际》，上海大东书局1930年版，第40页。
④ 谢增寿：《国民党南京政府保甲制度述论》，《南充师院学报》1984年第4期。

者往往把 1932 年——即国民政府在江西等"剿匪区"公开推行保甲法、停办自治，作为民国保甲制度的肇端。然而详细考察各地之实际情况，就会发现这一立论并不准确。

1928 年 3 月，国民党中央政治会议广州分会将广东全省划分为东、西、南、北四个善后区，每区设善后委员一人，试图加强对基层社会的控制。《广东各区善后章程》规定："各区善后委员，应将所辖区内划分若干部分，调遣军队，分途剿办区内外盗匪叛徒，限期肃清，并应限令各县市长整理人民武装团体，编练保甲，清查户口。"① 此章程颁布后，东区和北区一时行动较缓，而南区和西区则迅速开展了工作。如南区善后委员公署成立后，即以保甲制为地方善后治安及一切建设根本要政。它依照"善后章程规定，酌查地方情形，推度社会旧惯，创制保甲施行准则，由南区善后会议议决通过，并决定进行"。② 此准则即是《广东南区保甲条例》。该条例要求城市、墟镇、乡村均办理保甲，"每十户为一保，置保长一人，十保为甲，置甲长一人，十甲为团，置团董若干人"。"每团置团董三人至七人，以合议制处理团务，由市县地方长官就该团内择有信望者委任之"。南区在编保甲过程中，不设"乡镇"一级行政机构，而以"团"代替之，团董不止一人，采集体合议制的方式，直属市县地方长官之指挥监督，综理团内事务，调查户口，编办保甲。"各团为防御盗匪、共产党，及救护火灾、水患，得设保丁团，团董承地方长官之命指挥之。""甲内发生抢劫暴动，或其他杀人斗殴"等事，则甲长应即指挥保丁捕拿镇压。这一规定不仅搬照保甲旧制，甚至还借用了当时日本在台湾推行的保甲制度的某些做法。在保甲经费方面，它规定"各团经常、临时各费，由该团就地自筹，经团董、甲长、保长会商，做成预算，呈请地方长官核定"。而团董、甲长、保长是名誉职，不受薪金。③ 综此条例可以发现，此时的保甲编组，仍然站在弭平地方、维持治安的立场上，团、甲、保各级机构有较为

---

① 《广东省政府令》（1928 年 7 月），广东省档案馆藏：《广东省保甲户口条例、简章及工作纲要，全省人口调查实施程序》，案卷号：3-1-41。

② 郎擎霄：《保甲运动之理论与实际》，广东民政厅 1929 年编辑兼发行，第 54 页。

③ 《广东南区保甲条例》，广东省档案馆藏：《广东全省保甲条例、规章及人口调查和有关函件》，2-2-167之一。

明显的军事化色彩，而对地方自治事业方面几乎没有涉及。5月，南区善后委员公署正式将该保甲施行准则颁行各县市，并饬克期举办。

6月，南区善后委员公署委员陈铭枢进一步指出，保甲之良法美制，古虽已用之，但鉴于其遗制已将就湮，而只有"准绳欲得，创造仍资"。"职再三探求，知保甲之有兹巨效，故决心期以必行，而以手续之如此繁难，更悉心以求周当。"于是陈铭枢向省政府递交了《广东省全省保甲条例》。他还上书省府，指出此册之编成，曾"延于保甲研究有素，及较有经验之专家，周详讨论。其于一切实验手续，巨细毕举，推行之际颇堪资采择"。并强调："诚欲止息乱机，谋长治之道，舍此更无它途。故不惮为恳切之陈词，拟请钧府令限各区于保甲之实施，务用时悉力并举，并将职呈准则核定颁行全省，以做参考之资。庶古昔之良法复著效于今兹，而海宇之苍生，得永蒙其禔福。"①陈铭枢可谓是言之拳拳，以为此乃救国之道，拯民良方。该条例后在政治会议广州分会第四十六次会议上通过，交地方警卫队委员会、民政厅会同审议。

此后，为了方便地方施行保甲条例，南区善后公署又拟定出《南区各县市长员办理保甲须知》、《团董须知》、《保甲长之职务》、《家长之职务》、《南区盗匪自新办法》等文件，其中具体交代了团董、甲长、保长应办理之事项、办事程序，以及如何派员分巡各团视察户籍编查之状况，纠正其错漏，督促其进行，并随时向市县具报情形。同时，它也要求各地邀集本团同事及各乡绅耆协助办理此事，但严禁土豪劣绅借端抗阻保甲之推行。

与此相呼应，西区善后委员公署也积极开展了保甲编组工作。6月，该署委员陈济棠指出："现今军事已告结束，善后之推行实刻不容缓。惟善后二字，涵义深广，内包固以绥靖为急务，而外延尤以建设为要图。当今遍地萑苻，满地荆棘，欲行建设，非急谋绥靖不可。绥靖之道，厥有二端：一宜分段剿捕，以治其标；一宜励行保甲，以正其本。"②西区同期也递交了《广东西区善后公署保甲条例草案》。与南区不同的是，该条例草案更多的强调了实施地方自治的内容："各

① 广东省档案馆藏：《广东全省保甲条例、规章及人口调查核有关函件》，案卷号：2-2-167之一。
② 郎擎霄：《保甲运动之理论与实际》，广东民政厅1929年编辑兼发行，第51页。

团团董受直属该县地方长官之指挥监督,办理地方自治及保甲事务。"并明确规定:"团董由该县地方长官就团内择乡望素孚者委任";而保甲长则由该保该甲内住户直接选举。在连坐责任方面,它规定仅限于窝藏逆党、强盗二事,其他违法事项则联保各户无须负联保连坐责任。在保丁团的设置方面,它认为,"现在各县地方警卫队已着手编练,该编练章程载有该地方警卫队编成后,同时同地不得有二个武装团体之存在,是则,保丁团之设立与地方警卫队之编制显有冲突",因此,它未提出编组保丁团。而这一规定也影响到以后修正的广东省保甲条例,从此也无保丁团之编制。①

除南西两区积极推进保甲工作外,广州市公安局局长邓彦华亦拟具保甲条例,呈请广州政治分会核准施行。6月,广东地方警卫队编练委员会同民政厅合议,决定以《广东省全省保甲条例》为底本,参以西、南两区所拟则例,合并审核而成《修正广东省保甲条例草案》,并预定在"南区普遍试行,他区分区试行。"②但三个月试办期满后,除南区呈报外试办情形外,其他地方均未有反馈。即使在南区,其进展亦颇为艰难。直到1929年春间,善后公署才报告编办保甲完竣。因此,《修正广东省保甲条例草案》当时并无公布实施。1929年10月,省政府向民政厅咨询:"前次修正保甲条例是否适应本省各县情形,有无修正之必有",并要求该厅设法推进保甲制。民政厅综合前此条例及实际办理经验,而拟具出《广东省暂行保甲办法》。该办法在11月省府第五届委员会第二十五次会议议决通过,后省政府同意在全省"暂行"该办法。③至此,广东全省正式实施保甲制度。

虽经多方争论与反复试验,保甲制度还是作为基层社会控制制度而被统治者所采用。由此亦可发现,在南京国民党政府1932年正式于"剿匪区"恢复保甲

---

① 《广东西区善后公署保甲条例草案》,广东省档案馆藏:《广东全省保甲条例、规章及人口调查核有关函件》,案卷号:2-2-167之一;《修正广东省保甲条例》,广东省档案馆藏:《广东省保甲户口条例、简章及工作纲要,全省人口调查实施程序》,案卷号:3-1-41。

② 广东省档案馆藏:《广东全省保甲条例、规章及人口调查核有关函件》,案卷号:2-2-167之一。

③ 沙东迅:《粤海近代史谭》,华南理工大学出版社1989年版,第445页;郎擎霄:《保甲运动之理论与实际》,广东民政厅1929年编辑兼发行,第53页。

编制之前，广东省保甲法就已在全省公布施行，其可谓独步各省，敢为天下先。[①]
有人对此评论说：广东省对"保甲政务之重视，几经规划，几经试验，缜密精当，
殆为他省所不及"。[②] 由此而后，保甲制度作为官方的驭民之策正式进入了广东乡
村行政的范畴，直至国民党在大陆统治的结束。

第三节　陈济棠治粤时期保甲制度的推行

　　1929—1936 年是"南天王"陈济棠统治广东的时期。他在广东的稳固统治带
来了地方社会的相对平静，加之国民政府中央对各地办理保甲制度的支持[③]——
这些都为广东当局推行保甲制度提供了便利。这一时期，广东省政府推行了一系
列的法令法规，强化保甲编制，加紧控制乡村和绥靖地方。兹将这期间省府颁布
的保甲规章予以整理，列表于后，以比照保甲制度在广东各地实施、赓续的具体
情况及其损益情形。

　　[①]　山西省虽然在 1917 年时，阎锡山即着手编制警察化、军事化的"村本政治"网略，但当时终无"保甲"
之名，且其和保甲编制亦有较大的不同。（参见张鸣：《乡村社会权力和文化结构的变迁（1903—1953）》，
陕西人民出版社 2008 年版，第 76—88 页）其他各省实际开始编办保甲的年份：江西省 1931 年，河南省
1932 年，湖北省 1932 年，安徽省 1932 年，陕西省 1933 年，江苏省 1934 年，福建省 1934 年，浙江省 1934 年，
宁夏省 1934 年，河北省 1935 年，湖南省 1935 年，甘肃省 1935 年，绥远省 1935 年，青海省 1935 年，南京
市 1935 年，北平市 1935 年，四川省 1935 年。另外，云南、广西实施了特殊的村政，无保甲之制出现。辽宁省、
吉林省、黑龙江省在 1929 年后曾试办保卫团。福建亦有民团编制。（以上材料来源：杨得骅：《保甲制度》，
载葛兆光选编：《学术薪火——三十年代清华大学人文社会学科毕业生论文选》，湖南教育出版社 1998 年版；
冉也惠：《民国时期保甲制度在四川推行的历史概况》《西南民族学院学报》（哲学社会科学版）2001 年第 11
期。闻钧天：《中国保甲制度》，商务印书馆 1935 年版，第 410—417 页。关于江西省和宁夏省，《革命文献》
分别记为 1932 年和 1934 年，参见《中国国民党第五次全国代表大会内政部工作报告》，载秦孝仪主编：《革
命文献》（第 71 辑），《抗战前国家建设史料——内政方面》，台北中央文物供应社 1977 年版，第 264—265 页）
杨得骅关于广东省 1928 年春，"粤当局为增进人民自卫能力，补助军警维持治安起见，特举办保甲，并拟具
条例颁布实行"的论述当是不准确的，由以上论述可知，广东省正式公布实施保甲制度的时间为 1929 年 11
月。
　　[②]　闻钧天：《中国保甲制度》，商务印书馆 1935 年版，第 374 页。
　　[③]　1932 年国民政府曾下令："凡地方从前所办有名无实之自治组织，无论已未完成，一律停止，按照新颁
条例，专办保甲。"见徐有礼等：《30 年代皖西乡村建设模式研究》，中州古籍出版社 1999 年版，第 67 页。

陈济棠治粤时期广东省保甲制度比照表[①]

名称	广东南区保甲条例	西区善后公署保甲条例草案	广东省保甲条例	广东省暂行保甲办法	广东省现行保甲简章	暂行广东省保甲条例
草拟及颁行机关	广东南区善后委员公署	广东西区善后委员公署	广东民政厅会同广东地方警卫队练委员会编定，交四善后区试办。	民政厅拟定呈准省政府颁行。	第一集团军总司令部拟定，交省政府施行。	民政厅会同第一集团军总司令部拟定，交番禺县第四区施行。
实施日期	1928年5月	1928年（未见公布）	1928年7月	1929年11月	1933年7月	1936年3月
施行地点	琼崖、高雷、钦廉、两阳一带	广、肇、罗一带	全省	全省	全省所属各县局	广东省番禺县第四区
编制	十家为保，设保长，十保为甲，设甲长，十甲为团，设团董三至七人，直接受地方长官指挥。	十户为甲设甲长，十甲为保设保正，十保设团董三至七人。	十户为牌设牌正，十牌为甲设甲长，若干甲为保设保董三至七人，一人为主任，毗连各保得组织联合会。	二十五户为一牌设牌长，数牌为一甲设甲长，隶属于辖内警属或区乡办事所或团局。	每邻（五户）为一牌，以邻长为牌长，每里为甲，以里长为甲长，每乡或镇为一保，以乡长或镇长为保长，必要时设置副保长襄助办理事务。	同左
运用范围	健全下层组织，肃清奸宄，抽练保丁，增强地方自卫能力。	清除地方盗匪及实施地方自治。		保持地方安宁。	清查户口保持地方安宁，教诫约束所属住户。	本守望相助利害与共之旨，查户清奸，发展经济，推进合作，树自治基础。	严密民众组织，发展地方经济，查户清奸，巩固永久治安。
人员选任	保甲长由该保内住户公举，经团董审查呈报地方长官委任，团董由地方长官委任。	同左	保董及主任由该管县市长官委任，牌正甲长由住户居民公推，县市行政长官考委。	牌甲长系公推后，递呈加委。	以地方自治之邻长为牌长，里长为甲长，乡镇长为保甲长，县府加委，区公所指挥监督。	同左
经费	各团就地自筹	同左	各保就地自筹；罚金拨充。	甲内公共筹给。	由地方自治经费项下拨支。	该乡应缴地税总额留县项下提扣百分之十六拨支。

[①] 李泺：《广东省编办保甲实况》（1937年），广东省档案馆藏：《广东省编办保甲章程、实况、沿革》，案卷号：3-1-42。同时参照各个具体的保甲条例综合而成此表。一些应时的办法、规则，因是暂时的规定或与某些条例内容相仿而没有录入。

（续表）

罚则	如有为匪通赃窝匪藏匪客匪从匪者，处以拘留或三十元以下之罚金；团董、保甲长有怠玩或守口不报人，抗听不教诫或无故滞纳保费等，处以撤职、拘留或五十元以下之罚金。	团董保正甲长如有怠玩或违背职务，该县地方长官得分别惩戒；甲内住户如有窝藏盗匪应付连坐之责。	居民为匪窝匪，地方长官核明惩办。保董甲长牌正怠玩职务者，处以撤职或六十日以下之拘留或一百元以下之罚金。	如有庇匪客匪及抗阻保甲推行者依法惩办，同牌住户如不举发，负连坐之责以拘留或五十元以下之罚金。	住户或牌甲长有藏匪窝匪客匪或诬陷良善为"共匪"等，依法惩办，同牌住户明知不报，负连坐责任，处以二元以上十元以下之罚金。	同牌各户知他户有为匪藏匪窝匪等情事，处以一年以下有期徒刑或拘役，失于查知者处以二十元以下之罚金，不报人口异动者处以五角以下之罚金。牌甲保长有办事不力者处以一元以上十元以下之过怠金，并记过或申饬等。
备考	附《南区保甲条例》、《南区各县市长办理保甲须知》、《团董须知》、《保甲长之职务》、《家长之职务》《南区盗匪自新办法》。	未正式公布。	附有联保法及户口调查表式。	附有户口调查及人事登记表式暨连坐法、门牌式样等。	附有《广东省人口调查须知》、《广东省人口调查统计概要》、《实施户籍法须知》。	附有《番禺县第四区试办保甲工作报告书》。

由上表可以看出，这一时期的保甲制度有以下三个特征：一是军事力量的介入成为惯习。在以上列举的保甲条例中，多数条例是由军事机关直接订立的，并以保甲服从于军事化编制、绥靖地区治安为原则。二是保甲编制管理因地因时而异，不够规整。传统之保甲行政以十进制为原则来编户齐民，联保切结。而此时的保甲制，由于受各地具体情形及地方自治思想的影响，其编制脱离了传统的轨迹。如前所述，其编组有五进制者，亦有二十五进制者，甚至还有模糊不清的规定；① 在管理方面，亦有以"合议制"的方式来管理保甲者。三是其适用范围以自卫为目的，实施地方自治成了这一时期编组保甲的一个口号。保甲制度的原始

---

① 当然，保甲编组不以十进制为原则也不是广东的特殊现象，如浙江嘉兴地区的保甲编制就曾规定："定六户为一甲（必要时得增减之），合五甲为保。"参见高清岳：《嘉兴训练乡镇事务员的始末》（续），《行政研究》第 2 卷第 7 期，1937 年 7 月 5 日。

目的以纳粮、息盗为皈依，而此时保甲制的主要工作是编查户口、剿除异党、戡乱地方。其目的大致以军民力量来弭盗、绥靖和清剿共产党等为宗旨。由于当权者在一定程度上遵循孙中山的地方自治思想，于是其基层保甲工作也多带有"实施地方自治""树自治基础""发展地方经济"等功能，但其真正的出发点和侧重点，仍是"查户清奸"，增强地方自卫能力。四是保甲长以推举为原则，保甲长之上官职以委任为原则。民国时期的国家权力逐渐下沉，乡村传统政治力量的代表——绅士、宗族的力量有所削弱。政府为强力控制基层，对保甲长以上的行政人员采取了任命制，保甲长被选出后也要经政府考核合格后才予加委。五是保甲经费主要由地方自筹。上述各条例大致规定：保甲经费由各团、各保、各甲自筹，或由自治经费及罚金拨支，还有由"乡应缴地税总额，留县项下提扣百分之十六拨支"等规定。总体而言，县及以上政府几乎不负担任何保甲费用。这一方面使保甲工作无明确固定的经费来源和标准；另一方面也给保甲行政人员在地方上随意抽税留下了空间，从而令基层乱象更加纷繁。上述这些特点不仅反映了民初广东乡村社会未靖、治理无序的现实，而且也体现出国家治理基层社会的武力化和临时性。它使保甲政策不能统一、完善，乡村社会的治理模式也无法成熟、成型。

陈济棠治粤时期，警卫队同保甲制度的纠缠一直是乡村行政中的一个特殊现象，它也导致了保甲制度浓厚的军事化色彩。饶宗颐纂修的《民国潮州县志》指出，从民国肇造到抗日军兴，地方保甲严重军事化。"如在潮汕地区，乡村就规定以保长兼任保民众自卫队长；乡镇民众自卫大队长，由乡镇长兼。"[1]这一现象的产生，和1913年龙济光治粤时期颁布的《广东筹办保甲团练暂行章程》里区团合一、政警一体之规定有承接性，是民初广东保甲制发展的必然结果。

需要指出的是，20世纪二三十年代广东基层政权军事化的倾向并不是孤例。同一时期，新桂系在广西整饬地方组织时大力推行民团、学校、公所"三位一体"的村政，目的即是将其政令直接下达乡村，进而从上至下严密地控制乡村，其更为明显地体现出其军事化色彩。广西乡村"三位一体"机构的领导者由政府

---

[1] 饶宗颐纂修：《民国潮州志》，民国三十八年铅印本，兵防志，团队，第77页。

派出，具体规定是："干训大队（后改为民团干部学校）毕业人员，应由各区团部分别审查详确，其为中学、高小及相当程度毕业者，属于何县何区何乡（镇）或村街，并分别加具考语，交由县政府分别任用，为新编制之村（街）长副，并兼任村（街）学校长或教员，村（街）民团后备队长或队副等职。"此等下派人员的"生活费由县政府筹给"，其身份为公务员。[①]这样一来，"三位一体"行政制度下的村（街）长副等村官，就能够于乡村势力之外独立行政。这办法比同时期广东之地方保甲行政高出一筹。因为当时广东各地的保甲长乃由地方选任，没有薪金和生活费，训练也没有保障，达不到广西先训练后下派的程度，其对乡村的控制也就远不如广西严密。正因为如此，胜过广东保甲制的广西"三位一体村制组织"，在民国史上著有声望，使广西赢得了"模范省"称号。

陈济棠治粤期间对保甲制度的推行极为重视，曾有诸多论述。这些论述虽不成体系，甚至也不够清晰和深刻，但其关注的范围和重视的程度仍值得探讨。概而言之，他关于保甲行政的论述与认识，主要体现在以下五个方面：

第一，陈济棠冀望以警卫队组织强有力的干预，来促进与保障保甲制度编查的落实。1928年7月，他在西区善后会议闭幕时的讲话中说："警卫队如组织得好，成为地方自卫的军队，随后以逐渐协助推行保甲、调查人口等各项工作。这是党、政府对于新社会最精密的组织，可以使共产党人无从侵入，土匪无从骚扰。"另外他还强调："剿匪、'清共'不光是部队的责任，同时希望各位代表和地方人民与革命军合作，代为侦探各处有无土匪、'共匪'；并且要明白承认旧社会有通匪庇匪的士绅，这就是土豪劣绅，实是革命建设的障碍。我们革命军要把它铲除了，务以不纵不枉为目的。"[②]显然，在推进保甲编制的过程中，陈济棠提出以警卫队强力清除"劣绅"、为保甲制编查扫清障碍的做法，决定了广东保甲制的军事化色彩。

第二，陈济棠将推行保甲与加强国民党的基层组织建设联系起来，认为区分

---

① 李宗仁等：《广西之建设》，广西建设研究会1939年版，第234—235页。转引自钟文典：《20世纪30年代的广西》，广西师范大学出版社1992年版，第77—78页。关于"三位一体"行政组织机构的核心内容及其作用的论述，详细内容可参见钟书。

② 陈济棠：《在西区善后会议闭幕时的讲话》（1928年7月），《军声周刊》第144、145合刊。

部是基层工作的核心，强调基层有力乃是立党之本。陈曾谓："所谓保甲，它的名目虽旧，而条例实行在往日的重心是公安分局，现在改为区委会，而区委会又是由人民组织的。此种组织与实行民权极有关系，就是将来还政于民的先声。"①他还指出："本党的组织是自下而上的。我们要使本党的基础坚固，我们就要努力下层工作，尤其是要努力于区分部的训练工作。我们要知道区分部能够健全，我们党才有坚固的基础。"②鉴于当时有许多地方仍未能将区委会组织起来的现实，他要求各县市应切实加强乡镇公所建设，充实其组织，进而促进保甲制工作的开展进行。

第三，陈济棠一再强调保甲制度的经济功能和建设作用。他认为："盗匪之所以为盗，实因饥寒所迫"，因此在绥靖地方社会方面，武力剿匪和编组保甲皆不是治本之法，只有经济建设成功，百姓才不会因饥寒而为匪，这才是铲除匪盗的治本之策。③他同时又指出，尽管保甲制度"亦只是治标办法"，但由于它是"民权经济重心"④，办理保甲将有效地推进经济的发展，并利于防止盗匪滋生。因此，陈济棠在1934年国民党广东省第六次代表大会上谈及保甲制度与创办地方银行的关系时，再次强调了其经济功能。他说："保甲与县立银行，亦有重大关系，或者可以说是相依为命。因为保甲一日未成立，即是治安未能稳固，治安不能稳固，则人民不敢入股。所以保甲这件事，亦属极为重要。"⑤他还认为，"保甲的推行，于地方治安及种种建设是有重要关系的，能够悉心奉行，治安自日臻巩固了。"值此绥靖将完、"剿共"紧张之际，应该始终地实施《广东省现行保甲简章》，以"互助、自治、经济为重心"来建设乡村。⑥总之，保甲制度的推进有利

① 陈济棠：《党员应切实协助政府实施三年施政计划——在国民党广东省第六次代表大会闭幕会上的讲话》（1934年2月），《第一军月刊》第6卷第3、4合刊。

② 陈济棠：《巩固党的基础与完成训政工作——在北伐誓师三周年纪念会上的演词》（1929年7月），《广东党务》第13期。

③ 陈济棠：《党员应切实协助政府实施三年施政计划——在国民党广东省第六次代表大会闭幕会上的讲话》（1934年2月），《第一军月刊》第6卷第3、4合刊。

④ 陈济棠：《心理改造——在广东军事政治学校的演讲》（1934年7月），《广东西北区绥靖月刊》第29、30合期专载。

⑤ 陈济棠：《党员应切实协助政府实施三年施政计划——在国民党广东省第六次代表大会闭幕会上的讲话》（1934年2月），《第一军月刊》第6卷第3、4合刊。

⑥ 陈济棠：《整理与建设要同时并重——在广东省行政会议上的讲话》（1933年11月），《广东西北区绥靖月刊》第21期。

于一劳永逸地绥靖地方及有助于乡村经济建设目标的实现，这就是陈济棠对于保甲制度和经济建设关系的认识。

第四，陈济棠认为，要使乡村治安良好，社会长期稳定，不仅要以保甲制来正本清源，而且要通过教育输导来达到长治久安。他于1936年2月指出："倘从此在政治上积极办理，厉行保甲以清其源，普及教育以导于和正，则不特全省匪氛不至死灰复燃，即永久治安亦可日臻巩固也。"[①] 这表明陈济棠在治粤后期，思想上对乡村治理模式的认识有了进步。他看到了教育输导对于转变人心及维持社会长治久安的作用，并力求实施政治统治与教育输导相结合的治民之策。

第五，陈济棠重视少数民族地区社会的稳定，并利用保甲组织来加强对少数民族地区的控制。广东是一个多民族的省份，尽管政府管理少数民族的传统办法，与控制一般汉族人民聚居的地方有所区别，但以保甲制度来控制基层社会这一点却是相同的。如在瑶族山区，其统治的方针乃是：以十户为一瑶村，设一甲长，称为"瑶甲"或"小甲"。每条坑（几个村寨）设一"总甲"，亦称"大甲"。"大甲"长均由瑶族的上层人物充任，可世袭，他们是政权、神权、族权三位一体的代表人物。"小甲"负责管理村中的一般事务，如召集本甲本村聚会及收纳捐税等；大甲负责管理全坑各寨的大小事务，有权裁判坑内各种民事纠纷，行使基层统治权。各村寨发生事件时，"小甲"要请"大甲"来吃酒，让其作出裁决；而一经"大甲"裁决的事情，各村就要遵守执行。在乐昌、曲江、乳源等县管辖的瑶族山区，"瑶甲"之上还设有保长（或称"瑶长""瑶练""瑶目"等）。这些保长、瑶长、瑶练、瑶目，均由县政权直接委派汉人充任。

在海南岛五指山地区的黎族山区，陈济棠也推行了同样的基层管理制度。传统的黎族山区保有一种社会组织"Kom"，汉语称为"峒"或"弓"。峒有大小之分，大峒之下包括有几个小峒，一般由两个以上的自然村组成。而每一村峒都有一个或多个村头或通头作为领袖，负责维持秩序，调解纠纷。国民党政权控制这些地区之后，原大小峒头分别当上了国民党基层政权的"团董"或乡保甲长等职

---

① 陈济棠：《绥靖、整理警卫队与三年计划执行情况的回顾——在西南联会纪念周上的演词》（1936年3月2日），《广东党务月刊》第1、2期合刊。

务，各黎族山区因此也就纳入了国民党政府的统治模式之内。①陈济棠治下的广东各级政府一方面派遣汉人总理基层重要事务；另一方面又利用少数民族的原有势力管理其自身的事务，调解族内纠纷。可以说，既要控制少数民族的基层社会秩序，又不直接插手其内部运作，是陈济棠治理各少数民族地区的基本方式。

另外，值得提及的是对海南岛乡村社会的管制。鉴于海南岛相对偏远，陈济棠加大了对其基层社会的控制力度。1932年，陈派其侄子陈汉光率警卫旅（三个团和一个特务营）以及八个空军中队公约3000人到海南岛进行"剿共""绥靖""抚黎"。后陈汉光又兼任琼崖绥靖委员公署和"抚黎局"的专员，在对琼崖革命根据地和工农红军大举"围剿"的同时，还对红军和共产党曾经活动过的县、区、乡全力进行"绥靖"。如其专门召开琼崖区绥靖会议，明令各县县长应受警卫旅团长以上之指挥，以统一围剿部署，各县警卫队要协助进剿，各县、区、乡应修建碉堡，加强保甲制度，扩大地方"自卫"力量，并强迫施行"五户联保连坐法"，要求居民发现可疑男女，立即报告甲、保、乡长，否则同"匪"论罪；一户犯法，五户共同论处。②可见，陈济棠在南海岛推行的保甲制度，在内容上更为严格。

应当承认，陈济棠对保甲制度的重视与推进，确实对广东基层社会治安之改善发挥了一定的作用。时人谓，广东"全省地方治安较好"、"地方宁靖"③。后人亦认为，陈济棠时期，广东"农村中社会秩序安定，与民国初期盗匪横行的情景成了鲜明的对照，他在一定程度上奠定了发展工业的基础"。④另外，陈济棠在乡村厉行保甲制给中共在广东的活动造成了很大的破坏，也从另一个侧面说明了其控制农村基层的"成效"；据王奇生统计，"1928年广东省6万多名党员，到1933年仅余下一两千人，广东全省的党组织到1933年基本丧失殆尽"⑤。显然，中共在

① 关于陈济棠治粤时期政府对少数民族地区的管理，详细情况可参见丁身尊主编《广东民国史》（下），广东人民出版社2004年版，第732—733页。
② 丁身尊主编：《广东民国史》（下），广东人民出版社2004年版，第733—734页。
③ 秦庆钧：《广东省的财经情况》，广州市政协文史资料研究委员会编：《南天岁月——陈济棠主粤时期见闻实录》，广东人民出版社1987年版，第276、286页。
④ 《陈济棠简介》，[美]包华德主编：《中华民国史资料丛稿》，译稿第8辑，中华书局1978年版，第28页。
⑤ 王奇生：《党员、党组织与乡村社会：广东的中共地下党（1927—1932）》，《近代史研究》2002年第5期。

广东活动力量的削弱，不仅受到其间中共左倾冒进主义危害的影响，亦和陈济棠对基层社会的强力控制有关。

如上所述，陈济棠治粤时期，广东政府的保甲章程规则迭出，政令严饬屡颁。他在乡村社会的行政管理方面做了不少工作，且取得过一定的成绩，从而维护了其统治根基；然而，反观其反复强调之保甲工作，囿于形势，却始终未能收到预期之效，各地推行保甲制度的具体情形也一直难令当局满意。

首先，省政府迭饬地方实施的部分保甲章则，或是半途而废，或被视为具文，未能发挥应有之作用。如《广东省暂行保甲办法》在 1931 年时"曾一度予以废止"，保甲编组也因此"遂告停顿"。[1]陈济棠曾以"群情喁喁，累年渴望之保甲制度遂告停顿"之语，来表达其不满，并要求民政厅再对该办法"酌予修订"推行，[2]但修订后的条例仍未能推行。另如《广东省现行保甲简章》颁行后，也没能取得什么成绩：1933 年南海县曾奉令施行"保甲简章"，然而办理并无成效，结果亦未见具报；其后，省府再令严厉推进此简章，该县府亦随将前奉简章转发给各区乡镇遵办，并饬所属区公所，于文到两月内，一律成立。然而，结果是"迄今日久，未据呈复，殊属疲玩"。[3]再如《限期完成保甲办法》推行后，有人即批评说："像是煞有其事的推行，可是结果也是很可怜。"[4]至于省府 1936 年 3 月新颁的《暂行广东省保甲条例》，更由于同年 6 月间广东省政统一于中央，办理政务以国民党中央法令为圭臬，而只好暂停实施。其他保甲章程的命运亦大同小异。

其次，在推行保甲政务的具体过程中，多数县市长阳奉阴违，或择易而行，或敷衍塞责，实际效果不彰。1935 年 7 月，民政厅长林翼中发现：各地"已派委保甲牌长，并编成清册，且已取得连坐切结者，有阳山等五县；已委派保甲牌长，并编成清册者，有曲江等十九县；已缴保甲长清册者，有云浮等十县；具缴

---

① 李泝：《广东省编办保甲实况》（1937 年）。
② 《陈委员请由会令行省政府转饬民政厅将前颁保甲暂行办法提出审核修订提议书》（1933 年），广东省档案馆藏：《广东省保甲户口条例、简章及工作纲要，全省人口调查实施程序》，案卷号：3-1-41。
③ 《通令遵照切实督促各乡完成保甲由》（1933 年 11 月 28 日），《南海县政月报》第 4 期，1933 年 12 月。
④ 《非常时期的广东保甲问题》（无出版信息），第 3 页。

清册尚未完备者,有崖县等三县;仅缴一部分清册者,有南海等四县;据称已委派保甲牌长而未缴清册者,有遂溪等五县。统计全省各县,已取得连坐切结者只得五县,编成保甲牌或仅编成保甲者,亦只及半数。"[1] 这一成绩显然不能让当局满意。1937 年 5 月,有人评述陈济棠治粤时期的保甲制说:"实施以来,徒有保甲之名,全无保甲之实。"[2] 省政府在检讨这期间保甲编制的成绩时亦认为:"一方面由于各县政府对于保甲制度之未能厉行,另一方面由于人民对于保甲制度之未能认识,由是敷衍相沿,虽实施已久而终未能收其实效。"[3] 实效未收,乃编组保甲成绩不彰之最大问题。

最后,保甲行政人员办事能力有限,或无法取得民众信任,或闭门造车瞒上欺下,导致工作成效不显。陈济棠在总结保甲行政的经验教训时,已经注意到保甲行政人员自身素质及其工作态度对办理基层保甲制的重要性,并着力改进之。他一再指出,多数保甲行政人员没有认真办理保甲工作,而且一些政界人士存有心理病态的毛病,这种态度和办事原则导致了民众对政府的不信任和不配合。其谓:"近各县政府办理保甲,其能认真从事者固有其人。然而多数不过把居民多编了一种第几保第几甲的符号……及如何调查人口,则听任区乡镇报,而核实与否盖置不问";[4] "过去警卫队的征募、编练、饷给各种办法,都未能照章实行;保甲和各种合作事业,都未能确实推进;调查田亩和调查户口各种工作,都不免有匿多报少,不实不尽的情弊。诸如此类,皆足妨碍施政进行。而究其原因,乃由人民对于政府未肯推诚信仰和通力合作所致"[5]。在这种形势下,广东推行保甲成效不显,在所难免。

办理保甲制度的成败关键,一在经费,二在人才,各地概莫能外。鉴于学界对此问题已有较多分析,后文又将涉及,此处不赘,只述其他原因若干。

① 林翼中:《呈缴限期完成保甲办法请察核备案由》(1935 年 7 月),广东省档案馆藏:《广东全省保甲条例、规章及人口调查核有关函件》,案卷号:2-2-167 之三。
② 广东省档案馆藏:《保甲条例及有关函件》,案卷号:2-2-231。
③ 广东省档案馆藏:《保甲条例及有关函件》,案卷号:2-2-231。
④ 陈济棠:《心理改造——在广东军事政治学校的演讲》(1934 年 7 月),《广东西北区绥靖月刊》第 29、30 合期专载。
⑤ 陈济棠:《参议员是政府与人民联络的枢纽——在广东省参议会成立、参议员就职典礼上的讲话》(1934 年 7 月),《第一军月刊》第 7 卷第 1 期。

其一，陈济棠治粤时期，地方自治与保甲制度二者没有很好的融合，甚至还在办理的过程中互有冲突，显然，地方自治的推行影响了保甲制度的办理。民国时期，以孙中山民主思想"继承人"自居的国民党人，不得不举起"地方自治"的招牌而不敢公然违反"国父遗训"，肆无忌惮地推行保甲。① 广东是革命的策源地，全省上下亦认为广东省在"训政时期筹备自治中……本应有一种特别的成绩和征象表现出来，以足以楷模各省"。② 鉴于舆论的压力，广东政府在办理自治方面用力较多是不容否认的。虽然其自治工作也多受敷衍，成绩不甚理想，但这也不可避免地影响到保甲制度的推行。③

其二，保甲行政与警卫团的矛盾纠葛影响了保甲制的推进。陈济棠治粤时期，绥靖地方是其维护统治秩序的主要内容之一；而在如何达到这一目的这个问题上，是行保甲，抑或举办警卫队，并无定论，也无规章。东区善后委员会公署主张二者应合而为一，同步进展。1928 年 6 月 15 日，该公署曾在汕头召集所属各县市长及分防各属之师团长开善后会议，认为"欲图肃清'匪党'，安谧地方，亟应各属同时成立地方武装团体及编办保甲，清查户口，授民以武力，绝'匪党'之潜滋。两者并行，收效乃大"。④ 南区善后委员会公署则力主废警卫队，专门办理保甲制度。它认为警卫队和办保甲不能同时并举，"前者但求人民自卫力之充实，而不计其负担之重轻，于收用团费之外，仍须增筹薪费；后者则欲使人民能自卫而并能自治，量其能力而分赋之以责任，就团费而挹用经费，不事另筹。又前者之于弭盗弭共或只收效于治标，而后者得于治标之外，尤能兼举正本清源之实。"因此它坚主办理保甲而暂停警卫队。⑤ 南区下属的琼山县与文昌县曾力行这一主张——两县县长且联名反对举办警卫队，力主办理保甲。

对于两者孰先孰后，抑或齐头并进的问题，省政府曾要求民政厅与地方编练

---

① ［美］杜赞奇：《文化、权利与国家——1900—1942 年的华北农村》，江苏人民出版社 1996 年版，第 56 页。

② 广东民政厅编印：《广东省筹办地方自治实况》，1932 年，第 204 页。

③ 参见王萍：《广东省的地方自治——民国二十年代》，台北《中央研究院近代史研究所集刊》1978 年第 7 期。

④ 《省政府令发东区治安委员会章程图标及保甲施行细则仰即会同审察具复由》，广东省档案馆藏：《行政院发主要城市户口查报登记暂行办法及民政厅执行的有关文件和全国各省人口数字》，案卷号：3-1-41。

⑤ 广东省档案馆藏：《行政院发主要城市户口查报登记暂行办法及民政厅执行的有关文件和全国各省人口数字》，案卷号：3-1-41。

委员会会同审查具报。但两部门对此问题却迟迟没有定案。这一时期编办保甲，还是举办警卫队，各善后公署内部既存在分歧，各县市又各自为政，省政府也举棋不定，结果是全省无统一之行动。其后，两者的办理仍是各有轨迹，互有牵制，这些争执和纠缠导致了地方治理上的混乱。以大埔县为例，该县在 1928 年 8 月，按照东区善后委员会的要求办理团保，"在县城成立县治安会，以下八区各办区治安会，区之下分设乡治安会，乡之分并各就其地方情形，自为决定。各级治安会设委员若干人，并设置保甲干事、警卫干事、财政干事，由委员兼摄。实行调查户口，以十户为一甲，置甲长一人；十甲为一保，置保长一人。保首直辖于乡会。将原办之团练，一律改编之，曰警卫队。全县为一大队，置大队长一人；各区设一中队，置中队长一人；各乡设一小队，置小队长一人，管辖若干分队，或其乡之小者，设一分队，每一分队额定十名，是为常备队。其余凡十八岁以上，五十岁以下在乡男子，皆列为后备队"①。这种保甲制与警卫团制的混合，实是合两者为一体的基层控制体制。

其后，由于经费显现罗掘已穷之势，大埔县地方各区乡自行停办警卫队者不少。1929 年 9 月，该县又奉省政府令，饬取消各级治安会，编裁警卫队，"于是由县署令行各区设一助理员，由该区署长兼任，各乡设乡董乡佐，继续办理警卫保甲事项。"嗣后，大埔县又奉省政府转中央内务部电令，将保甲制改为牌甲制，并在县"设警卫保甲办事处，该主任由县长兼任"，各区"设保甲警卫办事处，该主任由各区署长兼任。……乡警卫保甲办事处主任由乡董兼任，设保甲干事一人，警卫干事一人，由乡董选择兼任。甲长改称牌长，保长改称甲长，统辖全乡之牌甲"②。这仍然是警卫队、保甲制合一而行的治理方式。然而，这样的混合治理方式的效果并不理想，地方管理出现混乱。是年 12 月，该县县长梁若谷不得不召集全县治安会议来整顿警卫队。这次会议规定："各区警卫队改归各该警区直接监督，奉行县政府命令办理一切"，并将警卫队与保甲分开，"原日之各区乡保甲警卫办事处应于十二月□日将文卷公物分别移交各该警区或保甲办事处接收

---

① 《民国新修大埔县志》，卷 7，经政志，第 26 页。
② 《民国新修大埔县志》，卷七，经政志，第 31—32 页。

保管"①。民国之统治者本希望通过警保合作，达到"警察指导保甲，保甲辅助警察"②，以实现对基层社会强力控制之目的。然而其结果却是两者的纠缠，及由此而造成的混乱和低效。正如有学者指出的那样："各县区乡在条件限制下，会倾向于选择警卫队制而对保甲制的推行采取敷衍态度。可以说，在 1928—1936 年，作为官方基层控制手段之一的警卫队的存在，成为保甲这种传统的政府控制基层社会方式推行的障碍，是粤省保甲制屡兴屡废的原因之一。"③

其三，国民党的势力不能够强有力地延伸到乡村社会，以及保甲制缺乏群众基础也是保甲制度无法确实推进的原因。近代以降，广东乡绅势力仍然强大。1925 年的广东第二次农民代表大会就指出："乡村政治实权掌握在土豪劣绅地主手上，他们俨然是统治阶级。"④土豪劣绅地主，"利用民团原有势力，或勾结驻防军队官吏，以屠杀农民，进攻农会。"如 1924 年五六月间，广宁劣绅地主的民团就摧毁了江屯、潭墟两区的农会；同年七八月间，南海南浦农会亦被民团勾结防军摧毁。"嗣后，接连不断的有土豪劣绅地主利用民团武装，勾结驻防军或地方官摧残农会，拘捕农会会员的事件发生。"当时的广东省国民党党部甚至指出："劣绅地主居然武装与本党政府军对抗，血战数月"，而其目的是反对农民减租。⑤民初广东地方势力之所以如此强势，还与当时广东乡间有大量的私藏武器相关，有人指出："民国初年广东民间武器的泛滥，无疑是'国家'对基层社会失控的结果，而这个结果又进一步使基层社会与'国家'进一步疏离。""在民国初年，特别是到了 20 世纪 20 年代，广东乡村地区的基层权力机构主要是保卫团局，基本上由直接控制武力的人主导。"⑥

其后，由于大革命运动的开展，广东的农民运动风起云涌，地方乡绅势力受到了遏制。然而，在国共合作决裂以后，国民党人在广东大力清党，遂使形势发生逆转，"除极少数地方县以下基层组织仍掌握在国民党左派和共产党人手中外，

①　《民国新修大埔县志》，卷七，经政志，第 32—33 页。
②　朱宝琴：《沦陷时期南京社会的基层控制》，《南京大学学报》2003 年第 4 期。
③　熊晶：《广东地方警卫队研究（1928—1936）》，中山大学硕士学位论文 2003 年，第 60 页。
④　《广东第二次农民代表大会之重要决议案》，《农民丛刊》第 1 卷，1925 年。
⑤　《广东省党部代表大会对于农民运动之决议案》，《农民丛刊》第 1 卷，1925 年。
⑥　邱捷、何文平：《民国初年广东的民间武器》，《中国社会科学》2005 年第 1 期。

多数县以下基层组织成为土豪劣绅的天下"①。按照胡汉民的设想，清党有两大目标：一是要清除共产党；二是要清除土豪劣绅、贪官污吏和投机分子。胡称前者为'恶化'，后者为'腐化'，然而清党的结果却是'恶化'已去，'腐化'未除。"因此，国民党在清党之后深感地方人才奇缺，"在地方党权托付无人的情况下，国民党中央惟有听任土豪劣绅和投机腐化分子侵夺和分掠地方权力资源，在地方社会藉党为恶。"广东清党后，"各县市党部差不多都被不明党义、党纪的分子所包办……各县市执委几乎多于党员"，基层之党务多陷于停顿。②"国民党组织基本上未能深入县以下乡村社会，'以党治国'在广大农村没有实行者"③。国民党的势力既无法深入到基层社会，其政策的推行就必然依赖于乡村固有势力，而这一时期乡村势力的"劣化"更使保甲制度的推行远离了国民党预设的目标，这是问题的一方面。而问题的另一方面则是，"近年来，各地之保甲组织已渐趋普遍，惟农民对之无多兴趣，甚至仍有视之如军阀时代之团队者；其最大原因，在于此种组织对农民仅有命令和服从关系，而未与农民整个生活发生联系。"④此说可谓点到了问题的实质。

　　和此一时期广东保甲制度不够成熟与稳定相比，战前山西的村制在组织系统上，则显得较为严密，也颇著成效。其制"以满三百户以上者为一主村，举村长一人，村副二人或四人；……其不满三百户者为散村，举村副一人或两人"，"划分数散村，归一村长管辖，谓之联合村。故一村长有管辖数联合村之权，而以各村副辅助之。""主村散村之下，凡各村二十五户为一闾，举一闾长，又五家举一邻长，层层联属，办理一切公事。闾长、邻长，均受命于村长、村副。村长、村副之上，又有区长。"这样，"一村行政，如身之使臂，臂之使指，联络一气，兴利除弊，均极易着手；地方各种事业，次第举办"⑤。比诸广东十进制之保甲制度，

① 王奇生：《党员、党权与党争——1924—1949年中国国民党的组织形态》，上海书店出版社2003年版，第100—101页。
② 《一月来的广东》，《中央日报》1928年4月7日。
③ 王奇生：《党员、党权与党争——1924—1949年中国国民党的组织形态》，上海书店出版社2003年版，第102—103、256页。
④ 龙发甲：《乡村教育概论》，商务印书馆1937年版，第101页。
⑤ 顾复：《农村社会学》，商务印书馆1936年版，第50页。

山西基层的五进制，似更为精细、严密；加之阎锡山着力推进村制，使民国以来之山西也有模范省之谓。

由上所述可知，陈济棠治粤时期，他不仅亲自参与制定了一些保甲条例，而且尽力推动省政府、民政厅开展编制保甲的行政工作。这使政府在加强广东基层社会控制、建设乡村地方方面，做了不少工作，并有所建树。这期间，广东大部分地区的基层社会基本上是稳定宁静的，地方建设事业也有了一定程度的发展。这正是陈济棠能够多年在广东保持半独立统治状态的一个重要原因。然而，由于各种矛盾的错综纠葛，使广东基层社会控制的资源与力量难以做到整合统一。这在一定程度上妨碍了保甲制的推行，使其间广东各属保甲制度的开办未著成效，这一状况影响了政府对基层社会的强力控制，它甚至影响到日后广东的抗战形势。日军在粤大亚湾登陆后，除遇到共产党游击队之局部抵抗外，没有遭遇广大乡村民众有组织的、大规模抗争；政府军由于缺乏民众支持而节节败退，使广东半壁河山迅速沦陷。追本溯源，则与陈济棠治粤时期未能成功地动员与组织乡村民众力量有密切关联。

第二章　从地方自治到保甲制度的演变

民初，广东基层社会治理并没有固定的模式。地方自治与保甲制度没有完全分开，更没有互相代替，两者根据不同时期的不同要求而兼行并施。地方自治是孙中山建设国家设想中的重要组成部分，以孙中山继承人自居的国民党人不会遽然将其抛开；保甲制度是传统基层社会的统治模式，统治者认为其能够有效地驾驭基层民众，以及有效地动员人力物力以应付紧急的社会动乱和战争。有鉴于此，在孙中山生于斯长于斯的广东，民国初年最先也最为全面地实施着孙中山的地方自治思想，并且取得了一定的成绩。然而，自1932年国民党中央在"剿匪区"开始强制推行保甲后，即要求全国停办自治、实施保甲，从而打断了地方自治的进程。但是，众多知识分子对保甲制度的推行进行了猛烈抨击，要求继续实施孙中山主张的地方自治。于是，国民党政府将地方自治与保甲制度相融合，提出了"纳保甲于自治"的基层治理模式，于是二者乃"并行不悖"地实施。但实践的结果是，所谓"纳保甲于自治"，实乃是以保甲制为内核，以自治为表皮的管理方式，其实质是以地方自治为幌子的保甲制度。

第一节　孙中山的地方自治思想及其在广东的实践

地方自治是清末新政的内容之一，也是民国前期保甲制度式微的一种代替制度。此制度和商品经济较为发达的广东乡村传统的管理模式相暗合，因此，地方自治的观念在明清之广东已有显现。如在广东佛山城市长期发展的进程中，民间逐步形成了在公益事业上要求自治、摆脱官治的观念。地方民众始终保持着参与地方政治的热情。佛山人士曾指出："官之治民，不如民之自治。"对此，有学者就认为："这句话大概代表了绝大多数佛山人的思想看法。所以，当光绪年间清廷为预备立宪作准备，广东官府也在'广属数大县予以特权'。许办地方自治时，佛山立即建立了'自治会'。……民国元年，镇议会成立，自治会遂废。佛山自治会的成立，也可视作佛山民间自治系统与官治权力系统对抗与调适长期互动中的再一次调适"。①

民国肇造，广东即拟实践地方自治。广东都督胡汉民曾发出文告："令各县推行两级地方自治——限文到 5 个月内成立各县议会和各乡镇董事会。"内务司长钱树芬则一度专力办理地方自治事宜。可惜后因受"二次革命"失败之影响，广东的"地方自治事业也就有始无终"。②1918 年，广东又颁布了《自治法》。然而，这些地方自治活动因没有强力的政权支撑而不具连续性，亦不成系统。研究广东地方自治实践，还应从孙中山的地方自治思想谈起。

孙中山的地方自治理论最早提出于 1897 年。他当时在与宫崎寅藏、平山周谈话时提出过"人群自治"的思想，但对这一思想"较有条理的粗浅表述，是 1900年上港督书"。③ 因此，台湾学者罗志渊称："中山先生是我国现代地方自治的倡导者，也是研究地方自治的第一人。"④孙中山有关地方自治的思想内容相当丰富，包罗甚广。李酉潭把它归纳为六个方面，即：地方自治以实现民权民生为根本目的；分权主义的论述；省的地位的说明；县为地方自治之单位；地方自治与地方分权的不同；地方自治与地方割据的区别。⑤ 有一些学者指出，孙中山的地方自治思想，应时而生，是其为解决民权、民生问题而对现实的关怀，同时它也是孙中山"政治学说中最具有系统性和全面性，以及最具影响力和顺应历史潮流而构想的学说"。⑥ 其"深刻地影响了广东民众的政治文化思维，引领广东政治社会发

---

① 罗一星：《明清佛山经济发展与社会变迁》，广东人民出版社 1994 年版，第 399 页。
② 周兴樑：《论辛亥革命时期的广东军政府》，《历史研究》1993 年第 3 期。
③ 丁旭光：《近代中国地方自治研究》，广州出版社 1993 年版，第 178 页。
④ 罗志渊：《地方自治的理论体系》，台北商务印书馆 1970 年版，第 27 页。
⑤ 李酉潭：《中山先生主权在民理论之研究》，台北中正书局 1991 年版，第 168—170 页。
⑥ 林家有：《孙中山与中国近代化道路研究》，广东教育出版社 1999 年版，第 418—419 页。

展路向……促成了广东思想界的相对趋同。"① 广东是孙中山的家乡，除了早期的革命活动踪迹外，他在民国建立后曾三次在广州建立政权。因此，孙中山的思想和主张在广东表现得相对充分。他曾说广东是国民党"实行党义底试验场，民治的发源地。……三民主义和五权宪法，即是本党底精神，从此由广东发扬传播到全国"。② 正因为如此，孙中山的地方自治主张早于 1923—1925 年他在广州建立革命政权的过程中，已有所实践。只是这些实践仅限于"革命政府"内部的组织层面，③ 县以下的广大基层社会，并没有实践的机会和可能，其触及的范围仍较为狭小。因此，孙中山地方自治理论在广东的真正实践和影响，是在其 1925 年 3 月在北京逝世以后。

1925 年 5 月，广州大元帅府代理大元帅胡汉民发表宣言，强调要誓守孙中山遗嘱，坚决实践地方自治。7 月，广州"合议制"的国民政府成立后，宣布广东省必为实行国民党主义的模范地区，并特别强调广东要"扶植地方自治"，以"树立民权之基础"。④ 1926 年年初广东实现了统一之后，省政府为清除积弊和澄清吏治而对县长进行甄别考试，其考试内容即为三民主义、地方自治概要、国民党政纲、建国方略、建国大纲等。⑤ 此后，各项地方自治事业陆续有所开办。到 20 年代末，广东省秉承孙中山的地方自治理论，按国民政府内政部规定所办的地方自治事业计有：

（一）奉颁市组织法已转行遵照办理。

（二）十八年十一月间曾举行考试县长一次，但未设训练。

（三）通令各县将收入数目列表以凭筹划。

（四）本省不正当团会已经通令化除。本省再经办理保甲，故对地方保卫团拟从缓编练，经另文呈报。

（五）本省多经遵办（编制县市公安局，划设公安分局，划设分驻所及巡逻

---

① 丁旭光：《孙中山与近代广东社会》，广东人民出版社 1999 年版，第 331 页。
② 《孙中山全集》第五卷，中华书局 1985 年版，第 313—314 页。
③ 丁旭光：《近代中国地方自治研究》，广州出版社 1993 年版，第 188 页。
④ 《广东省政府公报》第 1 期，1925 年 7 月 11 日。
⑤ 曾庆榴：《广州国民政府》，广东人民出版社 1996 年版，第 169 页。

区，编练警察。

（六）本省已着手筹划（厘定各级公安局警官及警士额数、审订警察预算、确定警察经费）。

（七）本省训练警官专设有警官学校一所，办理尚有成绩。

（八）本省业经通饬各县市遵办，并据先后呈报办理情形，其成绩尚佳（各县市依照户口调查统计报告规划及表式，办理户口调查，依据调查结果划定区乡镇闾邻）。

（九）本省厘定各县等级一案，业经拟定呈奉核准照办，惟限于经费，故一时未能改组。

（十）本省均经通饬遵办（县市政府协同国民党党部提倡识字运动，编订白话刊物广为宣传，县市政府派员分赴各地举行巡回演讲）。

（十一）本省已随时办理（办理赈灾，实施工赈）。^①

另有一些内政部要求办理而未办理者，如有"考试区长""训练区长乡镇闾邻长""指定收入储蓄自治临时经费"等。至于"划一县市制度，废除道及县佐""实行清乡""整理各县市疆界，以县市组织法划分区乡镇各自治区"等，则是久已举办。照此呈文，在内政部要求办理的十七项自治事业中，广东省早已办竣者三项，正在办理甚或有一定成效者十一项（从以上第二、第九两项可见，都只完成了一半），只有三项未办。这似乎表明广东办理自治成绩斐然，然而真实情形则不然。细看条文我们就会发现，这三项未办的事项，则正是自治事业中不可或缺的基础工作，而办理完竣或正在办理的则多是为了安定地方，增加政府收入，或不是很紧要且可以虚报数字的内容。即使是这样，我们仍可以发现在这十一项自治事业中，多有一些诸如"转行遵照办理""通令各县……""多经遵办""着手筹划""通饬遵办""随时办理"之类的弹性表述，实施的结果如何亦未可知，而办理尚有成绩的两项即是警察与户籍问题。由此可见，统治者办理自治的着眼点与落脚点乃是警政和户政。

1929 年 3 月，国民党召开第三次全国代表大会，会上通过了两项有关地方自

---

① 　王萍：《广东省的地方自治——民国二十年代》，台北《中央研究院近代史研究所集刊》1978 年第 7 期。

治的法案：其一，确定县为自治单位，努力扶植民治；其二，制定地方自治法规，准备训政。其后，在民政厅长林翼中的主持下，广东省的自治事业有所展开，其重要的工作有如下四项：

第一，调查户口及办理人事登记。在孙中山的地方自治理论中，首先要办的是"清户口"，他认为这是自治的基础工作。广东省在调查人口的工作上不敢怠慢，其宣传口号称："调查人口，是求国家治平的第一步工作；调查人口，是为人民谋幸福的必要条件；调查人口，是完成总理的遗训；调查人口，是实现广东三年施政计划的建设；调查人口，是地方自治的基本工作；调查人口，是宪政开始的必经途径。"[1]1933年，省府制定了人口调查方案及实施程序，并设立人口调查事务处。次年颁发人口调查表式、统计概要及人口调查须知等，并规定该年10月1日为全省人口总调查日期。1935年的调查报告称："全省人口调查，大致就绪，将来统计完竣，则各县人口确数，自可了然。"民政厅长林翼中并要求各地在完成人事登记的基础上，随时报告户口异动之情形。他说："沧海桑田，人事之变迁靡穷，若人口调查完备，而无人事登记，则人口增减，将不能得其确数。故于举行人口总调查以后，即分饬各县市依照内政部所颁之户籍法，设置户籍管辖区，并派乡镇坊长兼充户籍主任。故以人事登记手续至繁，不可无监督指导之方也，于是又规定以县市政府为监督机关，以区长从事指导，务使对于人民之出生死亡迁徙及失踪等项，详为登记，从此可得人口确数矣。"[2]可见，这一时期对于户口调查工作，广东省政府还是做了较多的工作。

第二，自治人员之培训。孙中山在其地方自治理论中就指出，由于民众素质太低，实现自治，首先必须培植民智，故有训政一说。他并主张在广东省积极从事训练与培育的工作，例如培训自治员并派遣他们前往各乡镇做宣传、训练与指导等工作，以开启民智，在根本的工作上下工夫。这期间广东省照此遗训，着手下派和训练自治人员。1931年，"广东省民政厅设全省地方自治协助员二十人，期以三月协助工作完竣"[3]。同年10月，民政厅开始酝酿成立地方自治协助员训练

---

① 广东军事政治学校编：《广东省地方自治工作概况汇编》，1934年，附录。
② 林翼中：《广东省地方自治概况》，广东省民政厅编印，1935年，第21页。
③ 《民国开平县志》，卷23，前事·民国下，民国二十二年香港民声印书局铅印本影印，第25页。

班，并于次年 3 月正式开设了地方自治人员训练所，抽调各县区委员及候补当选人，轮流入训练所训练，三个月后毕业回乡服务。1934 年该厅又开始培训县参议员。同年广东省政府制定了《广东省各县乡镇里自治人员轮流训练办法》。该办法规定："凡现任乡镇里长副，一律须受训练，不得藉故规避。"训练的科目有：党义、地方自治概要、现行地方自治法规、四权行使方法、民权初步等。[①]1935年 3 月 12 日，民政厅报告谓，"派遣乡镇自治训导员，同时出发各县，训练乡镇里自治人员"[②]。9月则派公务员兼办自治事务。[③]这一年训练所培训人员共计不下两千，他们毕业后返乡里训练乡里长，培植地方农民的自治能力。

第三，制定与修正县市自治法规。1931 年 7 月，南京国民政府颁布了《县自治条例》及《县自治条例施行细则》等法令。据此，广东省政府制颁出相应条例，厘定章则凡十数种，另制定程序表一种，报告表多份，以及各县筹办地方自治暂行办法等。林翼中严饬全省"切实办理"地方自治。同时民政厅还编印出版了《广东民政厅筹办地方自治》一书，对筹划地方自治的法令详为整理。1933 年，西南政务委员会颁布新的《修正县市地方自治法规》后，各种已颁的自治法规也相应调整，如地方自治区民代表大会，乡镇民大会，里民大会、里民大会会约规则等。修正的要点有四：一是对各级自治人员任期加以修正："各县市各级自治人员任期，均一律延长为两年。盖自是而各级自治人员始有从容展布之机会，而人民之负担亦必稍减。"二是对县参议会常务参议员制及区公所委员制进行修正："原定县市参议会之常务参议员制，改为正副议长制；区公所之委员制又改为区长副制。其目的盖使责有专司，措施统一，而收指臂之效。"三是对选举规则的修正：县市自治人员选举由"以票数最多者为当选人，以次多者为候补当选人"，改为"以票数最多之若干人为当选人，由民政厅指定。区长副之选举，以票数最多之 6 人为当选，由县市政府拟定区长副及候补当选人，呈请民政厅核定。至乡

---

① 《广东省各县乡镇里自治人员轮流训练办法》，《南海县政月报》1934 年第 8 期。
② 《广东省政府第六届委员会第三百七十次议事录》，广东省档案馆编：《民国时期广东省政府档案史料选编》（4），1988 年，第 136 页。
③ 《广东省政府第六届委员会第四百二十二次议事录》，《民国时期广东省政府档案史料选编》（4），第224 页。

镇长副，则由县市政府分别核定"。四是对县参议员名额的修正："除照旧由各区以额选举外，并规定由县署各界团体选举一人参加组织。"以上自治法规的修正多以加强事权、集中指挥权为目的，这无疑是对人民自由的限制。即如政府所说，修正选举法"一方面既以民意为依归，一方面复可由政府加以采择，庶一切之反革命势力，不致死灰复燃"。①政府如此强化党治色彩，能否提高自治效率颇值得怀疑。

第四，自治经费之整理。经费是百般庶政之基础，自治经费是一切自治事项开办的前提。广东省自治法规规定："县参议会之经费，大约县拨支者占十分之九，自筹者为数无几。区公所之经费则补助、自筹各半。乡公所之经费，属县府补助者约占十分之三，自筹者十分之七。"②然而，这种愈是基层愈是要自筹自给经费的财政征集办法，大部分县市都无法顺利完成任务。据统计，当时有25县根本就未曾具报任何有关筹拨自治经费之事项，占全省97县市近26%；即有筹拨一定自治经费的县份，其税源却多是巧立名目，由"附加""摊派""报效"而来。不能从自治中得到好处，反而要为自治事业"报效"经费的广大农民，对此不胜其烦，时时有抵制甚至反抗自治的举动。这样一来不仅自治经费毫无保障，反而增加了政府与农民间的对立情绪。

粤省这一时期地方自治的办理，还包括自治区之划分、自治人员之奖恤与惩戒、省参议会之成立等几大工作。其后，在粤省三年施政计划中还进一步规划了地方自治的推进："先拟于第一年内，一方督促未成立自治机关各县，赶速组织成立；一方就已成立自治机关各县，实行调查人口，及训练人民行使四权，第二第三两年均继续调查人口及训练人民行使四权工作，务于第三年内，使全省人口调查竣事，完成自治基础。"③1934年，广东省在"乡镇区县市各级自治机关相继成立"的基础上成立了省参议会。陈济棠指出：该参议会的成立，"不特开全国

---

① 《广东省地方自治概况》，第17—20页；王萍：《广东省的地方自治——民国二十年代》，台北《中央研究院近代史研究所集刊》1978年第7期。
② 王萍：《广东省的地方自治——民国二十年代》，台北《中央研究院近代史研究所集刊》1978年第7期。
③ 《林云陔在联合纪念周作关于广东省三年施政计划的报告》（1933年1月2日），《广东党务月刊》1933年2月。

廿八行省完全自治的第一声，而且开近二十年来革命事业的新纪元"①。

由上述可知，在孙中山的故乡广东，自治工作方面之自治人员培训、户口调查与登记、县市自治法规的制定与修正、自治经费之整理、自治区的划分、自治人员之奖恤与惩戒，以及成立各级自治机关等，都取得了不少进展。不少县份的自治工作也得到了不同程度的推进。据1932年的《番禺县古壩乡志》称："吾乡自治，依据自治条例，以此推行，颇著成绩，所有地方警察、保甲人口调查，门牌编配，清道卫生诸要端，皆已举行已久。"②抗战前夕的番禺凤凰村也是一样，乡长黄森是由村民选举出的，"他是一村的主干人，对内主理村内一切公共事务，对外负责代表全村。"这确实符合地方自治法规的要求。③

民政厅长林云陔在叙及自治的报告中指出："本省的地方自治，自民国十三年开始筹办到现在，全省各县市自治组织，已大致就绪，间有因特别情形未能将自治机关组织成立的，亦居少数。"④如"四邑及南路各县区乡镇自治机关之组织，除合浦、阳江因有一二选举发生纠纷，及廉江县参议会，因互选常务参议员致起争执，尚未完成外，其余各县各级机关，均已组织完成"。⑤但该报告似有夸大的嫌疑。电白县曾报告，该县自治事务在1930年"迄未实行"，直到1934年始成立县参议会。全县设置9个区公所、1个镇、55个乡公所。该县并奉颁《县参议会组织条例》、《县参议员及乡镇民代表候选人考试暂行条例》、《县参议员及乡镇民代表候选人声请检核办法》、《乡镇自治暂行条例》等。各乡保民代表候选人正在检核中，"故自治之完成尚有所待"。1936年，由于广东省"还政中央，自治行政遂告无形停顿"。⑥因此，有人指出广东的地方自治虽喧嚣一时，"但实则以此为

---

① 陈济棠：《参议员是政府与人民联络的枢纽——在广东省参议会成立、参议员就职典礼上的讲话》（1934年7月），《第一军月刊》第7卷第1期。

② 韩峰纂：《番禺县古壩乡志》，民国二十六年（1932）铅印本，卷一，概略，第1页。据《南华月刊》第1集第1—4卷影印。

③ 伍锐麟著，何国强编：《粤海虞衡册一秋——伍锐麟调查报告集》，国际炎黄文化出版社2005年版，第175—176页。

④ 《林云陔在联合纪念周作关于广东省三年施政计划的报告》（1933年1月2日），《广东党务月刊》1933年2月。

⑤ 《林厅长历次出巡各县市之经过·出巡四邑及南路各县后之呈报》（1933年1月25日），广东民政厅编印：《广东全省地方纪要》第1册，1934年，第44页。

⑥ 邵桐孙等纂：《民国电白县新志稿》，民国三十五年（1946），第4章，第5目，第2项·自治，第29页。

幌子，一方面拿来对付南京政府的中央集权；另一方面借此以巩固他们的反动统治。因此当时的县政措施，表面上虽较有条理，不如此前的紊乱，但其反动和腐败，则与南京政府统治下的其他各省无殊"①。这种说法，似又有些过于绝对化了。

广东政府的乡村治理策略因时而异，并无固定的指导思想和系统详尽的规划方案。它不仅与孙中山的地方自治思想相去甚远，也不尽符合其所颁布的自治法令和政策。②1935 年 11 月 22 日，国民党第五次全国代表大会通过的议案曾对全国地方自治的施行做过概括："全国 1900 县中，在训政将告结束之际，欲求一达到建国大纲之自治程度，能成为一完全自治之县者，犹杳不可得，更遑言完成整个地方自治工作。"③广东各县的情况也大致如是。

对于民国地方自治成效不佳的原因，有学者作了较为详细的论述④，此处不详论。笔者拟就国民党政府及其官员对这一问题的认识作些说明。在统治者看来，地方自治实施不成功的原因有如下四点：

第一，自治行政人员对推行自治行政重视不够，甚至借此营私舞弊，民众自治观念淡薄，甚或消极逃避。1933 年 5 月 18 日，国民党四届中央执行委员会第71 次常务会议通过的《地方自治指导纲领》指出：地方自治实施不成功的重要原因，是"近年各级党部对于地方自治之指导，多未重视，而各地党员及民众亦未一致参加工作"。⑤广东民政厅认为："本省人民自治观念既属薄弱，自治法规尤多未谙；各地方自治人员没能克尽厥职，更有奸黠者，则利用时机，营私舞弊。"⑥

---

① 林侠子：《国民党统治时期广东县政概述》，广东省政协学习和文史资料委员会编：《广东文史资料存稿选编》第 5 卷，广东人民出版社 2005 年版，第 348—349 页。

② 民国时期，无论是地方政府，抑或是南京国民政府，其地方自治的实践在某些方面和孙中山的设想相去甚远，对其地方自治思想是有继承也有损益的。甚至"以实现孙中山的遗教，早日完成地方自治的幌子"来推行保甲制度。参见曹成建：《20 世纪 20 年代末 30 年代前期南京国民政府的地方自治政策及其实施成效》，《四川师范大学学报·社科版》2003 年第 1 期；贺跃夫：《孙中山的地方自治观与南京政府之实践》，《中山大学学报论丛》1995 年第 5 期；郑大华：《民国乡村建设运动》，社会科学文献出版社 2000 年版，第 339 页。

③ 曹成建：《20 世纪 20 年代末 30 年代前期南京国民政府的地方自治政策及其实施成效》，《四川师范大学学报·社科版》2003 年第 1 期。

④ 曹成建：《20 世纪 20 年代末 30 年代前期南京国民政府的地方自治政策及其实施成效》，《四川师范大学学报·社科版》2003 年第 1 期。

⑤ 杨镇江编：《中央关于地方自治之决议案及文告》，1940 年，第 34 页，转引自张俊显：《新县制之研究》，台北正中书局 1988 年印行，第 25 页。

⑥ 《林厅长历次出巡各县市之经过·出巡各县后之演讲》（1931 年 7 月），《广东全省地方纪要》第 1 册，第64 页。

自治行政人员和基层民众的态度对自治行政的推进确有较大的影响，正因为如此，政府更应该建立有效的机制来管理和引导他们积极参与自治工作，而不能仅仅将责任推到他们身上。

第二，人力、物力的限制。广东民政厅曾指出："本省筹办地方自治计历多年，迄未见相当成绩，未始不由缺乏人才所致"，"已往筹办地方自治，每受财政上之影响，而致种种预定计划，未见实现"①。林翼中亦认为"经济、人才，两皆缺乏"，故自治行政进行不无阻碍。② 这以上说法虽有一定道理，但却没能抓住当局只注重对基层社会实施强力控制以为我所用，而并无心无力建设乡村社会这一根本原因。

第三，反对势力的破坏。此点原因以蒋介石的言论为代表。蒋介石说："中央既确定训政纲领于先，国府各院部复规定实施程序于后，厉行自治，三令五申，顾实际成效每不能与预定之进程相应，抑亦军阀、共产党危害国家之总原因也。"③ 蒋之言论不但强词夺理，嫁祸于人，且与事实完全相反，连山县的例子可作证明。连山县志的修订者认为："地方自治者，所以辅佐官治者也，然而自治与官治，其办事固各有权限，可相继而不可相侵。"而当今行自治者，"争选举则攘夺横行，据议席则狂悖无忌，于自治前途不啻适南辕而北其辙……嗟乎，有贲育之能，而后可与举鼎，有庖丁之技，而后可以解牛。不注精神于宪法，而侈谈自治，其不见笑于欧美者几何。"④ 这一论述从法理上来指出施政者行自治的缺陷，较为深刻，亦切中了要害。

第四，内外交困以及国民党自身的施政问题。国民党党员、地方自治问题专家李宗黄曾概括："内忧外患，纷至沓来，加以党的本身殊欠健全，党的主义未能贯彻，组织未尽完善，党政未能协调，政治未上轨道，民力未曾发动，一切计

① 广东省民政厅编印：《广东省筹办地方自治实况》，1932年，第177、193页。
② 《林厅长历次出巡各县市之经过·出巡四邑及南路各县后之呈报》（1933年1月25日），《广东全省地方纪要》第1册，第44页。
③ 《中国国民党三届四中全会内政部自十五年三月至十月政治工作报告书》，载秦孝仪主编：《革命文献》（第71辑），第28页。
④ 何一鸾修，戚承宣纂，凌锡华增修：《民国连山县志》卷7，自治，第3页。

划自少如期完成，诸般设施，尚难齐头并进。"①基层党组织欠健全、党义无法贯彻到乡村、党政未能协调共进、党组织无力有效发动民力等基层施政乱象问题，一直是国民党在治理乡村过程中备受诟病的地方，终其统治的全部时期，这些问题也未能彻底解决，因此李宗黄的这些分析较为切合实际。

民国前期，由国家倡导的自上而下的"地方自治"，只能是一种运动，而非一种长期的实践行为。这一时期的地方自治在中国之政治制度层面更多的还只是一个符号，其象征性意义要远远大于现实意义。国民政府在地方基层社会实行"自治"的背后，隐含着国家对基层社会进行渗透与控制的实际内容。②当然，无论自治成效如何，"它所蕴涵的直接民权精神顺应了历史潮流，也给当今的村治建设提供了一份可资借鉴的遗产。它警示世人：在半殖民地半封建的中国，乡村民主自治不可能实现；在经济文化落后的广大乡村，民主自治不可能在朝夕之间实现。乡村自治是一个包括政治、经济、文化在内的系统工程，是一个长期而艰巨的建设过程。"③民国时期的社会性质和统治者的阶级立场，以及国民党统治的基础——封建小农经济形态、独裁政治结构和宗法文化关系，决定了这一从西方引进的、具有现代民众自决意义的地方自治，不可能推行成功。

第二节　"纳保甲于自治"思想的提出与实施

"纳保甲于自治"思想的提出与实施，是保甲与自治关系模糊并长期纠缠的结果。在民国前期的地方行政中，保甲与自治两者孰急孰缓、孰重孰轻，各省都很难拿捏。重保甲废自治，虽有利于国家强力控制地方，但无疑有违国民党的政治主张，容易背上违背国父遗教的骂名；重自治轻保甲，又无法有效稳定地方，进而控制乡村秩序。有鉴于此，统治者力图模糊两者的概念，缩小其区别，甚至

①　李宗黄：《地方自治之理论与实际》，1939年10月行政院县政计划委员会印，第22页。广东省档案馆藏：《广东省县各级组织纲要实施工作计划进度表》，案卷号：3-1-33之一。
②　杨焕鹏：《战后乡镇自治运动中的保甲制度——以嘉兴县为例》《中国农史》2004年第3期。
③　李德芳：《南京国民政府乡村自治制度述论》，《河北大学学报》(哲学社会科学版)2002年第4期，第27卷(总第110期)。

使其相生为用。闻钧天即指出："昔之保甲，今之地方自治，二者组织上之意义，运用上之效能，盖若一物体而二名矣。"[①]叶木青也说："保甲犹良药，自治犹人之本体，良药有俾乎人身，亦犹保甲无背于自治，保甲之成效，即自治之成效。"[②]江西省主席熊式辉更认为："保甲的组织，就是自治的组织，自治乃自己办理自己的事。"[③]于是，各地方统治者往往保甲与自治兼采并施，或外自治内保甲，虚自治实保甲。这是地方统治者于两难选择中的一种权变手法，他们企图以此掩人耳目，加强其在基层控制与社会动员方面的能力与作为。

然而，这一情况随着国民党对共产党发动大规模的"围剿"战争而有所改变。1932年，国民党中央以"剿匪"为借口，在江西及鄂豫皖"剿匪"区大规模地推行保甲制，并且通过"剿匪"总司令部训令各省政府："将乡镇闾邻等自治事宜暂行停办，自治筹委会亦无庸设立"，[④]"先谋自卫之完成，再作自治之推进。"[⑤]1935年7月，军委会委员长行营颁发了《修正剿区内各县编查保甲户口条例》，通令豫、鄂、皖、赣、闽、陕、甘、湘、黔、川10省以保甲为地方四项要政之一，"乡镇内的编制，废除闾邻，改用保甲名目，以期组织统一，推行顺利"[⑥]。于是，各省皆以此为护符，"相率举办保甲"，推行自治者"遂逐渐减少。"[⑦]这样，本来就名不符实的地方自治，则更举步维艰。正如胡庆均所言："在兵荒马乱之际，保甲制度得到很迅速的推广，这个由上级政府向下推行的政制，以编户口与练民兵为主要工作的基层行政机构，它就把先前呼喊了多年而略具幼苗的地方自治一笔勾销，代替了它的地位。"[⑧]

民国之保甲制"复兴"于政治现代化架构的大背景中。国民政府虽认为保甲

---

① 闻钧天：《中国保甲制度》，商务印书馆1935年版，第57页。
② 叶木青：《中国保甲制度之发展与运用》，上海世界书局1936年版，第34页。
③ 《自治自存自卫——南昌保甲编成》，《益世报》1934年6月5日。
④ 1932年10月14日《豫鄂皖三省"剿匪"总司令部为编查保甲户口并暂停内政部令办之乡镇自治事复安徽省政府代电稿》，中国第二历史档案馆编：《国民党政府政治制度档案史料选编》，安徽教育出版社1994年版，第415页。
⑤ 吴忠信：《安徽省政府致豫鄂皖三省剿匪总司令快邮代电》，中国第二历史档案馆编：《国民党政府政治制度档案史料选编》，第415页。
⑥ 唐孝刚：《非常时期之地方自治》（中国新论社非常时期丛书），北平中国书局1937年版，第25页。
⑦ 《中国国民党第五次全国代表大会内政部工作报告》，载秦孝仪主编：《革命文献》（第七十一辑），第236页。
⑧ 胡庆均：《两种权力夹缝中的保长》，载吴晗、费孝通：《皇权与绅权》，上海观察社1937年版，第131页。

制比现行地方自治在控制基层社会方面更为有效，但如何将之与孙中山所提倡的地方自治相衔接，即如何将传统体制嫁接到现代政体之上，则成为政府功利性地推行保甲制度时必须思考和解决的问题。国民政府的办法之一即是把地方自治制度运行中的缺陷和弊端作为"复兴"保甲制的现实需求。[①]蒋介石曾指出地方自治之缺陷：区乡镇坊间邻各长之选举政策陈义过高，难以一时选出，有碍清乡条例、保卫团法等的实施；"匪区"民众于创痛危惧中，必先行自卫，而自治会影响自卫的实施；自治组织对于清查户口不力，而要清查户口，则非"融合于编组保甲之中，而同时举办不可"；他并且认为，推行保甲可执简而驭繁，能严密民众组织，充实民众自卫力量，进而收肃清"匪共"之效。所以国民政府认定：首先必须将自治与自卫分开，先谋自卫之完成，再求自治之推进。其次，将团与练合而为二，保甲制度只做团这方面的工作。再次，编查保甲与调查户口齐头并进，在确定户口确数与变迁情况的基础上选定保甲长。最后，以区长辅助县长，并作其耳目，就近督率保甲长，所有乡镇坊间邻暂时不适用。[②]

为从法理方面作出规定，以明视听，国民政府内政部按照提前办理保甲的原则，将与保甲有关之各种法规制度，加以调整，开陈出四点方针："一、确定保甲为地方自治基本组织，'纳保甲于自治'之中，以保甲代替间邻，以乡镇代替联保。二、取消县保卫团，依保甲编组壮丁队代替之，其警备地方之常备武力，则另代之以保安团队。三、保甲组织，应统属于民政厅；壮丁队、保安队，则一并由省保安处办理，省保安处应直属于省政府。四、暂行停止户籍法之施行，依照编查保甲户口条例，办理户籍及人事登记，但应按照户籍法，将该项条例酌加补充，以资依据。"[③]政府在此明定保甲属民政范畴，为地方自治之基本组织，纳保甲于自治之中，二者沟通为一。1936年5月，全国地方高级行政人员会议在南京召开，行政院院长蒋介石主持会议。这次会议通过了关于"容纳保甲于自治"之中的地方自治方案。同年8月，中央政治会议据此通过厘定法规原则，决定正

---

① 王先明：《辛亥革命后中国乡村控制体制的演变——民国初期的乡制演变与保甲制的复活》，《社会科学研究》2003年第6期。

② 闻钧天：《中国保甲制度》，商务印书馆1935年版，第547—549页。

③ 《中国国民党第五次全国代表大会内政部工作报告》，《革命文献》（第71辑），第264页。

式"容纳保甲于自治"之中,乡镇内的编制为保甲。不久,立法院又通过了《县自治法》及《县自治法施行法》,以立法的形式确立了保甲在自治组织中的地位。从而在法律的层面规定了"纳保甲于自治"的合法性。

多年以后,陈之迈回顾说:"当时,主办地方自治的内政部,鉴于地方自治乃建国的大业,不容有所偏废,而且自卫也是自治的一种项目,不是彼此不相容的,于是便倡议纳保甲于自治组织之中,将地方自治的层级减少,即以保甲组织为自治的基层组织。"[①]国民党统治者认为,"纳保甲于自治"可以将地方治理的层级减少,以保甲为自治的最基层组织,可强化地方控制,最大限度地集中人力、物力。不过据贺跃夫分析:"综观南京国民政府在 20 年代末至 30 年代关于地方基层行政建制的设置,虽然在扩大民众参与的自治与强化国家控制的官治之间摇摆不定,体制多变,但从自治到保甲的回归,反映出国民党政权重建乡村控制体制的总趋势,是朝更加官僚化和集权化的方向发展,它逐渐远离了孙中山实现全民政治的地方自治思想,而越来越接近帝制时代的乡村控制体制。"[②] 这一分析颇为中肯。

有了上述法律依据,各省办理保甲编组工作亦有了明确的方向。他们基于"现阶段的保甲,是熔自治、自卫于一炉的地方组织"和"保甲是军事化的自治组织"的认识,打着完善地方自治的名义,大力赶办保甲。[③]到 1937 年时,各省已停办或缓办地方自治者,"计有豫、鄂、皖、赣、闽、陕、甘、沪、平九省市,继续办理中者,计有苏、浙、鲁、晋、湘、云、贵、青八省及南京、青岛两市;兼办保甲者,有苏、浙、湘、绥、宁、京六省市。推演至此,自治与保甲,殆已形成对峙的形势"[④]。

"纳保甲于自治"的政策,在陈济棠治下的广东是基本上没有启动的。这在我们上面的统计中可以看得出来,中央对此也很明白。[⑤] 不过,广东在基层施政

① 陈之迈:《中国政府》第 3 册,商务印书馆 1936 年版,第 79 页。

② 贺跃夫:《孙中山的地方自治观与南京政府之实践》,《中山大学学报论丛》1995 年第 5 期。

③ 周中一:《保甲研究》,独立出版社 1947 年版,第 31、33 页。

④ 唐孝刚:《非常时期之地方自治》,中华书局 1937 年版,第 24 页。

⑤ 内政部在五届三中全会工作报告中曾指出:对于地方自治工作"广东向以单行法规办理"。参见《中国国民党五届三中全会内政部工作报告》,《革命文献》第 71 辑,第 334 页。

的过程中也有所谓"保甲在下，自治在上"的说法，并且认为自治和保甲原是融合为一的，可以并行不悖。如据 1935 年 7 月 30 日的《广东省政府第六届委员会第四百一十次议事录》可知，民政厅在报告事项中就将两者同时并提："1. 呈缴限期完成保甲办法；2. 呈报派员督促地方自治。"① 这虽无保甲自治熔为一炉的名号，但保甲行政作为内政工作，配合自治行政以共同完成地方基层社会的建设，则是广东省确定不移的行政方针。

1936 年广东省政令归诸中央以后，其颁行的《广东省三年政治建设方案》之第一编第一类第四款中，有关于"改善地方自治制度"的规定："确定自治制度为县与乡镇二级，乡镇内之编制为保甲，市及县政府所在地，划分若干区，区与乡镇同级，编制亦同。"② 此规定虽是根据《广东省地方自治改进大纲》来改进自治，但不难看出这一规定和中央法令已契合了，即"纳保甲于自治"已开始在粤实施。1937 年 7 月，省民政厅官员李泳指出，广东省地方自治的"各级组织已具规模，而警卫方面又另有系统，如壮丁训练事项，虽征送及组织应属保甲范围，但实施上训练与指挥又属于保安队，兼以前此制度之重叠，足为运用之碍。基于此等条件之下，自应纳保甲于自治，为乡镇下之编制"。③ 至此，广东独有的地方自治改进大纲基本结束了使命。同年的广东省民政厅施政纲要明确规定："本省保甲制度，前经呈奉核准，纳入自治，为乡镇下之组织，以户为单位，户设户长，十户为一甲，甲设甲长，十甲为一保，保设保长，隶属于乡镇。保与乡镇之间，其因行政便利，或限于山川形势者，并有保长联合办公处之设，以利推行一切地方事务，使上至县长下至户长，均有一贯系统及严密组织。"④ 该年 8 月，民政厅订定了《各县编办保甲限期进度表》，严格限令所属于奉到之日，开始实施保甲编组，按期限进度分成三期，全部工作统限一百二十日内办理完竣。其详细规定如下："第一期注重宣传及筹备，规定奉文后十日内藏事。第二期组设编查

---

① 《广东省政府第六届委员会第四百一十次议事录》，广东省档案馆编：《民国时期广东省政府档案史料选编》（4），第 205 页。
② 《广东三年建设方案》（一），广东省档案馆藏档，案卷号：3—1—23。
③ 李泳：《广东省编办保甲实况》（1937 年 7 月）。
④ 《广东省民政厅二十六年度施政纲要目次》，广东省档案馆藏：《广东三年建设方案》（一），案卷号：3—1—23。

队，动员县内党政军学及公共团体人员，出发实行编组，规定六十日内藏事。第三期注重抽查及训练，同时藉保甲组织，调查壮丁，登记民有枪械，暨办理户口异动登记，规定三十日内藏事。"① 在此前后，广东省政府又订定出《本省编办保甲章程》及《实施办法》，修正颁行《所有各县编办保甲经费支给标准》、《宣传纲领》、《各县区乡镇长编办保甲须知》，以及一切表册图式。同时，省府为适应特殊环境，增强办事效能计，还订有《各县组设保长联合办公处章程》，要求各县在密集十保以上，而"距离乡镇公所窎远或依山川形势及行政经济上有特殊情形，与办理地方事业有联系之必要者"，得由乡镇长酌查情形，呈县核准设置保长联合办公处，"以期严密乡镇与各保间之组织，而便处理地方要务"②。时省政府主席吴铁城在《治粤方针》中也一再强调："训练壮丁、办理保甲，均为要政，尤应认真推进，以期确立国防，行自治之基础。"③

由此可知，这一时期广东对"纳保甲于自治"工作的开展还是比较积极的。然而其办理情形及实际效果如何呢？《申报》曾有评论说："粤省地方自治，开办业已有年，惟因墨守绳法，经费短少，故迄未获得完满成绩，因而影响行政者至大。尤其是黄（慕松）吴（铁成）主政时代，缺点殊多。"④

保甲和自治在概念上自有分别，强行将二者糅合在一起只能导致自治非自治，而保甲亦非保甲。有学者甚至认为："保甲制度实质上是对地方自治的反动。"⑤ 汪伪国民政府参事厅与法制局也曾指出："查保甲制度，自宋以来，虽间有不同，然其鹄的，要在择奸发伏，除暴安良，与纯粹之自治组织，性质实有分野。"⑥ 日本学者织田万还从法理角度对保甲和自治作出分析。他说："近世国家所谓自治者，一团体为固有之生存目的独自处理其共同事务之谓也。……若无此目

---

① 李泺：《非常时期之民政工作》（1938年4月26日），广东省档案馆藏：《广东三年建设方案》（二），案卷号：3-1-24。

② 李泺：《非常时期之民政工作》（1938年4月26日），广东省档案馆藏：《广东三年建设方案》（二），案卷号：3-1-24。

③ 吴铁城：《治粤方针》，广东省档案馆藏：《广东三年建设方案》（一），案卷号：3-1-23。

④ 《粤省府改造推行保甲计划》，《申报》1939年6月3日。

⑤ 范国权：《论新县制时期的保甲制度》，《档案与史学》1999年第2期。

⑥ 《行政院第104次会议讨论事项》（1942年3月24日），中国第二历史档案馆编：《汪伪政府行政院会议录》（12），档案出版社1992年版，第274页。

的，则虽有关于邻保团结之制，不得谓自治”，即如中国的保甲制度，皆属此类。"保甲为弭盗安民之良规，此一语实表明保甲性质而无遗。盖保甲之制，出于国家利用邻保团结，弥补警察行政之不备而已，非近世所谓自治也。"①

尽管保甲与自治在概念上有如上的区别，但政府在推行保甲或自治时，并不刻意强调这些不同，而是更为注重两者的实际价值。因此，在实施到基层的过程中，两者的差别往往就被抹平。就地方自治而言，政府在将其引入中国时，并非是为了基层社会的民主化，而更注重其自强的功能，即在国家政权衰弱的时候，基层社会能够起到应有的自保和自强作用。这一点和传统社会里最高政权孱弱，甚至坍塌时，地方开展团练、结坞自保等行为并无本质区别；就保甲而言，虽然它名义上被纳入自治行政，但其在本质上并没有脱离传统保甲制功能的窠臼。它只是国家以地方自治为旗号，而将其控制制度延伸到保甲基层的一种方式。因此，有学者就认为，自治和保甲只是近代国家控制乡村的不同形式，都是国家力图将基层控制的"经纪化"转化为国家政权行政化的不同形式，并不存在自治就是民主政治的入门，而保甲就是强力专政这样的预设。②"纳保甲于自治"的基层治理方式，"一样是强加于乡村社会之上的强控制组织，也是以削弱乡村社会力量为目标，以使国家权力深入乡村社会的一种手段"③。它所建立起来的，是"政府统治的系统，不是地方自治的组织"。④

然而，无论是自治抑或是保甲，这些基层的治理模式在抗战前的广东，皆没有彻底地开展和严密地实施，这也导致了广东政府对基层社会控制的薄弱，使支配乡村资源的能力因此大打折扣。1937年7月抗日战争的爆发，给本已十分脆弱

---

① ［日］织田万撰：《清国行政法》，李秀清、王沛点较，中国政法大学出版社2003年版，第294—295页。
② 所谓"自治"不过是为国而治。综观晚清以来著名的河北翟城村自治、定县村制、山西村制、广西村制等，虽然有些规定了村民选举村长等，但其宗旨在于"唤起国家意识"，以便有效地完成组织纳税、维护治安、平息诉讼、协助征兵、管理户籍、划定村界、丈量土地、清查人口、兴办教育等公益事业。它不但没有削弱政府对乡村的控制，反而加强了它在乡村的力量。参见杨天竞：《乡村自治》第5章，大东书局1931年版；孙远东：《现代化进程中的草根行政——中国农村社区治理模式研究》，2002年5月，中国乡村网。
③ 王先明：《辛亥革命后中国乡村控制体制的演变——民国初期的乡制演变与保甲制的复活》，《社会科学研究》2003年第6期；［美］柯伟林：《蒋介石政府与纳粹德国》，陈谦平译，中国青年出版社1994年版，第315页。
④ 何炳贤：《地方自治问题》，上海北新书局1930年版，第110页；黎文辉：《中国地方自治之实际与理论》，上海商务印书馆1935年版，第59页。

的乡村社会控制体系提出了更大的考验。广东省政府在一份致民政厅和各县市局的快电中指出："数月来在战区方面，因不能坚壁清野，发动游击，而后方秩序尤形涣散，运输传达与补充给养，均感困难。凡此种种，无不表现官民不能充分合作，基层机构不能运用自如。其症结所在，实为保甲编组之未能健全。复查本省保甲组织，原经迭予严加催饬，惟是一再展限，仍未完成，或则有名无实，或则名实不符，而经费之报销盈千倍百，报告之呈递铺张渲染，与言其实，则因循敷衍，搪塞从事。"①这时的广东政府已经将基层无力的责任完全归咎于保甲制度，而不再言及地方自治。其所看重的显然不再是自治的形式，而是保甲制的内核。尽管这一时期国家对乡村社会的治理政策朝令夕改、繁杂无序，但以保甲制的内涵代替地方自治的形式，则是战时国民党基层行政的基本思路。

---

① 广东省档案馆藏：《户口异动、抽验保甲办法计划及报告表，各县保甲概况》，案卷号：3-1-46。

第三章　抗战时期的乡村与广东保甲制度的重建

1937 年，日本发动了全面的侵华战争。抗日战争的进行不仅考验了国民党正面战场的军事能力，而且将其后勤补给能力及乡村动员能力摆到了影响战争胜负的层面。有识之士联袂而起，强烈要求国民政府放手发动群众，以高效、廉洁的方式来利用基层的力量为抗战服务。为此，政府采取了一定的措施来加强乡村基层政权的建设，尤其是通过保甲制度来强力控制乡村社会。这一时期保甲行政的主要目的，是将每位民众纳入战争的资源网络，以为抗争服务。为达此目的，政府异常重视对基层保甲行政人员的管理和控制，希望以之为媒介来优化保甲行政，服务于抗战事业；在广东国统区的保甲政策中，保甲长成为政府关注的重点，政府对其不仅有特殊的管理策略，而且有非常时期的特殊"照顾"，目的都是使其效能得到最大限度地发挥。然而揆诸史事，保甲长只是国家制度控制下的棋子，决定其作用大小、优劣与否的标尺乃是国家的制度，以及这一制度执行的程度。

第一节　抗战与民众动员

张东荪认为，中国自古以来的政治就是一种"两橛政治"，也即是"中央政治的权力与地方基层社会永远有着一段距离"。[1]民国以来，这种"距离"并没有因为统治者加强对地方社会的控制而明显缩短，基层社会的组织化程度依旧不高。抗日战争爆发后，各地军政机关纷纷驰报，农民毫无组织，一些农民不仅不

---

[1]　引自胡春惠：《民初地方主义与联省自治》，中国社会科学出版社 2001 年版，前言。

助国军，反而与国军为敌，助纣为虐。一位前线战士说："在前方，火线两三里内没有民众，其情可原；甚而连离开火线十里二十里都无民众——就是有也都是些老妪与小孩"，这样的情形使在前方作战的军队遇到了许多不应遭遇的困难。① 在广东作战的军官反映："此次粤北作战，军行所至，见保甲组织几等于零，民众帮助军队之举，亦属寥寥，源潭附近且有居民助敌欺骗国军之事。如何宣传组织民众，实为粤省今后当务之急也。"② 而且由于战争对家乡的破坏，加上广东历史上形成的乱世出洋的惯习，这一时期又出现了广东精壮劳动力出洋，"共逃国难"的现象，造成了几乎随处可见的"十村九困，十家九空"的荒凉景象。

有学者曾指出，在建立现代民族国家过程中，"城市型"政党，"如果想首先成为群众性的组织，进而成为政府的稳固基础，那它就必须把自己的组织扩展到农村地区"，动员并获得乡村的支持。③ 因为占全国百分之八十以上的'歌于斯哭于斯'的农民，是协助抗战军队运输、给养的力量；是向导、谍报、建筑工事的亲历者；是破坏敌人的交通、工事，及扰乱敌人的后方的实践者。同时他们还是抗战士兵的补充者、抗战军费的承担者。④ 因此，抗战爆发以后，作为全国性执政党的国民党，为取得战争的胜利，更为巩固其统治，开始认识到战时动员民众的紧迫性，并着力加大基层社会的动员力度。蒋介石说："中国持久抗战，最后决胜之中心，不但不在南京，抑且不在各大都市，而实寄予全国之乡村与广大强固之民心。"⑤ 一般行政工作人员也认为，乡村工作是战时最重要的民政工作，而其起点则是各地不同的，"或从自治着手，如浙江的萧山自治区；或从经济着手，如华洋义赈会之在河北省办的合作社；或从自卫着手，如菏泽镇平的事业；或从

---

① 陈高傭：《抗战与保甲运动》，商务印书馆1937年版，第2页。

② 广东省档案馆藏：《民政厅代电各县加强保甲组织及各县呈报办理情形》，案卷号：3-2-69。

③ 赵泉民、忻平：《乡村社会整合中的"异趣"——以20世纪30年代江浙两省乡村合作运动为中心》，《华东师范大学学报·哲社版》2003年第1期。王奇生也认为："社会动员能力是衡量现代政党'党力'的一个重要指标。动员民众的意义，不仅在于将千千万万不知政治为何物的下层民众组织起来参与政治，更在于它将开创一个迥异于传统政治的局面，因为广泛的群众动员必然极大的增强政党的组织能量，因此，动员与组织民众的最大受益者与其说是民众，不如说是政党。""同样，割裂和忽视民众的最大受害者，也正是政党本身。"参见王奇生：《党员、党权与党争——1924—1949年中国国民党的组织形态》，《近代史研究》2003年第5期。

④ 恽逸群：《抗战与农民》，上海大时代出版社1937年版，绪言。

⑤ 引自郭冠杰：《全民抗战与保甲制度之改造》，广州《抗战农村》第1卷第2期，1938年4月。

教育着手，如定县之试验。"而乡村工作之焦点，则无疑是组织乡村。"组织乡村
之目的，大约使散碎而冲突的乡村力量，达到和谐集合的境地。"① 广大知识分子
也指出动员民众的紧迫性和关键性："抗战是我中华民国和中华民族生死存亡之
战。其关键性、重要性，为五千年来所未有。因此必须动员所有人力、财力、物
力和智力，和敌人日本帝国主义侵略者拼命，"② 可以说"民力之发展的程度，就
是抗战胜利的尺度。"③ 可见，政府与知识分子都认识到民众的参与对于抗战胜利
的重要性，但在如何动员民众参与抗战的问题上，却发生了激烈的争论。

　　国民党官员认为，抗战时期政府可以通过推进地方自治的方式来动员民众。
如邹鲁说："动员全民之最有效的方法，厥为地方自治。苟自治制度健全，自治
工作齐举，则国家施政当可事半功倍，故地方自治者，实亦抗战必胜，建国必成
之必由蹊径也。"④ 鉴于此，国民党重新启动了因抗战而一度停滞的地方自治。美
国学者曾指出，这是在抗战最紧要关头，下层民众向执政当局不断施加压力，要
求实行政治开放，扩大政治参与的结果。而作为回应措施之一，国民党决策层才
再次"试图在官僚政治和民众参与之间恢复平衡"。⑤ 这次启动地方自治，不是简
单地下令推行，而是对地方自治制度进行了新的设计。这主要体现在 1939 年 9
月国民政府颁布了《县各级组织纲要》，即"新县制"，以及 1942 年国民政府颁
布的《市组织法》。然而，战时的地方自治是包纳保甲制的地方自治，其在基层
的表现形式乃是保甲制度的推进。换言之，通过推进地方自治来动员民众的潜台
词，即是通过保甲组织来发动民众为抗战服务。1938 年 3 月 29 日，国民党在武
昌召开了临时全国代表大会。该会一方面通过《抗战建国纲领》提出："加速完成
地方自治条件，以巩固抗战中之政治的社会基础"；另一方面专门通过法案，规
定其动员民众的政策为："改进保甲制度，确定本党以保甲组训民众之政策，促

　　① 崔载阳：《乡村工作的我见》，《广东乡村工作第一次研讨会专号》，1935 年 4 月 1 日。
　　② 马起华：《抗战时期的政治建设》，载中华文化复兴运动推行委员会主编、中国近代现代史论集编辑委
员会编辑：《中国近代现代史论集》（第 26 编：对日抗战·下），台北商务印书馆 1986 年版，第 963 页。
　　③ 李章达：《胜利的因素与当前的展望》，韶关《新华南》第 1 卷第 6 期，1939 年 8 月 10 日。
　　④ 吕复：《比较地方自治论》，商务印书馆 1943 年版，第 1 页。
　　⑤ ［美］费正清：《剑桥中华民国史》（中译本）第 2 部，上海人民出版社 1991 年版，第 376 页。

进地方自治以完成训政而利抗战。"① 对此，国民党的一些官员、学者也纷纷引申发挥其意义。周中一指出："民国以来，各地民众没有经过合法的团体组织，虽然办理几次地方自治，也不过是挂个自治筹备会和促进会一类的招牌，增加民众的负担而已，组织的工作毫未着手，效果更是谈不上了。"因此他认为，要达到抗战建国齐头并进、必胜必成的目的，首先就需要健全的基层机构，而要基层机构健全，"就不能离开办理已有成效的保甲组织"②。中国农村经济研究会所拟乡村工作纲领第一条，即是"充实原有保甲制度，防止汉奸活动"。③

对于国民党利用保甲组织来动员民众的做法，广大知识分子期期以为不可。他们指出，保甲制度不仅不能动员民众，反而是压制民众的制度。"'发动农村抗战'，'动员农民力量''加紧农村抗战工作'等口号，尽管提倡的很热闹，事实上，农村的一般情况仍是原封未变……主要的原因，是在掌握乡村实权的现行保甲制度本身有了阻碍动员农民大众的不可忽视的缺点。……现行保甲制度，与其说是一种民众的组织，毋宁说是半封建农村社会关系中剥削农民的乡村政治机构"④；"保甲制度不但不能动员民众，反而妨害了民众，变成了压迫民众，剥削民众，包庇烟赌等的唯一机关！"⑤有人具体地分析保甲制度在动员民众方面的弱点："第一，在后方的农村，保甲制度下的保甲长是推行'救国公债'、'壮丁抽调'、'军事供应'、'积谷储粮'等战时要政的负责人，但他们仍还多是本其以往一贯的精神，以抗战为利薮，致有钱有力者既不出钱、也不出力，无钱无力者既须出钱、又须出力，每一战时要政，一经其手，对于农民即猛于虎，因此使农民不觉抗战为己事，甚而为渊驱鱼，反而增强了汉奸的力量。第二，在战区的农村，保甲制度等于具文，保甲长均为乡村中上级分子，一闻敌人炮声，大部均已慌张失措，逃避一空，欲使之动员农民，成为民众武装的核心组织，殊不可能。"⑥因此，

---

① 《中国国民党历次会议宣言及重要决议案汇编》(1940年9月)，转引自张俊显：《新县制之研究》，台北正中书局1988年版，第28页。
② 周中一编：《编整保甲须知》，重庆商务印书馆1944年版，第3、1页。
③ 恽逸群：《抗战与农民》，上海五洲书报社1937年版，第30页。
④ 郭冠杰：《全民抗战与保甲制度之改造》，广州《抗战农村》第1卷第2期，1938年4月。
⑤ 梅清园：《"保甲制度"下的人民生活》，广州《抗战农村》第1卷第6期，1938年6月。
⑥ 冯和法：《保甲制度与动员农民》，广州《抗战农村》第1卷第1期，1938年3月。

不少知识分子认为，"现存保甲组织阻挠救国工作，破坏抗战法令"，这是"抗战中的严重问题。"[1]

不过，在批评批评保甲制的同时，多数学者还是指出，不能根本上废除保甲制度。他们要求政府改善基层政权的控制形式，使其向民主化、公开化方向发展，并要求在经济方面对农民作出补偿。如中国农村经济研究会提出改善保甲制度的三项基本原则是："一、慎重区长保长甲长的人选，甲长必须由农民直接选举，以防止贪污产生。二、提高甲长会议职权，使甲长会议成为村政会最高机关，俾中央一切政令得有效实施，而免去上下隔膜。三、定期召集区保甲人民之全体大会，使每一个成年农民均得直接参加村政。"[2]

对于一般学者的这种论述，中共人士持有不同看法。他们认为："为着争取抗战的最后胜利起见，必须实行民主政治，彻底改革地方行政机构，使之民主化、合理化。而改革地方行政机构使之民主化合理化的基本环节，则是当前保甲制度的废除或彻底民主改革的问题。"[3]薛暮桥曾指出："动员农民可以采取着两种截然不同的方式。第一种是通过保甲组织，自上而下的去动员农民；第二种是开放民众运动，自下而上地去动员农民。"自上而下的官僚化动员方式，虽有集权之便利，但往往会使"农民厌恶和危惧抗战，甚至于被汉奸利用来反抗各种救亡工作"，因而是被动的。自下而上的方式，则是民主的、主动的，农民也会主动参与，其效果当然更好。[4]"如果我们不能够在政治上给予农民各种民主权利，在经济上保障农民的最低限度生活，那么一切花言巧语都会毫无效力。"他还认为，健全保甲组织的唯一工作，就是"恢复保甲制的民主精神"。第一，"要使一般民众获得选举和罢免的权利。"第二，"要使一般民众有机会来讨论乡村中的公共事务"[5]。

基于这一认识，共产党人开展了许多有效的动员工作。如在闽粤边境的中共党员就"作了伟大的民众动员工作"，也"发动了广大壮丁应征兵役，推销救国

---

[1]　薛暮桥：《战时乡村政治问题》，《中国农村》（战时特刊），第11号，1938年3月20日。
[2]　冯和法：《保甲制度与动员农民》，广州《抗战农村》第1卷第1期，1938年3月。
[3]　西北研究社编：《保甲制度研究》，西北研究社出版1941年版，第223页。
[4]　薛暮桥：《战时乡村工作》，广州新知书店1938年版，第25—26页。
[5]　薛暮桥：《战时乡村工作》，广州新知书店1938年版，第13、20页。

公债"，配合正规军侦察，甚至是除奸等。同时共产党人还组织了许多抗日救亡团体，如青抗会、学抗会、工抗会、农抗会、妇抗会、抗敌服务团等。①这些组织在动员民众参与抗战方面都发挥了实际的作用。如何使抗日根据地的民众实现对中共政权的认同，以及如何使广大农民有参与政治的热情和积极性，也是抗战时中共实现社会动员的重要内容。中共的做法是：一方面给广大农民看得见的实惠，"如抗战初期的免除赋税，与民休息的政策，抗战进入相持阶段后在各根据地实行比较彻底的减租减息运动，使占人口绝大多数的贫苦农民从中获得了利益"；另一方面是加强了对根据地民众的意识形态教育，"选择了对民众实施社会教育的方法，它不仅使农民粗识文字，更重要的是用一种新的文化道德观念取代旧的文化道德观念，使广大民众实现对中共政权的认同，使中共政权扎根于乡村社会"②。另外，中共还通过政权结构的"三三制"，使乡村中的传统势力获得一定的政治资源，发挥其固有的作用。凡此种种，中共终于在各个方面动员了乡村中最大的抗战资源，为打击日寇、发展自己做好了切实的准备。

能否动员民众参与抗战成了保甲制度实施效果的试金石。国民党当局在战争初期动员民众的实践中逐渐认识到在这种完全集权的保甲编制中，保甲长的"包办"或"包不办"行为，对民众的积极性造成了巨大的伤害。但鉴于其阶级立场，如果弃保甲而不用，则一方面缺乏更好的制度来代替它以集中人力、物力；另一方面也无法应付因保甲制度废除而带来的乡村混乱。因此，国民党政府仍主张健全保甲制度以服务于抗战。1938年，国民党军委会第六部发表宣言称，要健全保甲组织，"以树立民众组织之基础，以求民主政治之实现"③。1939年9月以后，国民政府与国民党中央相继审议通过并颁布了《县各级组织纲要》、《县各级组织纲要实施原则》、《警察保甲及国民兵联系办法》、《各县保甲整理办法》、《乡镇组织暂行条例》等法规。其中《县各级组织纲要》规定："县为地方自治单位"，"县以下为乡（镇），乡（镇）内之编制为保甲。"这是对抗战前国民党"纳保甲于自

---

① 中央档案馆、广东省档案馆编：《广东革命历史文件汇集》(43)，1983年印，第414页。

② 黄正林：《社会教育与抗日根据地的政治动员——以陕甘宁边区为中心》，《中共党史研究》2006年第2期。

③ 冯和法：《保甲制度与动员农民》，广州《抗战农村》第1卷第1期，1938年3月。

治"精神的继承，当然无法改变其基层行政组织集权化的现实。当时有评价道："现行的公安、自治、保卫团、保甲合治于一炉，而建树一自卫中心的单一组织；以保甲为基础，以组织训练民众为中心，以期达到适合国防要求的目的。"[①]

与国民党中央的看法相似，广东省政府也认为保甲制度乃是组织民众力量，进而成为抵御敌人入侵的前提条件："查保甲健全与否，影响抗战军事甚大。此次敌犯粤北，仍竟有居民为敌资用，情弊显见。该县平日保甲组织尚欠完备，现抗战方张，今后对于保甲之组织，务应加紧增强，以期政治配合军事而争取胜利。"[②]同时，它亦强调因战时保甲组织不健全而造成的种种困难："检讨过去，其需吾人急于改善者，厥为民众组训问题，而民众组训又基于保甲组织。……须知持久作战，固赖于前线战士之英勇果敢，尤须后方民众之通力合作。倘组织散漫，呼应失灵，则治安之维系，兵源之补充，与夫后方各项任务之负荷，均难推动，影响所及至为重大。"为此，广东省政府要求各地大力动员民众，如游击、自卫、训练、补充种种工作，"均应由县全力发动，锐意推行，使其指挥于县，提系于区署，领导于乡镇，而推行于保甲组织。……保甲组织未臻健全，则虽如何号召，如何运用，均鲜收效，无补实际"。对于保甲制，"凡我该县市局长，务须淬厉精神，拼力以赴，其组织散漫者，迅即健全之，其有名无实者，迅即充实之。……俟各专员抽查完毕，即行分别考成。倘再因循敷衍，决予严惩不贷，庶使我粤地方行政机构益臻健全，抗战力量与日以增"。[③]可见，广东省政府对健全保甲工作着力尤多。

基于上述认识，广东省积极主动地开展动员民众的工作。1937年6月2日，省主席吴铁城在《广东省政府训令》中认为：广东"凡举民政、财政、建设、教育等各项行政计划与中心工作，自应兼收并寓，悉以农村建设为依归。凡无关农村建设之新计划、新事业暂缓兴办，以维上年度经费原额，俾本年度岁入部分之增加款额，得尽量拨充农村建设之用"。[④]同年7月21日，国民党广东省党部公

---

① 唐孝刚：《非常时期之地方自治》，中华书局1937年版，第66页。
② 广东省档案馆藏：《民政厅代电各县加强保甲组织及各县呈报办理情形》，案卷号：3-2-69。
③ 广东省档案馆藏：《户口异动、抽验保甲办法计划及报告表，各县保甲概况》，案卷号：3-1-46。
④ 《广东省政府训令》，广东省档案馆藏：《广东三年建设方案》（一），案卷号：3-1-23。

布了《广东民众御侮救亡会工作团组织大纲》，要求在统一之指导下，将全省民众组织起来并实施训练。次日省党部常会后，党政军长官一起会商御侮救亡大计。广东省各界御侮救亡会随即开始办公。该会设总务、宣传、筹募、调查、组织等部，并有不少中共党员和进步人士参加，成为统一指导广东抗日战争的救亡机构。同时，工人、商人、妇女、学生、机关职员等各业、各界也组织工作团，每团100人。抗战爆发不久，全省就组织了400个工作团。1937年11月24日，省党政军联席会议开始工作，以余汉谋、吴铁城为正副主席，此为非常时期的广东最高领导机关。次年2月19日，省党政军联席会议奉令改组为省动员委员会，余汉谋为主任委员，吴铁城、香翰屏、曾养甫等为委员。① 余汉谋要求广东民众武装起来，参加抗战。他并向民众保证："（一）军政当局必不以任何方式收用人民的枪支；（二）人民的枪支子弹若因抗战而丧失或消耗，第四军总部负责照规定价值筹偿，并尽量补充；（三）各自卫队完全由人民公选妥人率领，如有必要，总部亦只派员协助训练；（四）自卫队训练时期不得妨碍队员日常生产事业；（五）自卫队绝不改编为正式军队或调离原地。"② 允许民间组织自卫队，答应补充其供给，不干涉、不调防自卫队人员——这是战时广东省府力图"武化"乡村，以为抗战服务所采取的非常措施。

　　然而，这一时期广东的民众动员工作并不能摆脱国民党中央之既定方针，更不是民主的动员方式，反而是"打起民众"或"绑起民众"的自上而下的强制性动员。这种方式无法有效地真正动员民众，甚至使民众站到了保甲制度的对立面上——这成为广东在抗战初期速落败的原因之一。1938年10月12日，日军在惠阳县大亚湾强行登陆后，迅即占领惠州、广州及珠江三角洲地区，接着又侵占汕头、海口以至琼崖地区。广东三分之一的土地、约1000万人口沦入敌手，其中包括广州、佛山、江门、汕头、海口等广东主要工商城市，富庶的珠江三角洲，矿藏丰富的琼崖宝岛。无怪乎广东人民讥骂当时的广东最高军政长官余汉谋、吴铁城、曾养甫为："余汉无谋，吴铁失城，曾养离谱（甫）。"③

① 左双文：《华南抗战史稿》，广东高等教育出版社2004年版，第75页。
② 伊杨：《保卫大广东》，广州《抗日旬报》第4期，1938年2月24日。
③ 丁身尊主编：《广东民国史》（下），广东人民出版社2004年版，第903页。

　　鉴于初期抗日战事的惨败，广东官方不得不再次考虑更积极的民众动员方式。1940年3月15日，广东省军民合作站成立，并于第二年1月改隶广东省政府统管。这是广东省民众动员的一个正式官方机构。该组织设总站，正副总站长各一人，下设总务、督导、宣传三组。总站之下又设县站，县站之下，再设乡镇站。各级站的主要职守，就是遣派政治人才，深入农村发动民众力量，配合军事需要，沟通军民感情，达到军民间的彻底合作。同时，省府又饬各县市组织县农会及乡农会，具体开展动员民众的工作。到1941年9月，全省各地已经成立的县农会有21个，乡农会575个，"其余未成立农会之县乡，亦致电催从速筹组"[1]。此后，广东省动员委员会及省政工总队还开展了包括发动民众参加抗战、发动各机关团体组织战地服务委员会、办理战区善后工作、协助组训民众、进行兵役宣传等23项工作[2]。但此时的省政府始终未能改变它那种由上而下的强制动员方式。

　　王亚南曾指出，"要把在农村安土重迁而松懈惯了的人民，动员到战斗行列中，要把他们分散的零星的物资，汇集为支持战争的物质手段，单从技术上讲，那已经是一件异常困难的事。如其把我们的农村社会生产关系，即土豪劣绅依着保甲组织行使支配的统治情形加入考虑，那么，要农民透过多重压迫与束缚的关系看出民族的利益，要他们在土豪劣绅的多方捉弄下，向民族战争贡献其生命和仅有的资产，那自然是更不容易了"[3]。在这种困境之下，广东战时的乡村动员工作，虽然迈出了艰难的第一步，并在一定程度上支持了当时抗战事业，但效果却不甚理想；其强制性的动员方式引起了民众的敌对情绪，削弱了全民族同仇敌忾的气势，消极作用非常明显。随着后来战地县份的增多、富庶地区沦陷而造成的资源支配能力的严重下降，广东省在动员民众参与抗战工作方面，还有更多的工作要做。[4]

　　① 《广东省党部积极组训农民》，韶关《中山日报》，1941年12月27日。
　　② 沙东迅：《抗日战争时期广东当局的民众动员和舆论宣传》，《广东史志》2003年第3期。
　　③ 王亚南：《中国官僚政治研究》，生活书店1948年版，第164—165页。
　　④ 有学者也指出，在党的动员系统中，由于国民党是城市资产阶级的政党，其精英化倾向也使其基层组织难以在乡村社会建立。而随着抗战后的地理转移，国民党的地理分布发生了变化，"原有的基层组织被摧毁，而新吸收的党员尤以政府职业官僚和地主、乡绅居多。加之党的纪律松弛，无法克服其腐败堕落，使党组织无法伸入乡村社会，因而也无法实现有效的社会动员。"参见齐锡生：《国民党的性质》(上)，《国外中国近代史研究》，中国社会科学出版社1994年版，第26页。

第二节　抗战爆发后广东保甲制度的重建

在民族危机日深之时，即有人指出："居今而言，增进行政效率，非实施保甲制度不为功；居今而言，充实民族力量，巩固民族自卫，尤非实施保甲制度不为功。"① 就广东来说，虽然战前其保甲制度没有明文废止，但基于陈济棠在粤统治的结束，以及此后广东令归中央，这一时期广东乡村治理无一定模式，基层控制力度较陈济棠时期实相去甚远。

有鉴于此，抗战爆发伊始广东省政府即通饬全省："近迭据确报，各处匪徒遍布，盗匪日炽，不特穷荒僻隅，劫掠频闻，甚至交通要道，及粤汉沿线附近，亦抢案迭出。推厥原由，悉因我地方军政机关及负有警备之责者，平时疏于防范，以致不逞之徒，得乘机窃发，当此抗战紧张之际，安定后方至为重要，设非严密查剿，加紧缉拿，影响治安殊非浅鲜。除分电各集团军各警备司令，严饬各地驻军对于辖境内治安切实注意，随时防剿外，然为正本清源计，尤须地方官吏，与当地民众自力更生，守望相助，并责成各乡镇长厉行保甲组织，严密清查户口，使匪类不得匿迹，始克有功。如有奉行不力，敷衍从事者，尔后如在其辖境内发生匪案，当以庇匪论罪。"② 广东政府开始重建战前陈济棠治粤时之保甲制度，并认为调整保甲及整理户籍，乃是基层组织之基本工作。此后，广东省府开始颁布一系列法令，取消自治，实行保甲。1937 年 8 月 16 日，民政厅令发《修正广东省编办保甲章程及实施办法》，要求各县市努力恢复战前的保甲编制。12 月 10 日，民政厅呈称："为增进乡镇保甲长之效能及充实基层组织力量起见，经拟定本省各县乡镇保甲长训练纲要，通饬所属遵行。"20 日，它又依据《修正广东省编办保甲章程实施办法》的规定，订定了《广东各县户口异动查报暂行办法》及各种附件。到 1938 年 2 月 10 日，根据民政厅的要求，"各县市局均已编组保甲，保长、甲长亦已分别选委，所有原日之里邻及坊等组织，自应一体撤销"③。广东省

---

① 黄懋材：《策励保甲各级人员刍议》，江苏《保甲半月刊》，1935 年 3 月 1 日。
② 广东省档案馆藏：《户口异动、抽验保甲办法计划及报告表，各县保甲概况》，案卷号：3-1-46。
③ 《广东省政府第八届委员会第七十一次会议议事录》（1938 年 2 月 10 日），广东省档案馆编：《民国时期广东省政府档案史料选编》（5），1988 年，第 123 页。

积极重建保甲制度之工作，包括了重订保甲章程、查报户口异动、选委及组训保甲长等内容，同时取消乡村传统的里邻坊组织，逐渐将广东的保甲制度重新确立起来。

1938 年 8 月 15 日，广东已经处于日军的兵锋之下，为进一步推进保甲制，更好地加强对基层社会的控制，广东省政府主席吴铁城召集各厅处会局长、各区行政督察专员会议。民政厅于此时提请各区专员督促各县加紧完成保甲组织："查本省举办保甲，尚有少数县份未能全部完成，经限于本年八月底以前一律蒇事，务请就近督促加紧完成。"同时它又要求加紧训练乡镇保甲长，"查各县训练乡镇保甲长，现经开办者固多，但未着手者亦在不少，务请严为督促办理，迅树乡镇保甲长之基础"[①]。编组保甲以及训练保甲长成为其间广东保甲行政的重心所在。为完成此任务，省政府还颁发了《二十七年下半年各县市局保甲工作纲领》。该纲领的主要内容包括：保甲组织之完成、保甲机构之确立、保甲机构之检核、保甲工作之示范、保甲长之选委、保甲机构之运用六个方面。其有关"保甲组织之完成"者，要求"各县市局对于保甲编组工作统限于二十七年八月底以前一律完成，不得再事延逾，无论如何困难，均须全力以赴，务期将联合所属各级机关全体动员集中人力，淬励精神、加紧推进"；而对于保甲编组，纲领则规定各级政府应依照迭次颁发之章则程序，由下而上，先编户，而后编甲，再后编保，"务求赶速完成基层组织，以为抗战建国之基础"；在"保甲机构之确立"方面，它认为："乡镇自治之能否健全，要以保甲机构曾否确立为先决条件，所有一切政令之如何深入民间、民众组织训练之如何实施、民众武力之如何培养，均以保甲机构为发动枢纽"，因此，保甲编组一经竣事，自应迅即选委保甲长、分别成立保甲长办公处，以为一切工作推动之本源；有关"保甲机构之检核"，它要求各县市保甲编组完竣后，应由乡镇长分头复查"户口清册之是否确实、保甲顺序之有无错误"，而且在本地方复查清楚后，并由各该管区轮回下乡，分别加以检验，"如有错漏或不确之处，应迅即矫正之，务使各级编组臻于完善，然后听候抽查"。抽查工作"由行政督察专员分别派员实施"；有关"保甲工作之示范"方面，

---

① 广东省档案馆藏：《户口异动、抽验保甲办法计划及报告表，各县保甲概况》，案卷号：3-1-46。

它规定各乡镇之保甲工作，由各该主管区署随时严为监督指挥，务使其组织健全，能力充实，"附城直隶县府之镇，应由县府经行督促指挥，尤须随时予以协助，使其组织能力充实健全，工作效率相当提高，以为各乡镇示范，而资表率"。对于"保甲长之选委"，它指出保甲长为基层之干部，其职责至为繁重，对于此项人员之选委，固宜郑重审慎。"所有年富力强，贤明正大而勇于任事者，务期予以机会，得能为乡梓努力。而奸宄之土劣，亦应悉数屏除，而免妨碍地方，影响要政。"同时，在保甲长选委以后，仍须由县及区署乡镇赶速筹设保甲长训练班，迅即开始训练。关于训练办法，则"尤须着重公民意识之普及，使一般保甲长咸能明了保甲之意义，与其工作以及国家大势，暨抗战建国之要旨"。最后对"保甲机构之运用"一层，纲领强调指出："保甲之作用不在数目字之编组，而在其机构之运用，如周之重教、秦之重刑、汉之重捕盗、魏晋之重户籍、隋之重检举、唐之重组织、宋之重卫、元之重乡教、明之重工役，即可概见。"当前保甲组织之应用，主要应着重完成以下三项工作：（一）登记户口异动，"以助兵役工役之推行，及壮丁出境之管理。"（二）根绝汉奸："先行健全保甲而运用之，从速签具联保切结，使其发挥联保连坐之关系，本守望相助利害与共之本旨，通力合作，以期汉奸之根本绝灭。"（三）维护后方安宁。"现在长期抗战，国军悉数开赴前线，而县内之武力为数无多，是对于后方之安宁，除为消极的弹压外，尤须为积极的镇定人心，务使一般民众能认识国家严重，不为非法。"为此，省府要求各地"应即运用保甲机构，其目的在彼此诘察，互相劝励，在十户之内，则有联保切结，使十户户长共同监视约束子弟以趋其轨；而一保之内又有盟约签订，使能达到自治自卫之标的，而符管教养卫合一之主旨。此项办法，务须认真宣传，明白阐述，俾能家喻户晓，自易收效。"除上述三点之外，省府也严饬地方长官"非必要者，务勿动辄发布命令，而免劳民。"[①]

这是一份十分详尽的有关县市局保甲制度重建的工作纲领。大凡组织之完成，机构之确立、检核、运用，工作之示范，保甲长之选委、训练等内容，由组

---

① 《二十七年下半年各县市局保甲工作纲领》，广东省档案馆藏：《户口异动、抽验保甲办法计划及报告表、各县保甲概况》，案卷号：3-1-46。

织到实践，层层相扣，明确了战时保甲制度重建的目的和目标。只是由于抗日战争的突然爆发，及广东沿海地区的迅速沦陷，这一保甲工作纲领无法有效地得到贯彻，其预订的目的也没有达到。

广东省政府迁至粤北韶关以后，为稳固其统治秩序，集中人力、物力，再一次议定推进保甲制度方案。1940 年 4 月，省政府发布了《复查户口暂行办法》《总动员视导保甲办法》等法令，通饬各县市严密办理保甲工作，限令各县市局于同年 8 月 15 日以前一律办竣，并接续举办户口异动查报。省府认为，如果下属各县市局能够依照其颁发的章则办事，就能将基层行政组织办理完善，而如果再迁延迟缓，则"责任所在，已无可推诿"。它进而规定："倘有成绩优异者，即予以奖励；而逾期未竣，或无正当理由延未举办，或办理敷衍，致保甲户口均欠确实，及不遵照规定依期具报者，各该县（局）长、民政科长或第一科长或政治科长（第一课长），及该管之区乡镇保甲长，均须层级负责，一律予以严厉之处分，以示惩戒而重要政。"① 其后，省政府的抽查工作及各县市的报告皆认为，各县由于战时的动乱及财力、物力的限制，无法按时预期完成保甲编组工作。于是，省政府同意将之展期至 12 月底为办理保甲完竣期限，并要求到时各县必须制订办理户籍复查工作月报表，按月具报最新情形。然而，展延之期限满后，省政府仍发现"各县局仍多未办竣"。无奈之下，民政厅再次电令各县市，再展以两个月为期限，希望"各级负责人员俾能体念时艰，努力从公，达成任务"。结果是截至 1941 年年初，"除游击区县份外，计呈报复查完竣者，仅有开平等三十八县局，其余尚在办理中或竟未举办。又在三十八县局中，果能户籍确实，及切实调整保甲，接续办理户口异动查报者，仍属寥寥。"② 至此时，全省编办保甲的工作已经展期两次，而办理效果仍不理想。

在严饬各县市局办理保甲的同时，省政府曾给予经费上的支持。1939 年 10 月 11 日，民政厅制定并颁布了《修正广东省各县区署乡镇公所及保甲经费支给

---

① 《令饬迅速完成调整保甲及整理户籍工作报核由》，广东省档案馆藏：《户口登记、编查、保甲整编、更改姓名规则、办法》，案卷号：2-2-74。

② 《令饬迅速完成调整保甲及整理户籍工作报核由》，广东省档案馆藏：《户口登记、编查、保甲整编、更改姓名规则、办法》，案卷号：2-2-74。

暂行标准》《修正广东省整理各县自治经费办法》、《修正广东省征收自治户捐通则》等文件。[1] 省厅鉴于以前各县编造保甲经费手续多有未符，反复批驳迁延时日，为便利各县局编造经费预算起见，它于 1940 年 3 月将各种自治经费编造预算式样，下发各县通饬遵照。而对于由省府补助的经费部分，则由财政厅于 1941 年 3 月依照补助标准，先行将补助各县的户籍费发放。

由这期间广东办理保甲的过程及情形可见，省政府和民政厅在章则的制定、组织的编定、保甲长的选委训练、经费的划拨，以及抽查视导等方面，确实做了许多工作。其对县市局各级行政机关也算是体念时艰，一忍再忍，期限一展再展，甚至苦口婆心地奉劝下属办好基层工作。然而，由于受战事的影响、基层人口的流动、物力的不足、民众的不信任不配合、汪伪势力的破坏，尤其是各级基层行政机关的腐败及保甲政策本身与基层社会的抵触等，都造成了保甲行政办理的效果不彰，户口异动的调查不准确。因此，省政府及民政厅仅将保甲未臻健全的责任，归咎于各县市局以及乡镇保甲长的敷衍塞责、阳奉阴违，显然不完全恰当。仅就基层行政人员来说，其办事的效率与政府的激励政策、惩罚措施，及其自身利益和安全能否获得保障等密切相关。而就民众而言，如何取得他们的信任、配合和参与，并非仅凭号召可以解决问题；动员民众要从基层做起才会更有效率，当时国民党脆弱的基层行政机构，已经不能担负如此重任。

第三节　抗战时期之保甲长群体

黄六鸿在《福惠全书》中论及保甲时，曾谓："欲增进保甲之实行效果，非保甲长之得人不可。"[2] 这就是说保甲长乃保甲制度取得实效之基础，国民党战时政府亦十分明了此点。广东省在 1938 年抽验考核保甲长时就反复强调："保甲制度为管教养卫合一之机构，各项要政均藉推行，其应时势之需要关系重大，尽人

---

① 《广东省政府第九届委员会第七十次议事录》（1939 年 10 月 11 日），广东省档案馆编：《民国时期广东省政府档案史料选编》（5），第 316 页。

② 引自闻钧天：《中国保甲制度》，商务印书馆 1935 年版，第 291 页。

皆知。惟保甲效能能否充分发挥，要以保甲长人选是否健全为断。"① 省府主席李汉魂在对保甲长发表讲话时也说："乡镇保甲长是最接近人民的基层政治负责人员，于此抗战建国的伟大时代，职责繁重，关系重大，自应及时增进职能，锻炼技巧，并抖擞精神，以效忠国家而造福人民"，"政在人举，事在人为，希望诸位且莫以职位的卑小，而怠忽其所掌"②。同样，广东汪伪政权在检讨保甲行政时亦认为："保甲制度最直接负责与执行方面者，顾名思义，仍为一般保甲长"，"组织只是保甲之躯壳，人员方是保甲之灵魂"③。日伪治下的其他地区负责人也一再认为："保甲长人选优劣，关系地方自治推进甚大。"④

由上可见，在抗日战争这一非常时期，敌我双方推行保甲制度的重点和顾虑，实集中在保甲长身上。在统治者看来，对保甲制度的控制与对保甲长的运用，要以是否适应于战时体制的发展为限。因此在这一特殊时期，如果说保甲制度的健全与否，是抗战时期国民党基层政策成败的试金石，那么，对保甲长的选任与运用适当与否，亦是保甲制度健全与否的试金石。它是检验战时保甲制推行成功与否之尺度，因为"保甲的运用与效率归根到底靠他们的活动反映出来。"⑤ 国民党政府在保甲长的运用与管理上，体现了许多战时色彩。

一、保甲长的选用

抗战前，由于地方政府对保甲制度的重视程度不一、驾驭方式不同，造成了在保甲长的选任上有较大的不同。比如1932年，豫鄂皖三省"剿匪区"之保甲法规定："甲长由本甲内各户长公推，保长由本保内各甲长公推"；"县长查明保长、甲长不能胜任，或者认为有更换之必要时，得令原公推人另行改推"⑥。这种"公

---

① 广东省档案馆藏：《户口异动、抽验保甲办法计划及报告表，各县保甲概况》，案卷号：3-1-46。
② 李汉魂：《劝勉调集讲习的乡镇保甲长书》（1939年10月1日），载广东省政府编译室编印：《战时粤政》，1945年，第35、39页。
③ 《市保甲委员会凌秘书谈整理保甲意见》，广州《公正报》1944年11月14日。
④ 转引自朱德新：《略论日伪对冀东农村基层行政人员的控制》，《中山大学学报》（社会科学版）1997年第5期。
⑤ 朱德新：《二十世纪三四十年代河南冀东保甲制度研究》，中国社会科学出版社1994年版，第128页。
⑥ 1932年8月，豫鄂皖三省"剿匪"总司令部公布：《"剿匪"区内各县编查保甲户口条例》，载中国第二历史档案馆编：《国民党政府政治制度档案史料选编》，第409、410页。

推"保甲长的办法有诸多弊病，其中之一就是造成保甲长"轮充"的局面，以致闹出"婴孩做乡（镇）保甲长的滑稽故事。"[①]

抗战爆发后，为了避免任意更换保甲长，以致演成轮充的流弊，国民政府立法院公布的修正保甲条例规定："保长甲长任期均为一年，连选得连任。"[②]国民党在推行新县制后，着力健全保办公处的编制："保办公处设干事二人至四人，分掌民政、警卫、经济、文化各项事务，由副保长及国民学校教员分别担任之；在经济不充裕区域得设干事一人。"新县制为健全保的行政组织，使其成为管教养卫的合同体，规定"所有的乡（镇），镇设中心学校，保设国民学校，原则上规定校长暂由乡（镇）保长兼任，使管教合一；乡（镇）保又有国民兵队的编组，队长定由乡（镇）保长兼任，使政治机构和军事组织合一。同时新县制又规定，保设有保合作社，乡（镇）有乡（镇）合作社，乡（镇）长应担任指导的任务，使政治组织与经济组织，融合而为一体。"[③]这样保甲长就三权合一，实权在握，这对避免轮充起到了较大的作用。广东省为避免轮充的流弊，省府规定在新县制尚未实施，保长副及甲长未办理选举以前，保长副及甲长暂以下列办法选用："一、保长副保长由乡（镇）长选定，呈请县政府委任。二、甲长由保长选定，呈请乡（镇）公所给证转报县政府备案。"[④]广东省政府企图以此来控制保甲长的选举。

1939年1月，国民政府内政部公布了《非常时期保甲长选用办法》[⑤]。其原文如下：

第一条　非常时期保甲长之选用，依本办法行之。

第二条　国民年在二十五岁以上四十五岁以下，有左列资格之一者，得充任保长：

一、高级小学以上学校毕业及与其程度相当者。

---

① 梁明政：《实施新县制与改造基层组织》，广东《地方行政》第4、5期合刊，1940年9月1日。
② 陈高佣：《抗战与保甲运动》，商务印书馆1937年版，第72页。
③ 梁明政：《实施新县制与改造基层组织》，广东《地方行政》第4、5期合刊，1940年9月1日。
④ 《广东省县各级组织纲要实施计划》（1940年5月），广东省档案馆藏：《广东省县各级组织纲要实施工作计划进度表》，案卷号：3-1-33之二。
⑤ 广东省档案馆藏：《户口异动、抽验保甲办法计划及报告表，各县保甲概况》，案卷号：3-1-46。

二、曾任公务员一年以上者。

三、曾任自治职员或办理地方公益事务二年以上者。

四、公正勇敢有办事能力及经验者。

五、在地方上办理社会事业著有声誉者。

第三条　国民年在二十五岁以上四十五岁以下，有左列资格之一者，得充任甲长：

一、初级小学以上学校毕业者。

二、粗通文字并热心公益者。

三、曾任自治职员或办理地方公益事务一年以上者。

四、曾受国民军事训练者。

第四条　有左列各项情形之一者，不得充任保甲长：

一、在本地居住未满六个月者。

二、有不良嗜好者。

三、有土豪劣绅行为曾受处刑之宣告者。

四、褫夺公权尚未复权者。

五、亏空公款尚未清偿者。

六、身有残疾或过于衰弱者。

第五条　保长由乡镇长或联保主任就本保内居民合于第二条规定之资格而又无第四条所列各项情事者，择选一人报由区长转呈县政府委任，并由县政府呈报省政府及该管行政督察专员公署备案。甲长由保长就甲内居民合于第三条之规定资格而又无第四条所列各项情事者，选择一人报由区长委任，呈报县政府备案。关于区长转呈委任及委任呈报之规定，在未设有自治区或区署地方由乡镇长及联保主任办理之。

第六条　保长不得兼任甲长，乡镇长或联保主任不得兼任保长或甲长。

第七条　保长任期一年，但经考核成绩优良者，得加委连任之。

第八条　保甲长有不能胜任或违法者，乡镇长或联保主任得呈准撤换。县政府查明保甲长有前项情事时，得令呈报改委。

第九条　本办法在奉核定之日施行。

根据这一办法，战时保甲长的选任有了较大的变化：首先，提高了保甲长的年龄限制。根据这一办法，保甲长的年龄为 25 岁以上 45 岁以下，这比战前提高了 5 岁。早在 1937 年 8 月，国民党内政部就认为应该提高担任保甲长者的年龄限制，目的是要保障兵役的充裕，为避免地方士绅以担任保甲长而缓服兵役的特权来逃避兵役。它指出："现各县充任保甲长者，大多数系二十岁左右之适龄壮健青年"，为数巨大，影响兵役。"保甲长职务固属重要，而兵役义务当兹强敌压境之秋，重要或者过之，如能使此辈健壮青年及时入营服兵役，用之国防线上，其力量或较之任保甲长为大也。且现役期满，返乡再任保甲长职务，则可将军队中严密组织管理之经历施之保甲，保甲制度之愈健全可预卜也。"内政部的规定不仅为了能够完成兵役，而且还要通过退伍军人将军事化的组织带进保甲组织的管理之中，以使基层组织军事化。后来，行政院采纳了内政部的主张，将《修正剿匪区内各县编查保甲户口条例》第十六条第一款之"未满二十岁者"不得充任保甲长之规定，改为"未满二十五岁者"不得充任保甲长，以此来扩大兵役的来源。①

然而广东省对此有不同意见，它认为乡镇保甲长的职责重于一般兵员："查保甲人选以能切实负责者为最难。究其所以不肯负责之故，则由平日缺乏公益心，平时尚避公务若是，况于此非常时期，会劳怨交集乎？窃以为欲令保甲负责，莫若就现役壮丁中，遴选最聪颖强干者充任。并预先通告，凡能服从上令，绝对负责者，准予长期缓役，并按月拨给经费，不使因公垫累，且以参议会议决之各项优待办法，务令践实；倘有仍旧玩忽，则将其先行征抽复行兵役，则兢兢业业奉命惟谨。就每乡至少亦有适龄壮丁一千四五百人，除以二百人出任保甲长，准予缓役外，尚有千余人刻应征调，决不致影响役政。且酌选优秀分子办理后方政务，不必使之悉牺牲于前线，为民族计，似亦应尔。又保长任务，实较甲长为繁为多，须酌增经费，每月至少三元。甲长至许缓服兵役，不给经费，亦必乐于从

---

① 广州市档案馆藏：《关于提高保甲长年龄限制》，案卷号：4-1-2-370。

事也。"[①] 这一提议，不仅认定保甲长责任重于兵员，后方政务更为重要，以现役壮丁充任并无不可，而且认为保甲长人选不是兵役不足的原因。这种认识是非常有见地的，然而却未得到国民党中央政府的肯定。抗战爆发后，提高任保甲长年龄的限制，以保障兵役来源的政策仍得到了进一步的落实。其后，为了进一步保障兵源，军政部于 1944 年要求各省市县之保甲长年龄要在 35 岁以上，而对于 30 岁以下之现任甲长，须由该乡长另行遴选人员替任。对此，粤军管区奉命后迅速电饬各县知照，并要求各县市严格遵此办理之。[②]

是保证保甲长的素质，抑或保障兵源的补给，这在战时的确是两难的选择。国民党政府虽然逐步认识到后方重于前方、政治重于军事的现实，但这一思路还是无法有效的落实到基层行政工作中，保甲长任职年龄的提高，即源于政府保证兵源的考量，保甲长素质难以保障也影响了保甲行政的有效推进。

其次，规定保甲长不得纵向兼任他职。清人徐栋在其所辑的《保甲书》中认为：保甲"应定旨于简易，取效于便宜，握机于任人，归本于尽职。……地方官不得派办别差，以专责成"。[③] 闻钧天也说："欲增进保甲之功能，非分任乡镇长与保长之个别职责，则未可任其兼理。"[④] 在抗战时期，为使其责任专一，任务明瞭，立法院于 1937 年 7 月修正保甲条例时曾规定："保长不得兼任甲长，乡镇区长不得兼任保长或甲长。"[⑤] 其目的意在使"保甲长之职务，应尽量减少，以示体恤。"[⑥] 这一原则成为战时保甲行政的一个基本原则。《非常时期保甲长选用办法》第六条再次强调保甲长"责重事繁"，应以专任为原则，然而这一规定实施起来甚为不易。此规定颁定两年后的 1939 年 7 月，广东省信宜县仍是"各联保主任，均兼任保长，保长兼任甲长"。[⑦]

关于保甲长的兼任问题，应该分两层来说：第一层是保长兼任甲长，甲长兼

① 广东省档案馆藏：《户口异动、抽验保甲办法计划及报告表，各县保甲概况》，案卷号：3-1-46。
② 《卅五岁以下不得任甲长》，韶关《建国日报》1944 年 5 月 10 日。
③ （清）徐栋辑《保甲书》，卷 1，定例，第 1 页。
④ 闻钧天：《中国保甲制度》，商务印书馆 1935 年版，第 291 页。
⑤ 章伯锋、庄建平主编，中国社会科学院近代史研究所、中国史学会编：《抗日战争》第 3 卷，政治（上），四川大学出版社 1997 年版，第 448 页。
⑥ 《中国国民党五届三中全会内政部工作报告》，载秦孝仪主编：《革命文献》第 71 辑，第 335 页。
⑦ 广东省档案馆藏：《非常时期保甲长待遇及奖励办法施行细则及选用办法》，案卷号：3-3-190。

任户长的问题，即纵向兼任；第二层是保长兼保国民学校校长、壮丁队长的问题，即横向兼任。第二层的兼任问题，及保甲长实际应负多少责任问题就更为复杂，这和国民政府总的保甲方针有密切的关系。大凡战时公布的保甲条例，其关于保甲长兼任的问题，主要是禁止第一层的兼任，对于第二层的兼任问题，不但没有禁止，反而多有认同甚至提倡。如《县各级组织纲要》即规定："乡镇保甲长兼任队长校长。"1941 年 8 月 9 日国民政府公布的《乡镇组织暂行条例》还规定，"乡镇长不得兼任保长或甲长"，"乡镇长兼任乡镇中心学校校长及乡镇国民兵队长，在经济教育发达之区域，得不（不得）兼任乡镇中心学校校长"①。蒋介石更是说："为解决基层组织的人才与经济问题，并集中事权，增进教育在社会上之效率起见，除在经济、教育发达区域之乡（镇）中心小学校长，及保国民学校校长，均以专任为原则外，其他所有乡（镇）保长、学校校长、壮丁队长，均暂以一人任。"②国民党政府的这些规定，初衷乃是冀望通过三位一体制之优点，藉以解决经费与人才的困难。此外它提倡横向兼任，有意让事权集中，以便高效地控制乡村。中共人士在分析这个问题时曾指出：国民党政府"藉口乡镇长、联保主任、保甲长权力过小，为着扩大其权力，实行兼职……企图用兼职的方法来加强统治力，与消灭保甲组织内部派系之间的矛盾与斗争。"③

虽然李宗黄曾为保甲长的兼任问题辩解，认为："联保主任得兼驻在地保长，保长得兼住在地甲长，使其以身作则，躬行振道。"④但地方政府和时人更多地感受到其负面效应。曲江县民政科在反省基层组织之缺点时曾强烈地批评道："乡保兼任人员，因本身职务关系，往往虚拥其名，不负实际责任。"⑤有学者也指出："二项职务之性质不同，所需资历学识能力各异，故在事实上不易行通，一因兼具政治军事与教育学识经验之人员，在乡镇保长中，其为数少见；二因一人之精

---

① 章伯锋、庄建平主编，中国社会科学院近代史研究所、中国史学会编：《抗日战争》第3卷，政治（上），第 431 页。

② 李宗黄：《现行保甲制度》，上海中华书局 1945 年版，第 122 页。

③ 西北研究社编：《保甲制度研究》，第 232—233 页。

④ 李宗黄：《现行保甲制度》，上海中华书局 1945 年版，第 122 页。

⑤ 韶关市档案馆藏档，案卷号：1-16-295。

力与时间有限，一身而理三职，势必顾此失彼。"①另外，和国统区之规定不同，汪伪国民政府内部于1943年2月26日颁布的《各县编查保甲户口暂行条例》中则规定："甲长应否兼任户长，保长应否兼任甲长，由各保依其情形自定之。"②显然，汪伪政权也在权衡兼任的利弊，而对此未做统一的规定，只强调因地制宜。

最后，提高保甲长的选任资格。该办法对保长的资格规定为："高级小学以上学校毕业及与其程度相当者""曾任公务员一年以上者""曾任自治职员或办理地方公益事务二年以上者""公正勇敢有办事能力及经验者""在地方上办理社会事业著有声誉者"。甲长的资格规定为："初级小学以上学校毕业者""粗通文字并热心公益者""曾任自治职员或办理地方公益事务一年以上者""曾受国民军事训练者"。该规定在战时的急状态之下显然过高。如此陈义也使得乡村地方政府在办理保甲事务时，由于很难发现合格人才而颇感进退维谷之困。时人即指出：乡镇长也多是小学毕业，"所有保甲长除城市稍有知识者外，乡间保甲长及居民皆不知保甲为何物，更不明保甲长责任所在"③。广宁县曾报告民政厅称："如依据《非常时期保甲长选用办法》，势必全县保甲长悉予更张，于政令推行不无窒碍，"并提出："拟定本县保甲长以暂维现状为原则，如保长能力不胜者，则以选用办法改委。"这一要求没有获得民政厅认同。民政厅饬令该县"仍应遵照奉颁规定办法，切实办理具报"。④

然而，这种进退维谷的困境不只是广宁一县的问题，大多数县份由于保甲长资格达不到要求，根本没有具报关于调整保甲长的任何情形，反而抱怨之声盈耳。民政厅最终不得不作出变通，宣布人才问题若"降格以求，必不至于尚难其选"。⑤这种公开违背选用办法规定的通变做法，实属无可奈何之举。1941年4月11日，《中央日报》的评论指出，由于基层行政人员素质较差，使得一些督察专

① 萧文哲：《行政效率研究》，商务印书馆1942年版，第87页。
② 《行政院第155次会议讨论事项》（1943年2月26日），中国第二历史档案馆编：《汪伪政府行政院会议录》（18），档案出版社1992年版，第294页。
③ 罗天亚：《保甲与区政》，南京《行政研究》，第2卷第6期，1937年6月5日。
④ 广东省档案馆藏：《非常时期保甲长待遇及奖励办法施行细则及选用办法》，案卷号：3-3-190。
⑤ 《战地县份实施新县制问题意见》，广东省档案馆藏：《广东省县各级组织纲要实施工作计划进度表》，案卷号：3-1-33之一。

员和县长，常因得不到适当的干部人才，而迟迟不敢上任。[①] 直到 1943 年，据内政部估计，全国合格的保甲人员不超过半数。[②]

保甲长素质难以保障，不仅仅是在广东的乡村，即使在国民党战时的首都重庆，这也是始终困惑当局的一大问题。重庆市警察局曾承认："保甲长人选确为本市保甲长行政中最严重困难之问题。"[③] 该局在一份报告中指出："本市虽为战时行都，亦为文化荟萃之区，但一般智识分子常自居高等社会地位，藐视保甲职务，尤以军界人员轻蔑保甲人员，致使优秀青年、公正绅耆不愿充当。""固然，目前一般保甲人员素质甚底，难为社会重视，惟一般行政军事机关常为一己之方便，视如差役，任意驱使，一有不遂，即加侮辱。"为了提高保甲人员素质，重庆警察局曾提议："副镇长、正副保甲长，均由镇民代表大会、保民大会选举，加倍人数，再行考试录用"，并"加紧保甲人员训练"。该局甚至要求采取以下三项措施，来保障保甲长权益及提高其地位："（1）由市政府制定颁发地方自治人员保障单行法规。（2）由市政府呈请最高军事机关通令保障。（3）本市各种民众福利设施以特别优待享受。"[④] 尽管采取了多项措施保障保甲长地位，但保甲工作人员素质低下的局面并没有根本改变。1942 年 5 月警察局在报告中说："本市各区镇干、录事，均已分别予以甄别考核。唯此区镇人员因待遇微薄，虽经严行甄别，而其素质仍不是十分良好。"[⑤] 区镇工作人员素质若此，其保甲长的素质若何，亦毋庸深论矣。另外，为提高保甲行政人员素质，江苏省政府在抗战爆发伊始，就要求训练保甲长的重点应集中在其国格、人格、体格、精神上。[⑥] 这些训练项目已超出了保甲行政的应有之意，乃是属于公民基本素质教育。

甚为有趣的是，内政部官员、户籍干部人员训练班的教官周中一却认为，强

① 社论《行政人才的培养》，重庆《中央日报》1941 年 4 月 11 日。
② 王德溥：《新县制之检讨与改进》，中央训练团党政高级训练班 1944 年编印，第 30 页。转引自张俊显：《新县制之研究》，第 163 页。
③ 《重庆市政府公报》第 12、13 期合刊，第 115 页，1940 年 10 月。引自冉绵惠、李慧宇：《民国时期保甲制度研究》，四川大学出版社 2005 年版，第 193—194 页。
④ 《本市保甲工作现状与改进意见》，载《重庆市政府公报》第 8、9 期合刊，1940 年 6 月；引自冉绵惠、李慧宇：《民国时期保甲制度研究》，四川大学出版社 2005 年版，第 194 页。
⑤ 《报告·警察》，载《重庆市政府公报》第 32 其，1942 年 5 月；引自冉绵惠、李慧宇：《民国时期保甲制度研究》，四川大学出版社 2005 年版，第 195 页。
⑥ 《苏推进全省保甲》，《行政研究》第 2 卷第 8 期，1937 年 8 月 5 日。

化保甲，并没有必要提高保甲长的资质。他指出一方面是农民的素质普遍不高，难以达到标准；另一方面，"保甲长的知识愈高，舞弊的技术愈进步，运用不善，还不如知识简单的人谨慎畏法"[①]。可见，国民党当局的政策制定者，也许甚是注重法规执行者的素质高低，而具体政策的实施者更注重的是实际操作能力与能否驾驭便当。无论如何，保甲长素质难以保证，以致出现土劣化的倾向，势必造成保甲制度推行的诸多窒碍，也滋生了更多的腐败和乱源。

广东国民党政府虽然意识到了保甲长选任的重要性，并且也尽量保证保甲长的资智并减轻其工作负担，但由于受到战时紧迫征调和地方顽劣旧势力的影响，其保甲工作无法达到其预设的高度。人选难以胜任，必然会造成政策无法更好地执行，种种弊病缘是而生。由此表现出来的，首先是政府政策本身的失察，及其政策难以按部就班贯彻的弊端，保甲长群体的素质是第二位的因素。

二、保甲长的职掌

保甲长的职掌乃是对其工作范围的限定。然而，抗战时期地方基层事务惟保甲是赖，保甲长职繁责重，而又未有明确的限定。

新县制规定，乡（镇）为法人，保甲为编制，'保'是建设地方自治的基点。由此，原来地方管理的县、区、联保、保、甲五级制被改为县与乡镇二级制，区署成为县政府的辅助机关，保甲则成为构成乡镇组织的细胞。这样，纳于乡镇编制之内的"保甲"，就出现了半行政化趋向，"乡镇最终纳入到国家行政体制，实现乡镇长行政官僚化"，随着国家职能的扩大，其建立的却是"自管管人、自教教人、自养养人、自卫卫人"的保甲管理体制。[②] 从此"'保'不但具备国民兵队的武装组织，而且有保办公处、保民大会、保国民学校、保合作社等实际内容；而'甲'又是构成'保'的细胞，因此保甲的性能，已由单纯的自卫建设而成为管教养卫的合同体"[③]。由此政策的导向可知，保甲长的职掌是没有边际的。政府方面认为："无论在政治、经济、社会等各种事业之消极的或积极的方面，都可利

---

① 周中一：《保甲研究》，独立出版社 1947 年版，第 177 页。
② 于建嵘：《乡镇自治：根据和路径——以 20 世纪乡镇体制变迁为视野》，《战略与管理》2002 年第 6 期。
③ 梁明政：《实施新县制与改造基层组织》，广东《地方行政》第 4、5 期合刊，1940 年 9 月 1 日。

用保甲组织的机能，而收相当的效果。向不能由政治层而实达于社会层者，皆可期其渐次现诸事实。"① 在此，统治者乃以为行保甲而政俱举。李汉魂概括保甲长在抗战时期最基本的职责时，认为其有以下十个方面：一、国民精神总动员；二、户口调查与人事登记；三、兵役工役；四、保卫；五、教育；六、财政；七、农林；八、合作及贷款；九、禁政；十、卫生防疫。要之，凡举'管、教、养、卫之全般设施，乡镇长都应善驭保甲长，共同努力完成，"以期无愧于职守，无负于国家"②。

由此可见，抗战期间从国家政策之规定到地方统治者的办事思路，都以保甲制度为基层社会的全能机构，基层诸政事无巨细也都应由保甲长包办包理。然而保甲长如何承担如此庞杂的工作呢？这是统治者又不得不面对的一个实际问题。周中一就提出要善于运用保甲长：第一，运用保甲长须有一定的目标，也即"与民众切身利益相结合"。第二，运用保甲长须有一定的限度，要"量才使用"。第三，运用保甲长须有一定的分际，必须要"顾虑保甲长的身份，尊重其人格"。第四，运用保甲长须有一定的程序，为其"减负"（具体其章程的内容，参见文后附录二）。③ 周提出的这些原则，部分得到了各地方政府的认同，并有一定的改善。

但直到抗战胜利，保甲长的执掌都没有得到限定。在庞杂而繁琐的任务下，广东各地保甲长或择易而行，避重就轻；或"临危授命"，拉丁抓夫；或横行乡里，假公济私。保甲长"包办"或"包不办"的情况一直未能彻底解决，基层行政工作由此大受影响。造成这一不良状况的原因，保甲长固然难辞其咎，但国家政策是否合理，地方统治者对基层行政是否失察等问题也很值得讨论。

三、保甲长的待遇

保甲长的待遇如何，乃是政府对保甲工作是否重视，以及对保甲长作为一个

---

① 程才：《中国县政概论》，商务印书馆 1939 年版，第 235—236 页。
② 李汉魂：《劝勉调集讲习的乡镇保甲长书》（1939 年 10 月 1 日），载广东省政府编译局编印：《战时粤政》，1945 年，第 36—37 页。
③ 周中一：《保甲研究》，独立出版社 1947 年版，第 180 页。

为国家工作的群体是否认同的反映。抗战前的保甲长为义务职，只酌给办公费，其地位甚为低下，为一般人所轻视。这造成了大部分人视保甲长职位为畏途，因而保甲长轮充之传闻屡见不鲜。1937 年立法院修正的保甲条例，同样规定保长甲长均为无给职。抗战时期，由于保甲长职繁责重，且常常夹在几股势力中间而使工作难以开展，这种吃力不讨好的义务职，实在无法遴选出合格的保甲长来。拒任、逃逸保甲长之职者大有人在，虽严罚而不能止。面对如此情形，提高保甲长的地位及待遇，势在必行。

最早在基层行政体系中提高办事人员待遇的是阎锡山的村制体系。民初，阎锡山已经开始将地方精英拉入村级政权机构，授予他们一定的权力，并利用他们对传统权力的荣誉感和成就感及升迁的希望，来调动他们工作的积极性；同时，他也有一定的约束机制以减少基层政权的腐败现象。在这一村治体系的权力分配中，阎锡山特别强调村长与过去里保甲长的不同，要求县知事把他们看作官吏而非差役。同时，他还专门制定了县知事接待村长的六条规定："（1）县知事有向村长宣示省署政令的义务。（2）县知事每年必须集合街村长一两次，分类宣布政事。（3）知事到任两个月内，须召见所属各街村长，详询各村现状。（4）县知事每月内至少轮赴各大村镇，查催要政两次，以代召集之烦难。（5）知事对于街村长应随到随见，并应加以礼貌，不得轻慢。（6）街村长来谒知事时，县署公役务须即时传达，不得任意留难需索。"①这些规定反映出阎锡山为调动基层行政人员积极性所作的努力，他希望以此提高政府对乡村的控制能力。抗战时国民党的基层政策显然借鉴了阎锡山的村制政策，这也是战时国家进行有效社会动员的现实选择。

1938 年 8 月，国民政府内政部、财政部、军政部三部联名呈行政院，提出给办理兵役之保甲长以专门经费："各市由各该市政府经费项下编列预算，作正开支，其各县由各省政府编列预算书，由省款支给之。"②1939 年 2 月，国民党中央"为谋提高保甲长之待遇，健全战时地方基层政权起见"，特拟定《非常时期保甲

---

① 周成：《山西地方自治纲要》，上海泰东图书局 1925 年版，第 30—31 页。
② 中国第二历史档案馆藏：《关于乡镇保甲长办理兵役酌给费用以资鼓励案》，全宗号：十二（6），案卷号：16242。

长待遇及奖励办法》，并特饬广东省提高保甲长待遇。^①有鉴于此，广东省采取了以下得力措施来提高保甲长的待遇：

第一，规定保甲长为有偿职，要求国家各机关尊重其身份人格，解决其后顾之忧。1939年3月，广东省民政厅根据《非常时期保甲长待遇及奖励办法》，制定了《非常时期保甲长待遇及奖励办法广东省实施细则》^②；4月，广东省政府第九届委员会第二十八次会议将该细则修正通过并公布实施。其全文如下：

第一条　本细则依照《非常时期保甲长待遇及奖励办法》第八条订定之。

第二条　保长办公费，由各县市局依《广东省各县编办保甲经费支给标准》第五条第二项规定数额，列入地方款预算统筹，按月发给，不得积欠，各保长并不得自行摊派。甲长办公费，准用本条规定办理之。

第三条　各县市保训处，在干部训练完竣后，其兼任保训分队长或班长之保甲长，已领有分队长或班长月薪者，其办公费均予停支。

第四条　保甲长在任期内，其子女在当地公立小学肄业者，得报由当地乡镇长转请免收学费；各当地未设有公立小学校，其子女在私立小学校肄业者，并得报由乡镇长转请酌减学费。

第五条　保甲长在任期内，其直系亲属在当地公立医院就医，得报由当地乡镇长转请免费治疗；如当地未设有公立医院，其直系亲属在私立医院或医师业务就医者，并得报由乡镇长转请减免诊费。

第六条　保甲长在任期内，酌量减免临时捐款，应由该管县市局长核定行之。

第七条　本办法第六条规定保甲长奖励事项，"嘉奖"，"记功"两项，以书面行之，"其他名誉奖励"就当地善良习惯行之。"奖金"一项，为一次性给与，并以国币三百元以下为限，由县市局地方款项下拨支。"升用"以递级擢升为原则，但必要时，得越级升用。关于保甲长之奖励，均由各该县市局报由民政厅核准办理。

第八条　保甲长有过错时，上级机关派出人员及军警不得施以任何非礼行动。

---

① 广东省档案馆藏：《非常时期保甲长待遇及奖励办法施行细则及选用办法》，案卷号：3-3-190。

② 《非常时期保甲长待遇及奖励办法广东省施行细则》（1939年3月），广东省档案馆藏：《非常时期保甲长待遇及奖励办法施行细则及选用办法》，案卷号：3-3-190。

第九条 本细则自公布日施行。

该细则全面细致地规定了保甲长的待遇，包括：保甲长为有偿职，减免其临时捐税；为避免保甲长的后顾之忧，特准解决其子女就学和直系亲属就医免费或减费的问题；给予保甲之本人以升迁的机会；不得对保甲长人身造成侮辱性的非礼行为。不仅如此，1941 年 1 月广东省政府为准备实施新县制，进一步强调对保甲长地位的尊崇，严禁对其有一切非法非礼行为，以养成其高尚人格，而利工作推行。为此，它具体拟定三项办法："（一）乡镇保甲长奉办公务，如有奉行不力，或渎职舞弊时，当地军政机关应详细列举事实，送由主管机关依法办理，不得直接予以逮捕拘留、及任何非法非礼行动。（二）乡镇保甲长每届选举，应举行联合就职，由该管县、局长柬请当地军政长官参加典礼，并宣布待遇及奖励办法。（三）乡镇保甲长如遇有非法逮捕拘留，或非礼行动，得呈报主管机关及递报省政府，查明严惩，以儆效尤，而资保障。"[1] 4 月 1 日，广东省在正式实施新县制后赋予保甲长公务员身份。[2]

第二，树立乡镇保甲长在乡村的崇高地位，并切实减轻其负担。1941 年 8 月，广东省民政厅长何彤提议，为促进乡镇保甲工作效率、巩固地方基层治安、统筹人力、物力起见，要求再行提高乡镇保甲长之地位。据此，省政府特订定九项《提高乡镇保甲长地位办法》。该办法除再一次强调了前面公布的《非常时期保甲长待遇及奖励办法》要厉行实施外，并增加了这么几条内容："不得有串演戏剧讽刺乡镇保甲长者"；"乡镇保甲长奉行政院令及办理自治工作，由县政府每半年考核一次，或举行比赛一次，于年终核定成绩，优异者即酌予奖励或升用"；"凡乡镇民遇有婚丧宴会，应拥乡镇保甲长居首席，以示尊崇"；"乡镇保甲长就职典礼，由县府或区署主持"；"乡镇保甲长宜举公赙"；"乡镇保甲长宜互通庆吊，联

---

① 《粤省府订定办法尊重保甲制之地位》，韶关《中山日报》1941 年 1 月 23 日。

② 1939 年 9 月，内政部就认定非常时期保甲长得视为公务员。参见《户口异动、抽验保甲办法计划及报告表，各县保甲概况》广东省档案馆藏档，案卷号：3-1-46。萧公权曾指出，中国传统的保甲制度，"一方面通过谋取各当地居民的帮助，政府不用成倍增设官员，就能够在遥远的小村子施行统治；另一方面由于把保甲组织置于地方官员的监督之下，从而防止了保长、甲长手中的权力或其影响过度膨胀"。然而，战时保甲制度，由于保甲行政人员已经成了国家公务员，而且，其与地方行政人员的勾结也使统治者的这一设想彻底落空。参见 Kung-Chuan Hsiao. *Rural : China——Imperial Control in the Nineteenth Century*, University of Washington press,1960, Seattle and London. p.46。

络感情"①。这些规定看似只是礼节上的规定，但政府正是力图通过这些细琐的礼节规定，在乡村民众心目中造成保甲长尊贵的印象，它要求地方任何人不得对保甲长有任何亵渎行为，以此来造成其尊崇的地位而利于政府政策之推行。另外，省政府还在免除现任乡镇长本户之自治户捐的基础上，进而规定现任副乡镇长与保甲长同一待遇，"准予免征其本户之自治户捐"②，而且缓征缓召保甲长服兵役。③

第三，对保甲长因公受伤等行为给予一定的抚恤。如广东省政府曾制定《战时乡镇保甲长暨联保主任因公伤亡给恤暂行标准》，要求各地政府对因公受伤或死亡的保甲长，给予一定的照顾和抚恤。对此项规定，地方政府亦确有实行。如1940年8月，乳源县保长李隆修因公伤亡，政府给其"一次过抚恤费一百六十元"；阳春县也曾给吴锡光、何水生、黄汁三名甲长"恤伤费各六十元"，保长严文"恤伤费八十元。"④相对于当时乡镇公所事务员每月十二元的工资而言，这样的抚恤数额还算是能够安定人心的。

尽管省政府对保甲长的身份、待遇有诸多的关照，但在实施的过程中难免碰到这样或那样不尽如规定的问题。比如，省府虽有保甲长办公费的规定，但许多地方对此项规定却无力推行。如罗定县政府曾指出："当此抗战已转入第二阶段，政务日繁，保甲长之办公费，实有急速筹付之必要，惟职县地方税收短绌，各种政费现已入不敷支，虽此次保甲长办公费，每个单位月支不过数角，惟以职县七百五十四保、七千四百零三甲计算，则每月只保甲长办公费一项，亦非国币二千七百四十八元七角不办。前项保甲长办公费，虽准列入地方预算，作正开销，惟职县本年地方总预算，全年不敷二万余元，现尚无法筹支，倘再加入此项保甲经费，势必无法支付。"佛冈县也报告说："惟本县有特殊情形，因地方款支

① 罗时宪：《三十年十一月份的广东政治动向》，《广东政治》第1卷第4期，1941年12月15日。
② 《副乡镇保甲长免征自治户捐》，韶关《中山日报》1941年11月7日。
③ 广东省对保甲长缓服兵役的规定出台于1939年4月，但同年9月，广东省政府以"免与内政部法令向抵触"为由而取消。参见《广东省政府公报》，第556期，1940年9月16日。1941年这一规定在广东各县市部分的实行，并在1943年8月有所改动，"凡缓征缓召保甲长，以曾受兵役训练为合格，充任本职一年以上，年终成绩合格者为限"。参见《保甲长缓征缓召办法经从新规定》，韶关《中山日报》1943年8月10日。
④ 《广东省政府第九届委员会第一百五十二次议事录》（1940年8月13日），广东省档案馆：《民国时期广东省政府档案史料选编》（6），1988年，第104页。

绌，各乡自治户捐又征收不到，以致保甲长枵腹从公，待遇颇为缺憾。"[①] 如此这般的情形不一而足。抗战期间，国统区物价高涨，保甲长们的生活费极其微薄，以致流传有一句顺口溜："管、教、养、卫四件事，食、衣、住、行一元钱。"另外，虽有法令严禁对保甲长施以非礼非法行为，但保甲长"因为公务的舛误，动遭锁押"者仍不在少数。[②] 因此，各地仍然存着乡镇保甲长的地位为一般人所轻视，现任保甲长不安于位，未任斯职者视之为畏途等情形。提高保甲长之地位与待遇问题如何落实，始终是困扰广东省政府推行保甲制度的一个棘手问题，地方政府亦苦无良策。这种状况无疑会影响保甲长工作的积极性。

四、保甲长的训练

保甲长的训练是战时保甲行政的重要内容。抗战爆发后的 1939 年 11 月，行政院公布了《县各级干部人员训练大纲》。该大纲规定："区指导员、乡镇长及副乡镇长，中心小学校长、乡镇公所各股主任及干事，由省训练机关统筹，在行政督察区或指定地点训练；保长、副保长、国民小学校长及干事，由县训练机关训练；甲长之训练，得由训练机关斟酌情形，分别派员于适中地点集合训练。"[③] 对此，广东省政府积极执行。它通过各种形式的训练班训练了大批基层行政人员。到 1941 年 4 月，广东省各级训练机关的结业学员为数已达万人，分布于全省各地。为使其互相联系及便于辅导起见，它还在各地组织通训站，"藉以联络感情，砥砺进修，交换工作经验，并传递消息"[④]。这些训练班类别颇多，期限则较短，属于短期的速成班。如电白县于 1942 年 12 月正式成立县训练所，分期调训各乡镇保甲长及乡镇公所职员，到 1945 年 8 月，已经训练了 12 期。其详细的办理情形如下表：

①　广东省档案馆藏：《非常时期保甲长待遇及奖励办法施行细则及选用办法》，案卷号：3-3-190。
②　罗时宪：《三十年十一月份的广东政治动向》，《广东政治》第 1 卷第 4 期，1941 年 12 月 15 日。
③　《县各级干部人员训练大纲》，第 21—22 页。转引自张俊显：《新县制之研究》，第 158—159 页。
④　《视导会议的重大收获》（1941 年 4 月 15 日），曲江《地方干部》第 6 期，1941 年 4 月 25 日。

电白县地方行政干部训练所训练概况调查表 [1]

	训练期数	训练班别	每班人数	备考
民国三十一年十二月一日成立	第一期	师资班	一百五十名	二十九年九月开始
	第二期	户籍班、保干事班	六十一人、六十九人	三十一年十二月十日～三十二年一月二十一日
	第三期	乡保干班、合作班	五十六人、三十四人	三十二年三月二十六日～四月二十五日
	第四期	保干班、民众警卫班	五十六人、四十一人	三十二年五月二十二日～六月二十日
	第五期	保干班、兵役班	六十八人、三十二人	三十二年九月二十五日～十月二十四日
	第六期	保干班、乡干班	六十人、十五人	三十三年二月六日～三月二十六日
	第七期	乡干班、保干班	十一人、三十一人	三十二年五月二十九日～六月二十五日
	第八期	乡干班、保干班	二十一人、五十六人	三十三年九月一日～九月三十日
	第九期	会计班、征工班	四十一人、七十一人	三十三年十一月十九日～十二月十八日
	第十期	户籍班、保干班	八十九人、二十六人	三十四年三月二十三日～四月二十日
	第十一期	保干班	五十五人	三十四年五月二十二日～六月十七日
	第十二期	甲长班	每班一百人	三十四年八月二十七日～九月十五日
	合计	共二十三班	一三二四人	—

在此期间，电白县结业了 12 期 11 个班种的 23 个训练班，共计 1324 人。其不同训练班各有针对性，涉及地方行政的方方面面，而且训练较有延续性。

类似的训练情形也开办于其他一些县份，但训练的效果却不够理想。1941 年 4 月 15 日，广东省政务视导团在视导了普宁、吴川、阳山、乐昌、曲江等 42 个县通训站的中心学校校长班、区乡长班、警政班后发现："半数县通训站的受训人员尚肯用力，也有半数不安于位、渎职甚至无所事事，而大部分县份的受训人员对其进修工作殊少注意。" [2] 此后，广东省地方干部训练委员会再次就经训人员的去向、工作状态，以及各地方县政府对他们的态度等方面进行视导，其结果仍不够理想。东江十一县的视导结果是："河源共有学员二百余人，而未成立通训站；

---

① 邵桐荪等纂：《民国电白新志稿》，民国三十五年（1946），第 4 章第 5 目，第 2 项·自治，第 49—50 页。
② 《本省政务视导团视导各县通训站学院服务进修简报》（1941 年 4 月 15 日），曲江《地方干部》第 6 期，1941 年 4 月 25 日。

惠阳共有学员一百余人，惟未能得到地方长官之信任。特别是自治协助员，多未得到地方县长之信任。"据西江一、三行政区十八县报告："关于学员服务机关者，各该机关之主管长官，对于曾经训练机关训练学员，多存恶意之戒惧，鲜有善意之督导，每不能量才任用，致生隔阂，人事失调。"南路十三县一局的情况似乎更差，其受训人员的工作缺陷有："1、缺乏工作的自动性与积极性。2、缺乏工作之确定性与忍耐性。3、缺乏合作互助支援团结的精神，因之失联略者不下三百人。4、地方政府未能利用与重视干部。5、地方政府对于经训人员未能因势利导。6、经训人员多与地方政府脱节。7、待遇菲薄。"这些情况导致了部分受训人员出现三种极不端正之态度："A. 设法另找工作。B. 消极怠工，盼望撤职，另谋他业。C. 禄不足以养廉，致有贪污情弊。"对此，视导员建议："以后应在学员入校前加以选择、考试，有相当经验者，始可主持独立机关，而且要和各地方县长加强联系，可聘其为通训站指导员；经常视导通训站，不断输给其精神食粮。"①

广东省政府希望将地方基层行政人员通过速成的方式，培养成能为国家效力的工作人员，以提高战时基层社会的行政效率。然而，结果却未能如愿。如上述报告所言，受训人员鱼龙混杂，无坚定的信仰，受训后亦不安于位，无所事事甚至渎职；地方政府对受训人员，尤其是自治协助员并不信任，甚或有所轻视和提防之心。这些都造成了其训练的效果很不理想，训练的初衷也难以落实。

当时有学者估计，为推行新县制，全国需要培训 11, 18, 367 名县政工作人员。② 但 1943 年国民政府内政部对实施新县制的 17 省县各级干部训练情形的调查显示，各地训练的县政工作人员远远达不到这样的需求。如广东应训练干部 142, 769 人，但实际上只训练了 57, 243 人，训练的比例只有 40%，但这已经比全国 23.5% 的比例高出不少。③

总之，保甲行政人员训练的目的，是基层行政工作始终充满活力，并贯彻执

---

① 广东省地方行政干部训练委员会袁飞翰等：《各区视导工作报告》，曲江《战时南路》第 6 期，1941 年 4 月 25 日。
② 周沛棠：《改进本省县政之商榷》，广西《抗战时代》第 2 卷第 1 期，1940 年 7 月 1 日。
③ 内政部：《新县制实施成绩总检讨案》，台北"国史馆"藏，第 3 卷，第 55 页，转引自张俊显：《新县制之研究》，第 165—166 页。

行政府新政策的重要保证。战时广东国统区保甲长的训练工作的普遍开展，原是国家加强基层工作的行为。但地区执行的差异，以及受训人员受训后的工作状态和效果，使这项工作仍需要进一步提高。受训人员无立志服务于基层社会的决心及其借受训谋他业的想法，使政府通过训练保甲长加强基层工作的初衷落空，更突显了保甲长职务不得人的弊病；而地方政府对受训人员的怠慢甚至戒备，则使政府训练基层工作人员的目的难以达到，窒碍了基层社会工作的发展。

五、首席保长与保甲长集中办公

1939 年 7 月，广东省政府为加强对基层社会的控制，增进保与保之间的横向联系，特别提出："举行保长联席会议，互相观察，互相批判，以交换工作经验，促进保与保间之联系。"[1] 这一提议是对战前联保制度的进一步深化，政府企望以此建立起控制乡村的纵横联系网络。然而同年 9 月，国民政府颁布的《县各级组织纲要》第六十四条规定："在人口稠密地方如一村或一街，如为自然单位不可分离时，得在二保或三保，联合设立国民学校、合作社及仓储等机关，推举保长一人为首席保长，一总其成。"[2] 这种新增设的、前所未有的首席保长，是"限于特定的地域和特定的任务"而设，"不是固定的"的职务。[3] 它和以上广东省要求举行的保甲联席会议不同，并且和《剿匪区内各县编查保甲户口条例》第三十一条规定的联保主任的设置也是不同的。第一，所谓的联保是联成五保以上的乡镇都应设立的机构；而首席保长的设立，则强调自然单位的重要性，要求不能跨境。第二，联保在设置中，联保主任的任务是普遍的、庞杂的；而首席保长的任务是特定的、有限的。第三，联保是虚设的三级制机构，相当于区保之间有一个纵的层面机构；首席保长是保与保间横面的联系机构，不构成一个层级。

为和中央规定设置首席保长的条件相一致，广东省政府调整了前项提议实行保甲联席会议的做法。1940 年 5 月，广东省政府在《广东省县各级组织纲要实施计划》中规定："在人口稠密地方如一村或一街为自然单位，不可分离时得就

---

① 杨源荣：《抗战中的一个政治问题——怎样健全保甲组织》，韶关《大光报》1939 年 7 月 26 日。
② 广东省档案馆藏：《广东省政府实施新县制报告书》（1940 年 10 月），案卷号：3-1-35。
③ 周中一：《保甲研究》，独立出版社 1947 年版，第 213 页。

二保或三保联合推举保长一人为首席保长，但有特殊情形得增至三保以上以资因应。"这种看似和《县各级组织纲要》关于首席保长的规定相似的做法，其实仍有较大不同。《县各级组织纲要》中规定的是针对人口稠密的地方，限于地方狭小，不可能每保都设立国民学校、合作社及仓储等机关时，二或三保联合设立这些机关，推举一位保长为首席保长负总责；而广东省政府的规定，则强调先在人口稠密地方的二或三保推举一保长为首席保长，然后由首席保长对这些保内的事务负总责。前者是先有联合办理保国民学校、合作社及仓储等机关的需要时，才设首席保长，而后者则是先设首席保长，然后使其办理几保内的各种事务。这一思路当是联保思想的翻版，和中央政府设立首席保长的精神相去甚远，是一种明显的偷梁换柱的做法。对此，国民政府行政院就广东省政府的规定批文曰："与现行法令不合，其得变通办理，须以有特殊情形为限。"①

于是，省政府又于同年7月颁行了《广东省各县局设置首席保长暂行办法》②。它规定首先筹设各保联合国民学校、合作社、仓储等机关，及属于各保公共性质之一切事务，然后得设立首席保长，辅助乡（镇）长及督促指导保甲长，执行各应办事项；同时又规定属于各保自身应办事项及法令上规定之职掌，仍由各保长分别负责办理。这一规定基本是符合新县制法规的。但是，该办法还加上了两条内容：第一，"首席保长每月应召集联合各保长开会一次，必要时得随时召集之，并得请区长及乡（镇）长副参加指导。前项会议情形，呈报乡（镇）公所备查，其议决事项关系较重大者，应呈请县政府核准后实行。"第二，"首席保长办公处，设于该保保办公处内，所有事务由联合国民学校之教员，或该保办公处职员，或隶属联保中之职员兼办。"③可见这一暂行办法，一方面是对新县制规定的归依；另一方面还是根据广东省的实情，仍在加强各保间的联系，以利办理各

---

① 广东省档案馆藏档：《广东省县各级组织纲要实施计划》（1940年5月），案卷号：3-1-33之二。

② 此件经过内政部修正，如：三、首席保长之设置，以在人口稠密地方，如一村或一街为自然单位不可分离时，得就二保或三保联合设置，但山川形势或行政经济上有绝对特殊情形者，得增至三保以上，以资因应。（内政部意见）本条中"得增至三保以上"目，应改为"得增至五保"以示限制。四、首席保长由联合保长推举一人兼任，报由乡镇长递呈县政府加委并呈报省政府备案。（内政部意见）本条中"由联合"三字下应加"各保"两字。参见韶关市档案馆藏档，案卷号：1-15-50（1）。

③ 《广东省各县局设置首席保长暂行办法》（1940年7月），广东省档案馆藏：《广东省政府实施新县制报告书》，案卷号：3-1-35。

项事务；同时它又设立首席保长办公处（虽然在原保长办公处），给联保中的职员留下办事的机会。由此可见，其联保办事的思路还没有完全转变过来。这一思路，还可在 1941 年 3 月韶关市政府试行首席保长制的规定上有所反应。其规定是："择定由第十三起至十七保组成保长联合办公处。委定周□为首席保长。关于今后厉行户政，必可收分层负责及监督之效云。"① 该市关于五保组成一首席保长的规定不但与新县制规定不符，而且其厉行户政的规定也不符合首席保长设立的前提条件的，"分层负责"的提出也隐隐透出联保办公的气息。

这一变通其实是地方上希望更强力控制基层社会的反映。无独有偶，在战后的浙江省嘉兴县，其地方政府也极力推行首席保长制："各乡镇人口稠密之村镇或冲要地带，应事实需要得联合二保或三保设置联合办公处，公推首席保长一人主持之。"并且还规定"办公处办事人员均由镇公所委派任用，不得任意撤换"。其后又经过一系列的调整与变更，在乡镇与保一级设置了一个中间机构，以适应国家政权向基层政治渗透的需要。② 这种规定和抗战前期广东联保办公的思路颇为相似，并不符合新县制的要求。

保甲长集中办公是广东省政府为加强保甲行政而积极推行的另一个战时措施。省府认为，保甲制度推行之精髓不在数字之编组上，而在保甲行政人员能否充分发挥作用，并能否有效的组训、控制民众上，"发挥其功能与促进政教养卫合一……以期增进其工作效能，而资充实基层组织之力量"③。因此，它强调一方面在适宜的时间训练乡镇保甲长，以求其有"普遍之政治训练，俾其了解一般国势国策及中外情形与各款重要法令，而期增进其办事效能"④；另一方面则积极推行保甲长集中办公的政策。省府认为保甲长集中办公，教、学、做合一，即是化零为整的办法，而其所能起到的效果，绝对不是机械的训练所能比拟的。在保甲长集中办公会上，保甲长可以把上期的工作情形报告乡镇保长；保长对工作上

---

① 《韶市试行首席保甲长制》，韶关《大光报》1941 年 3 月 20 日。
② 杨焕鹏：《战后乡镇自治运动中的保甲制度——以嘉兴县为例》，《历史档案》2004 年第 4 期。
③ 《广东省民政厅二十六年度施政纲要目次》，广东省档案馆藏：《广东三年建设方案》（一）。案卷号：3-1-23。
④ 李泳：《非常时期之民政工作》（1938 年 4 月 26 日）。

的疑问，也可以请示乡镇保长；乡镇保长则借此考核保甲长上期的工作成绩，并指示下期的工作方法。这样一来，"一方面使上下的精神贯通，不致隔膜；一方面保与保间、甲与甲间，也可以互相观摩，互相竞赛，增进工作的联系和效力"[1]。

　　新县制在法律上认定保甲是乡镇内的编制，保甲长是乡镇内之办事人员。而保甲长毕竟是乡镇公所的外勤工作人员，责令其每日到乡镇公所办公，当然为势所不许，且亦无此必要。但保甲长集中办公，既能使事实与法令符合，又有上述的诸多好处，广东省政府对此亦着力不少。1939年9月，广东省民政厅拟定了《广东省各县市局甲长集中办公办法》[2]。该办法内容如下：

一、为增进保甲长办公效率，使各甲事业平衡发展起见，特拟定本办法。

二、各县市局甲长集中办公，悉以本办法办理。

三、各保长所属甲长应每十日集中办公一次，每次时间不得超过三小时，其日期由保长召集甲长会议决定之。

四、甲长集中办公时间内，保甲长应将左列各事项分别报告：

　　甲 保长报告事项：

　　（一）最近奉令饬办及执行保甲规约事项。

　　（二）复查本保户口及编选统计报告事项。

　　（三）办理兵役及壮丁队之督率训练事项。

　　（四）教诫保内住民毋为非法事项。

　　（五）督率所属办理防卫之事及交通设施事项。

　　（六）推进新生活运动及国民经济建设事项。

　　（七）推进革命精神总动员，举行国民月会等事项。

　　（八）禁烟禁赌事项。

　　（九）其他属于保长职务事项。

　　乙 甲长报告事项：

　　（一）最近奉令饬办及执行保甲规约事项。

---

① 周中一：《保甲研究》，独立出版社1947年版，第185—186页。
② 《广东省各县市局甲长集中办公办法》，广东省档案馆藏：《广东各县市局长集中办公办法》，案卷号：3-3-177。

（二）清查甲内户口及编钉门牌事项。

（三）办理兵役及壮丁之抽选与役务训练分配事项。

（四）盘查甲内奸宄及稽查出入境人民事项。

（五）教诫甲内住民毋为非法事项。

（六）辅助军警及保长搜捕汉奸匪犯事项。

（七）办理联保连坐切结及监视未经结保之各户行动事项。

（八）推行新生活运动事项。

（九）推行革命精神总动员，誓行国民公约事项。

（十）禁烟禁赌及卫生事项。

（十一）其他属于甲长职务事项。

五、甲长集中办公时，保长分别报告后，所有上级交办及保内应兴应革事项之进
行方法以及疑难问题，均即席商讨决定之。

六、甲长集中办公由保长主持监督之，乡镇长或自治区协助员应按时轮流前往指导。

七、甲长集中办公地址在保长办公处，如有迁移必要时，得由保长召集甲长会议
决定之，但仍应报告乡镇公所转报区署备案。

八、甲长如有推诿不到者，保长应报告乡镇公所，递报县政府或管理局分别惩处
之，但遇有特别故障者，事先需呈报保长核准。

九、本办法自公布日施行。

该项办法于9月26日由省政府第九届委员会第六十六次会议决议通过。11月，
省政府在高明、高要、丰顺、紫金等二十三县开始实施该办法，"以灌输保甲常
识，增强抗战力量"[1]。始兴县、灵山县还分别制定了《始兴县甲长集中办公督导
实施简则》《灵山县各乡（镇）公所集中各保长办公大纲》等，保甲长集中办公计
划在全省推行。

有关各县市局保甲长集中办公推行的实际效果，因未见更多的记载，我们还

---

① 广东省档案馆藏：《民政厅代电各县加强保甲组织及各县呈报办理情形》，案卷号：3-2-69。

不得而知。但就这一办法的宗旨所向，它实则是广东省政府区乡（镇）汇报制度[①]的向下延伸，也是一种"短期施训"措施[②]。这种权宜方法，在当时的特殊环境下，还是较为合理可行的政策，在一定程度上节省了人力、物力，应该说它对保甲行政的推行是有效的。

另外，作为这一政策的补充，省政府还多次举行了保甲长集中讲习会。其目的在使保甲长们明了战时的一些紧急法规，以及自己应该具备的处理一些紧急问题的能力。正如李汉魂在对保甲长演讲时所说，为健全基层组织，推进行政效率，省府"一面设立县政人员训练所，经常训练各级干部，以作治本之计；一面分别调集各乡镇保甲长集中讲习，予以目前工作上所需之知识，以作治标之图。"[③]然而，由于基层经费短缺，保甲长智识低下，想通过大量训练保甲长并使其在短期内发挥效能，是不切实际的，保甲长集中办公不失为一种较为理想的弥补方式。

六、对保甲长的批评与考辨

保甲长主持最基层的乡村工作，其优劣善恶自当从其所做工作的成绩中来品评。然而按法令规定，保甲之工作千头万绪，保甲长想在保甲工作上向上级交上一张满意的答卷，实属不易；方方面面的相关利益者，对其看法自然不会相同，甚至大相径庭。总体而言，对保甲长的批评之声盈耳，赞誉之言难闻。如曲江县政府虽曾自夸说："本县乡保长，均选拔乡中之优良分子充任，多受中等以上学校教育，被选为乡保长后，复经本县训练所训练，故乡保长均有治事能力，对乡间纠纷情事，多能调处得当，各乡公所有调处会，乡保之间均甚和睦。"[④]但这实际上重在避实就虚地夸赞县府考选与训练保甲长方面的政绩，只顺便涉及对保甲长自身工作的评价。社会人士对保甲长的批评主要集中在以下三个方面：

---

① 1940年广东省政府曾规定，全省各县市之区长每月集中县政府汇报工作一次，"以加强各级之联系，提高基层行政的效能"。是为区乡（镇）汇报制度。参见梁明政：《实施新县制与改造基层组织》，广东《地方行政》第4、5期合刊，1940年9月1日。

② 《各省实施县各级组织纲要之检讨》（1940年行政院致广东省政府），广东省档案馆藏：《广东省政府实施新县制报告书》，案卷号：3-1-35。

③ 李汉魂：《劝勉调集讲习的乡镇保甲长书》（1939年10月1日），载广东省政府编译室编印：《战时粤政》，1945年，第35—36页。

④ 《曲江县之沿革及环境》，第7页。韶关市档案馆藏档，案卷号：1-16-293。

第一，经济上的指责，诸如假公济私、营私舞弊、贪污成风等。批评者指出，乡镇保甲长奉到委任以后，往往凭借自己公务人员的地位和职权，在地方上做种种投机谋利的情事，假公家名义，满足个人私欲。如在救国公债的问题上，保甲长先将前一期救国公债的钱落入私囊，等到一下期国防公债又来时，就将几期救国公债叠加起来，摊入民众中进行迫收。[①] 在征兵的问题上，保甲长大大地宣传当兵的苦痛和打仗的危险，于是壮丁不得不拿钱贿赂保甲长以此逃避兵役，保甲长即可借此渔利。等到抽丁的命令来了，无法征调，保甲长就到处拉丁抓夫。[②] "80% 以上的摊派系由保甲长们负责，他们的腐败是臭名昭著的"，"邪恶是无边的"[③]。在食盐专卖上，保甲长大做手脚，虚报户口，领公盐出售图利。[④] 甚至还有人批评保甲长包赌包娼、运烟走私等。以致有人就指出："摊派不公，冒名顶替，强拉壮丁与徇情贿赂等流弊的发生，其责任则完全在保甲长。"[⑤]"贪污之风甚盛，做一任甲长，剥削所得，辄以十万计。"[⑥] 保甲长如此的贪污行为，不但成为地方自治推行的障碍，而且引起地方民众的怨恨，致使两者关系紧张而不利战时基层行政工作的开展。

第二，个人工作作风上的指责，如专横集权、包办一切等。抗战伊始，广大民众对保甲制度不民主的批评，首先是对保甲长包办与包不办的指责。随着战争的进行，他们对保甲长的这些行为更是批评尤甚。徐寅初指出："从普遍观察地方人才之实际情形而论，尤其是在保，即可明了集权而不民主的保长，占十之九，各县大多数保长，不是为了集权而作威作福，一切包办，就是为了集权而糊里糊涂，一概不做。"他并进而指斥保民大会亦只是形式，而毫无民主的内容，上级在保民大会上直接指定保甲长者有之，代民众填写选票者有之，不经表决而擅自通过决议者有之，如此情形不一而足。同时，国民政府的新县制将管教养卫合

---

① 梅清园：《保甲制度下的人民生活》，广州《抗战农村》第 1 卷第 6 期。
② 觉微：《乡村工作所遇到的困难》，《中国农村》第 11 号，1938 年 3 月 20 日。
③ ［美］易劳逸：《毁灭的种子——战争与革命中的国民党中国（1937—1949）》，王建朗、王贤知、贾维译，江苏人民出版社 2009 年版，第 51、66 页。
④ 《严禁保甲长售公盐图利》，韶关《中山日报》1943 年 9 月 10 日。
⑤ 高亨庸：《保甲长之任务》，上海正中书局 1947 年版，第 74 页。
⑥ 中国人民政治协商会议广东省广州市委员会文史资料研究委员会编：《广州百年大事记》（下），广东人民出版社 1984 年版，第 566 页。

一，造成了保公所的一言堂形式，而不能合理分工，切实合作。① 甚至有人指出："目前人民之权力全无保障，一个保甲长可以随便捕人"，甚而任意羞辱。② 在很多地方，"乡镇保长身兼数职，大权在握，他们要干什么就干什么，成了大大小小独霸一方的'土皇帝'"。③

第三，思想行为的指责，如依势招摇、压迫民众、藉职公报私仇等。郭冠杰说，乡镇区长以及保甲长"几乎完全为豪绅土劣所把持，其唯一职能，最多只是略尽传达政令的中介作用。有的保甲长甚至勾结县官，利用保甲制度为剥削农民的工具"。④ 在此，不仅一般知识分子批评保甲长甚力，国民政府官员也对保甲长颇有微辞。身为国民党总裁的蒋介石，对保甲长的批评更较一般人为甚。他批评保甲长对于当地人民不能善为劝导扶持，反而肆意凌人，"以致各地有了乡镇长和保甲长，一般民众反而多受一层压迫。这种藉势招摇，欺压人民，完全是过去一般土豪劣绅的故伎没有改革，所以他们与官厅愈接近，对于人民的欺压也就愈厉害"。蒋又说他们在办理公事时常做出不公平、不顾恤的事情，有钱有力者，不出钱出力，反而是无钱无力者，既要出钱又要出力；并说他们不能捐弃私仇私怨，一秉至公，反而利用自己公务员的身份，"对于夙所不快的人，藉端报复，尤其营私舞弊，受人家反对或告发的时候，更要假借地位，排除异己，加以倾陷，使民众敢怒而不敢言"。蒋介石最后指出，保甲长如果犯了这些毛病，"不仅不能实行主义，挽救国家，而且连保甲制度的良法美意，都要为他们所破坏，地方自治，永无施行之望，民众痛苦，亦无解救的一天"。⑤

社会各界对保甲长以上三方面的指责，多是保甲长无法逃避的责任。其中有的指责虽或饱蘸感情色彩，但客观事实是存在的，并非空穴来风。由此引发的民众对保甲长群体行为的恶感，也是无法改变的事实。只是由某些批评所引发的另一些问题，则仍有讨论的必要。

---

① 徐寅初：《怎样建立地方基层组织——论保组织》，《中国农村》第 6 卷第 6 期，1939 年 12 月 1 日。
② 《广州百年大事记》（下），广东人民出版社 1984 年版，第 566 页。
③ 胡次威：《国民党反动统治时期的"新县制"》，载《文史资料选辑》第 29 辑，中国文史出版社 1995 年版，第 210 页。
④ 郭冠杰：《全民抗战与保甲制度之改造》，广州《抗战农村》第 1 卷第 2 期，1938 年 4 月。
⑤ 蒋介石：《推行地方自治之基本义务》，广东《地方行政》第 4、5 期合刊，1940 年 9 月 1 日。

　　我们考察当时的社会环境，以及保甲长办理的事情及保甲制度本身，则可以发现，保甲长仅仅是政策的执行者而已，其活动处处受到约束，自主的空间极为有限，办成与办不成某事，常常不是其本人所能左右的。另外，在将保甲长视作一个群体时，还应该区分不同保甲长的个性特征。一般平民百姓视保甲长职务为差役，避之者多，即或"选由迫就"而担任保甲长职务，也多战战兢兢，既怕开罪地方不良势力，亦惧完不成政府政令而受谴责；一些地痞流氓及土豪劣绅，则视保甲长职位为利薮，冀望借此武断乡曲、敛财欺民。抗战时期，保甲长职务被指责为"为者不贤，贤者不为"，正体现在这里。如有些保甲长为了基层行政工作反而和乡镇长闹矛盾，他们不满乡镇长的舞弊做法，并抵制了部分乡镇长的腐败行为。1938年2月，中共东莞组织工作报告中曾指出："镇长不好，保甲长不满意"，"保长联席会议只有镇长有权召集（因联保办事处未有成立），每次召集都是因为抽钱的，一般保甲长怨恨"，"镇长征兵舞弊，保甲不满"[1]。可见，镇长有比保甲长更大的权力去舞弊和不公，反而是保甲长对此多有所抵制。当然，保甲长办事不力、失职腐败，乃至危害地方，也有一定的社会原因，是保甲制度使然。

　　首先，保甲长职繁责重，职责与权力失衡。周中一在论述保甲长的应办事项时说："保甲长事事要问，件件要办，一方面要不违法，一方面要迁就地方环境，同时督导的机关又多，主管的机关各不相同，往往彼此缺乏联系，各种政令同时下达，使保甲长穷于应付。"在财政问题上，保甲长碰到的困难更大，"上级机关事事要做，事事不肯用钱；如果就地方筹款，民众既不赞成，法令也有限制……可怜的保甲长既做了两姑之间的姑媳，还要做无米之炊的巧妇。"[2]即使是批评保甲长异常严厉如高亨庸者，也指出保甲长有四点苦衷："现行的法令是太繁杂了；保甲长的工作是太繁重了；保甲长有义务无权力；保甲长的地位是太卑微了。"[3]另如黄宗智所说："乡保并不是基层社会真正的权力中心，他们只是地方上的小人物，由当地真正的领导人物推举出来作为地方领导层与国家权力之间的缓冲人

　　① 《东莞县工作报告——环境的变动和党的组织状况》（1938年2月），中央档案馆、广东省档案馆编：《广东革命历史文件汇集》（41），1986年印，第180页。
　　② 周中一：《保甲研究》，独立出版社1947年版，第180、181页。
　　③ 高亨庸：《保甲长之任务》，上海正中书局1947年版，第81—83页。

物，对于地方领导人来说，乡保只是一个出力不讨好的职位。"①

另外，就法规制度而言，普通保甲长的权力是极为有限的，其威信确也不足以威慑百姓。当时有一篇叫《孟保长生还》的小说，说国军有伤兵到村，村里的孟保长找到村子里唯一一家有驴的人，希望他能用驴车将伤兵送到安全的地方。但这个乡民不但不送伤兵，还用挑衅的口吻说："驴子是我自家钱买的，送不送由我，你也不能以保长的势力压别人，我一定不送你能怎么办吧。"那个孟保长也没有任何办法，最后伤兵被赶来的敌人杀死。② 在如此职责与权力失衡的情形之下，保甲长想有所作为，进而使上级满意，实不易也。因此，对于很多人批评保甲长无能一事，费孝通"很觉得不平"。他并进一步从社会学、政治学的角度分析：这里原本是自上而下的政治轨道的堵塞、地方社会机构的紊乱和僵持，保甲长不论才能有多高，也绝没有施展的机会。③ 可见是社会结构造成的保甲制度的推行不顺，如何全怪上了保甲长的不才与不力呢？

其次，保甲制度的限制使保甲长不能成为民主的化身。对于有人批评保甲长的集权专断，胡庆均指出，保甲制度是国家法定的设施，是法定的基层行政机构，"在皇权与绅权交接的夹缝中，保长在这套法定的机构里面扮演了一个丑角"。他并说保甲制是没有民主传统的，保长也不是民主的儿女。保长的存在并没有表示中国民主政治的新生，而是国家在一个自上而下的权力系统中，在地方政治的美名下，通过官绅的勾结，用保长作为压榨和剥削人民的工具。"一个保长摆在政府的行政系统里面，他是一个最起码的芝麻小官，从中央而省、县、乡、保，一字排下来这么许多的顶头上司，'等因奉此'与'仰即知照'，保公所变成了'仰止堂'。"胡最后说："一切保甲法规都不过是给保长招来了现实的讽刺，民主的腰斩是政府权力与绅权合作的结果。……从'编户籍、练民兵'到苛捐杂税、征兵派款，客观的情势与保长的工作注定了它不是一件民主的差事。"④就政治体制而言，保甲长并不能随心所欲，也不能为所欲为。他们所办之事多半

---

①　[美] 黄宗智：《华北小农经济与社会变迁》，中华书局 1986 年版，第 237—238 页。
②　雁朋：《孟保长生还》，福建《地方行政》第 1 期，1941 年 7 月 1 日。
③　费孝通：《乡土重建》，上海观察社 1948 年版，第 52 页。
④　胡庆均：《两种权力夹缝中的保长》，载吴晗、费孝通：《皇权与绅权》，上海观察社 1948 年版。

是为应付上级交派的差事，至于其所做的出格之事，诸如土豪劣绅之行为者，并不是保甲长身份使然，反而是保甲长人选不合要求而粗制滥造的结果。

再次，保甲长的薪给和地位的无法保证，也导致其为害地方。在抗战时期尽管广东省政府迭次饬令各地保证保甲经费，并规定保甲长为有给职，但如前文所述，各地很难保证供给保甲办公等费，保甲长枵腹从公者亦时有耳闻。参政员王造时等二十四人提出的《改善保甲制度案》认为，"抗战以来，保甲事务更繁，征兵征工派款诸事，汇集甲长，纯尽义务，保长每月仅有一元之办公费，且七折发给，待遇过于低微，好人不愿担任，地痞游民于是混迹其间，舞弊取利。"[①] 白崇禧在指责保甲长于抗战期间多未能尽领导发动民众之职能，"反乘战事征工、征兵、募债等等机会，鱼肉民众"的同时，并未将责任归到保甲长身上："考具致此之由，实源于保甲长职务责重事繁，暨无薪给又无地位，为公不能挂名受罚，往往有过无功，社会有志人士都而不为，结果任保甲长者，类皆地痞流氓及昏庸老朽之流出而塞责，成事不足，为害有余。""过去保甲人员名为无给，实际上藉口保甲经费，向民众暗中私行摊派，予取予求，任命负担之重，每超过赋税数百。"[②] 他在此认为，保甲长无薪给无地位，为国家办事往往有过无功，好人均不愿任斯职，结果多为地痞流氓等把持，这才是最重要的原因。

最后，有些地方保甲长的权益和安全无法得到保障，导致其很难行使职务。抗战时期所有的保甲条例都对保甲长违反条例的惩处规定，而且时时有人提及保甲长要加入联保，实行"'纵横联保法'[③]。可没有任何一个条例提出保甲长在执法过程中受到威胁或损伤时，应给予何种法律保护的措施。至于此前论述的对保甲长的优厚待遇中，也只是要各级行政人员在办事的过程中尊重其人格，给其在地方上应有的地位，却并无切实保护其自身利益与安全的政策。早在1938年3月，增城县某乡长在执行按照田亩摊派救国公债时，因地方土劣强迫他按丁摊

---

① 《改善保甲案》，广东省档案馆藏：《户口异动、抽验保甲办法计划及报告表，各县保甲概况》，案卷号：3-1-46。

② 《白崇禧关于安徽省保甲组织剥削和危害民众情形致蒋介石电》（1939年5月10日），中国第二历史档案馆编：《中华民国史档案资料汇编》，第5辑第2编，政治（1），江苏古籍出版社1998年版，第102—103页。

③ 周中一：《保甲研究》，独立出版社1947年版，第192页。

派，而且抗拒兵工役，使他无法应付愤而自杀。① 如果这还是一起自杀案的话，那么发生在惠来县的枪杀甲长案，则说明了保甲长地位的低下及其权力甚至人身安全都无法保障。这一事件的起因，是惠来县港内村某盐场事务员邓益三之妻因丢失东西而骂街。港内村税警四五人，对此事不辨因果，即强行冲入郑氏逸乐祖祠，毒打盐寮团社长郑亚庆、村民郑保成，并当场开枪打死甲长郑朝裔，拘捕保长郑亚明。税警对如此小事居然可越俎代庖，并大开杀戒，以致惠来县报告民政厅时愤愤地说："惟查税警，权责在征税堵私而已，其不得任意拘禁人民甚明，港内村血案起因至微，税警竟敢开枪枪杀甲长已属违法，又复持强拘捕保长人等，多日不放，倘无相当制裁，地方行政窒碍实甚。"② 许多人之所以视保甲长职务为畏途，进而规避保甲长之职，原因由此事可明。

　　保甲长地位的低下及其所面临的风险是全国性的，保甲长也曾通过种种途径来维护自身的利益和安全。1938 年 4 月，安徽省铜陵县城厢保联保主任陈贵滨等保甲长 641 人，曾联名上书军事委员会委员长蒋介石，内称："保甲人员系地方人办理地方事，事繁责重，如办理认真则招怨地方，倘从事敷衍则废弛政务。如征兵筹款工役等事，多为易于招怨之尤，稍事破情即受捏名控告。……办理公务人一受捏名控告，扣留拘押，祸且不测。虽长官悉心明察，受累已不可胜言。办理人若敷衍从公，则不免上峰之谴责。……进退无所依据，不知所从。"③ 无独有偶，类似事件也发生在湖北省。湖北省政府不得不呈请内政部通令各军营及保安队，"切实制止，俾保甲长地位得有保障"④。对此，内政部只好通饬全国，保甲长"果有违法情事，亦应依法办理，自不得一经捏名控告，即予扣留拘押"。⑤ 蒋介石也曾向保甲长们保证：只要保甲长能依照实施新县制的主旨，来贯彻政府的命令，"那末即令遭受什么困难或社会上少数人的谤言反对，都可以由我们上官来

---

　　① 薛暮桥：《战时乡村政治问题》，新知书店 1938 年版。
　　② 广东省档案馆藏：《惠来县资深乡港内村税警枪杀甲长案》（1943 年 3 月 18 日），案卷号：3-3-77。
　　③ 《广东省政府训令》，广东省档案馆藏：《户口异动、抽验保甲办法计划及报告表，各县保甲概况》案卷号：3-1-46。
　　④ 《广东省政府快邮代电》（1939 年 3 月），广东省档案馆藏：《户口异动、抽验保甲办法计划及报告表，各县保甲概况》，案卷号：3-1-46。
　　⑤ 《广东省政府训令》，广东省档案馆藏：《户口异动、抽验保甲办法计划及报告表，各县保甲概况》案卷号：3-1-46。

负责，不致使他们为了公忠职守，反受到任何不好的影响"①。

由此可见，国民党最高当局也已经认识到片面批评保甲长是不公正的。他们曾一再表示只要保甲长为公家办事且能忠于职守，就会竭力保障其权益，并进而提出了一些保证保甲长权益和有利于其工作进展的意见。如白崇禧就认为，改变乡镇保甲行政的重要条件，就是对乡镇保公所员丁"应按最低生活，一律改为有给职，使能定心服务"，并"定选任乡镇保甲长资格，提高其能力、地位"。② 参政员王造时等也要求，实施诸如提高保甲长待遇、政教合一、慎重人选、短期训练、严定办事手续、迅速成立地方民意机关等办法，以改善保甲长的工作条件与地位待遇。③

部分保甲长的枉法行为，应对抗战时期基层工作的混乱和无力负一定的责任，但无论如何不能以保甲长为罪魁祸首。此恰如吕振羽所言，这"不单是保甲长的人选问题，而且是一个制度问题"。④ 保甲长的墨吏之名实来自于保甲制度本身的弊病，进而也是由国民党自身的阶级立场决定的，细枝末节的改进无法解决保甲制度本身所包含的各种矛盾，更不能很好地改善国民党基层动员能力孱弱的现实。

---

① 蒋介石：《推进地方自治之基本义务》，《地方行政》（新县制专号）第 4、5 期合刊，1940 年 9 月 1 日。
② 《白崇禧关于安徽省保甲组织剥削和危害民众情形致蒋介石电》（1939 年 5 月 10 日），中国第二历史档案馆编：《中华民国史档案资料汇编》，第 5 辑第 2 编，政治（1），第 102—103 页。
③ 《改善保甲案》，广东省档案馆藏：《户口异动、抽验保甲办法计划及报告表，各县保甲概况》，案卷号：3-1-46。
④ 吕振羽：《论保乡与卫国》，《中国农村》（战时特刊）第 11 号，1938 年 3 月 20 日。

第四章　新县制下保甲制度之进展

1939 年 9 月，国民政府行政院公布了《县各级组织纲要》，即新县制。新县制是抗日战争时期国民政府为了加强对基层社会控制，进而强化国民党党权而在全国推行的一种所谓的地方自治制度，也是抗战时期国民党内政上的最大改革。国民政府内政部指出，推行新县制的目的：一方面是"唤起民众发动民力加强地方组织"，以配合长期抗战之需要；另一方面是"促使地方自治事业以奠定革命建国的基础"。[①] 但是近年有学者评论说，新县制是国民党为加强一党专政和对地方基层政权及人民的控制，加紧同中共与日伪争夺农村地区的一种政治手段。"党政军教一体、管教养卫合一，是国民党推行新县制的根本目的。"新县制名义上倡导"地方自治"，但在实际推行过程中，只有强化控制而无自治。[②]

李宗黄认为，新县制下之保甲是个全能的机构，也是新县制制度的基层实施单位。[③] 事实上，虽然统治者将基层民政、警卫、经济、教育、文化、救济等事业，都纳入了新县制内之保甲行政范畴，但在国民党战时之基层行政中，其选择性异常明显，紧急行政，如警卫、户政、兵役、粮政等必须优先办理。这样，在新县制推行地方自治的招牌之下，广东省政府为着力提高基层行政效率，而进行了缩编乡镇以减少地方行政层级的活动；鉴于户政是庶政之母这一事实，广东政府进一步加紧了户政的推行；为进一步动员基层民众对抗战的参与和支持，基层

---

① 国民政府内政部：《新县制实施成绩总检讨》，《县政》第 2 卷 1 期，转引自冉绵惠、李慧宇：《民国时期保甲制度研究》，第 67 页；而孙科亦曾表示实施新县制就是"要把地方自治在抗战中完成。"孙科：《中国的前途》，商务印书馆 1942 年版，第 81 页，转引自张益民：《国民党新县制实施简论》，《史学月刊》1986 年第 5 期。

② 徐旭阳、张泰山：《抗日战争时期湖北新县制的推行与基层政权变革》《华中科技大学学报》（社会科学版）2003 年第 5 期。

③ 李宗黄：《新县制之特征及其目标》，《地方行政》（新县制专号）第 4、5 期合刊，1940 年 9 月 1 日。

民意机构也在各地建立起来，但限于战时的特殊情形及民意机构本身的局限，广东省发挥民意的成效甚为有限。[①]

第一节　缩编乡镇，控制乡村

晏阳初曾说："县政、区政、乡政是中国政治的真正基础，有了好的乡政，才会有好的区政，有了好的区政，才会有好的县政，有了好的县政，才会有好的省政，有了好的省政，才会有好的国政，所以中国的政治出路，必须从建设最基层的农村开始。"[②]阎锡山更是开宗明义地指出："村是最基层的民众聚居之所，为政不达诸村，则行政徒有其名；自治不立于村一级，则等于无本之木；舍村制而言政治，无异空发议论。"[③]而近代以降军阀官僚窃据地方，各自为政，各县市制度因此极尽错综畸零之大观。乱世强势生，国家权威日渐丧失，使乡村基层社会趋于无序。因此，中国自古以来的省政达诸县，"省庞大而县弱小，县以下则尤空虚"的宝塔倒竖之弊，并无太大的改善。[④]

国民党统治时期，全国约有 2000 个县。国民政府也面临着"中国任何政府都必须解决的中心任务：如何从城市基地去统治农村社会"。[⑤]为使政达诸村，最大限度地控制基层社会的人力、物力，国民政府认为首先应将乡镇编查清楚，区划准确，以逐步找到控制基层社会的蹊径。

国民党第三次全国代表大会指出："县政肇始时期，全国行政系统，若不整饬划一，将何以刷新内政，筑县政之初基。"它并通令全国分别限期完成刷新政治之任务："改组县政府，为施行县组织法之第一步，其限期不得超过 1929 年 4 月；以划定县区成立区公所为第二步，其最迟者不得超过 1930 年 4 月；以编制村里

---

① 关于兵役和粮政，将于后面章节中介绍。

② 郑大华：《民国乡村建设运动》，社科文献出版社 2000 年版，第 139 页。

③ 李茂盛：《阎锡山执政时期的山西村政建设评述》，载南开大学近代中国研究中心、南开大学历史学院编：《近代中国社会、政治与思潮》，天津人民出版社 2000 年版，第 51 页。

④ 章伯锋、庄建平主编：《抗日战争》（第 3 卷），政治（上），四川大学出版社 1999 年版，第 444 页。

⑤ ［美］费正清：《美国与中国》，张理京译，世界知识出版社 1999 年版，第 249 页。

间邻为第三步,其最迟者不得逾1930年10月。"[①]同时,它亦公布了县内分区之标准:"(1)地形之整齐,(2)人口之多寡,(3)面积之大小,(4)交通之状况,(5)地方之贫富,(6)人民之习惯。"另外,"须以保甲一定组织之限度,为每区域划分之原则,则人口过少或过剩之畸形,及财力不敷之弊病,均可减少"[②]。当时,国民党渐渐确立了在全国的统治地位,所以有余力对基层社会进行更为有效的管理,进而加强对基层社会的控制力度。

其后,基于"行政区域之调整,即奠定行政建设之基础"的考量,国民政府内政部又颁发了《省市县勘界条例》、《县行政区域整理办法大纲》。鉴于基层管理的缺点,如"区乡镇保甲辖区之划分既以户数为依据,但户数时有增减,势必影响区乡镇保甲之划分,时加变更","乡镇保甲之辖区尚不够大,其人力财力往往不能克尽其应办事业之义务,同时亦由单位过多,使上级不易管理周到"。政府采行下列二项应对办法:"(1)区乡镇之划分,不以户数而以当地自然形势与历史社会经济关系为依据,凡属自然不便分割之城镇,应划为一区或一镇,即如前清依据县内地形,划每县为东西南北四乡,划县治城厢为一镇。(2)将乡镇之辖区稍加扩大,以具人力财力能克尽乡镇应办事业之义务为原则。"[③]此是将区乡之规划由以户籍为标准转而以区域为标准,并将区乡之区域稍加扩大,以集中人力物力,进而有效地管理地方事务。为了减少基层行政的层级,进一步提高行政效率。1934年2月,国民政府内政部公布了《改进地方自治原则》。该原则规定:"县为一级,县以下之乡镇村等各自治团体均为一级,直接受县政府之指挥监督。"[④]此后,为进一步明确这一规定,内政部又咨各省政府指出:"县为一级,乡镇村为一级,系两级制。"[⑤]由此,县以下仅为乡镇一级,将区一级政权机构取消,其组织层次已化繁为简,国民党政权对国家基层社会的控制力度已大大加强。抗战

---

① 《中国国民党第三次全国代表大会内政部政治工作报告》,载秦孝仪主编:《革命文献》(第71辑),第1—2页。

② 闻钧天:《中国保甲制度》,商务印书馆1935年版,第447—448页。

③ 萧文哲:《行政效率研究》,商务印书馆1942年版,第184页。

④ 《改进地方自治原则》(1934年2月),引自徐秀丽编:《中国近代乡村自治法规选编》,中华书局2004年版,第196页。

⑤ 《修正改进地方自治原则要点之解释》(1934年5月),引自徐秀丽编:《中国近代乡村自治法规选编》,第204页。

爆发后实施的新县制延续了这一设想，"区"只是一级联络机构，不是行政层级，同时它要求各省缩编乡镇，更好地加强的对乡村的控制。

遵照中央迭次饬令，广东省随即开始调整区乡（镇）区域的工作，以四里至十里（划定一里为二十五户）为一乡（镇）实施管理。但这种划法太为零碎，乡（镇）数目过多，并造成人力财力的两不敷用。鉴于此，省府又进一步调整，一再并乡。到1931年，广东全省缩编为4742个乡336个镇。但这时的区域划分标准并不统一，"有的专以人口密度划分疆界，有的以自然形势或历史环境划分乡界，有的则以姓氏不同而划分乡界，但是尤以依据聚族居住的面积而划分乡域的最为普遍。"乡（镇）的范围更是参差不齐，"大者纵横百数十里，小的不过十里左右，乡（镇）区域大小相差太远，户口多寡悬殊①。同时，由于增加选举权而造成的任意分割乡镇，又使乡镇数目增多，且情况相当混乱；两不管三不管或插地、飞花的现象突出，使人民负担不均，导致了乡与乡间械斗频繁；户口编查不清，异动登记不详，保甲编制亦无法健全，乡政的推进更感困难。

1935年10月，广东省民政厅颁布了《修正县地方自治法规》，要求各县"将所属区乡镇妥拟缩编办法，开列新旧区乡比较表，并绘具详图呈厅核定"。②第二年，省府鉴于"各县行政区域多系沿袭旧制，致疆界混淆，纠斗迭起"，"乡镇之单位过多，则人才经费均感不足支配"等原因，而设立广东省各县行政区域委员会，选用有疆界经验人士为委员，从调查着手，以天然形势及行政交通有关者为立疆定界之标准，并依照内政部颁行省市县勘界条例，切实整理乡镇区域，"务使各县行政区域得到明确之界定"。它强调此次"改编完竣后，即确认为乡镇之固定区域，不再复更"。③ 1937年，广东省采用保甲制，规定"十户为甲，十甲为保，全省共划分为5778乡（镇）"。④然而，这一数字反倒比1931年的规模多出700个乡（镇）。直到抗战爆发，广东乡镇区域不整齐之现象没有得到太大的改观："同保之甲，往往相距一二十里，彼此休戚无关，老死不相往来。"乡的辖

---

① 梁明政：《实施新县制与改造基层组织》，广东《地方行政》第4、5期合刊，1940年9月1日。
② 广东省档案馆藏：《县地方自治法规及各县长名册》，案卷号：3-1-165。
③ 广东省档案馆藏：《广东三年建设方案》（一），案卷号：3-1-23。
④ 梁明政：《实施新县制与改造基层组织》，广东《地方行政》第4、5期合刊，1940年9月1日。

境"更是辽阔，纵长有达百里者，中多高山峻岭相阻；乡民感情风尚的联系，极形困难。"①省政府为此重新订定《广东省各县调整区署暂行办法》《广东各县调整乡（镇）区域暂行办法》等，要求各地重新复查户口，调整区乡（镇）保甲，以图有效控制乡村。到1938年全省乡镇缩编后，地方保甲"已由两万余单位减至四分之一以下，而每一乡镇所辖范围，亦随之增大三四倍以上"。②

在调整区署、缩编乡镇的程序上，一些县份也有较为明确合理的规定。如在始兴县，其缩编乡镇的程序和方法如下："（1）、由县府召集各区乡镇长、各地绅耆及县指导委员会会议，拟定本县缩编乡镇初步草案。（2）由县将初步草案发给各区，饬令召集各该区乡镇长及地方绅耆会议，将所改意见绘备界图呈复县府备核。（3）由县份汇集各区呈复意见，送由县指导委员会审核决定。（4）县指导委员会审核决定后，送由县府呈报省府核准施行。"③这是一种既逐层向上报告缩编乡镇的办法，又较多地听取了各方面的意见，无疑更有利于乡镇编制工作的合理和有力进行。

1940年，广东省在继续"缩编乡镇，调整区署"的基础上，修正了各县调整区署办法。它规定："区之划分，以十五乡（镇）至三十乡（镇）为原则。有下列情形始得设置：一、地域辽阔，人口繁多，合于区划分原则，以其环境非设署不能治理者。二、形势险要，交通困难，或地方偏僻，村落疏散，县府直接管理不易者。三、如因军事、政治、经济、社会、文化等特殊情形，治理困难，有设署之必要理由者。"④1940年11月15日，广东省政府第九届委员会第一百七十九次会议决定："通饬各县，从速拟定乡镇缩并及区署裁留办法，报核施行。保留之区署，概照新编制略为变通，提前改组，以资整理；仍尽先委用原日县区自治协助员为区指导员，以利将来新县制之推行。"⑤这样区署就已是非必要的机构，而只在有特殊需要的地方始得设置，这和新县制的规定已经十分接近。

① 彭香存：《百顺协导记》，广东《地方行政》（新县制专号），1940年9月1日。
② 李泺：《非常时期之民政工作》（1938年4月26日）。
③ 何康民：《新政推行在始兴》，《地方行政》（新县制专号）第4、5期合刊，1940年9月1日。
④ 何彤：《一年来的广东民政》，韶关《中山日报》1941年1月3日。
⑤ 《广东省政府第九届委员会第一百七十九次议事录》（1940年11月15日），广东省档案馆：《民国时期广东省政府档案史料选编》（6），第256页。

广东省实施新县制后，订定了新的各县调整区署暂行办法，及调整乡镇区域暂行办法，并通饬各县遵照，裁留区署及重行划分区乡镇区域。[1] 据1941年年底的统计资料显示，在新县制的施行中，广东省之乡镇保甲编制的调整情形如下表：

广东省实施新县制各县调整乡镇保甲工作概况 [2]

	调整前区数	调整后区数	调整前区署数	调整后区署数	调整前乡镇数	调整后乡镇数	调整前保数	调整后保数	调整前甲数	调整后甲数
曲江	6	6	6	—	28	25	242	292	3220	3214
南雄	5	2	5	2	15	30	336	316	3573	3321
始兴	4	2	4	—	32	18	162	183	3581	1806
连县	5	3	5	3	41	33	397	397	44141	44141
连山	5	2	5	1	30	10	81	77	500	777
阳山	3	3	3	—	21	21	237	208	3400	2363
乳源	3	2	3	1	21	15	147	139	1333	1668
开平	4	4	4	4	104	82	994	867	7354	8815
台山	10	—	10		139		2084	—	20579	—
高要	6	5	6	5	72	83	1529	981	4183	10010
河源	4	2	4	2	43	31	429	287	14274	2758
丰顺	3	3	3	3	29	31	494	399	4417	3944
兴宁	6	6	6	6	63	50	565	580	5709	5543
梅县	4	3	4	—	66	51	850	609	8029	7460
茂名	4	5	4	5	155	10	1256	—	12428	—
合浦	5	4	5	3	19	50	788	—	7556	—
乐昌	3	2	3	2	52	12	151	141	1512	1546
仁化	3	3	3	—	17	52	41	63	810	719
普宁	3	3	3	3	38	40	970	542	9989	6831
英德	4	3	4	2	30	37	462	436	5038	5075
清远	4	3	4	3	51	47	976	558	9764	6681
翁源	4	2	4	2	32	15	298	167	3710	1996
四会	2	2	2	1	34	29	508	378	4904	3736

[1] 何彤：《广东政治新阶段的民政》，《广东政治》，第1卷第1期，1941年9月15日。
[2] 《广东统计季刊》第1期，1941年12月，第22页。

（续表）

广宁	3	2	3	2	37	35	525	—	5520	—
新兴	3	3	3	3	35	33	432	432	4186	4307
龙川	5	3	5	3	66	48	504	540	4704	4704
云浮	4	3	4	1	46	38	505	527	5038	5241

同年 12 月，《行政院关于各省实施新县政情形报告（节录）》中谓："各县区署及乡镇区域已重新调整，分别裁并。"[①]对照广东之情况，此言似属不实。到 1941 年底时，广东省政府能控制的县份共 70 余个，而上表中报告有关缩编乡镇情况的县份只有 27 个，其中 9 个县报告不够完整，而且乡镇的缩编幅度不大。

1943 年广东省民政厅长何彤报告说："县区之调整已在三十一年度办竣，并调训人员五三一名，乡镇之调整已完竣者有六十三县。"[②]对照上表，其报告中有关区署已调整完竣的县份，在数量上是有进步的。但其调整的标准如何呢？据陈志谦的调查，当时县区差距仍然较大："第一级各县平均面积，大本省标准的两倍，而第六级各县平均面积，只及本省标准数三分之一。以第一级与第六级两者之平均面积一比，则二者之差竟达八倍……个别比较则更无论矣！如合浦与南澳相比，其差达五十七倍有奇。"以人口来分，"第一级县份之人口，较本省平均标准数几大五倍，而第七级之县份，则仅等于平均标准数百分之十七，可见人口分部情形，至不圆满，若更以第一级与第七级而相比较，其差竟达二十八倍；个别——英德与南澳相比，差数达八十六倍之巨"[③]。由此可见，何彤报告的县区调整完竣之说，其标准当仍有待完善。1944 年，广东省政府又饬令乡镇过多之县进行缩编，"以每县不超过七十乡镇为原则，保办公处并得联合数保共同设置，以期减少单位、充裕经费，使基层组织益臻健全"[④]。乡镇的缩编工作不是一蹴而就的，但政府缩编乡镇的决心一直没有动摇过。

由于广东省内强宗大族林立，不同姓族之间因缩编乡镇问题时而发生冲突。

① 章伯锋、庄建平主编：《抗日战争》第 3 卷，政治（上），四川大学出版社 1997 年版，第 437 页。
② 何彤：《去年粤省民政概况，积极健全基层组织》，韶关《中山日报》1943 年 2 月 19 日。
③ 陈志谦：《广东省县行政区域之调整》，《广东政治》第 2 卷第 3 期。
④ 广东省政府编译室编印《战时粤政》，1945 年，第 2 页。

以和平县为例，其为并乡事造成纠纷迭起。丽洞乡李姓族为了本族的利益上书省政府，声称"乡有六保，上符法规，恳请饬县依法保留，秉公免于裁并，以符法制而杜纷争，藉增抗建效能事。"沙岗乡、冲杜乡绅耆、保长联名上书民政厅，提出不能划分到他乡之意见。金冈乡不愿并入另一乡，城东乡、城西乡、苍城镇且以能完成"征兵、征实、征物、征夫及举办一切自治事项"为由，而提出不愿合并。[①]阳山县的阜和镇甚至通过全镇民代表大会决议，强烈抗议取消镇编制而划归青莲乡的政府决议。[②]

由此可见，在缩编乡镇方面，广东省虽然屡有相关政策出台，各地政府亦着力推行，然而实际效果仍不甚理想。政府藉此途径控制乡村的设想不仅成效甚微，反而增加了地方的乱源。周振鹤说："政区幅员与数量成反比，幅员太小，必然要增加政区数目，造成职务增加，不利于集权。"[③]战时政府为集权而缩编乡镇，此事操作起来却相当棘手，若运行不当，适得其反之事亦无可避免。

第二节　户籍管理与保甲制度

中国的户籍管理"实施于夏，而备于周"。[④]它是国家通过各级权力机构对其所辖户口进行调查、登记、呈报，并按一定的原则进行分类、划等和编制。国家以此掌握人口信息、征调税役、分配资源和维护秩序。有学者指出，户籍制度就是一项"涉及政治、经济、军事、文化教育和法律的综合性社会制度"。[⑤]封建社会历朝历代都着力加强户籍管理，并以之作为乡村社会治理的基础工作。如秦汉之乡亭里制、魏晋南北朝之三长制、隋唐之邻保制、宋代之保甲制、元代之社

---

① 广东省档案馆藏：《开平县调整区署缩编乡镇概况和开平县各区乡镇全图及调整乡镇缩拟议一览表与调整后乡镇保甲统计表及来往文书》，案卷号：3-2-55之一、之二。

② 韶关市档案馆藏档，案卷号：1-15-50（1）。

③ 周振鹤：《外重内轻还是内重外轻？——中央地方关系变迁研究》，《学说中国》，江西教育出版社1999年版，第134页。

④ 李泺：《广东省人口调查须知》（1934年7月），广东省档案馆藏档：《广东省各县人口调查事务处组织章程及办事细则与实施调查时应注意事项》，案卷号：3-2-194。

⑤ 易农：《历史中的户籍制度》，《21世纪》1999年第5期。

制、明代之里甲制、清代之里（保）甲制等，其共同的特征之一就是以户籍为单位来进行编组。究其底里，庶政未举，户政先行："政府必先察知人民之实际情况，然后据以拟定施政方针，始能适应事实之需要。"①

民国肇建以来，政府多次强调"户政乃庶政之母"，对户口管理亦迭经计划，实施调查，以人口统计为"当务之急"。②孙中山本人对人口调查就非常重视，他认为户籍调查"乃刻不容缓之要图，为举办地方自治必经之阶梯"。他在一些著作中多次提及清查户口的重要性，彰彰可考。如在《地方自治开始实行法》列举的六事中，就以"清户口"为首要；而《建国大纲》第八条，亦以全县人口调查清楚为完成地方自治的先决条件之一。③其后，各省在颁布的地方自治法规中，都将户籍调查定为各级地方自治人员应有之任务。

随着国民政府在全国推行保甲制度，户政工作更为统治者所重视。因为户籍行政乃是保甲行政必要的前提和基础工作："编组保甲，必须先行清查户口，因此非特常人都把保甲中的户口编查事务，视为户籍行政，即政府亦即利用此户口调查制度，常作户政的过渡设施。"④甚至汪伪也强调，"举凡一地方自治，区坊保甲等，亦有赖于农村户籍警察之援助"⑤。而另一方面，保甲编组又能确保户籍的精确调查和完善管理。陈铭枢曾指出："保甲实施虽由户口清查入手，而一经办成之后，即不啻为清查之常设机关"，在清查着手之始，编户、动员工作，"责即各专，劳仍分任，事繁而扰，能不及力聚而功必成。又其所有户籍即责联保，瞒匿虚报，事所决无。据以为户口、人口统计，由得确当而无讹。此保甲之举办有俾于户口清查者"⑥。同样，国民政府的户籍法规亦规定，在户口调查时应先编组保甲，"使户口有所归属，以便编户查口"⑦。户籍的清查是保甲编查的着手点，而

---

① 张良珍：《如何办理户政》，《粤穗户政》，广东省档案馆藏档，案号：资（三）。

② 李沐：《广东省人口调查须知》（1934年7月），广东省档案馆藏档：《广东省各县人口调查事务处组织章程及办事细则与实施调查时应注意事项》，案卷号：3-2-194。

③ 《国民政府建国大纲》（1924年4月12日），中华民国各界纪念国父百年诞辰筹备委员会学术论著编纂委员会主编：《国父全集》第1册，台北中华民国各界纪念国父百年诞辰筹备委员会1965年发行，第368—369页。

④ 吴顾毓：《县保甲户口编查办法诠释》，重庆商务印书馆1943年版，第1页。

⑤ 陈乃光：《乡村警察之商榷》，《警政月刊》（汪伪）第6期，1941年9月1日。

⑥ 广东省档案馆藏：《广东全省保甲条例、规章及人口调查核有关函件》，案卷号：2-2-167之一。

⑦ 中国第二历史档案馆藏：《编成保甲户口纲要》，案卷号：十二（2）-78。

保甲的办理亦有俾于户口的准确清查和管理，二者实为一事之两面，相生为用。因此，国民政府一再强调："户籍、保甲不能一致，亦为户政从来失败最重要之原因。"①

　　鉴于此，国民政府在推行保甲制度的同时，要求各省市地方行政人员加大对户籍的查报力度。1932年国民党颁布《"剿匪区"内各县编查保甲户口条例》，要求保甲长在清查户口之确数及掌握其日后之变迁时，要行使农村警察的职务，"随时之查报，其职务实与农村警察无殊。"②1934年4月27日，国民政府公布了《户籍法》，要求各省加紧考察实施。这是中国历史上第一部正式公布实施的户籍法。虽然，部分省份或者因已实行保甲户口登记，或者为水旱灾严重、财政困绌而无力办理，先后请求缓办。但内政部认为，保甲户口的编查刻不容缓，仍要求各地加紧办理。对于国民党中央的要求，广东省于1934年也开展了一次大规模的户口调查工作，并成立了广东省人口调查事务处，以广东省民政厅厅长林翼中为处长。这次人口调查以甲长为巡视员，牌长直接询问、填写报表，不识字也要签名画押。林翼中指出："此次调查人口系与举办保甲相辅而行，一面为户籍人口之清查，一面为人事登记之准备。"③然而，民国前期户籍管理的缺陷相当明显，有论者即谓其间户籍调查因地方多故，"未克奏效"，一直到抗战爆发，中国究竟有多少人口，仍然是一个谜。④

　　抗战爆发后，户籍调查工作尤为急迫。它不仅是工役粮税征调的需要，更为兵役行政的基础。"无健全之户政基础，必无健全之兵役行政，盖兵役最重三平原则——平等原则、平均原则、平允原则。欲实现三平原则，则对全国人口之年龄，各地壮丁之多寡以及壮丁之身家情形，均须详确查知，方能据以作征调配赋之标准，此则有待户口查记之推行也。"⑤ 国民政府认识到户政的重要性而要求各

---

　　①　《国民政府行政院草拟统一整理户政法令综合拟定户籍保甲法提案》（1943年），中国第二历史档案馆编：《中华民国史档案资料汇编》，第5辑第2编，政治（1），第142页。
　　②　三省"剿匪"总司令部颁发《剿匪区内各县区公所组织条例》、《各县编查保甲户口条例》训令，转引自张俊显：《新县制之研究》，台北正中书局1988年版，第55—56页。
　　③　广东省档案馆藏档：《广东省各县人口调查事务处组织章程及办事细则与实施调查时应注意事项》，案卷号：3-2-194。
　　④　罗天石：《户政施行年之感想》，重庆《中央日报》1943年4月28日。
　　⑤　张良珍：《如何办理户政》，广东省档案馆藏：《粤穗户政》。

地加紧办理，以适应非常时期的特殊之需。

1937 年年底，广东省依据《修正广东省编办保甲章程实施办法》的规定，拟定了《广东省各县户口异动查报暂行办法》。它规定："凡本省各县户口之异动，足以影响户口数目之增减时，悉照本办法之规定查报。"即"在各县保甲编组完竣，举办户口异动查报之始，应按照户口清册所列户数，举行人口复查。造具户口登记簿，簿内详注户长及其家属暨同居者之姓名、性别、年龄、出生年月日、籍贯、职业、教育程度、婚姻状况等项，以为查报异动之依据"。在具体的户籍登记方面，它规定由乡镇长督同保甲长查报，举办时并得酌请当地学校教职员，及年长之学生协助。"户口异动由户长报由甲长保长，递报乡镇长办理。乡镇长保甲长并应随时指导督促各户长，报告户口异动事宜。"户口异动包括：出生、死亡、迁入、徙出四种，"关于婚姻、认领、收养、继承及雇佣等项，归入迁入类查报。离婚、死亡、宣告（失踪）及退雇等项，归入徙出类查报；分居一项，应于迁入、徙出两项同时查报。"户长或其代理人，于该户发生户口异动时，应以口头或填具户口异动报告书，报告本甲甲长，其报告之方法及期限如下："（一）报告出生者，应叙明婴孩之姓名、性别、出生年月日、与户长之关系，及其父母之姓名等项，于出生后三日内报告之；（二）报告死亡者，应叙明死亡者之姓名、性别、年龄、死亡日期、死亡之原因，及与户长之关系等项，于死亡后之三日内报告之；（三）报告迁入者，应叙明迁入人之姓名、性别、年龄及出生年月日、籍贯、职业、教育程度、婚姻状况、迁入原因、迁入日期，及以前住址等项，于迁入后两日之内报告之；（四）报告徙出者，应叙明徙出人之姓名、徙出日期、徙出原因、及徙往地点等项，于徙出前一日报告之。"甲长据户长报告，经审核确无错误后，随时送达该保保长，保长接到各甲长户口异动报告书，经审核确无错漏后，于每半个月汇报乡镇公所一次，区署接到乡镇长所报告统计表，经审核确无错漏后，应即按月汇编该区户口异动统计表，于每月之七日以前呈送县政府，并须随时核查各乡镇所办户口异动事项有无错误。县政府接到各区户口异动统计表后，应即汇造全县户口异动统计表，于下月十五日以前分呈民政厅及行政督察专员公署，并须随时派员分赴各乡镇抽查检验。另外，该办法也规定，户长对于户口异动应行报告事项,如延不报告,或报告不实,经察觉警告而犹不补报更正者,除勒令仍照规定报告登记外,并应依据保甲法令做相应的处罚;"乡镇保甲长办理户口异动查报,如有怠忽情事",亦要受到相应惩处。①

战时户口流动很大,而流动的户口是最难以管理也是最需要着力管理的对象。这一点在清代两湖地区就受到了政府的重视。其办法是:首先,"对辖区内不论土著、流寓一律同等编入保甲"。其次,"各地在编查保甲时,特别加强对诸如行商、僧尼、乞丐、客店甚至船户、矿工等流动人口的编查"。再次,"在有些州县,对于那些平时稽查较难、人员流动性极强的区域和场所,如烟馆、茶馆、饭店、戏班等,以及少数不肯联保或平时素行不轨之人,则采取编入保甲另册的做法。一旦地方有事,上述编入另册的人员和区域将成为重点稽查和监控的对象和目标"。②可见,抗战时广东的保甲户口编查工作承袭以往的一些做法,它既严密分门别类来汇报,又注重对流动人口的控制,必要时保甲长协同警察机关加以监督,并要求该地保民对流动户口负有查询及侦察之责等。这些做法比诸封建社会基层社会控制的力度可谓有过之而无不及。

抗战时保甲制度的实施更为严密,而作为保甲行政推行的基础工作,户政的办理受到加倍重视也在乎情理之中。广东这时虽未直接处于战争的旋涡,但为了应付非常时期的基层战争动员,也拟定了前揭如此详细的户口准异动查报办法,要求全民动员,层层查报每时每刻每地的户口确数及异动情形,这是可以理解的。随着抗战的扩大和广东直接处于日军的兵锋之下,其户籍保甲工作仍有许多方面亟待完善。在新县制实施后,广东省也根据自身的情况和保甲行政的实际进展需要,对户籍行政进行了多方面的建设和充实。

首先,制定多种户籍统计表册,并加强对户政工作的宣传,以使户政的基本工作落到实处。户籍行政的实施以统计为手段,以宣传为引导,以抽查来促进政策的落实。因此,广东省从抗战开始就制定了多种户籍统计表,并大力加以宣传,力图使民众明了各种户籍统计的内容,并在思想上重视战时户政工作。到抗

① 《广东省各县户口异动查报暂行办法》,广东省档案馆藏:《户口异动、抽验保甲办法计划及报告表,各县保甲概况》,案卷号:3—1—46。

② 杨国安:《明清两湖地区基层组织与乡村社会研究》,武汉大学出版社 2004 年版,第 214—215 页。

战后期，广东省要求各地办理户政的统计表大致有：《出生死亡结婚离婚人数》《户口数》《户政工作进度》《户政业务经费》《户政干部训练及讲习人数》《各级户政人员之奖惩》《各级户政人员动态》《现任各级户政人员服务年期》《现任各级户政人员学历》《各级户政人员人数》等。另外，崖县、琼山、琼东、乐东、乐会、定安、陵水、澄迈、文昌、儋县等县市局，还向省政府上报了其户政业务统计报告表等。① 抗战时户政统计工作的周密细致程度，已经发展到非常成熟的地步。

在宣传方面，省政府要求各县市根据实际情况，将各种统计表册公之于众，并详为解释，以使民众明白理解。1942年，广东省政府专门制定并通过《推行户政宣传计划大纲》一份，要求各县市广泛施行，努力推进。同时，它要求地方户籍行政人员将"查"与"报"责任划分清楚；"户口异动查报在人民方面固应负有申报义务，但保甲长应同时负查报责任，不能以人民不报为推诿之藉口。"而改进之法，自宜规定各甲长，对于甲内之户口，"每月至少清查两次，保长对于保内户口，每月至少查抄一次。乡镇公所对于本乡镇户口，每两月至少抽查一次"。如有不符册籍者，应即更正。在民众方面，应旋作普遍宣传，以后凡有不明户籍之乡民或隐匿不报之户口，均应一律施行处罚，以加深人民认识。②

其次，通过多种形式视导、抽查户政工作，严密户口异动登记。

办法之一，是将视导保甲与登记户口异动相结合，重视轮回抽查的作用。1940年12月，蒋介石手令各县，谓施行新县制各县，对其工作多有奉行不实者，尤其是县长与其保甲长清查户口不力、不确，要求各县彻底严格派员巡回抽查户政工作，"凡有阳奉阴违者，应即撤职严惩"。其后，内政部又两次电令各省，要求"迅速调整保甲、清查户口，并将户口异动统计数目，每三月一期，汇报查核。"③ 对此，广东省民政厅制定了《广东省各县区总动员视导保甲暂行办法》及

① 广东省档案馆藏：《户口异动、抽验保甲办法计划及报告表，各县保甲概况》，案卷号：3-1-46。
② 《新县制工作检讨队报告书》，中国第二历史档案馆藏：《广东省实施新县制案（1942年）》，案卷号：十二（6）-9078。
③ 《令饬迅速完成调整保甲及整理户籍工作报核由》，广东省档案馆藏：《户口登记、编查、保甲整编、更改姓名规则、办法》，案卷号：2-2-74。

《广东省复查户口暂行办法》，将视导保甲与登记户口异动结合起来，对国统区各县的保甲户口实施严格的复查及视导，冀望以此非常时期的非常办法来"健全保甲组织，确实户口人数，以利施政"，并"遏灭乱萌"。① 同时，省政府进一步提出实施轮回抽查户口之原则，即要求各县市局按一定时限，反复抽查同一地区办理户籍的情形。广东省府认为，此项抽查户口办法，"倘能切实施行，则户口登记必较为确实"②。

办法之二，是行政与警察系统相结合，双管齐下，严密户籍的管理。户籍管理最初是编户齐民、征赋派役的财政、民政制度。但自晚清湖南保卫局规定户籍的登记、调查为警察勤务的"第一要义"后，"就正式把户政作为治安业务交由警察机关管理，使其脱离财政、民政而相对独立"。③ 此时，广东省利用各级警察系统，协助乡镇保甲长尽力推行保甲户籍事项。另外，广东省户政的办理不仅仅通过行政渠道，即县—区—乡（镇）—保—甲的行政系统，而且通过县指导员、县政府办理户籍人员、县政府民政科长（员）、区署指导员等的层级抽查与督导，来严密户籍行政，严防其下级虚报与延迟。这可谓是双管齐下，常规与非常手段相结合。行政与警察系统相联系办法的目的，乃是从上而下、层级严密户籍管理和异动查报。

办法之三，是将"督"与"导"相结合，确实推动户政工作的进展与落实。鉴于当时"各级复查户口，举办户口异动登记，多未臻确实"之情况，省政府再次强调"督"与"导"应不断施行的问题。它指出："乡镇公所暨所属保甲事务繁多，对于奉行功令，其督责较严者，则工作亦较紧张，否则因循敷衍，无所成就。"而户籍事务经常不息，更不容有片刻之疏忽，此"督"乃不容懈怠。户政推行未久，民众认识未深，户籍人员未经训练，致其工作未臻完善，但如何扩大宣传，以使民众明了如何始能令工作日趋改善，又非赖有上级不断指导不可。"倘各级督导人员，巡视所至，见有错误之处立时指导更正，户政工作必能日趋

---

① 广东省档案馆藏：《广东省人口调查临时办法及县局督导保甲办理户籍应注意事项》，案卷号：3-2-135。
② 中国第二历史档案馆藏：《广东省实施新县制案（1942年）》，案卷号：十二（6）-9078。
③ 王太元：《户政与人口管理理论研究综述》，群众出版社1997年版，第4—5页。

完善，实无可疑义。"①此后，广东又拟具各级负责抽查办法五项，将1940年实施新县制之曲江等29县分为7个督导区，每区由民政厅派视察员一名负巡回督导之责。制定严密的户籍调查表格，大力宣传户政工作的紧要性等都是户政工作的前提工作，而要明了户政工作的进展和落实情况，则需要对之进行严密的调查和考核，政府对这一工作的重视也是理所当然的。

办法之四，是定时开展自下而上层级报告户籍异动之工作。1944年，蒋介石手令各省限期贯彻执行《户籍法》。对此，广东省政府于1945年再次要求各县局严密查报户籍及人事登记：甲长应常备空白之户籍及人事登记申请书，于"每月三日前，挨户查验所属各户在上月内如有户籍人事要登记事件"，及有异动情事，立即转送保办公处；保长应切实督促甲长办理前规事项，并于"每月五日前召集所属甲长到保办公处详细指导查报"，而各甲如有未将上月户籍及人事登记声请书缴送保办公处者，应即收取核明，转交乡（镇）公所；乡（镇）长应按期督促所属保长切实办理钱款规定事项，并派户籍干事于"每月十日前赴各保办公处详细指导各保，如有未将上月户籍即人事登记声请书缴送乡（镇）公所者，应即收取核明，带返乡（镇）公所依法登记，并即分别转交发还"；县政府民众科长（管理局第一科长）、区长，应"按月督促所属各乡（镇）长，办理前款规定事项，并派户籍指导员、县区指导员，轮回前赴各乡（镇）公所，详细指导"。②自下而上层层上报户籍异动，自上而下层层督促指导，使上下贯通一气严密户籍的管理工作，是广东省府此期间户政工作的基本思路。

再次，通过健全户政机关，来严密户籍管理工作的进行和上传下达。行政工作的推进端赖机构的健全和有力。抗战时户政工作的实施机关实为乡镇保各级机关，其健全有力与否，则关系户政工作的成效。广东省政府对此也有较为深刻地认识："查各县市局户籍行政事务繁复，乡镇保为推动并执行户政机关，关系尤为巨大，非仗机构健全、人员充实难办理完善。"然而，战前广东省的各级户籍工作多系指定基层行政人员兼办，以至于户政工作进展缓慢。抗战爆发后，广东

① 《新县制工作检讨队报告书》，中国第二历史档案馆藏：《广东省实施新县制案（1942年）》，案卷号：十二（6）-9078。
② 广东省档案馆藏：《户口登记、编查、保甲整编、更改姓名规则、办法》，案卷号：2-2-74。

省当局认识到，"固有关各项户籍事务，当倍形繁重，自应从速健全机构，充实干部，以资适应。"于是它在各县局户口多已复查完竣，修正户籍有关章则及办法亦经内政部先行公布的基础上，加紧了户政工作的办理。同时，民政厅设置了户政科，各县局亦设置户籍室，作为户政工作的领导机关。到1943年，广东省办理户政方面从上到下的机构设置为：省政府于民政厅下设第五科办理户政；各县市局设户籍室，裁去并修正原民政科内设置的户籍主任及户籍员；乡镇公所设户籍干事，保甲长亦兼办户政工作。[①] 机构的顺畅和对位，有利于户政工作的上传下达和层层控制。

复次，加强对户籍人员的训练和管理运用，力图提高其办理户籍行政的效率。广东省在办理户籍工作时，也注意到对户籍行政人员训练和管理的重要性，并指出户政人员"工作"与"训练"应相生为用，"无论任何工作，均有陆续改善之必要，同时又无论何种训练，亦不能离开现实，徒尚空谈。户政工作繁琐，更难例外"。除户籍工作人员应普遍施行集训之外，还应一面工作，一面训练，以增进工作人员之技术。省府因此提出："今后凡有经常集会，均应举出户籍法规及办理手续，附带施行考询测验，以促保甲长之注意，即保民大会与户长会议等，亦应以户籍申报手续与罚则等为附带说明，每次必备之题目，以增进民众之认识，务求户籍意义，无论老少男女皆明瞭，则户政推行即可顺利。"[②] 然而，尽管政府有这样的认识，但针对户政人员的专门训练工作并不突出。如省办训练团到1943年受训的户政人员仅110人，而"各县市局已拟定训练办法，业已训练者计有曲江三十七人，南雄二十三人，仁化九人，其余仍在办理中"。[③] 究其原因，当时的户政机关刚刚确立，户政人员也只是确立不久，地方各级户政工作仍然集中于各级自治人员之手。这些人员的训练虽设有户籍科管理，但多数县份仍没有户籍人员专训班之说。

---

① 《各省市户政实施概括》（1943年8月），中国第二历史档案馆藏：《各省市户政实施概括》，案卷号：十二（1）-352。

② 《新县制工作检讨队报告书》，中国第二历史档案馆藏：《广东省实施新县制案（1942年）》，案卷号：十二（6）-9078。

③ 《各省市户政实施概括》（1943年8月），中国第二历史档案馆藏：《各省市户政实施概括》，案卷号：十二（1）-352。

省政府也非常重视户政人员的管理工作。民政厅长何彤指出："窃查户口之确实与否，端赖继续办理户口异动是否确实，又办理户口异动是否确实，端赖保甲人员是否负责与各级人员督导是否严密为断。"[①] 据此，广东省为督促各县行政人员继续注意保甲查报、户口异动，期臻改进起见，拟定了《广东省各县（局）督导保甲办理户口应注意事项》。该办法要求，"县指导员、区长对于乡镇长呈报户口异动，应随时抽查是否实在，切实考核"，"乡镇长对保长呈报户口异动表，应先查明所报是否属实，分别准驳"，"保长对于甲长呈报户口异动表，应切实考核，属实始行转报"。县政府办理户籍人员，"应随时分赴各区抽查户口异动，遇有错误，力争纠正，并向办理户籍登记人员切实讲解登记意义及方法，暨将抽查情形呈报县政府核办"。 对保甲长在办理户口异动中如有捏报或迟延情事，从重惩罚，而"任听各区随意填报，不尽不实又不加纠正者，应受连带处分"。各县政府民政科长（员），应随时下乡督导保甲抽查户口，"每年最少四次，每次任务完毕，速即做成报告书呈报。县政府则要汇填各县局办事月报表，呈缴民政厅核转省政府备查"。"县指导员，各区署指导员，每月至少应有五日在区署各乡镇询查督导保甲户籍事项，询查完毕，迅即作成报告书：县指导员呈报县政府择要汇填，各县局办月报表呈缴民政厅核转省政府备查，区指导员呈报区署则要填入该区署每月行政实况简明报告表，呈报县政府核查。"另外，它还要求"警察所、警察分驻所、警察派出所，应督率警员随时协助乡镇保甲长尽力推行保甲户籍事项。"[②]

对于各级户政人员工作中的失误，广东省政府亦有相应的惩罚："各级人员不能依照各该款规定办理者，应按级查明严惩，嗣后户籍及人事登记，如仍有不确实之处，县政府（管理局）各办理户籍之人员及该管乡（镇）长，户籍干事及保甲长均应负责；乡（镇）公所每月应缴户口统计报告表，如仍不能依期造缴，或不尽确实者，乡（镇）长及户籍干事均应负责；县政府（管理局）每月应缴之户

<hr />

① 何彤：《拟定广东省督导保甲办理户口应注意事项请通饬遵行由》，广东省档案馆藏：《广东省人口调查临时办法及县局督导保甲办理户籍应注意事项》，案卷号：3-2-135。

② 《广东省各县（局）督导保甲办理户口应注意事项》（1941年1月），广东省档案馆藏：《广东省人口调查临时办法及县局督导保甲办理户籍应注意事项》，案卷号：3-2-135。

口统计报告表，如仍不能依期造缴或不尽确实者，各办理户籍及统计事务之人员均应负责；一律按级查明严惩。"①这一规定要求对县政府办理户籍人员、乡镇长、户籍干事、保甲长等和户政有关之人员，进行层级严查，所有人员对户籍不确均负有连带责任。这是与保甲制度的连带责任同时施行的。政府对办理好户政工作的决心不待烦言而明。

最后，重点推进与普通实施相结合，以带动全省户籍工作的开展。抗战时的行政工作有先后缓急之分，政府在户政工作中，着力于重要城市的户籍管理工作。1940 年 8 月，行政院订定了《非常时期重要城市户口查报登记暂行办法》(1944 年 2 月废止)，其第十条规定："保甲长对于该管区内户口应负查报责任，当地固定户口对流动户口亦有协助该管警察机关查询及侦察之责。"第十一条规定："当地警察机关及保甲长应注意该管区固定户口与流动户口之往来联络，必要时得加以监视。"关于何为重要城市，它解释为"户口密集、交通便利，及工商业发达之区域，或其临近市镇"。②据此，广东确定以临时省会所在地县份、政治上有特殊重要性、且系 1940 年度实施新县制县份为重要城市，即有曲江、连县、高要、丰顺、惠阳、兴宁、茂名、合浦、定安等县。③

对重要城市重点办理户政的政策，使"不重要"的城市和乡村之户口办理明显受到影响。这种有选择的户籍办理政策，将会影响整体保甲的进度。因此，广东省在重点推进户籍行政的基础上，也要求全省各县市局普遍将户籍行政加强。1943 年广东省政府就再一次强调："户籍为施政之本，举凡控制物价、调节粮食、征兵征实等项工作，无一不以户籍登记为精密设计之根据。"它要求各县市局，"以后必须认定户籍为本年度中心工作，对于计划法令务须准确执行，以免影响效率"。省政府并一再指出："惟兹事体大，决非侥幸可以成功，而奉行法令决不容有所忽视。嗣后各该县市局长，推行户政，必先贯彻命令，然后有所考成，各宜体会此意，深自检讨，凡有未照计划法令执行者，应即行改正，职责所关，且

---

① 广东省档案馆藏：《户口登记、编查、保甲整编、更改姓名规则、办法》，案卷号：2-2-74。

② 广东省档案馆藏：《行政院发主要城市户口查报登记暂行办法及民政厅执行的有关文件和全国各省人口数字》，案卷号：3-1-44。

③ 广东省档案馆藏：《广东省人口调查临时办法及县局督导保甲办理户籍应注意事项》，案卷号：3-2-135。

勿再误。"①

　　然而，户政工作千头万绪，繁杂而困难重重，而且由于战乱频仍，地方不靖，整个民国时期的户籍整顿效果并不理想。广东省虽然一再要求各县局加紧办理户政工作，并制定了精细的规则、办法及严格的层级处罚规则，但户政的办理还是不甚理想。省政府在 1942 年的工作总结中，首先指出："本省自实施新县制以来，对于户政推行，早已特别注意，除于三十九年起，普遍实行复查外，并迭经严饬各县接续举办户口异动查报。实行以来对于壮丁之调查，学龄儿童与失学民众之统计等，已收相当效果，其于施政方面，亦已发生作用。"之后，它指出了这一时期户政工作窒碍难行的诸多因素，如在户口异动登记方面，"除接近乡镇公所附近各保比较认真外，距离较远者仍多不报。乡民亦狃于积习，鲜有自动申报者，此亦工作上之最大困难"，"异动查报未尽确实，工作人员亦欠熟练，考其原因，皆由本身推广户政未久，又复缺乏宣传，民众认识未深，遂未能悉照定章申报"。另一方面"则由于户籍法规及办理手续均甚繁琐，工作人员未经训练，以致一切工作未臻完善"。②

　　1943 年 5 月，广东省政府又指出："综观各县情形，对于计划法令之执行，仍感未足。"③ 而 1945 年 3 月的广东省政府训令则称："县市局办理户籍及人事登记工作多未确实，户口统计报告亦多未能依期造缴。揆其原因，要由基层人员未能注意办理，县（局）区乡（镇）保各级未能厉行督导所致，自应速图补救，力谋改进。"④ 对此，有学者就指出，民国政府虽借鉴东西各国的经验，制定了各式各样的户籍法规、条例，如出台户籍法、保甲条理、户口普查法，以及推行国民身份证制度、调整和补充各级户政机构和管理人员等措施，以谋求政治与社会的稳定和有序。然而，所有这些措施并没有得到充分实施，因为它无法掩盖社会矛盾和民族矛盾，因而各种户籍法规条例，实际成了"一纸空文，毫无现实

---

　　① 广东省档案馆藏：《户口登记、编查、保甲整编、更改姓名规则、办法》，案卷号：2-2-74。
　　② 《新县制工作检讨队报告书》，中国第二历史档案馆藏：《广东省实施新县制案（1942 年）》，案卷号：十二（6）-9078。
　　③ 广东省档案馆藏：《户口登记、编查、保甲整编、更改姓名规则、办法》，案卷号：2-2-74。
　　④ 广东省档案馆藏：《户口登记、编查、保甲整编、更改姓名规则、办法》，案卷号：2-2-74。

意义。"①

有学者将中国历史上曾经存在的户籍制度分为四类，即：征赋派役户籍制度、人口统计户籍制度、世袭身份户籍制度、保甲治安户籍制度；并认为"保甲户籍制度的基本功能是控制民户、防止人口外流"。②抗战时的保甲户口清查和异动查报，是一切庶政推行的基础，尤其是办理保甲行政的基点，其办理的良窳与否，直接关系到保甲行政的效果。而由上所述可知，当时的广东户政工作虽有一定的成绩，但其户籍管理的不足，无法达到其控制民户、防止人口流动的目的，这对保甲行政的影响甚大。

然而，综观抗战期间广东省的户籍管理工作，应该说其成果不能一笔抹杀。在1943年内政部对全国实施新县制的十七省进行的考核中，以总成绩优劣排名，广西居首，江西、安徽次之，四川、广东又次之；而在单项的排名方面，广东户籍办理最佳。③1948年国民政府内政部的总结称："人口查记系建国基本工作，为人民权利义务之根据，世界各国莫不极端重视。我国自民国三十三年主席手令限期完成全国户籍法之实施以来，虽在抗战期间人力物力极端困厄，各级政府仍然能仰体主席意旨，擘画推进，不遗余力，迄今完成户籍登记之县市，已达一千四百余单位。全国普遍举办，指日可待。""贵省（按广东）推行户政，向具热忱，即希仍照原定户政计划，督饬所属加紧推进，以期查记工作如期完成。"④可见，中央政府对战时广东户政工作还是持积极评价的。另外，广东役政工作进展的相对顺利（后文还将详细论述）也是证明。这说明其户政工作在一定程度上保证了政府对基层社会的控制，并为抗战的胜利进行做出了一定的贡献。

① 易农：《历史中的户籍制度》，《21世纪》1999年第5期。
② 陆新淮：《论我国古今户籍制度社会职能及其作用的异同》，《中州学刊》2005年第6期。
③ 内政部编制：《新县制实施成绩总检讨案》，台北"国史馆"藏，第4卷，第111—114页，参见张俊显：《新县制之研究》，台北正中书局1988年版，第256—257页。
④ 广东省档案馆藏：《户口登记、编查、保甲整编、更改姓名规则、办法》，案卷号：2-2-74。

第三节　基层民意机构的设置与保甲行政

　　基层民意机构的组设与运用，一直是新县制的重要工作，也是检测新县制下地方自治成效的标准之一。用当时人的话说，它是地方自治的精髓，"过去地方自治之失败，亦基层民意机构之失败而已"①。战时有社论指出："在抗战建国大业同时并举的今天，万事急莫急于建设，重莫重于建设；而在建设事业推行中，万事又莫急于意志集中，重莫重于力量集中。因之，各级民意机构今日之中心任务，固不仅消极的监视执行机构工作之出轨，尤重在积极的协助执行机构以推行政令，发展建设……即为执行机构增强执行能力，加大行政推进力量。尤其在基层，它可以为我们解除人少事繁的困难，使我们得以通过民意机构获得广大民众之助力"，"总之，民意机构与执行机构，在工作上是相辅相成的，其中不容有丝毫的不协调的现象发生。要做到这一点，民意机构对执行机构应有的态度是：忠实监察，积极协助；执行机构对民意机构应有的态度是：诚意尊重，妥为指导。"②然而，"纳保甲于自治"思想的提出，以及1939年9月新县制的实施，将基层民意机构的工作归到了保甲行政的项下，"保甲为地方自治之基层组织，亦即民意机关之基石"③。因此，基层民意机构的工作情况，成为保甲行政能量发挥程度的前提条件之一。

　　抗战时期的民意机构，是在"清理这上下血脉不交流的病态，使政府与人民打成一片"的名义下建立的，并在分担保甲长的部分工作、共同完成抗建大业的工作中得到了加强。④政府企图以此民意机构来动员社会各阶层，尤其是社会贤达之士参与战时的基层工作，为抗建而做贡献。有人甚至认为，地方民意机构不仅可以训练民众，而且可以协助政府工作，它在对内让步的同时，也在对外发动进攻。⑤

①　郑钟仁：《今日之政治重建》，韶关《中山日报》1941年12月2日。
②　社论：《民意机构与执行机构》，桂林《基层建设》第4期，1941年11月25日。
③　周中一：《保甲研究》，独立出版社1947年版，第196页。
④　彭泽湘：《抗战时期的民意机关》，载彭泽湘等：汉口《抗战与民主》，抗战行动社1938年版。
⑤　周觉：《对内的让步就是对外的进攻——关于民意机关》，引自彭泽湘等：《抗战时期的民意机关》。

1939 年 9 月公布的《县各级组织纲要》，明确要求建立基层各级民意机构，作为地方自治的主要内容。接着国民政府又公布了一系列的条例法规，如《县参议会组织暂行条例》、《县参议员选举条例》、《乡镇民代表选举条例》、《乡镇组织暂行条例》等，考试院也颁布了《县参议员乡镇代表候选人考试暂行条例》及《声请检复须知》等法规，这为基层民意机构的建设做了法规上的准备。同时，蒋介石还亲自发表演说，指出："一国的人民，如果不能关切他们自身的幸福，管理他们自己共同的事务，就是说如果人民不能积极参加政治的话，他们就不能造成强固的国家。所以世界上最有力、最巩固的政治，一定是建立在民意之上，一定是以人民的利害为利害，人民的视听为视听。"[1]有鉴于此，曹成建认为，"蒋介石国民政府要求建立各级民意机构，不只是一种政治宣传，在很大程度它确实是政府力图贯彻的一项政策"[2]。

广东实施新县制后，即开始重新厘定战前基层民意机构的工作。按照国民政府的规定，基层民意机构主要包括保民大会、乡镇民代表大会、临时参议会及县参议会。因此，广东省政府在中央要求的范围内，先后颁布了《各县乡镇公所组织暂行规程》、《各县乡镇公所保办公处组织暂行通则》、《保办公处组织暂行规程》、《保民大会暂行章程》、《保民大会会场规则》、《保长副保长选举规则》、《甲户长会议暂行规则》、《保民大会议事暂行规则》、《出席簿式样》、《会场规则》、《开会秩序》、《户长会议暂行规则》等法规，并饬令各县"积极推行保民大会，及保甲长会议，以奠定民主政治之基础"。[3]1940 年 6 月 5 日，广东省民政厅修订《广东省县各级组织纲要实施工作计划进度表》，规定各县政府应"依章督导乡（镇）长召集户长会议选举甲长；依章督导各乡（镇）成立保民大会选举保长及副保长；依章督导乡（镇）成立乡镇民大会选举乡（镇）长、副乡（镇）长，及县参议会；督导县属依法成立之职业团体，依照规定数额，选定参加县参议会之议员，依章选定议长，成立县参议会"。它同时要求各乡（镇）保应"遵照规定召

① 曾涛：《论保民大会》，《中国农村》第 6 卷第 7 期，1940 年 1 月 1 日。
② 曹成建：《试论 20 世纪 40 年代四川新县制下的基层民意机构》，《四川师范大学学报》（社会科学版）2001 年第 9 期。
③ 何彤：《广东政治新阶段的民政》，《广东政治》第 1 卷第 1 期，1941 年 9 月 15 日。

集户长会议，依法选定甲长；遵照规定成立保民大会，依法选定保长副保长及乡（镇）民代表大会代表；遵照规定成立乡（镇）民代表会，依法选定乡（镇）长副乡（镇）长及县参议员"。① 这是一个层级开展的基层民意机构建设活动，其中又以保民大会的设置和运行为最基础的工作。

按照国民政府的规定，保民大会是乡镇基层实施民主的重要机构，也是国民政府对民众实行自治训练的重要机关。陈柏心就曾指出："保民大会不仅是地方自治的基础组织，同时也是实施政治教育的最好场所。"② 因此，保民大会的具体运作情形是衡量抗战时国民政府基层民意机构运行的一个重要指标。在保民大会的设置、运行和考核上，广东也做了较多的工作，尤其表现在办理情形的督导和开会成绩的考核上。1942 年，省府在其颁布的《广东省各县推行保民大会须知》中指出，各县市要对保民大会切实督导。其内容包括：各保召开保民大会时，保长有无与会；会期前三日有无通知各甲长转行通知各户，并有无在保办公处门前以大字通告；开会秩序及提案讨论决议之方法，是否合于规定之程式；出席人数是否符合超过本保半数；参加开会者能否认识开会各项手续。在督导方式方面，"如为书面督导，应注意其错误之点，指出原因，详为解释，使其易于明瞭；派员督导则注意实体之解答，连同谈话方式，以查询出席人员对保民大会之明瞭程度，倘发展程式错误，尤须引例解释明白，必要时并酌为示范。"在成绩考核方面，它规定分自行考核、层级考核及各保间相互检核三种："自行考核由各保个别举行，所有结果列表报由乡镇公所查核；层级考核分三级，一为乡镇公所对于各保实施情形之考核，二为区长或县指导员对乡镇公所督导之考核，三为县长对区长或县指导员对所属督导之考核；各保间相互考核，第一步可利用竞赛方式，以乡镇为单位，就各保推行成绩分别评定，使寓有竞赛于考核之意。第二步可与各保间相互派员观摩，以资比较。"而考核之方法是："各保自行考核，应查核其所报内容是否充实，并随时抽查，加以实地考核；层级考核，各级督导人员应递级注意所属各区乡镇保召开保民大会，对于上列各项应行考核之事项是否完备，

---

① 广东省档案馆藏：《广东省县各级组织纲要实施工作计划进度表》，案卷号：3-1-33 之一。
② 陈柏心：《中国县制改造》，重庆国民图书出版社 1942 年版，第 323 页。

出席人员数有无增减及督导是否认真，必要时并派员按级考核之；各保间相互检核，应利用督导时间，鼓励各保于开会时，踊跃互相派员观摩，以资比较而图改善，并于相当期内，轮流指定地区举行成绩总竞赛。"①

政府在召开保民大会会议期间，坚决要求保民切实积极参与。韶关市政府规定，召开保民大会时，"凡系保民，一律参加，届时由部派员点名考核，各户如有不到者，罚购战时公债十元"。②1944 年，仁化县县长庞成鉴于保民大会成绩不佳，要求省政府拟定罚则，"强迫各户出席，促使普遍持续召开保民大会，以完成各级正式民意机构"。他拟定的罚则如下："各户缺席保民大会一次者，课罚国币五元；连续缺席二次者，罚国币十五元；连续缺席三次者，罚国币三十元或易服劳役一天。所有罚款悉数拨充该保公共造产事业费，每月所得数目，除详列公告外，并应报乡镇公所备案。"对此提议，省政府不仅认同，而且饬令各地将罚则纳入保甲规约范围内。③同时，省府还将如何开好各地保民大会之方法公告各县，要求各县参考：（一）举行各保保民大会竞赛，以开会次数、出席人数及决议案之多寡为标准，由县择优给奖，以资鼓励。（二）由县区指导员、乡镇长及乡保学校教职员，体察各保环境需要，代拟关于地方福利议题，使人民明瞭保民大会与自身利益之关系。（三）于良辰佳节举行保民大会，加以游行，以引起其参加兴趣。（四）保民大会得于夜间举行，以避免妨碍保民农作。（五）限定每次开会时，每甲长须负责率领五户以上代表出席。（六）缺席罚则均在保甲规约内规定，由保民大会决议公布，以养成人民遵守固定纪律之习惯。④

广东省政府对保民大会的工作较为重视，并对此进行了多方面的规定和限制，各地也积极的开展了保民大会的工作，但其实施的结果仍不甚理想。这主要表现在以下方面：

第一，保民大会成立的比例虽然较高，但开会率较低，而且会议的内容单调

① 中国第二历史档案馆藏：《广东省实施新县制案（1942 年）》，案卷号：十二（6）--9078。
② 韶关市档案馆藏档，案卷号：1-16-291；《韶定期举行保民大会》，韶关《中山日报》1942 年 3 月 25 日。
③ 汕头市档案馆藏：《广东省政府有关各县推行建保工作纲领成立各级民意机关步骤等材料》，案卷号：1-1-16。
④ 汕头市档案馆藏：《广东省政府有关各县推行建保工作纲领成立各级民意机关步骤等材料》，案卷号：1-1-16。

雷同，有闭门造车之嫌。据《战时粤政》统计，截至 1942 年年底，广东省全省除战地县份外，计实施新县制者为 68 县，共 31197 保，其中有 25228 保成立了保民大会，[①] 其保民大会开会的比例是 79％。另外，在 1943 年 9 月内政部统计的全国各省实施新县制情况的具体列表中，广东省 99 县市局中，有 66 县实行了新县制，其中已举行保民大会之县市局数为 37 个，而临时参议会、乡镇民代表大会、县行政会议均未筹办。[②] 而同期四川省的有关数字分别是：省临时参议会 1 个，县临时参议会 142 个，举办乡镇民代表会之乡镇数是 4462 个，已成立保民大会之保数为 74947 个。[③] 当时四川共有 74947 保，其成立保民大会的比例是 100％。由此可见，无论是保民大会的绝对数目，抑或乡镇保民大会成立的比例，四川都比广东高出许多。

直到抗战胜利后的 1946 年 10 月，广东全省“各保民大会已成立者，有43640 保；已报告开会者有 25830 次。故全省民意机关，可称大部分业已建立，惟最下一二层机构，尚待努力普遍完成耳”。[④] 当时广东全省有 52469 保，保民大会成立的比例虽达到 83％，但开会率却不到 50％。其民意机构办理的效果一目了然。尽管 1943 年据仁化、英德、始兴等县报告，其县保民大会几乎每月开会一次，所论事项亦包括了征兵、造产、选送部分保甲长到县受训、人口调查方法、户口异动如何办理等方面，[⑤] 但此报告表中各下属乡镇所办事项的内容和具体数字，以及保民大会讨论的事项，几乎完全雷同。这难免会给人一种随意编伪之嫌。

第二，政府规定的保民大会功能虽具有实质性，但它实际开展的内容较少，其作用没有得到充分的发挥，甚至多流于形式。按照国民政府的规定，基层民意机构最基本的功能有四点：“一、加强人民对政府之合作。二、充实训政力量。

---

①　广东省政府编译室编印：《战时粤政》，1945 年，第 1 页。
②　钱端升、萨师炯等合著：《民国政制史》（下），上海商务印书馆 1945 年版，第 323—344 页。
③　中国第二历史档案馆藏：《三十三年度各省实施新县制及地方自治成绩报告提高》，案卷号：二〇一0-7474；《新县制县各级民意机关》，引自张俊显《新县制之研究》，第 148 页。
④　广东省五年建设计划起草委员会编订：《广东省五年建设计划》（1947 年 3 月），政治建设部分，第 4 页。
⑤　韶关市档案馆藏档，案卷号：1-16-290（2）。

三、建立民主监察制度。四、奠定民主政治的基础。"① 它还规定,地方基层民意机关,在刚建立时受政府之指导监督,其在地方自治完成后,转而指导政府。国民政府于 1941 年 8 月 9 日公布的《乡镇组织暂行条例》,规定保民大会的职权有:"一、议决本保保甲规约。二、议决本保与他保间互相之公约。三、议决本保人工征募事项。四、议决保长交议及本保内公民五人以上提议事项。五、选举或罢免保长、副保长。六、选举或罢免乡镇民代表会代表。七、听取保办公处工作报告,及向保办公处提出询问事项。八、其他有关本保重要兴革事项。"② 具体说来,保民大会主要有任免保级办事员、选举乡民代表之权;此外它还需要处理地方教育、疏通河道、架桥、交税不公、保长不公、改善民夫、改善征收费用、严惩汉奸、保内人事安排和保内职员待遇方面的事务。保民大会的职权具有共性,他省情况亦如此,"概括地说来,无非是国民政府所赋予保甲机构的管、教、养、卫职能"③。

然而,广东省政府就曾指出,基层民意机构虽然普遍开展起来,各乡镇均已一律成立保民大会,并召开了会议,但其内容和实际能否起到的作用,则难以保障,因为不仅每次到会者只有六成,而且在召开保民大会时,"除由乡镇保长或指导员将日前要政讲述外,所讨论者多为水利问题,其余甚少建议。……自治户捐虽曾开征,但绝无成绩。"④ 更有人概括说:"乡间召开保民大会很少,召开而有圆满结果的,更是'凤毛麟角'。"⑤ 可见,保民大会的自治功能多流于形式而无实际内容,致使抗战时广东民意机构的作用没有得到充分的发挥。

第三,政府关于保甲长人选的规定自相矛盾,其给予保民大会的权力予与予取,毫无定制,也没有保障。新县制规定保甲长民选,但在 1941 年 8 月公布的《乡镇组织暂行条例》中却规定:"在未办理选举以前,保长、副保长由乡镇公所推定,呈请县政府委任。保长、副保长被罢免时,应即由保民大会依法改选。委

---

① 尤真化:《地方民意机关与基层政治》,重庆中国图书出版社 1942 年印行,第 64—70 页。
② 章伯锋、庄建平主编:《抗日战争》第 3 卷,政治(上),四川大学出版社 1997 年版,第 433 页。
③ 嘉兴档案馆藏档,304-3-47。转引自杨焕鹏:《战后乡镇自治运动中的保甲制度—以嘉兴县为例》。
④ 《新县制工作检讨队报告书》,中国第二历史档案馆藏:《广东省实施新县制案(1942 年)》,案卷号:十二(6)-9078。
⑤ 若嶷:《新县制"行"的检讨》,韶关《中山日报》1944 年 1 月 7—8 日。

任之保长、副保长违法或失职时，由县政府撤职另委。"① 这里没有明确规定哪些该委任，哪些该民选，必然造成无章可依，地方政府可以"酌情处理"。这是和民意机构的规定相违背的。此外，国民政府颁布的相关民意机构条例多规定县参议会决议事项、乡镇民代表会决议事项、保民大会决议事项等，与现行法令抵触者，将被视为无效。由此，基层民意机构所作出的决定，随时都有可能以"与现行法令相抵触"的名义而被一笔勾销。这样一手赋予又一手收回的权力等于没有，这不能不引起民众的不满。直到 1946 年，香港《华商报》上仍有人对广东的民意机关提出批评："几年来，在一些地方，我们也看见不少的选举运动，但能真正依照民主而进行的真是凤毛麟角，除猪仔式的买卖外，还有圈定、委派。诸如此类，做一个公务员也要找保，一个机关中又有联保，不是保不贪污腐化，而是要保思想纯正，这就是大后方所高唱的'地方自治'的实质。"②

第四，政府虽赋予基层民众通过保民大会以自治的权力，但在非常时期它对保民大会利用有余而资助不足，甚至处处设限，使其无所作为。政府利用民意机构办理民意机构范围以外的事情，以为政府施政服务的意图十分明显。比如 1943 年 4 月，韶关物价上升严重，省政府为大力限价，曾召开各地保民大会，要求其一致拥护限价。③ 并且，省扩大物价宣传会议还决定，发动各区"普遍举行保民大会，配合管制物价宣传。"④"保甲长届时一律参加"，强制的语气甚为明显。⑤

诚然，广东保民大会实施的诸多弱点有主客观原因，这也不是广东的特有现象。在抗战时国民政府的首都重庆，其基层民意机构实施的目的性亦非常明显，其所能起到的关于发挥民意的作用也异常有限。在 1941 年 3 月 26 日公布的《重庆市保民大会规则》中，并没有规定保民大会应该讨论什么，却明确规定了其不应该讨论什么，即"对于本保范围以外之一切问题，概不讨论"，而且保办公处要尽量采纳施行的也仅仅是"本保内公共福利，及一切设施改善之决议案"。⑥ 由

① 章伯锋、庄建平主编：《抗日战争》（第 3 卷），政治（上），四川大学出版社 1997 年版，第 434 页。
② 饶致真：《和平建国与地方自治》，《华商报》1946 年 1 月 4 日。
③ 《韶市保民大会一致拥护限价》，韶关《中山日报》1943 年 1 月 17 日。
④ 《韶市加紧办理联保切结》，韶关《中山日报》1943 年 4 月 11 日。
⑤ 《韶市各乡镇保甲长今日开管制物价座谈会》，韶关《中山日报》1943 年 4 月 22 日。
⑥ 中国第二历史档案馆藏：《重庆市保甲视导办法及举行保民大会规则》，案卷号：十二（6）–1879。

此可见，保民大会所能起到的超越公共福利及改善设施之外的基层民主参政的功能将受到严格的限制，政府不允许它讨论不属于本保范围的对上一级行政机构监督和建议的问题。即使在广西这样一个全国模范县制的地方，其基层民意机构之进展仍不顺利，如"到会的不踊跃，以及会场空气的冷漠，秩序紊乱等"。当局只希望基层民意机构能够完成以下任务："训练民众、促进自治、加紧造产、尽力节约、鼓励服役、保障治安、严行禁政、注意卫生、改善民众生活、优待征兵家属，"①当局对其利用的目的一目了然。而这些当然不是基层民意机构的应办之事，也不是其能力所及的。

广东民意机构的实施情况，以及各界对之的恶评并非孤例。这是全国民意机构施政过程中所遇到的普遍现象。如在选举方面，时人即认为民众所拥有的基层民意机构的选举之权是徒有空文的，"选举保长不过是个虚名，在寥寥数人的所谓'保民大会'里，绅士就可以当众指定谁出来当保长。"②这"无异左手与人民以权，同时即以右手收回。"③对此，今日更是批评之声多，认同之声少。有学者在分析了国民政府时期，地方自治的领导仍然实行高度的集权，各级民意机构缺乏制约同级行政机构的权力，各级民意机构的选举权和被选举权被严格限定等几方面的情况后认定，"民意机构的设置，只是一种点缀，而不是真正代表本地大多数人民意志，能发挥决定性作用的权力机关"。它"缺乏应有的立法、监督权，不能参与到正常的政治过程中去，其存在显得可有可无，自然就失去了生存和发展的前景"。④也有相同的看法的学者认为民意机构的存在只是"一种徒有虚名的摆设"，是"国民政府强势统治的点缀"。⑤在广东，批评者更是对丰顺、潮安等县地方自治制中所设立的参议会，及区乡镇公所"完全把握于权势土劣之手"感到愤慨，并指责说，经过省自治人员养成所培训的青年，"一回到乡间就成为新兴土劣。这新土劣是比旧土劣更厉害百倍的"⑥。甚至有人认为，基层民意机构的

---

① 陈树林：《战时基层政治建设》，桂林《基层建设》第4期，1941年11月25日。

② 胡庆均：《两种权力夹缝中的保长》，载吴晗、费孝通：《皇权与绅权》，商务印书馆1943年版，第136页。

③ 吕复：《比较地方自治论》，商务印书馆1943年版，第136页。

④ 赵小平：《试论国民党地方自治失败的原因》，《贵州社会科学》1992年第12期。

⑤ 徐勇：《非均衡的中国政治：城市与乡村比较》，中国广播电视出版社1992年版，第294—295页。

⑥ 章有义编：《中国近代农业史资料》第3辑，三联书店1957年版，第385、384页。

设置不但起不到民众自治的效果，反而变成了土豪利用的工具。"地方上政治经济的势力，完全操纵在土劣的手里，过去地方民意机关的设置，适成为彼等操纵劫持剥削人民的工具，办理选举的纷扰，以及当选者的不孚人望，至今为推行自治上的重大障碍。"① 对于 20 世纪 30 年代广西基层社会的地方自治机构，有观点认为，"就其性质来说，新桂系说它是民意机关，就其目的来说，新桂系美其名曰'集思广益，促进省政兴革'。实际上各级自治机构，只不过是为新桂系装点门面，并不是真正代表民意。""各级'民意'机关的代表皆地方豪绅所垄断，说明了新桂系在 30 年代所推行的所谓地方自治，并不是给予人民自治权利和参议的权力，而是强化它的地方统治而已。"② 美国学者孔飞力（Alden Kuhn）曾概况地认为，"20 世纪 30 年代和 40 年代的总的形势，表现出一种地方的地主（他们的大部分人有一种特别的绅士生活方式）加强控制地方自治的过程。"③ 对此，有的学者从社会学的角度进行研究，并接着美国学者杜赞奇（Prasenjit Duara）关于"国家权力内卷化"的论述，认为自治机构的设立，保甲长权力的弱化，地方精英直接统治乡村，"从而在无形中，国家政权借精英之手将触角伸到了乡下，揭开了国家权力下移的序幕。"④ 总之，他们都认为，国民党基层民意机构的成立，并没有达到民众自治地方事务、体现"民意"的目的，反而是国家权力的向下延伸。

政府设置民意机构的目的是冀望通过这一机构来动员民众，发挥民众的积极性以为抗战服务。这一特殊体制首先有一个政治沟通问题。新县制实施后，政府也确实希望将基层政权与民意机构很好地结合起来，以推进战时的基层民政事业。这就涉及二者的关系，以及民意机构设立的次序问题。采用由上而下的次序，可以通过政府的力量高效率的建立民意机关，这一方法似较为确实可行。但这种方式却难以代表民意，与其成立的初衷相悖；而用由下而上逐层设立的方式，虽然可以代表民意，但未经确实组训的民众，其所组织的民意机构却容易犯有名

---

①　陈柏心：《中国县制之改造》，国民图书出版社 1942 年版，第 219 页。

②　钟文典：《20 世纪 30 年代的广西》，广西师范大学出版社 1993 年版，第 111—112 页。

③　［美］孔飞力：《中华帝国晚期的叛乱及其敌人——1796—1864 年的军事化与社会结构》，谢亮生、杨品泉、谢思炜译，中国社会科学出版社 2002 年版，第 229 页。

④　张鸣：《乡村社会权力和文化权力的变迁（1903—1953）》，陕西人民出版社 2008 年版，第 45 页。

无实的弊病，进而使各层级根本不能相互配合与协调。在全国新县制实施后，基层行政系统是：县政府"依照章制的规定来改进充实，再决定区署的废留，再健全乡镇公所的组织，再推动到保甲户去……运用原有的层级，而加以充实健全，再进而调整厘定，这就是从上而下的办法"。而其各级民意机构的成立则规定为：等到各层级的组织健全了，然后"由下而上，由户长会议而保民大会，而乡镇民代表会，而县参议会，一级一级的稳定的建立起来，而完成一套严密的配合的机构。"① 这种规定乃是希望将自上而下的基层政权建设与自下而上的民意机构设置相结合，综合两者的长处而共治于一炉。这一设计未尝没有道理，但没有民意参与成立的基层行政机构和没有实质权力的基层民意机构，两者是否能够发挥各自的作用并进而互相配合，则是难以保障。基层民意机构在运作中出现这样那样的问题是难免的。但无论如何，对抗战时期基层民意机构的设置及其工作的推行，我们不能一概而论地加以否定，而对其所起的一定程度的历史作用视而不见。时人亦明言：基层民意机构的设置，比过去"没有设立民意机关……确是一大进步"。② 此话虽有些偏颇，但它提示我们还是要实事求是地来讨论基层民意机构的功过利钝。

尽管保民大会表现出以上的种种弊病，但我们对抗战时基层民意机构的诞生及其运作，应给予历史地客观评论。在当时的广东各县区，在保有保民大会讨论和决定本保重要事务，负责选举或罢免管理日常事务的保长、副保长，及乡（镇）民大会代表。在甲则有甲居民会议讨论和决定本甲重要事务，负责选举或罢免管理日常事务的甲长。如此则乡民在保甲范围内行使直接的民主自治权，在乡（镇）层次行使间接的民主自治权，这在一定程度和一定范围内，反映了乡民的要求，体现了他们的利益；大部分民众已经知道应用它来解决自己的问题，或发表自己

---

① 中宣：《县制改制的鸟瞰》，《地方行政》（新县制专号）第4、5期合刊，1940年9月1日。1943年5月行政院制定的《成立县各级民意机关步骤》规定：（1）保民大会开会六次以上，经政府考核无异者，得成立乡镇代表会；（2）乡镇民代表会开会四次以上，经政府考核无异者，得成立县参议会；（3）乡镇民代表及参议员候选人试验及检核，应由考试院督促积极办理，对于确有足数之情形，并应由考试院订定补充办法公布施行；（4）县参议会组织暂行条例，县参议员选举条例及乡镇代表选举条例，自1943年5月5日起施行；（5）凡县参议会正式成立之县份，县临时参议会应即撤销。引自胡次威编：《地方自治实施方案法规汇编》（上册），上海大东书局1947年版，第344页。

② 韦永成：《新县制的认识》，《安徽政治》第4卷第7期，转引自忻平：《新县制始末》，1991年，第61页。

的意见；同时，基层民意机构是一种相对具体、简便与合理的动员手段，也部分地消除了保甲制度强行动员而带来的消极影响；在抗战的紧急形势下，基层民意机构也有利于激励民众的团结精神，提高民众抗敌意志和文化水准。另外它在缓解民众与政府之间的对立状态上，也发挥了一定的作用。由此可知，基层民意机构在抗战中确曾发挥了一定的积极作用，只是其作用的进一步发挥，则要靠政府坚决贯彻落实这些既定的方针政策，而不能仅仅停留在纸面的规定。

第四节　新县制下广东保甲行政的推进

按照《县各级组织纲要》的规定，新县制的主要内容是："1、实行县自治制度。2、按土地面积、人口、经济、文化及交通等状况，将县划分为1—6等。3、县以下为乡（镇），乡（镇）以下为保甲。"[①] 保甲制度是《县各级组织纲要》中最重要的内容，而其工作又可归纳为：（1）清查户口、编组保甲、制定保甲规约、实行联保连坐和组织壮丁队等措施。大致承袭了以前的保甲条例。（2）健全民意机构，乡镇各设乡镇民代表会和保民大会，甲设户长会议和甲居民会议，作为训练民众行使选举、罢免、创制、复决四权的场所，并确立乡镇保甲长人选资格，实行民选和规定任期。（3）设立学校，规定每保设一国民学校，每乡镇设有中心学校。（4）办理警卫，警保联系完成，保壮丁训练完成。（5）实行造产，推进合作，乡镇及保应利用当地民力财力，实行公共造产，收益充当地方自治经费，每保每乡镇设有合作社或中心合作社。（6）厉行新生活。[②]

《县各级组织纲要》颁布后，国民党军事委员会及行政院联合公布了《警察保甲及国民兵联系办法》，其中规定："国民兵团团长团附与县警察局长或警佐，有互相协助训练全县保甲警察及国民兵之责，国民兵团团附与县警察长或警佐，必要时以一人兼之。区队附与区警察所长，有互相协助训练全区保甲警察及国民

---

① 戴逸主编：《中国近代史通鉴：抗日战争》，红旗出版社1997年版，第295页。
② 范国权：《论新县制时期的保甲制度》，《档案与史学》1999年第2期。

兵之责。区队附与区警察所长及军事指导员，必要时以一人兼任之。乡（镇）队附与乡（镇）警察股主任，有互相协助训练全乡（镇）保甲警士及国民兵之责，乡（镇）队附与乡（镇）警卫股主任，必要时以一人兼任之。保队附与保警卫干事，有互相协助训练全保国民兵之责。保队附与保警卫干事，必要时以一人兼任之。""各级国民兵受各级队附队长之指挥，与警察保甲密切合作，负责执行本区内下列各事项：1）关于间谍、汉奸之查缉及防止。2）关于匪患之警戒、剿捕及搜查。3）关于水火风灾之警戒及救护。4）关于帮会、匪党之侦察及禁止。5）关于境内户口之清查、及出入人民与兵役证之检查及取缔。6）关于旅店、公共处所及携带违禁物品之稽查及取缔。7）关于窝盗、吸食毒品、吃鸦片及赌博之查禁。8）关于斗殴之禁止及排解。9）关于道路、桥梁、电线及其他一切交通设备之守护。10）关于森林河堤之保护及防范。11）关于其他保持地方治安之必要事项。各种纪念集训检阅，应尽可能范围内，将警察、保甲、国民兵三种人员合并举行。"①警察、保甲、国民兵三者人员合而为一，共同负责地方上的治安和秩序，是新县制下基层行政管理的重要内容，也是国民党加强对基层社会强力控制的体现。

从此，保甲制度被赋予了"管教养卫"的全面任务。"县以下各级最基层的组织为乡镇保甲，而每乡镇保甲之中，都应有中心学校、国民学校，及合作社、壮丁队之组织，以学校为教之中心，实施民权主义；以合作社为养之中心，实现民生主义；以壮丁队为卫之中心，实现民族主义，并以管教养卫之全体，在统一事权，集中力量，连环运用之下，自然发生极大的效力。"②"乡（镇）长兼任中心学校校长及（乡镇）武装组织国民兵队队长，保长任保国民学校校长及保国民兵队队长，三位一体"。在此，统治者已经将实现三民主义的理想通过"三位一体"的基层组织形式放到了保甲行政上。这是战前国民党"纳保甲于自治"思想的延续和提升。它在明确了战时地方基层政权为自治政权的同时，使乡村社会的行政组织则更趋于强化和严密。有学者评论说："这种把行政、教育、军事组织合一的制度，大大加强了对农村的统治，在战时的特殊环境下，对于地方治安、征兵、

---

① 行政院县政计划委员会主编：《新县制法规汇编》第1辑，上海正中书局1947年版，第82—85页。
② 李宗黄：《新县制之特征及其目标》，广东《地方行政》第4、5期合刊，1940年9月1日。

征粮、税收等工作来说，有积极一面，但也为国民党在全国范围内实行集权统治提供了社会基础。"①新县制实施以后，保甲制的运作形式和内容发生了一些变化，这表现在学校的设立、合作社的推进，以及民意机构的建设和运行等方面。但保甲制的基本功能，如征兵、征粮、税收、维护治安等并没有根本性的变化。

按照国民政府之要求，广东省于1940年4月1日决定在曲江等县开始实行新县制，并分批分等进行。省政府按面积、人口、经济、文化、交通等情况，将广东97个县划分为5个县等。其中1等县18个，2等县29个，3等县39个，4等县8个，5等县3个。至1942年年底，除战地县份外，全省68县均已实施新县制。②

1942年3月，广东省政府组织新县制工作检讨队，对战时省政府所在地的曲江做了新县制施行详细情况的报告，即《新县制工作检讨队报告书》。该报告书如下：

曲江县新县制实施情况调查报告③

项目\概况		工作细目	统计数字	工作程度
充实县政府调整区乡镇区域及健全机构	实施新编制	旧制员额	41	已完成
		新制员额	51	
		现有实在员额	105	
	区及区署	原日区数	6	已完成
		调整后区数	6	
		设署之区数	—	
		指导区区数	6	
		全县区署应置职员总数	—	核与原计划相符
		现在实有职员总数	6	
	乡镇	原日乡镇数	28	已完成
		调整后乡镇数	26	
		全县乡镇应有职员总数	278	现有职员因兼职人员尚未计入，核与原定编制尚相符。
		现在实有职员总数	236	

---

① 章伯锋、庄建平主编：《抗日战争》（第3卷），政治（上），四川大学出版社1997年版，第420页。

② 中国第二历史档案馆藏：《广东省实施新县制案（1942年）》，案卷号：十二（6）-078。

③ 本表系根据《新县制工作检讨队报告书》总结而来。见中国第二历史档案馆：《广东省实施新县制案（1942年）》，案卷号：十二（6）-9078。

（续表）

项目＼概况		工作细目	统计数字	工作程度
调整保甲	调整保甲数目	原日保数	314	已完成
		调整后保数	266	
		原日甲数	3092	
		调整后甲数	3298	
	机构	已成立保办公处数	240	已达 90%
编查户口	户口	原日户数	34205	已完成
		复查后户数	45752	
	人口	原日人口数	165636	
		复查后人口数	230749	
	异动查报	已实行查报乡镇数	26	已普遍举办，核与原计划相符
成立区乡协助组织	区建设委员会	已成立之区数	6	已完成
		共有委员人数	24	
		未成立之区数	—	
	乡镇财产保管委员会	已成立乡镇数	9	已完成
		共有委员人数数	64	
		未成立乡镇数	17	
调整警察机构	警所数目	共有警察所数	1	已调整完竣，工作业已完成
		共有分驻所数	4	
		共有派出所数	6	
	长警员额	现有警官人数	36	
		已受训警官数	15	
		现有长官人数	749	
		已受训长官人数	360	
	枪械	枪械总数	286	
		每年经费总额	214052 元	
组设民意机关	保民大会	已成立之保数	266	已普遍举行，核与原计划相符
		未成立之保数	—	
		全县各保召集次数	532	
		参加大会保民总数	78301	
	户长会议	已举行户长会议乡镇数	10	查核不甚切实，应作为未办
		已举行户长会议之甲数	—	

（续表）

项目＼概况		工作细目	统计数字	工作程度
裁并骈枝机关	节省经费	已裁并之机关总数	—	无可裁并，仍为与原计划相符
		尚待裁并之机关数	—	
整理土地	应测量面积市亩约数		378,491,420	已完成
			748,278,454	
整理财政	县财政	原日税收年征总数	221,762 元	与原计划相符
		划分及整理后收入数	953,800 元	
	乡镇财政	已开收自治户捐乡镇数	26	核与原计划相符
		未开征自治户捐乡镇数	—	
		自治户捐收入总预算数	92,000 元	
		全县乡镇公所经费数	34,908 元	
		全县保办公处经费数	31,440 元	
建立会计及公库制度	会计	会计室职员人数	7	核与原计划相符
		统一收支概算总数	1,050,161 元	
		已编造乡镇概算数	4	
		未编造乡镇概算数	22	
	公库	已实行公库制度机关数	21	
		依法自行收纳机关数	4	
推广教育	中心学校	照计划应成立学校数	26	已达 96%
		已成立之校数	25	
		未成立之校数	1	
	保国民学校	照计划应成立学校数	179	已完成
		已成立之校数	179	
		未成立之校数	—	
	训练师资	已受训练之人数	241	已达 39%
		未受训练之人数	379	
	经费及基金	全县经费总数	299,988 元	已达 92%
		乡镇筹集经费总数	51,666 元	
		县库补助经费总数	24,8322 元	
		省库补助经费总数	25,156 元	
		已筹集之基金总数	租谷 234,138 升，租金 5,837 元	

（续表）

项目 \ 概况		工作细目	统计数字	工作程度
促进合作事业	乡镇保合作组织	乡镇合作社总数	11	已达 42%
		未成立乡镇社之乡镇数	15	
		现有保合作社总数	133	已达 77%
		未成立保合作社总数	39	
		其他各级合作社数	单营社 18 机关社 3	无数目限制，核与原计划相符
建设事业	公营事业	已实行之乡镇数	2	只系韶关市坊，应认为未举办
		每年收益总数	97,500 元	
	垦荒	面积市亩数	18,570	查系垦荒面积，应作为未办
	造林	面积市亩数	1,567	已有 23 乡镇实行，已达 88%
	其他造产	已实行之乡镇数	23	查所列系造林数，其他造产并未举办
		每年收益总数	53,000 元	
编组国民兵队	乡镇保甲	已成立之乡镇队数	25	已达 96%
		已成立之保队总数	266	已完成
		已成立之甲班总数	3,298	已完成
	训练	已受训练人数	6,939	已达 12%
		未受训练人数	50,789	
卫生事业	卫生院	每年经常费总数	23,912 元	已完成
		每年事业费总数	—	
	卫生分院	应成立分院数	4	已达 50%
		已成立分院数	2	
	卫生所	应成立之所数	23	已达 8%
		已成立之所数	2	
训练干部	县干训所	举办后训练区数	1	已举办第一期，认为与原计划相符
		共训练各级人员总数	200	
	乡镇保甲长讲习会	乡镇长副讲习人数	21	已达 40%
		未受讲习乡镇长人数	32	
		保长讲习人数	287	与计划相符
		未受讲习保长人数	107	
		甲长讲习人数	—	已达 23%
		国民兵队甲长班训练人数	767	
		未受训练甲长人数	2,531	
	其他	送省干训团受训练人数	122	与计划相符
备考		凡已完成或符合计划编制者，均作为满分，余均照计。全部工作数量平均已达 76.9%		

这是一份详尽的关于曲江县实施新县制情况的调查表。全部工作共归纳为 42目进行检讨，其中如充实县府组织、调整区之区域、调整区署、调整乡镇区域、充实乡镇公所、调整保甲、编成户口、举办户口异动登记、成立区建设委员会、调整警察机构、成立保民大会、测量土地、划分省县财政、开征自治户捐、成立会计室、统一收支、实行公库制度、成立保国民学校、编组国民兵保队及甲班、成立卫生院 18 目，均已全部完成或与原计划相符。此外，如骈枝机关无可裁并，各种合作社（乡保除外）并无数量限制及县地方行政干部训练所，已在 1941 年成立，其间虽有停顿，但亦与原计划相符。至于一些已经举办，尚未完全办竣者，也有非常明确的比例，做了非常详细的计量处理；另外，对于县参议会、乡镇民代表会，则因为代表候选人暂未选举成立而未列入该表。该调查报告认为，全部新县制原计划工作，已经举办达到了 76.9%，计未举办或已举办仍未达到原计划规定者，尚占有 23.1%。

从上述曲江新县制正式实施两年的调查来看，其成绩还算是合格的。它的各项基层工作，尤其是在乡镇村等的政治组织、国民兵编组、社会治安等方面，已具备比较完善而又充实的组织系统，对基层社会的控制也是比较有效的。该报告认为，各级自治机构，如乡镇公所，保办公处等，均能经常工作，与学校合址办公，更觉充实。乡镇保长已多经训练，其工作之表现可资查考："如征兵征收军粮，代办军用等，亦勉可应付；其尤为显著则各地治安均佳，匪类不易藏匿，实不能不赖于保甲之组织，凡此较过去显已进步。"以上这些统计只是一个量化的处理。统治者认为，其中最为突出的进步还在保甲工作的进展。另外，该调查报告认为应该在以下几个方面进一步加强：迅速建立乡镇财政；从速订定乡镇造产计划；切实督导办理户政；加紧促进卫生事业等。[①] 由上表进度不一的新县制工作程序，以及调查组对之的建议可以看出，由于战时的特殊需要和紧急动员，使政府在政策的安排上具有不平衡的倾向，虽然都是新县制的应有之义，但仍有轻重缓急之分。其保甲系统的工作也正是强调了其军事性、可控性、动员能力等方

① 《新县制工作检讨队报告书》，中国第二历史档案馆藏：《广东省实施新县制案（1942 年）》，案卷号：十二（6）-9078。

面的工作，次要且长远的建设、卫生工作开展得力度仍不够。

新县制的建设事业不能仅仅从统计数字上来看其成败得失，曲江作为战时广东省政府之所在地，其新县制的办理成绩也并不具有代表性。在广东南路，保甲制的推行就不能令人满意："本区各县市办理保甲，系开始于民国二十五年前后。各乡镇间的区域划分多缘旧日习惯，即最近有些改变，多未尽妥善；而各乡镇长保甲长人选，又多漫无标准，大抵出于临时指派或由绅推选，实际多不胜任。"①亦有人指出："本省对各县乡镇保甲机构，虽初具规模，然尚未臻健全，尤其南路各县乡镇保甲，更应加速整理。"②

1942年年底，广东在整体上对实施新县制县份的成绩进行了检讨，"结果在七十分以上者，两县；六十分以上未满七十分者，六县；六十分以上未满六十五者，七县；其余未满六十分者，共五十三县。"③在1940年4月到1943年3月，"广东依新县制调整之县政府66个，裁留之区署215个，依新县制建立之乡（镇）公所4449个（这一数字全国最大，其后是四川4462个，浙江3161个），依新县制建立之保办公处52469个（仅次于四川的62904个，其后是浙江39952个）。""截至1942年年底，广东乡（镇）中心学校为2503个，占乡镇率为56%。保国民学校数为11436个，占比例为21%。""成立保民大会的县数为37个，占37%，县临时参议会和乡镇民代表大会并未有成立。"④

具体来说，教育经费基金之筹集尚与计划相符。惟收容学龄儿童与失学民众补习教育，均未达原定之半数。如男女人口学龄、儿童失学、民众统计等，多已具备，但工作未能齐一，仍不免参差。惟乡镇保长筹款建筑校舍者，所在多有，又足见管教之联系已日趋密切；基层经济建设、训练基层行政人员，以及卫生事业的开展还不够充分：如其造产中只有造林一项，合作社、垦荒等公营事业方面的进程还较为缓慢。该报告也指出："合作事业与造产仍属幼稚，各乡保成立合

① 黄宣哲：《贡献几点关于实施保甲的意见》，《战时南路》第7、8合期，1940年2月25日。
② 徐治顺：《如何健全乡镇保甲》，《战时南路》第14期，1940年5月10日。
③ 《粤政简报》第2期，1943年2月。
④ 李宗黄：《新县制实施以来之总检讨》（上），《三民主义半月刊》（昭平敌后版）第4卷第11期，1945年1月15日。

作社者，虽已占多数，惟除马坝乡合作社经营消费业务外，余均为信用合作贷款用途，是否正当亦颇难查核。"[①] 直到1947年6月，广东才成立了县区合作社11个，乡镇合作社600个，保合作社8789个。[②] 这些数字和广东的县乡镇数相差甚远，可见新县制下的保合作事业的作用还是比较有限的。在各级行政人员之组训工作方面：师资力量的训练只有39%，国民兵队训练为12%，甲长训练为23%。在卫生方面，卫生分院成立为50%，卫生所成立仅为8%。在户籍之调整方面：各乡镇保甲虽多有举行，抽查尚觉确定，惟异动登记除接近乡镇公所之各保比较认真外，距离较远者，仍多不报。[③] 同期，内政部对全国实施新县制的17省进行过考核，17省的考核成绩平均百分比是：健全机构方面，包括县、区、乡镇、保甲及各级民意机构为30%；整理财政为10%；训练干部为10%；办理户政，包括清查户口为10%等。[④] 比诸以上这些数据，广东办理新县制的成绩虽然并不理想，但其工作在全国已经算是处于前列了。

　　然而，比诸广西之基层政权建设，广东新县制之下的保甲行政仍有不少的差距。抗战前后，广西之村街制，虽无保甲之名，但有保甲之实。其基层行政颇为高效和有力，已闻名于全国。这一方面得益于其"三位一体"的整体组织的强力控制；另一方面，则在其对基层行政人员的任命、训练、奖惩的重视，以及基层行政的经费筹措比较健全，也是较为重要的原因。广西当局认为，乡村长是推行基层政务的主要人员，关系重大。因此他们坚持直至甲长都由县政府直接选派。而鉴于其各县自实施三位一体之制后，"乡村长又身兼基层数职，稍一松懈，百政废弛，极为让人忧虑"，其又制定了《各县乡（镇）村（街）长奖惩暂行章程》，以此督促地方各级干部。该章程规定，"各县长、副县长，必须按季到各区乡村巡视，平时区长必须督促乡（镇）长，乡（镇）长必须督促村（街）长，以

---

① 《新县制工作检讨队报告书》，中国第二历史档案馆藏：《广东省实施新县制案（1942年）》，案卷号：十二（6）–9078。

② 《中华年鉴》上册，中华年鉴社1948年版，第566页。

③ 《新县制工作检讨队报告书》，中国第二历史档案馆藏：《广东省实施新县制案（1942年）》，案卷号：十二（6）–9078。

④ 内政部编制：《新县制实施成绩总检讨案》，台北"国史馆"藏，第4卷，第111—114页，转引自张俊显：《新县制之研究》，台北正中书局1988年版，第256—257页。

此推进政务。"广西当局冀望通过此项办法将上层颁布的政令,直达于乡(镇)村(街),以至每户、个人。1934 年以后,广西各区及乡(镇)村(街)的各级行政费,均于年度开始时,"由各县政府分别拟定区乡村经费支付数目,列入各县年度岁出预算,呈报核定列支"。对基层行政人员的有力控制,以及有充足的经费保障,使广西的联保主任、保长、甲长的受训率一度达到了 100%。[①] 对其基层组织的行政效率,广西当局曾不无得意地说:"本省县政的实施,在国内外都有相当的声誉。中央最近颁布的新县制,百分之九十与广西所施行者相同,这就证明成功的所在。""本省行政系统组织严密,政令直达每一民众。战事发生,所恃以动员民众者以此。"[②] 反观广东的基层行政,其行政人员的选任、训练,及经费的拨充,的确不如广西严密,其施政不如广西有效。

对上述新县制下的保甲工作,并没有达到省府战时保甲制办理的初衷,省政府显然是不满意的。1943 年 1 月,广东民政厅再次订定《编整保甲应注意事项》,要求各县市局再次切实整理保甲组织;"以前已编查者,限本年二月底整理完竣;未编查者,限本年三月底以前编查完竣。"为达此目的,它规定每乡镇组织一编整队,就该县所属机关团体、学校教职员、学生,分别指派人员充任其队长及队员,并得商请党部及驻军防队协助编整各乡镇之保甲编组。编组队每到一乡镇,"应知会乡镇长携同原日户口册,会同前赴各保,知会各保长协同进行工作。"而编整队之经费,"由县库支发,不得责由乡镇供给"。它重申此次编整保甲之要领,则仍以十进制为原则,不得多于十五少于六。整编保甲,"以普通保甲户为主,它种保甲户为附。应先将普通户依法编甲,其附隶该甲之它种户,应另编次序。再将普通甲依法编保,其附隶该保之它种甲,应另编次序,不得混淆";"寺庙户、公共户、外侨户,无论多寡,均以附隶于附近之普通甲为原则,不另编甲";特编户、临时户、船户三种之编组又有不同,对于畸零居住在五里内无甲

① 国民政府内政部统计处 1938 年编印:《战时内务行政应用统计专刊》第二种《保甲统计》,第 25 页。甚至在宁夏,由于其"保甲编查费以及保甲经常费,统由省库开支,不准各级保甲人员向住民私收任何费用。并规定县政府月支保甲经费 10 元,区公所 5 元,每保 4 元,联保经费即在组成联保的各保经费内开支。"其保甲行政人员的受训率也达到了 100%。参见冉绵惠、李慧宇:《民国时期保甲制度研究》,四川大学出版社 2005 年版,第 115 页。

② 周沛棠:《改进本省县政的商榷》,广西《抗战时代》第 2 卷第 1 期,1940 年 7 月 1 日。

— 128 —

可并时，"四户以上不满六户者，得编为特别甲，二户以下附隶于附近普通甲内。十里以内无保可并时，三甲以上不满六甲者，得编为特编保，二甲以下附隶于临近普通保内"。而对于临时户及船户，"凡满六户以上可另编为临时甲、船户甲。六甲以上可编为临时保、船户保"。总之，务求达到"人必归户，户必归甲，甲必归保，不使遗漏"之目的。①同时，广东还开始了总动员视导保甲及建保年的运动，这将在后面章节中详为论述。

广东新县制的工作是全国新县制工作的一个缩影。新县制虽旨在致力于提高基层政权行政效率，并进一步改进国民党政权的基层民政事务，如"县政府组织之充实"；"裁并县府骈枝机关，集中职权，便于发动地方力量"；"减少区一级，可以节省人力财力，减少行文周折，增加行政效率"；"县以下各级组织之加强，兼具广西三位一体之优点，足以推行政令，办理地方自治事业"②。但鉴于县政工作千头万绪，各县在行新县制的各项工作中并无标准："有认为新县制之内容在求基层机构之健全，故在实施上多偏于县各级组织之调整；有认为新县制之实施，即地方自治之开始，故在实施上，自治条件未完成即行开始各级民意机关之设立；有认为新县制之内容，包括有关管教养卫之一切设施，故在实施上百端并举缺乏重心。"③而且，由于"接近战区地方受敌人破坏威胁，后方各地亦受敌机轰炸扰乱，复因县政府以及区署乡镇保甲长人员忙于征兵、征工、征粮，协助军事，并因物价高涨，生活不能安定，以致（新县制）推行不能完全顺利，自是意中应有之事"。④

其后，国民党中央"鉴于自治机关基础尚属薄弱，执行抗战政令负荷甚重"，决定地方自治事业之划分，应缩小其范围，暂由国家多负责任，俟抗战结束、自治机关力量充实后，再将自治事业陆续扩充。于是它将自治工作缩小为八项，

---

①　《整编保甲应注意事项》（1943年1月），广东省档案馆藏：《户口登记、编查、保甲整编、更改姓名规则、办法》，案卷号：2-2-74；中国第二历史档案馆藏：《广东省实施新县制案（1942年）》，案卷号：十二（6）-9078。

②　萧文哲：《行政效率研究》，商务印书馆1942年版，第85—86页。

③　内政部：《确定新县制完成标准案》，《第三次全国内政会议报告书》，内政部编印，1941年12月，转引自张俊显：《新县制之研究》，台北正中书局1988年版，第120页。

④　中国第二历史档案馆（忻知选辑）:《各省实施新县制推行地方自治成绩总检讨》，《民国档案》2005年第3期。

即：清查户口、设立机关、办理警卫、规定地价、修筑道路、设立学校、开辟荒地、训练民众等，[①] 其余事项建议暂由上级机关办理，以避免百务俱举，而一事无成。但即使是这些已经缩了水的自治工作，也反映出新县制还存在诸多的缺陷："1、各省实施新县制的成绩亟待在质的方面提高。2、基础经济之效率亟待提高。3、组训人民之工作应力求开展。4、各县级干部之储蓄训练亟待促进。5、乡镇区域应力求固定。6、县区域应即加调整。7、自治财政仍应力图改进。8、自治监督机关之横的联系应予加强。9、民意机关设置之步骤亟待决定。10、新县制之完成标准应予厘定。"[②] 新县制的各项重要工作，几乎都存在着不小的问题，其保甲制度实施的效果由此可见一斑。而政府对实施新县制的区域及实施项目的考核均感不甚理想，国民党的机关报《中央日报》认为："这一次推行地方自治的成绩，虽不算很坏，但不能令人满意。"[③] 抗战时，国民党在基层社会推行新县制，并将基层几乎所有的行政工作都纳入保甲行政的范畴，以求事权更为统一，办理更为明确。不过其办理之效果并没有因此而得到根本的改善。国民党对乡村社会动员能力孱弱的现实一直未能改善。

---

① 台北"国史馆"藏：《全国行政会议案》，转引自张俊显：《新县制之研究》，第123页。

② 参见国民政府内政部：《新县制实施成绩总检讨》，《县政》第2卷第1期，转引自冉绵惠、李慧宇：《民国时期保甲制度研究》，四川大学出版社2005年版，第115页。

③ 社论《完成民选的参议会》，重庆《中央日报》1945年6月19日。

第五章　广东国统区保甲运动透视

为促进基层保甲行政工作的推进，广东省政府根据广东《二十七年下半年各县市局保甲工作纲领》及新县制开展后的基层建设要求，在各地开展了保甲示范乡镇建设活动，抗战八年时间，先后在 48 个县建立过保甲实验区，而曲江县的"黄冈保甲示范乡"①最受省府之重视。围绕着黄冈示范乡的成立、乡长人选、示范工作的开展等问题，抗战时国家和地方势力的冲突与调适在此得到较充分的反映。该示范乡的效果并未达到政府的预想，这也说明政府基层的施政能力仍有待提高。

改善基层行政能力，进而提高行政效率，是战时国民政府乡村工作的重要内容。从新县制的提出到行政三联制的推行，都是这一思路的发展。其间，从国民党中央到各省市政府都开展了一系列的促进行政效率的运动，如广西"三位一体"村制的开展、山西传统村制政策的加强。而广东也在推行中央意旨的同时，借鉴广西"三位一体"的村制精神，加强了对基层社会的控制力度。鉴于基层政权之保甲工作办理后如不考询，"不特不知保甲办理到何种程度，其有办理不合者，更无从纠正"的事实，②广东展开了定期和不定期视导基层政务的活动，1943年开展的"建保年"是这一工作的高峰。它要求全省总动员，争取用一年的时间来完成基层行政的各项工作，确保基层社会政权之健全有力。然而因广东战事频仍，加上国民党基层动员能力的孱弱，广东建保年的各项计划未能完成。

---

① 为了叙述的方便，下文中除了个别需要强调的地方外，一律将"黄冈保甲示范乡"简称为"示范乡"。

② 黄强：《中国保甲实验新编》，中正书局 1936 年版，第 303 页。

第一节　黄冈保甲示范乡的建设及成效

1938 年 10 月，日军占领广州。抗战时的广东省政府先撤往连县，后迁到粤北的韶关，其大部分机关驻在临近韶关市的黄冈乡。黄冈乡为曲江县治的城关乡，是几乎整个抗战时期省政府的所在地，示范乡的工作以此肇始。

示范乡的设计和建设分为两个阶段：第一阶段为示范乡的准备阶段，即 1939 年 7 月黄冈岭实验村的建立与保甲编组；第二阶段是示范乡的正式建立及其开展工作阶段。黄冈岭隶属黄冈乡，辖有黄冈村、大冲窑、新屋村、金凤坪、黄冈岭等村，共一保十三甲。省府机关迁入后，该村的户数和人口猛增一倍以上，管理上出现混乱。有鉴于此，省府对其进行重新编组与管理，以适应战时之需要，于是遂有黄冈岭实验村的设立。在筹设黄冈岭实验村时，民政厅制定了《黄冈岭实验村保甲办法》一份，力图使其"为各县模范"。按照该法规，实验村编办保甲时，对省府公务员一视同仁——他们在户籍与治安方面接受实验村的管理。从表面上看，这一规定体现了省府对实验村的重视和尊重；然而，该法规却没有明确规定实验村如何管理其辖下两保，实验村本身也缺乏强制性的约束力量。这种"以下犯上"式的管理模式，终使实验村徒有其名而难有其实。它无法负荷人口骤增带来的管理压力，且不得不迁就政府机关林立的无序状态。尽管如此，该实验村的保甲编组实践，还是为以后示范乡的工作提供了一个模型，并做了一些预备。在此基础上，黄冈保甲示范乡于 1940 年 8 月宣告成立。

示范乡的建设，颇受上至省府、下至黄冈乡百姓的关注。省府在制订黄冈乡政计划时指出："黄冈为省政府所在地，其周围五里之乡村，应即协助健全其基层组织，再而推动其所应负之责任，使从发动协助督促而转至自觉、自动、自治。……至乡内之警卫、教育、卫生、合作、防护、消防等各项，统由乡公所主持办理，以期运用灵活，而资示范。"[①]黄冈乡第一任乡长陈孙谋说："乡政之进展，即省政之进展"，"黄冈乡政因为省政之卑处迩处，亦即物之根本，事之始端。倘

---

① 《推进黄冈乡政计划》(1940 年 8 月)，广东省档案馆藏：《民政厅关于推进黄冈乡政计划等文件》(一)，案卷号：3-1-31。

兹不能将黄冈乡政造成良好之成就，以为全省之嘉模，俾资观摩，固为吾人之诟耻，抑亦为时代所不许也"[1]。黄冈乡民众也认为："黄冈示范乡树一楷模，盖省会首善之区，实省府驻节之地，钧厅特加注意，使冠冕全省，副（负）望中央，良以一隅之措施，攸关全局之取法。"[2] 由此可见，无论是省府、乡长，还是黄冈普通百姓，都对示范乡的建设投注了极大的热情，也充满着信心和期待。他们皆希望将此一隅之地建成广东的首善之区，以供全省取法。

在示范乡酝酿成立的阶段，乡长的选任成为各方关注的一个焦点。而围绕乡长的任命与其工作开展的矛盾冲突，也展现了各利益方之间复杂的互动关系。我们在讨论示范乡工作的成效利弊时，首先应关注乡长之选任与其工作的开展。

1940 年 7 月，黄冈乡政计划会议决议："正乡长人选请示何厅长后决定，至副乡长人选，则由曲江县政府负责遴选充任"；"乡公所各股主任及干事，待乡长副乡长选定后，再由曲江县政府负责选派。"[3] 这一规定表明：关于乡长的选任，民政厅厅长何彤掌握着最终的决定权，曲江县政府保持任命权；副乡长及以下各股干事，由曲江县政府直接负责遴选任命。这是一个平衡权力的安排，因为这时不仅黄冈乡，甚至包括韶关市，都隶属于曲江县治。

在决定成立示范乡的时候，民政厅拟按照"政教合一"的思想来成立乡公所。对于乡长的人选，省府首先考虑由黄冈乡中心学校校长兼任，不主张专派。由于当时黄冈乡没有中心学校，省府遂决定将黄冈小学改为中心小学，以该校校长李佩珠兼任乡长。然而，李佩珠不愿出任乡长，也不同意将黄冈小学改为黄冈中心小学，此议只好搁浅。其后，省府又打算将曲江小学改组为黄冈中心学校，以该校校长出任黄冈乡乡长。但这次同样遭到了拒绝，该校长反对将曲江小学改隶黄冈乡，且以去职相挟。政教合一的模式受到了挑战和抵制。此后，省民政厅与曲江县政府商定，调民政厅第三科科员陈孙谋兼任黄冈乡乡长。几经周折，乡

---

[1]　《曲江县黄冈乡公所呈》（1941年12月24日），广东省档案馆藏：《民政厅关于推进黄冈乡政计划等文件》（二），案卷号：3-1-32。

[2]　广东省档案馆藏：《民政厅关于推进黄冈乡政计划等文件》（二），案卷号：3-1-32。

[3]　《筹设黄冈乡及推进乡政计划会议记录》（1940年7月4日），广东省档案馆藏：《民政厅关于推进黄冈乡政计划等文件》（一），案卷号：3-1-31。

长的人选总算敲定。上述遴选乡长的曲折过程，说明黄冈乡各利益方为了保障自己的利益而各自为政，以致使乡长人选几近难产。这暗示着日后示范乡建设的各种情弊还将时有出现，乡长的工作开展不会顺风顺水。

陈孙谋上任之后，即雄心勃勃地提出，在"三个月内将新设之黄冈乡政，赶上其他各乡已有良善措施，六个月内完成模范乡之示范工作"。[①]他先后经办的事项有：整理环境卫生；促进军民合作；修理黄冈大道；复查户口；筹设合作社；调解乡民纠纷；考察保甲长等。对这一时期陈孙谋的工作，民政厅长何彤曾予以首肯，黄冈的百姓也颇认可。然而陈的工作很快遇到了困难：副乡长欧应魁凡事推诿、掣肘，并在陈任职期间未到乡公所一日；原任的税务员亦持同一态度，且不久辞职，以致陈孙谋要"兼所丁之劳役"。副乡长和事务员消极怠工，事事掣肘，不仅破坏了乡长的形象并损害其信誉，也使陈的办事效能大打折扣。而更莫名其妙的是11月14日，曲江县政府突然免除陈孙谋之乡长职。其免职令说："黄冈乡乡长陈孙谋，办事不力，着即免职，遗缺派副乡长欧应魁代理。"[②]陈孙谋自奉委到被免职前后共四十五天，而以其到任之日至免职之时，前后只有四十天。在如此短暂的时间里，陈所起的作用可想而知。

如前所述，陈孙谋是民政厅长何彤亲自调任，并经曲江县政府同意后任命的。曲江县随意免陈职且不同民政厅打一声招呼，是有违当初省府决议的。何彤随即为此事上书省主席李汉魂说明原委，并饬曲江县遵照查明事实原因。对此免职令，陈孙谋也提出抗议。他上书曲江县县长薛汉光，抱怨县长"只凭意令，不计是非，曲直倒置，功罪相反"。他还指出代任乡长欧应魁，"既为本省视导员曾记大过之人，且为在县训所受训时常被罚、名声扫地之人，岂配当此模范乡乡长之大任？"[③]1940年12月12日，陈孙谋在离职后的《报告兼办黄冈乡乡长职务四十日经过情形敬请察核由》中，仍一再要求县长对免其职一事作出解释，俾能

---

① 广东省档案馆藏：《民政厅关于推进黄冈乡政计划等文件》（一），案卷号：3-1-31。

② 《曲江县政府训令》（1940年11月14日），广东省档案馆藏：《民政厅关于推进黄冈乡政计划等文件》（一），案卷号：3-1-31。

③ 《黄冈乡乡长为被免职事致曲江薛县长代电原文》（1940年11月16日），广东省档案馆藏：《民政厅关于推进黄冈乡政计划等文件》（一），案卷号：3-1-31。

自知其愚，并知所警。对此，曲江县政府皆置若罔闻。

曲江县政府在越过民政厅直接任命副乡长欧应魁代理乡长职后不久，又改任县政府职员陈北泉为乡长，欧副之。然而直到 1941 年 7 月，陈北泉仍未肯赴任。其后陈虽然上任，但仍置黄冈乡政于不问。这一时期的乡政权力仍然掌握在副乡长欧应魁的手里，黄冈乡的居民对此情形忍无可忍。9 月 3 日，黄冈乡靖村罗球等十六位居民联名上书民政厅，大骂陈北泉尸位素餐："现任乡长陈北泉，身出愚氓，选由迫就，非特惟未谙公事，抑且不洽舆情，韶市日事留连，公所形同虚设，榛莽遍地，粪秽塞途，不独未足守成，更难责以进展；以之尸位，殊负深望，尤恐各县望风所关。"同时，他们还向民政厅提出："俯观前由钧厅所派科员陈孙谋，兼摄乡事，维时匝月，成效足见；对于环境卫生之改良，军民合作之增进，基层工作兴趣颇浓，且久居是乡，已符选制。倘能饬县仍予委用，必可竟其前功。"[①] 直属民政厅的曲江县黄冈乡政指导委员会，也指责陈北泉"颟顸无能，一切决议案置诸弗恤"，[②] 要求曲江县政府予以撤换。就这样在各方的要求下，陈孙谋于 9 月 24 日又重返黄冈，再任乡长。

此后，诸多与黄冈有利害关系的人，经常上书民政厅、省政府，甚至何彤、李汉魂，对陈孙谋进行施政埋怨及人身攻击。连曲江县县长李英，亦借黄冈乡境内有人摆卖狗肉这等小事，要求省政府对陈进行记过惩罚。以至于陈孙谋在上何彤书中委屈地说："职命途多舛，且常遭遇'道高魔高'之情形"。后来，陈在黄冈乡公所柱子上书写两联以明志，并陈委屈。其一曰："欲把荒地作粮田须先披荆斩棘，思将黄冈成模范应知物力人力"；其二曰："集民财建教并粮大事于一身谁敢信言蔑缺，竭手足口目心脑六到之全能方期抚问无惭。"[③]

以上这些事实——乡长遴选艰难曲折，民政厅科员陈孙谋任乡长后屡受攻讦，工作室碍束缚；县政府职员陈北泉"选由迫就"，先是迟迟其行，后乃尸位

---

① 《十六位居民上民政厅书》（1941 年 9 月 3 日），广东省档案馆藏：《民政厅关于推进黄冈乡政计划等文件》（二），案卷号：3-1-32。

② 《曲江县黄冈乡政指导委员会呈》（1942 年 12 月 17 日），广东省档案馆藏：《民政厅关于推进黄冈乡政计划等文件》（二），案卷号：3-1-32。

③ 广东省档案馆藏：《民政厅关于推进黄冈乡政计划等文件》（二），案卷号：3-1-32。

素餐；地方势力欧应魁等对乡长百般掣肘、暗中捣乱反为县府重用等。反映了中国自古以来地方势力视本地事务为禁脔的历史惯性，国家权力对乡村的渗透遇到了种种抵制；这也显示出示范乡乡长不是个容易干的角色，基础尚未夯实的黄冈乡政也不是件容易的差事。

示范乡成立后，在省府支持及民众关注下，其工作开始着手进行。省府从以下几个方面加强了示范乡的保甲建设工作。

制定示范乡保甲法规并补充其经费，这是省府重视示范乡保甲工作的表现之一。省府在筹设示范乡及考虑推进其工作时就指出："以合理之步骤运用民力，陆续建设为方法，似不限于开始实施即将各种事业同时举办，致勉强凑成，徒有形式，而欠缺精神，有如货品之陈列，殊乏意义。"①这基本上为示范乡的保甲工作定下了基调。由此也可看出，把示范乡建成全省保甲制度的标签，是省府着意进行的一项工作。为此，省府于1940年7月颁布了《黄冈乡推进乡政计划纲要》。它规定示范乡在保甲编组方面，"保持十进制原则，其有不合法者，即行纠正，必要时再重新编组，以符规定。以后仍根据户口异动随时加以调整，以严密保甲组织"；"各保办公处，均应一律限期设立，以完成乡保组织，如国民学校未成立之保，其民政文化两干事，暂由保长遴选相当之人员担任"。在推行民意机构方面，它规定各保"成立保民大会及召开甲长会议"，"乡内各保各甲均一律依照规定按期开会，以促进各保甲自治事务及训练人员行使四权"。另外，它还规定了示范乡在整理户籍、整饬乡容、推进合作事业等方面的责任。②接着，省府又制定出《黄冈保甲中心工作进度表》，将示范乡之保甲行政工作分成"健全保甲机构时期"和"工作时期"，依次分别办理建立保办公处、遴选保甲人员、甲长集中办公，以及复查户口、促进教育、改善卫生行政、改善合作事业、整饬村容、推行新生活运动、举行国民月会、积极改良防空设备等项工作。其规划的具体情形如下表：

---

① 《筹设黄冈乡及推进乡政计划会议记录》（1940年7月4日），广东省档案馆藏：《民政厅关于推进黄冈乡政计划等文件》（一），案卷号：3-1-31。

② 《黄冈乡推进乡政计划纲要》（1940年），广东省档案馆藏：《民政厅关于推进黄冈乡政计划等文件》（一），案卷号：3-1-31。

《黄冈保甲中心工作进度表》①

期间	第一期（健全保甲机构时期）	第二期（工作时期）
起始时间	7月1日至7月底	8月1日至8月底
办 法	建立保办公处 （1）选择适中地点 （2）环境之布置 （3）内容之核实 二、保甲人员之遴选 （1）保长由地方人民推选 （2）副保长由省政府秘书处遴选 （3）民政干事由民政厅派兼 （4）文化干事由儿童教育院派兼 （5）经济干事由振经会派兼 （6）警卫干事由警卫营派兼 （7）甲长就居住黄冈之住户人员选定 （8）甲长集中办公	一、严密复查户口 （1）办理互保切结 （2）厘定保甲规约 （3）厉行人事异动登记 二、促进教育 （1）将黄冈小学改为保国民学校 （2）调查及龄失学儿童并强迫入学 （3）成立成人及妇女补习班以扫除文盲 （4）设置识字牌及办理壁报，以推进识字运动 三、改善卫生行政 （1）将治疗所改为乡镇卫生所 （2）改良黄冈卫生环境 （3）推行防疫及清洁运动 （4）灌输卫生知识 四、改善合作事业 将黄冈合作社改为保合作社 五、整饬村容 （1）清洁墙壁 （2）指定广告标语场所 （3）划定晒粮场所 （4）禁止猪类放出街外 六、推行新生活运动 七、举行国民月会 八、改良积极防空设备
备考	所有府厅处会指派人员，名义上系兼职，实际须负专责办理。	

　　其后，省府在《保办公处应办事项》中，又规定示范乡各保应办事项包括：保办公处应依照编制，设置副保长、干事等职，尤须选热诚努力之人员充任；保办公处经费，应按月向乡镇公所具领，但不得将经收之自治户捐截留挪用；保办公处应以期举行保务会议等。②

　　在保甲经费方面，省府对示范乡亦有特殊照顾。下表是1941年6月至12月省县府对示范乡保甲经费的补助情况表：

　　① 广东省档案馆藏：《民政厅关于推进黄冈乡政计划等文件》（一），案卷号：3-1-31。
　　② 广东省档案馆藏：《民政厅关于推进黄冈乡政计划等文件》（一），案卷号：3-1-31。

黄冈乡保甲经费及补助数目表 [①]

款目		经常费		一次性设备费		合计
机关别		乡公所	保办事处	乡公所	保办公处	
机关数		1	7	1	7	
每月实支总数		480.00	308.00	—	—	
六月份至十二月份支出数及补助数	总支出数	3360.00	2156.00	200.00	350.00	6066.00
	县府照旧支给实数	304.50	490.00	—	—	794.50
	县府补助总数	1527.75	833.00	—	—	2360.75
	省府补助总数	1527.75	833.00	200.00	350.00	2910.75

从上表可知：一、乡公所及保办公处每月经常费仍由曲江县府照旧支拨，计从6月份起至12月底止共计794.5元；二、乡公所及保办公处，每月不敷经费为4721.5元，其中由曲江县府补助半数为2360.75元，由省府补助2910.75元。如此详尽的保甲经费划拨统计，综观广东全省仅黄冈乡有之。

设立"黄冈乡辅导委员会"，这是省府重视示范乡保甲工作的又一表现。1941年3月，民政厅行政效率委员会视察示范乡政后，批评其保甲行政工作不力，无示范之实，提请组设"黄冈乡辅导委员会"以扶持乡政。民政厅长何彤对此议表示赞同，并于19日批准成立"黄冈乡辅导委员会"。6月27日，"黄冈乡辅导委员会"改名为"黄冈乡乡政指导委员会"，设委员九人，成员由省政府主席指派省政府秘书处、行政效率促进委员会、民政厅、财政厅、教育厅、建设厅、卫生厅、曲江县政府之人员组成，以民政厅第二科科长陈铁樵为主任委员。[②] 该会以指导黄冈乡政之设施，树立基层政治之楷模为宗旨。其职掌主要有：研究及设计黄冈乡政；指导及改进黄冈乡政设施；督促及考核黄冈乡政设施等。

关于指导委员会的工作，只有些零碎的记载，主要集中在章程纲则的制订方面，其中包括有《整理黄冈乡财政部分工作计划大纲》、《黄冈乡乡政指导委员会

---

① 广东省档案馆藏：《民政厅关于推进黄冈乡政计划等文件》（一），案卷号：3-1-31。

② 《黄冈乡乡政指导委员会组织规程草案》（1941年6月），广东省档案馆藏：《民政厅关于推进黄冈乡政计划等文件》（二），案卷号：3-1-32。

教育组工作进度表》及《黄冈卅年度卫生实施计划进度表》等。其工作的实效不得而知，我们只能从其被撤销的过程中看出些端倪。1942年2月17日，李汉魂对指导委员会的工作作了如下批示："该乡毫无成绩，所以影响省政观感甚大。着由郑秘书会商何厅长，决定存废。"①何彤据此提出："该委员会即使有存在之必要，亦必重新改组。所谓撤销似可先行照准。"同时，他对民政厅没有切实管理好示范乡工作，及对指导委员会没有很好地尽到监督责任一事，深感愧疚；表示"除遵令随时切实督导外，理合具文呈请处分，以明责任，并候示遵"。②当然，示范乡保甲工作没有成绩不是何彤一人的责任，他的作态只是深谙官场之道而为之。结果是省府对何提出慰抚意见："黄冈乡政如何，黄冈各机关均应共同负责。何厅长独请处分，拟请免议。"李汉魂也亲自批示云："处分免议，该会准予撤销。"③可见，乡政指导委员会的工作是不能使上级满意的。

重视保甲长、设立黄冈乡保甲长集训班，这是省府重视示范乡保甲工作的再一表现。在当时，示范乡保甲长受重视的程度，是任何其他县乡保甲长所无法比拟的。陈孙谋认为推动政令之关键，除乡长本身外，厥在保甲长之健全与否。为了提高保甲长工作的热情，他不仅时常召集保甲长谈话，联络感情，而且让保甲长担当更多、更重要的工作，如要求各保甲长参加乡务会议，规定保长可参与准备冬耕、规定清洁费之分级标准及参与征收自治户捐、码头捐、摊位捐等活动。这些工作都较具实质性，无疑加强了保甲长在基层工作中的重要地位。

在示范乡长重视保甲长作用并赋予其重任的同时，省府还于1941年7月设立黄冈乡保甲训练班，希望以此提高其办事能力。训练班由"负责该管区县指导员及该乡正副乡长主持办理，并由县政府派有关主管科长轮流指导之"。其教授人员则由"该管区指导员、乡长副乡长、当地学校教职员及特约有关自治学校优良之人员担任之"。训练科目包括抗战建国纲领、保甲须知、地方自治概要、广

---

① 广东省档案馆藏：《民政厅关于推进黄冈乡政计划等文件》（二），案卷号：3-1-32。
② 何彤：《奉批黄冈乡政毫无成绩应由民政厅切实督导整理等因请示遵由》（1942年2月26日），广东省档案馆藏：《民政厅关于推进黄冈乡政计划等文件》（二），案卷号：3-1-32。
③ 广东省档案馆藏：《民政厅关于推进黄冈乡政计划等文件》（二），案卷号：3-1-32。

东省战时施政纲领及中心工作等 26 项，凡战时乡村的基层工作几无遗漏。[①] 省府还时常在训练班组织一些联欢会，以联络感情，增进工作实效。

从 1940 年 8 月到 1941 年 12 月，黄冈保甲示范乡前后共存在 16 个月。它无论是在保甲政策的推行方面，抑或是在保甲行政人员的重视和使用方面，都有许多独特的、值得注意的地方。可以说，该示范乡保甲工作是广东抗战保甲制的一个缩影。它是战时广东为控制基层社会、统管人力物力、保证战争胜利而实施的一次紧迫性的社会动员。然而就整体来说，示范乡的工作不尽如人意。1941 年 3 月 4 日，民政厅在考核黄冈乡政后指出："黄冈乡乡公所所在地之靖村，对于环境卫生、修理道路、户口异动调查等事项，均未切实计划推行改进，以致牛粪满街，道路不修，环境污秽，殊失示范乡之称。" 5 月，其考察报告又称示范乡保甲组织 "多不符规定"。[②] 6 月 1 日，民政厅第二科科长、黄冈乡乡政指导委员会主任委员陈铁樵在上民政厅《调查黄冈乡情形摘要》中，具体地列举出黄冈乡政的弊端有：乡公所 "地方狭小，不敷应用"；保办公处设备简陋，各种表册多不健全；保甲编组 "多不属规定，如第 4 保共有户口 196 户，仅编 10 甲，第 6 保 254 户，仅编 11 甲，均与规定不符，拟重新编组"。[③] 何彤亦几次批评黄冈乡政很不成样子。上述种种事实的罗列表明，示范乡的工作确不尽如人意，效果不彰。

黄冈示范乡失败之原因，大致有以下四个方面：

首先，地方势力对外来力量的抵制导致了乡长难产，而副乡长欧应魁以下各股干事对乡长陈孙谋工作的不合作甚至破坏，使乡公所组织未臻健全，这对示范乡工作的影响甚大。对于黄冈乡民而言，由于抗战时大量政府机关的迁入及示范乡的设置，他们不仅要在检查、侦探、守望、救护、搜索匪徒、运送军品、保护交通、建筑工事、协助作战等方面做贡献，而且其家乡又成为士兵骚乱、官员藉端索需的利薮及日机轰炸的目标。正如黄强所说："民众对于保甲，未见其利，

---

① 《曲江县黄冈乡保甲长集中训练实施办法》（1941 年 7 月），广东省档案馆藏：《民政厅关于推进黄冈乡政计划等文件》（二），案卷号：3-1-32。

② 广东省档案馆藏：《民政厅关于推进黄冈乡政计划等文件》（一），案卷号：3-1-31。

③ 陈铁樵：《调查黄冈乡情形摘要》（1941 年 6 月 1 日），广东省档案馆藏：《民政厅关于推进黄冈乡政计划等文件》（一），案卷号：3-1-31。

先觉其扰，离心力日增；而保甲事实上之困难，遂成根本不能避免之唯一问题。"①这些情况，正是陈孙谋虽得到一部分乡民支持，但却仍难以实施其示范乡整体工作计划的原因。

其次是"财力不逮"。尽管省府对示范乡的保甲经费多有照顾，但其财政仍入不敷出。黄冈乡本来是个丙等乡，省政府为使其乡政发展示范于各乡起见，而决定以甲等乡来进行编制。结果却是它虽有甲等乡的编制预算，但由于资金与人力不足之故，这种编制实际上流于有名无实。另外，由于民政厅为示范乡划拨的自治户捐被层层截留而不能按时按量拨给，专门发给示范乡的废车处理专款也寥寥无几，甚至常常被挪用，以致乡长认为办理黄冈乡政无异于"炊沙求饭，磨砖作镜，无孕求子"。②可见，即使这样一个全省瞩目的保甲示范乡，在办理保甲制的过程中，经费的支绌依然是其迈不过去的门槛。

再次，由于省府与县府机关林立，双方又在地方政策上多有扞格，致使夹在其间的示范乡乡政受到了不小的影响。据民政厅资料记载，示范乡原计划所定各项工作，经民政厅召集会议决议，分由各主管机关辅助办理；同时，其政策的执行权又归属于曲江县政府。这一规定就导致了"有关之机关既多，工作反难配合"的情况出现。③前述的陈孙谋被免职案，就反映了两者在地方政策上的冲突。陈孙谋曾指出，黄冈乡为"省府所在地之核心地点，机关林立，临时之命令及临时事件之应付，均与全省各乡不同"。这使示范乡在诸多任务中疲于应付，苦不堪言。这"诚可谓以最少之人力与财力，应对最繁杂艰巨之工作，亦即可谓有如以至少之兵额及至劣之军械，使之背负应付最重最强之斗争，冀其得操独胜之功之喻也"。④

最后，特殊的抗战环境表现在政府政策之安排上往往有轻重缓急之分，示范乡原计划的许多工作，亦因此而无法齐头并进，终难有示范之实。1943年，李

① 黄强：《中国保甲实验新编》，中正书局1935年版，第229页。
② 《曲江县黄冈乡公所呈》（1941年12月24日），广东省档案馆藏：《民政厅关于推进黄冈乡政计划等文件》（二），案卷号：3-1-32。
③ 广东省档案馆藏档，案卷号：3-1-31。
④ 陈孙谋：《办理黄冈乡政一月之观感——黄冈乡之十二种特殊情形》，广东省档案馆藏：《民政厅关于推进黄冈乡政计划等文件》（二），案卷号：3-1-32。

汉魂曾以总结的口气说，由于战争而形成的军事第一和机关频迁的状况，导致了"韶关一切建设都不敢放手做去"。[①]这样的交代，其实是一种战时政治建设从急从简、服从于军事的指导性思想，它无疑影响了示范乡的乡政。事实也诚如乡长陈孙谋所称："征兵、征实、募债、募夫事务繁忙，督率员丁夙夜从事，均无法应付，原定计划急切难以推行……种种障碍，致令原定计划迄今未成。"[②]显然，与抗战关系稍缓之工作被简办、缓办甚至不办的原则，为示范乡工作的开展埋下了隐患，其乡政效果的不彰似不可避免。

1941年4月，曲江县奉令实施新县制，并调整区划，黄冈乡被划属第一辖区，属十里亭镇，[③]在地方行政单位上可谓降下一级。10月，广东省政府第272次省务会议通过了《韶关市政筹备处组织规约》，其中规定，韶关的行政区域包括（1）曲江县城区之太平、武城两镇（现北江区）；（2）曲江县东厢乡（现东河），西厢乡（现西河）；（3）曲江县协安乡蜡石坝、良村两地；（4）曲江县黄冈乡（现属十里亭镇），[④]从而把黄冈乡划入了韶关市区，由韶关市政府统一管理，取消示范乡称谓，从此其"一切指令，自应与市区计划同一步骤。"[⑤]就这样，示范乡的工作在前后经历了一年零四个月后，被画上了并不圆满的句号。

由上可知，黄冈保甲示范乡是在抗战这一特殊历史背景下建立的。一方面，其政策的制定和工作的开展因应战时需要而带有从急从简的性质，示范乡的保甲政策很难在地方上按部就班、不折不扣的实施；另一方面，省府、民政厅直接制定的示范乡保甲政策，在一定程度上是国家权力向地方基层延伸、徐图控制乡村社会的反映，也是城市力量对乡村社会的渗透。它不仅是对地方原有管理模式的

---

① 李汉魂：《本省政务在抗战期中所受影响及最近状况和今后设施》（1943年7月17日），广东省档案馆档，案卷号：2-2-440。

② 《曲江县黄冈乡乡政指导委员会呈》（1942年12月17日），广东省档案馆藏：《民政厅关于推进黄冈乡政计划等文件》（二），案卷号：3-1-32。

③ 《曲江县调查报告》（1941年9月6日至1941年10月27日），《广东统计季刊》第1期，1941年12月。

④ 成剑萍：《抗日战争时期韶关市政筹备处简况》，载中国人民政治协商会议广东省韶关市委员会文史委员会编印：《韶关文史资料》（第19辑），1993年，第163页。

⑤ 《曲江县黄冈乡乡政指导委员会呈》（1942年12月17日），广东省档案馆藏：《民政厅关于推进黄冈乡政计划等文件》（二），案卷号：3-1-32。然而这时的韶关市政府仍处在筹备阶段，尚未脱离曲江县的管辖。直到1943年11月，《中山日报》刊登的《今后的韶关市政》一文，才指出韶关市政经过将近两年的筹备，才与本月正式宣布成立市政府云云。可见，在1941年年底时，将黄冈乡划归韶关市统一管辖，只是将黄冈乡交还曲江县政府直接管辖，民政厅不再插手而已。详见韶关《中山日报》1943年11月2日。

一种否定，还压抑了乡村的固有势力。而在当时，地方强势势力和乡民在承受了作为战时省府所在地的责任和危险后，却得不到应有的补偿，省府的标签工程和他们的利益相去甚远，于是他们成为了示范乡保甲政策的抵制者。了解了上述情况，我们对示范乡的曲折历程和最终被取消的命运，也就不难理解了。

抗战时，不仅国统区基层行政机关有保甲示范乡镇之设置，汪伪政权在沦陷区同样开展了示范县、乡、镇的运动。如在日伪据下的河北省，就要求在已设模范县者，应先行于模范县内选择一县为保甲模范县，向未设模范县者，应就所属各县办理保甲成绩比较优者选为保甲模范县；并规定模范县要在保甲组织及户口变动登记、保甲长之选任、联保主任之设置及推选、保甲人员训练、保甲自卫团之编组训练事项、户口调查登记报告事项、保甲规约及督饬实施事项、联保连坐施行事项、剿除"共匪"强化治安等事项上为各普通县之模范。[①] 同一时期，河南日据区也有较大规模的保甲示范县活动的开展。其工作主要是"彻底清查户口，实施保甲连坐，抽调保甲自卫团员加以训练"，以及改进区政等。[②] 1943 年 4 月，汪伪内务、治安两署还颁布了《保甲模范大纲》，要求各特别市各选出一区为模范区，进行保甲示范建设，其工作内容主要集中在户口调查、临保互助、自卫编练、防御工作、治安状况、协助非模范区等方面。[③] 这也表明，在战争的紧急时期，敌伪亦希望通过保甲示范乡来推行特殊的保甲政策，以保证对基层社会的有效控制，为其侵略战争服务。

保甲示范县、区、乡镇，是战时政权强制性推行其意志的依托。当局者冀望通过这些示范县、区、乡镇的建设，将其政策从上而下一以贯之，进而牢牢地加强对基层社会的控制。不过，这种良好的愿望还需要有诸多利民政策的配合，因为乡村从来都不是一个仅供国家欲索欲取的场所；没有对乡村的补偿和建设，政

---

① 《河北保甲模范县实施规则》，中国第二历史档案馆藏：《河北、天津、河南关于办理所谓保甲模范县区村的报告》，案卷号：二〇〇五 –1460。

② 中国第二历史档案馆藏：《河北、天津、河南关于办理所谓保甲模范县区村的报告》，案卷号：二〇〇五 –1460。

③ 具体内容参见：《北京附近模范区域暂行保甲法》（1942 年 7 月）、《天津特别市公署警察局保甲模范区实施规则》（1942 年 4 月）中国第二历史档案馆藏：《河北、天津、河南关于办理所谓保甲模范县区村的报告》，案卷号：二〇〇五 –1460。

府就注定不能有效地动员民众，也不可能在乡村赢得战争的优势。

第二节　提高行政效率与广东政务视导运动

提高行政效率和强化事权专责，国民政府早在抗战前就已经有了初步的实施。鉴于当时"省、县的行政制度颇具有分权的意味，遂至责任不专，事权不一，种种流弊缘是而生"的现实，国民政府公布了《省政府组织法》（1926）、《县政府组织法》（1929）。由此，"在省有合署办公的规则，在县有裁局改科的办法"，[①] 这是国民党政府提高地方行政效率的有力举措。1932 年，国民政府在豫鄂皖三省严行"剿匪"，并于 8 月颁布了《剿匪区内各省行政督察专员公署组织条例》，与此相配合而建立了保甲制度、行政督察专员制度。其后，国民政府又颁布《省政府合署办公办法大纲》（1934 年 7 月）和《剿匪区省份各县政府裁局改科办法大纲》（1935 年 1 月）两政策，在省县两级精简机构以提高行政效率。1935 年，行政院设置行了政效率研究会，以"整顿吏治，提高行政效率"来"充实国力"。[②]

抗战前的这些政策都因政府怵于国难，而在"抗战时期加强实行。"[③] 具体的表现是：1938 年国民政府在《抗战建国纲领》中明确规定："改善各级政治机构，使之简单化、合理化，并增高其行政效率，以适合战时需要。"[④] 国民党也于该年3 月 29 日在武昌召开的临时全国代表大会上通过了"改进战时县政机构促进行政效率以增抗战力量案"。[⑤] 促进行政效率提高，遂成为抗战时国民政府政治工作之重心。政府认为这是加强政治领导、配合军事发展刻不容缓的工作，也是应付严重的国难、弥漫的"匪氛"所不可或缺的措施。[⑥] 与此相配合，1939 年 9 月，国

---

① 罗志渊：《近代中国法制演变研究》，台北正中书局 1976 年版，第 503 页。

② 萧文哲：《行政效率研究》，商务印书馆 1942 年版，第 12 页。

③ 马起华：《抗战时期的政治建设》，台北商务印书馆 1986 年版，第 964 页。

④ 贺次君、朱征阗编著：《乡镇保甲人员全书》，桂林乔兴出版社 1943 年版，第 368 页。

⑤ 《中国国民党历次会议宣言及重要决议案汇编》（1940 年 9 月），转引自张俊显：《新县制之研究》，第28 页。

⑥ 钱端升、萨师炯等合著：《民国政制史》（下），商务印书馆 1945 年版，第 174 页。

民政府公布的《县各级组织纲要》还在基层取消了区一级行政机构。肖文哲认为，这样"可以节省人力财力，减少行文周折，增加行政效率"。[①]正如前文所述，新县制的推行也是为了提高行政效率，兹不赘述。1940年3月，蒋介石又提出了旨在加强行政效率的行政三联制度。要求战时行政工作应贯彻缜密计划、切实执行、严格考核三者相配合的工作精神，使行政的开展富有更高的效能并切合实际，以应付抗战时期的紧急社会动员与种种特殊需要。同时蒋介石还要求各地党政机关做到："（一）人事机构应力求健全，主管人事人员，必先遴选经验最丰富，能力最优者充任。（二）各机关须厉行分层负责制，俾主管人对人事经费及主要事项，有充分时间从事思考，更须有专任之研究人员辅助筹划。（三）省县党部每一委员，对于政治事项，必须经常研究，依民、财、建、教等部门，分别担任，增进其行政效率。中央机关负有设计任务人员亦宜照法办理。（四）县长兼职过多，系统纷繁，应将无专设必要之机关，分别事类归纳于各县府各科，俾趋简单；中央各机关在地方办理之事务，可委由县长办理者，可不分设机关。（五）县政府应仿效省政府合署办公之成规，集中权力于县长，关于人事之考核赏罚以及经费之支用，应予县长较大之权限；但其僚属有不法行为时，县长应负连带责任。（六）低级公务人员，尤其县工作人员，待遇应予提高，并由公家设法提供其本身及家属之粮食。"[②]与此同时，民政部行政效率研究会也在战时陪都重庆更名为行政效率促进委员会，以讨论在实际工作中加强行政效率的办法为主旨。

仰承中央旨意，广东省政府对提高行政效率的工作尤为重视。归纳其在制度层面承上启下的规划，主要有以下三个方面：

第一，将全省分为九个行政督察区，并力谋救济行政文书散滞之弊。早在1936年，广东结束陈济棠一统局面而权归中央后，省府即颁布《广东省三年建设方案》。它对广东的政治运行进行了多方位的改善，以符合中央意旨并提高行政效率。其中要点之一即是将广东全省划分为九个行政督察区，以层级负责来加强对全省的控制。该方案所示："本省幅员辽阔，为施政便利、增进行政效率计，

---

① 萧文哲：《行政效率研究》，商务印书馆1942年版，第85—86页。
② 《蒋委员长颁令各级党政机关增强行政效率》，韶关《大光报》1941年8月30日。

亟应遵照中央颁布条例，设置行政督察专员，以为省政推行之助。"① 其外，鉴于行政部门"等因奉此"的底效文书处理之弊，省民政厅于 1937 年 7 月订定出《广东省各县市局来往公文邮呈传递期限表》，要求限期送交重要文件，不得延滞。同时民政厅设置总办公厅，对于文件处理程序、整理案卷等分别规划实施，"力求避免'散滞弱'之积弊，藉使工作效能之增强"。②

第二，提出计划政治和广东政治新阶段设想。1934 年，广东开始改革基层行政，如将县参议会、区公所的常务委员制度，改为议长、区长制度等。时任民政厅长的林翼中说："从前县参议会、区公所，系集合多方面人士，互为策进起见，采取常务委员制度。现在则集中权力，使其易于推行各种工作，改取议长、副议长、区长、副区长制度。"③1941 年 7 月 1 日，广东省召开临时参议会第一届五次会议，在讨论革新政治的问题时，李汉魂提出了要造成复兴新气象，建立人事行政和计划政治，并开展政治新阶段的设想。省府据此制定出《广东省战时施政纲要》，集中提出了革新政治、发展经济和阐扬文化三大施政纲要，要求各级官员认真贯彻执行，迅速建立适应广东抗战需要的切要政制，坚持后方抗战，建设新广东。地方基层工作人员做到："一、命令要贯彻，步骤要齐一，要把握时间，以矫当年施政的缺点。二、要以公务员五守约、工作六准则、复兴气象四要素④，为公务员立身治革的规范。三、要实现计划政治，尊奉总裁指示'行政三联制'，以作运行政治的必要途径。四、年度的三个中心工作为求足食、足兵、选贤与能，努力使之完成。"⑤李汉魂还要求，政务视导制度的根本目的是要达到"勤求民隐，烛查吏奸。"⑥

① 广东省档案馆藏档，案卷号：3-1-23。
② 《广东省三年政治建设方案关于民政部分草案》（订正稿）（1937 年 7 月 30 日），广东省档案馆藏：《广东三年建设方案》（一），案卷号：3-1-23。
③ 《林厅长历次出巡各县市之经过·出巡琼崖各县后之讲演》（1934 年 4 月 13 日），广东省民政厅编印：《广东全省地方纪要》第 1 册，第 70 页。
④ "公务员五守约"为：一、不得营私舞弊；二、不得庇纵烟赌；三、不得擅加人民负担；四、不得忽视功令；五、不得擅离职守。"工作六准则"为：一、除弊急于兴利；二、实干重于理论；三、责任重于权力；四、气节重于生命；五、求己重于责人；六、严禁优于宽容。"复兴气象四要素"为：一、至大至刚的正气；二、公而忘私的精神；三、自强不息的努力；四、卧薪尝胆的生活。
⑤ 《贯通朝野的鸿沟——李主席虚怀接受民意后提供政见四点》，《广东一月间》1941 年 7 月号。
⑥ 郑泽隆：《李汉魂与广东抗日战争研究（1935—1945）》，中山大学 2001 年博士论文（未刊稿），第 22、33 页。

第三，认真奉行新县制及"行政三联制"。新县制实行后，全国的基层组织都采用与广西同一的"三位一体"制度，还有各县乡镇长集中办公、各县村街长集中办公、各县甲长集中办公等办法，"以增进行政效率并适合于抗战需要"①。李汉魂在广东着力推行新县制的同时也指出："实行新县制可以促进行政效率，加强政令的迅速推行。因为基层组织健全，像以前那种政令只达到县政府为止的毛病，必可完全革除，而且政令下达由县府直达乡镇，又减少了区署一级的承转，时效必更迅速。"②在蒋介石发表《行政三联制大纲》之后，"广东便是首先切实实行者之一"③。李汉魂对之有相当发挥："推理到计划、执行和考核三者，是具有不可分的复合性的。任是其中之一，都包含这三个方面的工作。就计划来说：一个设计机关，于奉命设计某一件事的时候，先要计划到如何去设计，然后按照计划着手设计——执行，最后还要考核所定出来的计划，是否适合现实的需要和原来的意图。就执行来说：当执行之际，首须对这项计划如何执行，因应时间和空间，作缜密的计议，想定之后便努力去执行，促其全部实现，实现后也要自己考核所得的结果。就考核来说：我们考核一件行政，最初必要精密设计，用着什么方法去实现考核。考核方法一经预定就按照执行，执行经过以后，还要看这次考核是否确实，及收得什么成效。这可见计划之中有计划、执行、考核，而考核之中，亦孕育着计划执行考核三部分。所谓三联制的复合性，也可从这点获到明确的认识了"。④

由上述可知，从分区治理到计划政治，再到新县制和行政三联制等措施的推行，广东在提高行政效率方面做了较多的工作，在政策的推行上也较以前更为合理。

然而，行政效率的提高，固有赖于一些法规政策的出台和实施，而要使效率的提高落到实处，更须将之付诸实践，并认真查核。这样才能救"文书政治"之

① 陈树林：《战时基层政治建设》，桂林《基层建设》第4期，1941年11月25日。
② 李汉魂：《从废县制说到新县制》，《地方行政》（新县制专号）第4、5期合刊，1940年9月1日。
③ 罗时宪：《一月来的广东政治》（10月），《广东政治》第1卷第2期，1941年11月15日。
④ 刘佐人：《政务视导与战时行政——一座沟通政令与工作的桥梁》一文后的附录，广东《地方行政》第2卷2期，1941年6月30日。

弊，检讨"设计"适应现实的程度，及"执行"达成任务的程度，作为下次设计的参考，继续执行的根据，进而发挥行政的最大效能。因是之故，国民党政府对于是政务视导问题，尤其是对基层政务的视导，给予格外重视。1929 年 3 月，国民党第三次全国代表大会的政治报告指出，地方基层民政办理如何，"非实地考察不足以明真相。"于是，它责成各省民政厅长应巡视全省各县，县长应巡视全县各乡镇，并要求地方详细制定章程，适时颁行，"务期地方利弊，巡查明晰，以资治理"①。1934 年，国民党中央地方自治委员会在呈请中央政治会议审核的《厘定地方自治法规原则》中也规定："县政府因地域、人口、经济、文化，及其他特殊情形，得呈经上级机关核准……派遣曾经训练考试合格之人员，为自治指导员，分区指导自治事务，如是则不特无旷时费事的弊病，且可收指背相使的效果。"②抗战爆发以后，蒋介石指出，战时内政部最重要的工作，即在"督导考核地方行政与实施新县制"。③他一再强调战时（尤其是抗战发展到相持阶段）政治重于军事，民众重于士兵，后方重于前方。可见，国民党中央政府对考核督导地方政务是非常重视的，并且颁布了较多的章程法则，提出了较高的要求。

根据国民党中央政府的指示精神，广东省政府采取了相应的措施来加强视导全省之政务，以提高行政效率，更好地服务于抗战。其视导工作的开展可分为以下三个阶段。

第一阶段，组织政务视导团，统一视察指导全省政务。1940 年 10 月，广东省政府组织了政务视导团，对全省各县的政务实施统一的视导。它将全省划分为五个区，组成五个视导团分头出发视导，以谋全省政务的普遍推动。按照视导团的组织大纲，该团以"统一性""集体性""专业性"结合为原则，由省政府派遣高级长官为视导团主任、聘请富有学识经验的专业人才为各团团员。它规定各团主任具有就地统一处理一切法定范围内大小事件的便宜行事权，并可以协调集体

① 《中国国民党第三次全国代表大会内政部政治工作报告》，载秦孝仪主编：《革命文献》第 71 辑，台北中央文物供应社 1977 年版，第 3 页。

② 唐孝刚：《非常时期之地方自治》，中华书局 1937 年版，第 26—27 页。

③ 行政院内政部档案，中国第二历史档案馆藏档。转引自张益民：《国民党新县制简论》，《史学月刊》1986 年第 5 期。

的调查、探究与推动各个相关部门的工作。

这次视导的内容相当广泛，计有"省施政中心工作之视察督导事项""各县行政效率之促进事项""各县民众动员事项""各县国民兵团组训及办理兵役事项"等十二项内容。在视导程序方面，它要求在视导开始前，每一个成员必须明了视导的内容、具体操作方式和要达到的目的；在视导中要求相关部门给予协助，并把召集座谈会和普遍查问结合起来；在视导工作大致完成后，视导团要召集全体团员开会，探讨视导结果，一面将应行调查而未调查之工作继续完成；另一面将各该县应行办理事项就地由团主任督饬遵办。这种种筹划及其有效的实施，使这次视导"一方面引起了中央最高当局的注意，辱承总裁赐电嘉勉；另一方面也给予邻省当局以极深的印象，纷纷计划视导机关的加强"。① 可见，广东省府组织的这次视导活动，确曾有过较大影响和，省府对此颇为得意。

第二阶段，加强设计考核之联系，定期视导政务。鉴于前一阶段视导取得较好效果，广东省府继续加强了视导工作的力度。1941 年 9 月，广东省政府订定出《广东省政府所属各机关设计考核工作联系办法》，为的是使所属各机关的设计考核工作有密切联系，以增进行政的效率。民政厅又规定："每一视察人员，须每年到指定县份视察两次，每次视察，须亲至该乡各区乡镇三分之一巡视。巡视项目分：一、县府人员，二、一切设备，三、工作概况，保甲公所情形。……何彤厅长亦分期亲赴各县巡视"，② 以示表率。10 月省府又颁布了《修正广东省政务视导团组织大纲》、《修正广东省政务视导团视导办法》，将全省视导区重新划分——从五个细化为八个，以减小视导团的工作量，让各团可进行更为细致的视导工作。

11 月，广东省府宣布恢复视察制度，使其与视导"相辅而行"。③ 它还根据行政院颁布的《党政工作考核实施细则》，制定了详细的《广东省政府所属各机关暨各县市局工作考核实施细则》，将考核工作的内容规定为以下五项："（一）各

---

① 刘佐人：《政务视导与战时行政——一座沟通政令与工作得的桥梁》，广东《地方行政》第 2 卷第 2 期，1941 年 6 月 30 日。

② 《粤民政厅严密考查县政》，韶关《大光报》1941 年 9 月 7 日。

③ 《粤省党部恢复视察制度》，韶关《中山日报》1941 年 11 月 7 日。

厅、处、会、局、行、所和各专员公署，就省政府施政计划规定应办理事项直接办理情形之考核；（二）各厅、处、会、局、行、所，对属附机关承办该管施政工作指挥实施情形之考核；（三）各厅、处、会、局、行、所，对各县市局有关该管事项之考核；（四）各专员公署对各设管县市局工作督查实施情形之考核；（五）各县市局工作计划实施情形及对各设管区乡镇保甲工作督导实施情形之考核。"①广东的政务视导工作从此可谓有章可依。其视导考核工作既有了定期进行的规定，又有了更具体和明确的视导内容。

第三阶段，层级视导以考核各级政务的开展。1942 年 3 月，国民党中央为严密考核全国各省施政工作情况，定于该年起施行层级考核办法。其具体做法是，"各省辖下各厅处工作，每月造具报告，并须于年终时填写政绩比较表"，层级上报考核结果。②为此，成立于 1941 年"卒力于计划政治与考核各县县政"的粤行政效率委员会，此后即具体负责全省层级考核的工作。该委员会要求各县对于乡镇保甲工作，应加以严正考核并随时派人巡视，将所得结果呈报各区专员公署，并进一步将考核结果呈报到会。各厅、处、所应分别派员到该地实际巡视各主管部门，考察其一切现行政策是否适当，视导团此后再出发视导考核。广东省政府认为："如此层级负责考核，将收事半功倍之效。"③

广东各县为提高行政效率，还举行了形式各异的行政竞赛。内容包括粮政、兵役、保卫、户籍、卫生等行政工作。而"乡镇与乡镇，保与保，甲与甲竞赛者，由县政府派员实地考察"。④显然，地方政府希望以此来激励地方行政的开展及其效率的提高。

由以上分析可见，广东省的政务视导工作，是通过分阶段推进的形式全面展开的，其重点集中在了基层行政工作层面上。省政府认为基层保甲组织"为政制改善的初步，为政治改革的起点，也就是实现县各级组织纲要的着手处"；因保甲

---

① 罗时宪：《三十年十一月份的广东政治动态》，《广东政治》第 1 卷第 4 期，1941 年 12 月 15 日。《省府促进行政效率，严密考核工作》，韶关《大光报》1941 年 11 月 10 日。

② 《粤省政府积极推行层级考核政绩》，韶关《大光报》1942 年 3 月 4 日。

③ 《粤增强行政效率，将改取基层考核制》，韶关《大光报》1942 年 2 月 19 日。

④ 《粤各县施政工作下月开始竞赛》，韶关《建国日报》1944 年 2 月 6 日。

工作条例繁多，应办事件巨细杂芜，"非历练无以举其事，非督责无以成其功"①。于是，针对保甲行政工作进行视导就成为广东政务视导末端而最受省府的重视。

值得注意的是，战时基层行政视导活动并不仅仅在国民党控制区开展，日伪势力也曾开展过类似的政务视导工作。以河北省昌黎县为例，该县于 1941 年将全县 69 个大乡划为 4 个自治区，设自治指导员 4 人。他们视导各乡镇之具体事项包括：乡镇全体之概况（如户口、土地、保甲、物产、交通、教育等）；乡镇长品格能力、责任心及民众对其的舆论；乡镇各职员服务情形，办事能力及遵守纪律状况；乡间有无土豪劣绅对乡政把持操纵或破坏；乡公所对法律命令规则施行及执行是否符合；乡公所各职员有无不良嗜好或轨外行为；乡预决算是否恰当；文卷簿册之整理与保管情形；县乡亩捐征收状况；各联保办公处理情形；监察员是否尽职等。同时，该县府又要求从 1942 年起，"各地摊款皆归大乡统收统支"，严禁保长自行摊款，"倘再发现自行摊款，立即报告以凭究办"②。它还指令指导员赴乡视导乡政时，如"遇特殊事故，须与当地警察所联络，协助办理"。这是将政府的行政力量同警察力量相结合来约束地方势力，进而达到严控基层社会的做法。比之国统区的视导工作，敌伪政权更重视实际的效果，更倚重警察这种强制的控制力量。

第三节 广东视导保甲活动的开展

抗战爆发后，广东省政府对于保甲工作，一方面制定了各式保甲规章，严饬各地遵办，力促保甲事业的全面开展，以为抗战服务；另一方面，鉴于各地诸多保甲长，"其本人并不自知其为保甲长，更不知其所司何事，所辖何地者，至于保甲之意义，自属茫然不知，遂至自治不成自治，保甲不成保甲，敷衍塞责，上

---

① 徐寅初：《怎样建立地方基层组织——论保组织》，《中国农村》第 6 卷第 6 期，1939 年 12 月 1 日。
② 《丰润县公署公报》，第 1 卷 9 期，1939 年 12 月 31 日；转引自朱德新：《略论日伪对冀东农村基层行政人员的控制》。

下相瞒，两者几于有名无实"①的情况，要求对于各乡镇之保甲工作实施督导。对于抗战时期广东国统区的保甲视导工作，可以分为两个阶段来考察：前期主要是由第二行政区署主持的对粤北县市所做的视导考核工作；后期则是由省政府、民政厅联合实施的全省总动员视导保甲运动。

1938年3月，广东省第二行政区在省举行的各区行政督察专员会上提出："各县编办保甲伊始，工作或未臻确实，而保甲长人选，倘非依法选委，将来推行运用必感困难，似有抽验必要"，并提出了《抽验各县保甲俾臻健全》一案。针对这一提案，民政厅经商讨后认为："为运用抽验办法，以期确切核对保甲组织而免耗费人力物力起见，似宜于抽验保甲长外，并予抽验保甲编组，以收实效"。于是省政府就省行政会议专员林友松拟定之《拟抽验各县保甲长俾臻健全而宏实效案》作出答复，并在该案原文的基础上稍做修正而拟就《广东省各县保甲抽验暂行办法》。7月，广东省政府颁发该办法，要求各县市从该年10月份起实施对基层保甲的抽验视导工作。

该次抽查人员主要是由督察专员公署负责指派，抽查的内容主要是考核保甲长人选是否符合规定，保甲长是否称职等。它要求："各乡镇长指定之保甲长应由区长负责初次考验，认为合格后呈请县政府加委；各县保甲长经县政府核委完备后，则由行政督察专员公署所派抽验人员，前往辖内各县区署令该区区长轮回招集各保甲长抽验。"抽验保甲长人数，至少应该是保甲长总数的五分之一，考验保甲长则以口试保甲日常事务为主要内容。"抽验时如发现有保甲长资格不合，学识不称者，得由抽验人员指名函请县政府撤换之。"该办法还规定，"抽验保甲长完备后，可举行复办户口一次，同时指导保甲会议与联保切结之现实及保甲机构之运用，如户口异动登记，根绝汉奸，维护安宁种种工作而节省时间及经费"②。

根据这一办法，第二区署拟定了注意事项和办事细则，着手实施视导工作。其重点要求抽查人员注重示范区成绩与标准、保甲长资格、保甲长办公处表册

---

① 《户口异动、抽验保甲办法计划及报告表，各县保甲概况》，广东省档案馆藏档，案卷号：3-1-46。
② 广东省档案馆藏：《户口异动、抽验保甲办法计划及报告表，各县保甲概况》，案卷号：3-1-46。

等，并对工作人员分配工作、推行之步骤、旅费之分配支给等项内容做了细致规定。民政厅还制定《二十七年下半年各县市局保甲工作纲领》，规定："各该主管区署随时严为监督指挥，务使其组织健全，能力充实，其附城直隶县府之乡镇，应由县府迳行督促指挥，尤须随时予以协助，使其组织能力充实健全，工作效率相当提高，以为各乡镇示范，而资表率。"①省政府为此对部分县局实施统一抽验，以观保甲工作的具体情形。

1938 年 11 月 10 日，第二行政区署派出委员二人前往曲江、始兴两县抽查，从而开始了第一期的抽查工作。29 日派出委员二人为第二批人员，前往乳源办理抽验。12 月 5 日，又派出了第三批工作人员，即由第二行政区署派出委员黄笃、周农、万禄、胡永昌、黄永策、麦卓云、谭汝珍 7 人，分三组前往南雄，乐昌、翁源、英德等四县抽验。区署特别提醒抽验人员：要注意抽验保甲规约之订定及互保切结之出具，着重指导各保甲长运用保甲，切实办理"肃清汉奸""铲除匪祸""取缔游民"等工作。②其报告如下表：

抽验曲江县保甲报告表③（总表）

1938 年 11 月 18 日

抽验地点	第三区大中、枫湾、小坑三乡
抽验保甲长人数	保长 12 人，甲长 26 人
保甲示范区有无成绩	无有示范区
保甲长人选是否符合《修正广东省编办保甲章程》第九条之规定	多属符合
保甲长对于保甲意义及其本职之工作是否明了	保长多能明了，甲长均不明瞭
保甲长办公处已否成立，其工作进行有无表现	多已成立，但除枫湾乡工作较多外，其余均无甚工作表现
保长联合办公处已否成立，其工作进行有无表现	无

---

①　《二十七年下半年各县市局保甲工作纲领》，《户口异动、抽验保甲办法计划及报告表，各县保甲概况》，广东省档案馆藏档，案卷号：3-1-46。

②　《本署抽验各县保甲前期经过节略》，《户口异动、抽验保甲办法计划及报告表，各县保甲概况》，广东省档案馆藏档，案卷号：3-1-46。

③　广东省档案馆藏：《户口异动、抽验保甲办法计划及报告表，各县保甲概况》，案卷号：3-1-46。

（续表）

保甲长对于《修正广东省编办保甲章程》第十二、十三两条，有无切实遵行	保甲长只曾协助乡长募债等，其余章程规定各项工作均无确实遵行
受抽验之乡镇其保甲是否妥适	大致尚可
户籍簿及民糖登记已否编办及有无错误或虚报	户籍已经编办，尚无错误，民糖登记只有枫湾乡已办，无误
保甲切结已否出具	均已出具
保甲会议有无举办	未有举办
保甲规约及乡镇略图有无订定及绘制	枫湾乡各保已有保甲规约，未有确实，乡图均未绘制
县长及区长乡镇长办保甲是否得力	县府对于保甲办理尚属注意，区长颇称努力，枫湾乡较为努力，其余两乡长均甚敷衍

由上表可见，这些地区虽有保甲编制，亦选出保甲行政人员，然而多数要举办的事业并未开展，保甲长甚至乡镇长对保甲工作甚是敷衍。1939 年 1 月 25 日，第二行政区署根据抽验委员报告抽验七县之情形，拟出《本省抽验各县保甲前期经过节略》一函。指出："保甲编组，除乳源外，大致尚妥。其余各项工作，略有举办，但不确实，如互保切结一项，其所出具者，多系由保甲长就所辖户口分配（每五家共一结）代各户长签结，是故各户长多不知有互保一事，更无论与互保者为何人，互保精神责任奚若。至各县保甲长，多不能明瞭保甲意义，及其本身之责任。在各县成绩之比较，曲江最优，始兴、英德、翁源次之，南雄、乐昌、乳源又次之。"[①] 从上表所列可知，曲江的保甲行政仍多停留在政策规定的层面，具体事务的执行并不理想。然而该报告却称曲江最优，可见其他县市的保甲行政更劣于曲江，整体保甲行政的效果由此可想而知。视导专员林友松指出："各该县编办保甲均未切实达到要求。"[②] 抗战爆发之始，广东基层政权机关还是比较孱弱和无力的。

针对调查而来的情况，第二行政督察专员区署提出了改进保甲行政之办法。比如饬各县改正互保切结、各县切实训练保甲长、各县分别督促赶办各项未办工

① 广东省第二区行政督察专员公署：《本署抽验各县保甲前期经过节略》，广东省档案馆藏：《户口异动、抽验保甲办法计划及报告表，各县保甲概况》，案卷号：3-1-46。

② 《广东省第二行政督察专员公署公函》，广东省档案馆藏：《户口异动、抽验保甲办法计划及报告表，各县保甲概况》，案卷号：3-1-46。

作。针对在抽验中发现的具体问题，它又专门严饬改正之。如其要求乳源，"改编鼓大、九仙两乡保甲，并着召集该两乡保甲长会议，决定改变办法"；它严饬曲江县，"改划龙归乡第十七保地域"。另外，鉴于此项抽验办法的范围仅限于区署对县级层面的抽验，且属一次性抽验性质，第二行政区署又提出了"县、区、乡、保层级抽查保甲案"，要求各县区在1939年1月底一律施行之。[①]提议者认为，各县办理保甲未著成绩，原因端在县区乡保间未有实行这一层级抽查制度，而如果能认真执行这一制度，则已办之工作就不乏再改进之机会，而未办之工作则更具督促便利。

1939年3月1日到30日，第二行政区署再次举行抽验保甲工作，抽验范围是清远、佛岗、仁化、连县、连山、阳山六县。此次抽验的重要工作，除了前次抽验的内容外，还要求重点抽验各县区乡保层级抽查工作进展之成绩。同时，它制定了《广东省第二区行政督察专员公署抽验各县保甲办事细则》。根据该细则，抽验人员被区分为主干及协助两种，"其主体（人员）除由本署及第二区保安司令与属之指挥部分别指派外，并商请岭南师管区司令部及省韶州师范学校熟悉保甲人员协同办理，其余协助人员则商请各县调充之"。区署将抽验人员分为四组，每组设正负组长一人（由专员指派），前赴指定各县抽验并特任一员总其成，由专员公署第一科科长兼任之。根据划分，各组的抽验范围规定如下："第一组抽验曲江、翁源、乳源、乐昌四县；第二组抽验南雄、始兴、仁化三县；第三组抽验英德、清远、佛岗三县；第四组抽验阳江、连县、连山三县；安化局未编保甲免抽验。"

抽验内容："一、各县保甲示范区有无成绩。二、保甲长人选是否符合《修正广东编办保甲章程》第九条之规定。三、保甲长对于保甲意义及其本职工作是否明了。四、保甲长办公处已否成立，其工作进程有无表现。五、保长联合办公处已否成立，其工作进程有无表现。六、保长对于《修正广东省编办保甲章程》第十二、十三条有无切实遵行。七、受抽验之乡镇其保甲编组是否妥适。八、户籍薄暨民枪登记已否编办，及有无错误或虚报之处。九、保甲切结已否出具。十、

---

① 广东省第二区行政督察专员公署：《本署抽验各县保甲前期经过节略》，广东省档案馆藏：《户口异动、抽验保甲办法计划及报告表，各县保甲概况》，案卷号：3-1-46。

保甲会议有无举行。十一、保甲规约及乡镇长编组保甲是否得力。十二、县长、区长及乡镇长编组保甲是否得力。"抽验工作以乡镇为单位，"每县受抽验之乡镇，不得少于总数三分之一"①。这12项抽查内容和前次对曲江等县抽查内容并没有多大差别，抽查工作仍然停留在乡（镇）层面，没有深入基层去了解保甲行政的实施实况。至于该次抽查工作的结果如何，因没有见到总结报告而不知其详。

1938年年底到1939年年初的视导保甲工作，是由第二行政区署主持办理的，视导人员也主要是由督察专员公署所指派，人员组成除由该区署及第二区保安司令与属之指挥部分别指派外，还有一些来自岭南师管区司令部及省韶州师范学校熟悉保甲的人员，及各县临时调充的人员，而无省政府、民政厅指派的地方自治人员。区署进行的强制视导，虽有高效抽查的意味在内，但它也有缺陷，如其不够深入基层，不能更具体地考察保甲行政的细节及其具体实施结果。其抽验主要是将视导的对象集中在县和乡（镇）一级的保甲行政办理上，这是不够全面的。

无独有偶，战时陪都重庆市亦有视导保甲的工作，而且其主持者也是重庆市警察局，其视导保甲的工作更为严密有力。如它将重庆按照警察分局的区域划分为四个视导区，而视导主任和四个区的视导员都由警察局派调。主要视导的项目有：清查户口情形、办理兵役情形、警保联系情形、区以下各级保甲会议情形、各级保甲人员思想行动情形、各级保甲机构应有设备情形、其他指示注意事项等。②和广东视导保甲政务工作相比，重庆市的视导工作服务抗战的军事色彩更为浓厚，强力推进保甲的意图也更为明显。

鉴于前期由第二行政区署主持的视导保甲工作不够理想，广东省政府和民政厅又进行了第二期的保甲视导工作。从1940年开始，广东省政府除派员协助各县市局编办保甲、查核各地保甲长人选、指导办理户口异动登记、监督地方完成乡镇公所及保甲长办公处应具备之各项籍册等事项外，还根据"人必归户，户必归甲，甲必归保，保必归乡镇"的原则，制定了《广东省各县区总动员视导保甲暂行办法》，要求各县市局从本年5月15日开始实施这一办法，并争取在三个月

① 广东省档案馆藏：《户口异动、抽验保甲办法计划及报告表，各县保甲概况》，案卷号：3-1-46。
② 中国第二历史档案馆藏：《重庆市保甲视导办法及举行保民大会规则》，案卷号：十二（6）-1879。

内完成全省各县市视导保甲工作。该办法规定视导团由下列人员组成之："（一）区署全体职员。（二）校长教职员私塾教师高年级学生。（三）国民兵团队部全体职员。（四）各乡镇长联保主任。（五）警察所警察，分驻所警察，派出所职员。（六）区内声誉素著人士。"并详细规定了该人员应尽的义务和待遇。① 其组成人员有足够的代表性和普遍性。这无疑是吸取了前期视导人员较单一，视导无法深入的缺陷而作出的改变。该办法共分九大条三十九小目，视导内容几乎完全覆盖了战时保甲行政应涵盖之事项，如保甲编组、保甲长人选、联保连坐切结、保甲规约、户口清册、壮丁编组、烟民登记、枪支烙印等。

各县市对此饬令先后有所遵行。曲江县规定从 5 月 15 日开始到 6 月 16 日，"动员民政厅派来指导员及省政工队二百人，配合各区乡镇保甲长暨当地团体学校人员，组织复查队落乡，挨户查复"② 。其他各县也陆续进行了保甲视导工作，并呈报到省府。同年 10 月省民政厅对这次视导工作作了报告："现查各县因邮程关系，先后呈报遵令办理者，计有台山、开平等六十一县局；至游击区县份如钦县、新会、南海、潮安四县，请示能否缓办，经指复在能行使政权之地区，仍应切实遵照办理；又完全沦陷之县份，如番禺、南澳及向未举办自治之安化管理局，均经呈准暂缓举办。其余如东莞、清远因以前颁发户口异动查报办法，各种表式散失请求补发，以便印备各种表册，办理户口复查，经准照发，并饬赶速办理；三水县呈报乡镇保长讲习会结束后，举行户口复查，经电准照办，并饬仍先准备；潮阳呈报前以局势紧张，改期六月十七日开始举办，经核准备查；和平县呈准改期七月中旬举办；茂名俟缩编乡镇案决定后，再行举办；电白、龙川、普宁三县呈请免复查，经饬依照复查户口暂行办法第三条、第十三项之规定，仍应抽查；鹤山呈报编整保甲完竣后，即行复查；惠阳呈报经费困难，未能如期举办，保安县呈报局势严重，暂难筹办，均经核复准予照办；赤溪于六月二十五日奉到办法，遵令举行。至未遵令呈报者，计有顺德、中山、饶平三县，并绎电催迅予办理矣。"③

---

① 广东省档案馆藏：《户口登记、编查、保甲整编、更改姓名规则、办法》，案卷号：2-2-74。有关《广东省各县区总动员视导保甲暂行办法》的具体内容可参本书附录二。

② 广东省档案馆藏：《有关乡镇保甲问题处理函件》，案卷号：3-3-225。

③ 广东省档案馆藏：《广东省政府实施新县制报告书》（1940 年 10 月），案卷号：3-1-35。

当时广东共有 97 县，有 81 县局的情况汇报到了省政府，已完成视导的有 61 县，其余 20 县因种种原因缓办或正在办理，剩有 16 县的情况不清楚。照抗战时广东省有近三分之一的县份沦陷的状况，有如此的视导报告也算难能可贵了。但据笔者翻查所有 61 县关于视导情况的报告表，其内容几乎都是对《广东省各县区总动员视导保甲暂行办法》的重复规定，除报告已派出视导团，工作已经展开云云外再无下文。对于各地保甲工作的实际情况、存在的问题、应进一步完善的地方，则几乎是"一言不发"。有个别县如郁南在汇报视导保甲情形时，因报告较为粗糙，漏洞较多，且多不实之处，而被民政厅批示："发回重报，毋得苟且塞责。"① 而对梅县所报的"户口抽查结果多不切实""户口异动登记未办""各乡镇机构尚未依照规定编制组织办理"等，省政府则严饬之："限期饬报抽查户口结果暨新县制成绩利弊"②。不少县对视导命令敷衍，乃至虚报的意图甚为明显。直到 1941 年 5 月 15 日，鹤山县才呈报了比较详细的《鹤山县第一、二、三、四区总动员视导保甲报告表》。由此表可知该县政府共视察了 50 个乡镇。其中"未尽合法、间有未合、未尽适合、仍有错漏或多未合法"而被"评列丙等"者有 30 个乡镇；"尚无不合，评列甲等"的仅有一乡；"大致尚合，评列乙等"者 19 乡镇。③

由此，省政府除继续要求各县市局严加视导，详细具报外，民政厅又组织了一次大规模的保甲抽查，时间为 1941 年 9 月，地区是曲江、南雄、始兴等 38 县。主要视察有关下列各项事情："一、区乡镇区域划分，区署裁留情形及数目，二、保甲编整及户口复查情形，暨保甲户口统计数目，三、乡镇公所职员人数，四、区建设委员会、乡镇财产保管委员会、保办公处成立数目，五、乡镇财政收入数目，六、保民大会开会次数及人数。"④ 民政厅没有详细总结此次抽查结果，只有零碎的材料。如 1941 年 12 月 22 日，民政厅饬清远县："保办公处之组织，虽比

---

① 广东省档案馆藏：《郁南县各区乡镇长姓名暨保甲户口人数和各种户口异动统计一览表及视导保甲复查户口》，案卷号：3-2-81。

② 广东省档案馆藏：《各专员抽查曲江等十九县实施新县制各项情形报告表及各县户口人员》，案卷号：3-2-84。

③ 广东省档案馆藏：《广东省各县区总动员视导保甲暂行办法；复查户口统计》，案卷号：3-1-43。

④ 广东省档案馆藏：《有关乡镇保甲问题处理函件》，案卷号：3-3-225。

前略有进步，惟人员与经费仍未充实，工作困难因而无甚表现，实有改进之必要。"①12 月 30 日，其又报抽查曲江县浈武乡公所发现："公所内部布置简陋，条例凌乱，册籍不全，办事人员精神散漫，乡长毫不负责，未经请准辞职，半月不到办公。"② 各地办理保甲工作的缺陷，在视导中皆显露无遗。

早在 1938 年广州尚未沦陷前，广东省即开始筹划视导保甲，以期协力战争；其工作从 1938 年年底展开，到 1941 年 12 月时已进行了三年时间。这期间，视导工作本身虽由于种种原因而难以深入，但随着这项工作的进展，省政府越来越重视，而更详细、更广泛地开展了视导保甲的工作，视导的内容也更为深入和切实。通过视导保甲，省府对各县市保甲工作的进展有了一定程度的了解，这都为其保甲工作的进一步开展提供了便利。然而，鉴于抗战时的特殊环境及较大范围沦陷区的存在，广东的保甲视导工作仍是不尽如人意。

第四节　建保年计划及其效果

尽管民政厅一再要求各县市局对保甲工作"勤加督导"，可各县市督导的情况往往没有反馈，即便汇报亦多不符规定。为此，省政府又于 1943 年 3 月推行"建保年"工作计划，企图以短平快的方式，完善保甲制度，保障战时国家对乡村的有力控制，以利于动员民众参加抗战。其规定说："为健全保各组织及开展保甲自治事业起见，乃定自七月至明年六月止为建保年。所有健全保办公所组织，及发展政治、经济、文化、警卫、各项保应办事业，均限于一年内完成。"③ 于是，在省政府的统一筹划下，各县市步调一致的开展了一场声势浩大的建保年运动。

根据《广东省各县推行建保年工作纲领》规定，在建保年各项具体工作开展以前有两个月的准备期——1943 年 5—6 月，"所有建保年应准备事项，应于期内赶速办理之。"该纲领规定：建保年的执行机关为县政府、区署、乡镇公所及保

①　韶关市档案馆藏：《令切实改善各乡保人事由》（1941 年 12 月 22 日），案卷号：1–15–50（2）。
②　韶关市档案馆藏档，案卷号：1–15–50（2）。
③　《粤政简报》第 3 期，1943 年 3 月。

办公处；行政区专员公署主管科长、县政府主管科长、县指导员、各区区长、区指导员、各乡镇长及股主任干事，负层级督导检核之责，督导及检核之方式有经常督检和分期督检两种；实施建保年工作各县，得就地方情形，将建保年分为四期，拟定分期推进表作为实施的准则；各县根据地方情形需要，得设立乡镇建保协进会，以协助建保年各项工作；对建保年工作各地要勤加宣传，并集中讲习工作内容，使民众确切明了工作的方针和目的；对负责推行建保工作的人员要采取层级考核的方式，酌量奖惩；建保年所需各项经费，由自治经费项下筹拨。[①] 建保年应办之事项，详见下表：

广东省实施建保年应办工作及进度计划表[②]

（1943年7月至1944年6月，以三个月为一期）

项　目		实　施　标　准	注　意　要　点	实施期限				督导讲习参考资料
				第一期	第二期	第三期	第四期	
保办公处	选定保办公处地点	地方整洁宽敞足敷办公；本处或附近有保民大会之场所。	以利用原有祠宇或公共造第来修建为原则；必要时重新建筑，建筑费得由保民自动动员捐助或自任报效劳力；得与国民学校合址。	完成	—	—	—	乡镇保长手册
	充实保办公处设备	保办公处应有之设备：党国旗；国父遗像；国父遗嘱；党员守则；国民公约；李主席手定四要五约六则；国歌、办公桌椅；户籍册；甲长姓名一览表；地方自治实施方案；本保各甲户口人数统计表；壮丁姓名册；保甲规约；本乡镇略图；保务会议记录；保民大会记录簿；收发文簿；物品登记簿；保甲户口调查表册；门前保办公处木制门牌。	上列前七项之布置方式与乡镇公所同，但各种图象标语之尺度得比乡镇公所所用者略为缩小。	完成	—	—	—	奉有颁行各保办公处应办事项；乡镇保甲长手册。

---

① 具体条文参见附录三。
② 该表系根据《建保年建保工作实施进度表》、《建保年各保应办事项一览表》和其他档案资料综合而成。广东省档案馆藏：《广东省各县市推行建保年的工作进度情况报告》（2），案卷号：3-2-72。

（续表）

项　目		实施标准	注意要点	实施期限				督导讲习参考资料
				第一期	第二期	第三期	第四期	
保　办　公　处	实行文书簿记册管理	收发文件设专簿登记；案卷不能随意放置，最少应分民政、经济、文化、警卫及其他各类汇案保管；户籍册、保甲户口册、流动户登记册均妥善保管；设收支总簿及物品登记簿；对外行文必须分类保存底稿；收入款项需两联据，截留存根保管；保务会议及保民大会记录簿妥为保管。	左列应指定专人管理；遇有交待应列册连同钤记移交新任接受。	完成	—	—	—	乡镇保甲长手册。
	健全内部人事及安定保长生活	保长副保长之任用，应依规定资格及曾训练合格者；设文化、民政、警卫、经济干事各一人，除警卫干事由保队副保长兼任外，余由副保长或保民学校教员兼任，如无相当兼任人员得聘请专任干事一人统理之；保长公粮得由保民大会议决筹给，惟须呈县政府核准。	在建保准备期间，各乡政府应考察各保保长能力及资格，如怠玩职守或未经训练者一律撤换，免碍建保之推进；各保应就自治户增加收入项下统筹增拨保经费，如经增加数额者，以每保设有专任干事为原则；如由副保长及保国民学校教员兼任者须确实执行职务，不得徒任虚名。	开始办理	继续调训	继续调训实行核定	总核定一律检定完成	乡镇组织暂行条例；各保办公处编制及经费预算表。
	确实经费概算	保办公处经费应由县规定数额，由保编造概算，送乡镇公所，列入乡镇概算，呈缴县政府；事业费应照推行建保年办法规定各项办法筹集，仍先编造概算呈县核准。	办公处收支均须公布周知以昭大信；征用人力物力时须经保民大会之决议及核准；必要时募集现金及报效劳力必经保民大会决议及公布；如人事健全之保应采用简易会计制度，得以清理共有产款增加收支各项经费，准由乡镇统筹概算。	编造概算	汇编交乡并转报县府	审查整理并清查公产	总审核并整理完竣	颁行各县保办公处编制及经费预算表；乡镇造办法及实施细则；颁整理乡产自治纲理要及清公有财产办法。
	举行保务会议	按月在召开保民大会前五日举行会议。	拟定保甲规约交保民大会决议；拟定保民大会提案；会商一切政令推行方法。	本期内实施	经常举行	经常举行	经常举行	乡镇组织暂行条例。

（续表）

项 目		实 施 标 准	注 意 要 点	实施期限				督导讲习参考资料
				第一期	第二期	第三期	第四期	
民政业务	编整保甲	人必归户，户必归甲，甲必归保；保内甲户编组均照十进制原则，间有变通亦不得多于十五少于六；寺庙、外侨、公共等户均附隶普通甲，不另编甲；门牌有漏应补编订；依法按户填具户口调查表，汇订成册另缮一份送乡镇公所，原稿保存。	保甲重新编查应由县组织编查队协助乡镇保长办理，由县印制户口调查表，经费由县开支；如已编查之县下年度依法整理则可有县派员协助，新增户口应补填户口调查表，其原已编查者，如有变动应就原表补充更正，无庸另填调查表，以节糜费，经费亦由县政府统支；编查后临时新增户，应暂隶所在地之甲，另编番号，俟县整理再行与普通户调整；编查后注意立即继续办理户籍人事登记及暂居户异动登记。	调查户口	完成户口调查	编整保甲	户籍人口登记和暂居户异动登记	部颁县保甲户口调查办法；广东省县户口调查办法、施行细则；整编保甲应注意事项。
	办理户籍及人事登记	指定人员兼办户捐事务；设置流动户口登记簿登记保内流动人口；人民所报人事登记声请详细审查，勿任错误及将存根整理保管；保内户口均经确定登记勿使遗漏；保内每一房屋均经编订门牌勿使错漏；依照规定按月抽查户口，如有错误报请更正。	每开保民大会应宣传户籍及人事登记办法，引起人民注意；督同职员甲长研究法令；发动保民及学校员生代人民填写声请书；人民所缴户籍及人事声请书，须查对清楚，务须符合规定。应缴有关书类，应另缴；各项声请书，分年分类汇订成册妥慎保管；督促保办公处人员及甲长注意户籍及人事，如有变动随时催告声请；联络执行接生婚丧业务等人及店铺以便调查催伤声请；门牌汇编及不合规定者补行编订。	开始办理	继续办理	继续办理	全年办理	户籍法；户籍法修正实行细则；广东省各县户籍登记办理办法；广东市及县户籍登记声请办法；户籍人事作二户工十二年行政纲要；广东省各县市及局人事局户籍登记强制办法。

（续表）

项目		实施标准	注意要点	实施期限				督导讲习参考资料
				第一期	第二期	第三期	第四期	
民政业务	召开保民大会	按月举行会议；鼓励人民踊跃参加；开会前五日开保务会议决定提案；出席保民普遍发言；议决案切实执行；议决保内兴革事务。	县区指导员注意宣传督导；指导员在乡镇公所附近之保参加保民大会并召集其他各保长参观；得在夜间举行，如无适当开会场所，得在广场露天举行；依照奉颁议事规则领导开会；派员负责记录并将记录簿妥为保管；得与国民月会同时举行；订立妥善之保甲规约。	—	—	—	全年办理不分期	乡镇组织暂行条例；中央颁行保民大会议事规则；本省颁行推行保民大会须知；乡镇长保甲手册。
	推进卫生	设置卫生员；推行环境卫生（清理沟渠；扫除街道垃圾指定放垃圾地点或设置垃圾箱；清理水井；改良厕所；取缔售卖不洁食物；窄浅河流禁止在上游洗浴）举行种痘防毒注射。	如应财力缺乏不能设置卫生员，可由国民学校教员赴县卫生院学习普通医药技术回保服务。如无卫生员，环境卫生应由保长督同职员办理；无卫生员之保防疫种痘应由县卫生院派员巡回奉行。	开始办理	—	—	经常办理不分期	——
	举行公民宣誓	保内居民一律举行宣誓，登记应给公民证。	誓词及登记册由县府印发，乡镇公所备用；得在保民大会补行宣誓由乡镇公所登记；誓词可变通为数十人公用一张；公民证不设分根，只在登记册中注明；宣誓后乡镇公所将登记册连同誓词呈报县府。	完成	—	—	—	乡镇组织暂行条例；部颁公民宣誓登记办法。
	厉行新生活	肃清烟毒；禁绝赌博；破除迷信；革除恶习；防止争斗。	宣传烟赌害处、鼓励民众检举揭发、严惩犯者；官为民率；禁止神方神药、劝止神会等；取缔童养媳、禁止溺婴；随时劝诫乡民和睦，调解争端，械斗者严惩。	—	—	—	全年办理不分期	禁烟禁赌治罪暂行条例；广东省查禁种烟注意事项；举发种烟奖给办法。

（续表）

项 目		实 施 标 准	注 意 要 点	实施期限				督 导 讲 习参 考 资 料
				第一期	第二期	第三期	第四期	
经 济 业 务	实行造产	依章实行利用土地之基本造产二亩以上，种植禾稻什粮或养鱼蚕桑蔬菜等，以有收益为主；除负担乡镇基本造产外，应尽量效法推行选择造产，择适宜于地方习惯者举办或造林。	于基本造产外，以合作方式兴办其他造产；基本造产纯利五成拨学校，一成为保办事人津贴，余四成缴乡镇造产委员会；注意水利造产；保组织合作社向银行借款经营。	择地和选种	完成垦殖和造产工程	—	—	行政院颁乡镇造产办法；本省乡镇造产实施细则；乡镇造产委员会组织章程。
	推行冬耕	保内田土最少有百分之六十实行冬耕。	建保开始，即切实督导，以免失时。以后每年均须提前准备。	—	—	—	冬耕期办理	本省各县冬耕贷款办法；厉行冬耕督种什粮实施办法。
	垦荒造林	除造产利用之荒地外，如有荒山应另造保有林一处，面积以保有荒山多少即人力物力可能为标准；冲积沙地应利用开辟农场；除造产及造林外，余荒地应给人民自行垦殖。	保公有林及保农场可由义务劳动力经营之；得请求垦荒贷款机关借款办理。	调查荒地	开辟荒地	继续办理	办理完竣	战时垦荒造林办法；本省垦荒贷款及补息奖励办法。
	设立合作社	每保成立合作社，每户有一社员为原则；必要时或联合数保成立一合作社。	保合作社应采兼营利为原则；社员以居住该保年满二十岁或未满二十而有行为能力者充任；组织应依规定设理事；业务注意必需品之供应；运用合作社经营造产造林，发展农民生产。	依章成立	继续办理	继续办理	继续办理	合作社法；县各级合作社组织大纲；县各级合作社章程准则。
文 化 业 务	设立国民学校	以每保成立一保国民学校为原则，必要时得联合二三保成立一保国民学校。	经费筹集方法，劝勉殷富捐款或寺庙当产捐拨产业充作基金或捐校用品推行造产，照章拨百分之五，由学校依章自行经营造产；接受中心学校之辅导。	完成	—	—	—	国民教育实施纲领；学校基金筹集办法；其他本省关于国民学校单行法规。
	推行国民月会	依章按月举行；就当地党政机关人员，学校教职员，地方有声望人事，延请为各月会督导人，不断参加国民月会。	国民公约誓词每次开会主席应宣读一遍，全体循声朗读；主席向参加人员讲解国民精神总动员第五章纲目及国民公约；督导人应提倡慰劳救济、清洁生产等运动，及指正补正生活不良习惯。	完成	—	—	—	国民精神总动员纲领；全国青年实施国民精神总动员具体办法；国民精神总动员工作分配计划。

（续表）

项　目		实　施　标　准	注　意　要　点	实施期限				督导讲习参考资料
				第一期	第二期	第三期	第四期	
警卫业务	组织国民兵队部协办征兵	成立国民兵队部；编造国民兵名册；协助办理国民兵之管理训练征调及服役等事宜；国民兵与警察保甲密切合作执行维持治安事务；协助办理兵役之征集及免役缓役禁役停役之调查抽签等事项。	关于协助国民兵组训应依照军管区命令办理；保国民兵队副与保警卫干事以一人兼任为原则；保国民兵队与保甲密切合作，负责稽查汉奸、剿捕匪患、查禁烟赌盗窃、排除斗殴、保护道路桥梁等设备，以及其他维护社会治安之事项。	健全国民兵队部组织	继续办理	继续办理	办理完竣	兵役法；修正兵役法；兵役法施行暂行条例；修正国民兵组织管理教育实施纲领；警察保甲国民兵联系办法；兵役法规择要。
警卫业务	办理联保连坐切结	切实一律举办五户联保连坐切结；结内应注明"同居各户绝无做汉奸、间谍、盗匪及扰乱地方治安等情事，并随时共负防范搜查之责"等字样。如有前项情事，应查明同居各户，层报县政府执行连坐处罚；解释各同结人，事前举报得免连坐。	联保以户为单位，由各户长联合甲内各户至少五户共具联保连坐切结；公共户由主管人对保长负全责，免具联保切结；寺庙户应与同保内寺庙联具切结，保内仅一寺庙者，由户长具结；船户与同保船户联具切结，保内仅一船户，由户长具结负责；临时户必须由甲内土著联保；城市地方邻居多不相识者，得就保内觅五户联保或由县市内殷实富户或现任公务员二人出具保证书；乡村由保甲人员办理，城市由警察协同保甲办理；无人担保或无户联保之户另册登记，报县府核准。	本期开始	继续办理	继续办理	继续办理	军事委员会及行政院颁行组织民族肃奸纲要，及办理联保连坐切结办法；非常时期各地举办联保连坐注意要点。

注：一、本表所列为建保年各保最低限度应办之重要事项，限建保年内完成之。
　　二、本表未列而为地方需要之自治事业各县得酌量增列之。
　　三、工作进度由各县自行订定之，其实施新县制已久之县得提前完成之。

此表对建保年应办事项、各时期需完成的具体工作、详细参考资料、供基层办事人员随时查照的备注等，说明如此详实，足可见省政府对建保年工作的重视。其要求各县市在建保年内办理的选定保办公处地点、充实保办公处设备、实行文书簿册管理、健全保内人事及安定保长生活、确实保甲经费概算、举行保务会议、编整保甲、办理户籍及人事登记、召开保民大会、推进卫生、举行公民宣誓、厉行新生活、实行造产、推行冬耕、垦荒造林、设立合作社、设立国民学校、推行国民月会、组织国民兵队部协办征兵、办理联保连坐切结等内容，涉及健全保甲组织及保内的民政、经济、文化、警务等各方面的工作，它将抗战时基层行政机构所应办之工作全部网罗。我们可以想见，如果各县市能够完全按照该表的要求来完成建保年工作的话，那么战时国民政府基层保甲制度的建设可谓异常成功，必能为抗战事业做好基层动员。这正是抗战伊始国民政府就热切期望于乡村者。建保之政策既已完善，其执行的情形就成为关键问题。

该建保年计划颁行后，省政府严饬各县市：厉行建保工作，"依期完成，并检阅抽查结果呈报"。[①]对此计划和饬令，广东国统区各县都曾具表呈报，各有陈述。从表面上看，各县市似乎是力求和省府一致，谋基层政治的健全。然而各地办理的实际情形如何呢？笔者查阅了1944年广东国统区54个县所呈报的关于建保年工作之进度表及计划书，个别县份如连平县等还附有建保年协进会章程。然而，笔者发现这些进度表、计划书及协进会章程等，其内容除对省政府所定章程要点进行摘抄外，就是信誓旦旦地宣称：保证建保年工作顺利完成，绝不拖新县制的后退，坚决为抗战服务等云；对于如何具体安排推进建保年各项工作、如何分期分批抽查各乡（镇）工作、如何改进不足、保障基层行政有力等则付之阙如。关于建保年运动到期时的工作总结报告和成绩列表，更是无从查找。[②]

1944年1月，广东民政厅提请省政府，要求继续"完成建保年推行所未了之计划"。[③]为此，省府于同年3月通告各区署专员、各县市局长，饬令各县继续推进建保年的各项工作，并规定建保年工作应由各区署及乡镇公所，层级督导，按月填具督检工作报告表；且要求"各县并由县指派人员及主管课长、县指导员于建保年开始及将届结束时，分赴各乡镇举行普遍指导检阅。各区专员公署应于建保年开始两个月后，指派人员及主管科长视察，会同前赴各县视察督导，并抽查各乡镇之建保工作，于建保年结束后，再赴各县举行普遍检阅，均应分别编造总

① 广东省档案馆藏：《广东省各县市推行建保年的工作进度情况报告》（二），案卷号：3-2-72。
② 广东省档案馆藏：《广东省各县市推行建保年的工作进度情况报告》（一、二），案卷号：3-2-71、72。
③ 《韶各报昨开保民大会》，韶关《建国日报》1944年1月7日。

报告书呈核。"同时，省府认为当前建保年工作已达第三期，各县所定第一、第二期进度，"关于选定各保办公处地点，充实保办公处设备、健全内部人事及安定保长生活、确定经费预算、编整保甲、实行造产及召开保民大会等，亟应切实检讨，如未完成者，即须加紧赶办。"其三四两期工作，亦须依照进度，按期督导实施，"务于建保年内一律办理完成，并于建保年期满，依照规定程序，切实检阅抽查。"它还要求各县于建保年期满后两个月内，将督检结果呈报该管专员公署，各区专员公署应于建保年期满后三个月内，将抽查结果汇报省政府查核。① 但此后未见有具体抽查报告，也不再有任何相关法令和措施，甚至简单的口号出台。轰轰烈烈的建保年工作，除了留下连篇累牍的报表外，再也没有了下文。

总之，视导保甲与建保年工作，是抗战时广东省政府为应付战争危机而实施的紧急性社会动员，其初衷是为加强基层行政的效率和力量，服务抗战。然而，基于战争环境的恶劣、国民党对乡村建设的乏力、国民党动员乡村能力的孱弱等事实，其政策无法落实而导致效果不彰。退而观之，即使是这些政策真正能够落实，这是否就是国民党各级政府行政效率提高、基层动员能力加强的根本之道呢？费孝通曾就此指出，保甲制度的推行，不但没有增进行政效率，反而"把基层的社会逼入了政治的死角"，使"基层行政沦于僵化"。② 由此可见，是保甲制度本身与行政效率的提高相抵触，甚至成了行政效率提高的羁绊。广东省府视导保甲、建保年之工作，即使是能一时加强基层的保甲行政工作，然其终究不能长久地保障国家对基层社会的有效控制。广东省企图以之作为加强保甲行政、最大限度控制基层社会战争资源的手段，结果是实施起来举步维艰。

---

① 汕头市档案馆藏：《伪广东省政府有关各县推行建保工作纲领成立各级民意机关步骤等材料》，案卷号：1-1-16。

② 费孝通：《乡土重建》，上海观察社 1948 年版，第 52、62 页。

第六章　汪伪区保甲制度的建立及其对基层社会的控制

1938 年秋，日军开始进攻华南，并于 10 月占领了华南的中心城市广州。日军盘踞珠江三角洲后，在华南地区开始战略攻击，随即控制了海南。在采取军事侵略行动的同时，日军还在广东寻找代理人建立伪政权。日伪在广东政权建立后，开始了一系列的政治建设，企图以此来以战养战，长期控制华南，进而向内地和香港地区发展。在基层，日伪政权继承了战前广东地方政府实施已久的保甲制度，将特务组织、军事控制以及基层社会控制制度结合在一起，冀望以此来强力控制广东沦陷区，为其整体的侵略目标服务。日伪在广东的政治控制，曾给华南人民的抗战造成了一定的阻力，也给中共在广东的活动带来了一些困难。然而，从整体来说，由于广东省政府坚持抗战，中共又在乡村开展游击战争，及传统乡村社会也对日伪势力的抵制，日伪妄图控制广东基层社会的目标没能完全得逞。这无疑是为国民政府的战略反攻出了一份力。

第一节　汪伪政权在广东的建立

继 1938 年 10 月 21 日占领了广州后，日军又迅即占领了广州附近地区和珠江三角洲各地要点，并于次年 2 月和 6 月侵占了海南岛和潮汕地区。到 1940 年 11 月，广东全省共有广州、潮安等 36 个县（市）成为沦陷区或半沦陷区；[①] 日军

---

① 《广东省奸伪动态调查专报》（1940 年 11 月 1 日），广东省档案馆藏：《关于广东日敌动态的调查报告》，案卷号：2-1-252。

还控制了华南主要的港口，妄图以此来巩固其在华南地区的战略地位。

在军事进攻的同时，日军为了更长久地占领广东，控制战略资源复施以华治华之故伎，将其在华北的统治模式搬到广东来，开始了伪政权的建设活动。然而，由于日军对广东长期轰炸等原因，"广东人对日本的侵略与极恶毒式的贩毒活动，敌忾之心最深，而痛恨日本人的情怀似乎较之福建人远为强烈"[①]。日军在广东建立伪政权的活动也因之受到了阻碍，"一般在日军占领后的中国城市经常迅速成立起来的'汉奸'组织治安维持会，在广州则在拖延了50天之后的1938年12月10日，才由无多大社会地位的彭东原与吕春荣组织起来"[②]。此后，日军又在佛山、南海、番禺、顺德、三水、东莞、深圳、江门、新会、海南岛、汕头、潮州、澄海等地，建立了伪治安维持会及其他傀儡组织。到1939年夏，在日军的唆使和扶植下，这些伪政权组织普遍开始运转。它们为日军搜集军事情报，进行经济掠夺，并调查户口，强征劳役。伪政权还宣传"绥靖治安，恢复繁荣，亲仁善邻，中日合作，复兴广东，复兴中国"等欺骗口号，[③]完全成了日军在广东统治的代理人。但是，广东治安维持会的正副会长彭东原和吕春荣，一是广东吴川籍的海军将领，一是广西籍的失意军官，二者皆不能"足资众望"，其维持会所能起到的作用是很有限的。日军在广东的统治并不稳固。李恩涵曾指出："日军占领下的广州与其周边地区，由于没有在政治上与在社会上足够分量的广东耆宿肯出任当地伪政府的领导工作，其伪政府在品质上甚至无法与华北的王克敏伪政府与华中初期之维新政府的梁鸿志政府相颉颃，其所能实行的统治政策，只能大略如它在华北与华中中低层次的县、乡、镇较小地区的统治一样，实行赤裸裸地利用地痞流氓和土匪之流的人士以掌握地方权力，以华治华；一方面给予这些人'维持治安'的权力；另一方面则给予他们开设烟馆、赌馆、兑换钞票等经济

---

① 根据《广东年鉴》的统计，从1937年8月31日至1941年年底，日机袭粤共19281架次，投弹达33857枚，总共炸死7153人，受伤11836人，毁屋18021栋。广东遭受轰炸之县（市）达76个以上（未记海南），是全国受日机轰炸最为严重的地方之一。参见丁身尊主编：《广东民国史》（下），广东人民出版社2004年版，第865页。

② 李恩涵：《日本在华南的贩毒活动，1937-1945》，台北《中央研究院近代史研究所集刊》，第31期（1999年6月），第153页。

③ 广东省档案馆藏：《广东治安维持委员会公报》（1939年11月1日），案卷号：汪伪1。

特权，以谋取大利。所以，当地社会的糜烂，是可想而知的。"[①]

1940 年 3 月 30 日，汪精卫在南京建立了伪国民政府。汪伪政府不论在规模上还是在实力上，均是华北维新政府所无法比拟的。且与之相比，汪伪国民政府更为主动地向日本人争取更多的权力。它因此而对于日本推行的"分治合作"政策有一定的抵制，竭力将广东纳入其实际控制之下，就是其既定的政策之一。[②]早在 1939 年 9 月，汪精卫就通过改组伪广东省党部执委会，任命其妻弟陈耀祖为主任委员，以架空治安维持会彭东原等的势力。1940 年 4 月，汪精卫通过其伪行政院，公布了伪广东省政府的组成人员名单，即由汪伪立法院院长陈公博兼任省主席，并暂由建设厅长和省保安司令陈耀祖代理，彭东原则执掌伪广州市政府。1941 年，汪精卫及其妻身为"广东政治特派员"的陈璧君，通过种种手段将彭东原免职，并通过进一步"整理"各县县政，统一改组各地维持会和其他伪组织，进而形成了汪精卫伪政权在广东统治的局面。[③]

其间，鉴于"自事变以来，吾粤整个社会秩序为之荡然，盗贼蜂起，民不聊生，则一切复行工作，均属无由实施"的局面。伪广东政权认为应该对以前的广东政治机构加以改善，并侧重于地方之绥靖及生产方面。其具体做法是：在广东省政府原有的民、财、建、教四厅及秘书处外，因应时势需要增设警察厅及绥靖委员会等六个直属机关，以共同管理省政。它认为，警察为内务要政之一，职司维持社会秩序，保护人民生命财产，事繁责重。设置警察厅，"须于最短期间，肃清境内一切盗匪歹徒，安定社会；须于最短期间，使全省各地恢复战前状态，使警察与民众切实合作，解除人民疾苦"[④]。敉平盗匪，绥靖地方，进而恢复战前秩序，是当时伪广东政权所开展的重点工作。

---

① 李恩涵：《日本在华南的贩毒活动（1937—1945）》，台北《中央研究院近代史研究所集刊》第 31 期，1999 年 6 月。

② 有学者指出，在汪伪政权五年多的生命里，它"一直为争取对其民众的有效控制和真正独立于日本而努力，但对其达到的目的，仍相距甚远"。参见巴雷特（Danid P.Barrett）：《汪精卫政府在意识形态的三大支柱：清乡运动、新国民运动与大东亚战争》，蒋永敬编：《近百年中日关系论文集》，台北"中华民国"史料研究中心，1992 年。

③ 有关汪伪广东政权的建立等细节，可参见丁身尊主编：《广东民国史》（下），广东人民出版社2004年版，第 922—930 页。

④ 《设置警察厅意见书》（汪伪），广东省档案馆编：《日军侵略广东档案史料选编》，中国档案出版社2005 年版，第 211 页。

此时伪广东县政混乱，名目不一。如"有初称某县治安维持会，后改行政专员公署，嗣又改设县政府者；有尚称维持会或政务会者"。[①] 伪广东政权也加强了在民政方面的建设，于 1940 年 5 月 10 日成立民政厅。这一时期，汪伪中央政权虽然通过汪精卫个人及其亲信控制了广东日占区，并将其"中央"的政策直接贯彻到广东，但汪伪的力量还远远无法完全控制基层社会秩序。如在县区一级，汪伪政府也没能严格控制其行政人员的选举。到 1944 年 3 月，汪伪政权还指出，自军兴以来，"各地自为风气"，对于县长、区长之选用"遂不一途"。因此其要求慎选县长、区长，并考核任用。它与此相适应的工作则是编组保甲、实行清乡与"剿共"，为此要求伪各省政府"应速就所属地方划分区域，展开清乡工作，随即编成保甲，养成人民自卫能力"。[②] 基于战争的需要，也基于基层社会控制的无序，汪伪广东政权也始终重视保甲编组工作，以利用这一传统的政治制度汲取战争资源。

第二节　广东沦陷区汪伪保甲制的推行

早在 1938 年 5 月，日伪维新政府内政、绥靖部就颁发《清乡区内各县编查保甲户口暂行条例》，在其控制区内实施保甲制度。汪伪国民政府成立后，即根据抗战前国民党的保甲政策、维新政府的保甲实践，以及当时的实际情况，有组织、有步骤地在其统治下的各地推行保甲制度。汪精卫不止一次地提及保甲制度对于其政权的重要性。他认为完善的保甲组织不仅可以防范"匪共"，更重要的是能使"各界民众，亲爱团结，同谋幸福，同谋进步"。[③] 汪伪保甲制度的主要特点表现如下：

第一，组织"保甲推进委员会"，全面负责保甲制度的推行工作，并不断加

---

① 《广东省政府民政厅呈国民政府报告书》（汪伪），广东省档案馆编：《日军侵略广东档案史料选编》，第 232 页。
② 广州市档案馆藏：《关于改进中央行政纲要》，案卷号：14-2-343。
③ 《汪精卫国民政府"清乡"运动》，第 8 页，转引自潘敏：《江苏日伪基层政权研究（1937—1945）》，第 87 页。

强其行政权力，是汪伪政权推行保甲政策的一个特色。1942 年 1 月，汪伪国民政府组织成立了"保甲推进委员会"，并赋予其全面负责保甲制度推行工作的权力。保甲推进委员会人员分别由内政部、警务处、宣传部、福利部，以及安徽、江苏的内政、警务处长组成，并由内政部常务次长王敏中任主任委员，内政部民政司司长张权任副主任委员，其他委员有安徽省、江苏省的民政厅长、警务处处长，并请宣传部次长章克、福利部次长黄庆中等为常务委员。该会构成人员级别很高，足见汪伪政权非常重视保甲行政工作，而且汪伪政权还要求相关部门以及地方积极配合保甲推进委员会的保甲编查工作。

第二，颁布多种保甲章则法令，不断加强保甲行政人员权力，以此强力控制基层社会、汲取战争资源，是汪伪集团保甲政策的又一特色。"保甲推进委员会"会以 1933 年国民政府"剿匪区"之《剿匪区内各县编查保甲户口条例》为蓝本制定《各县编查保甲户口暂行条例草案》，这一条例赋予了保甲长较大的任意处置权。它规定保甲长遇有"形迹可疑之人迁入"情形时，"得先行为搜索逮捕之紧急处分"。虽有人认为："保甲制度以保证地方安定秩序为宗旨，立法固善，惟保甲长阶级低微，贤者多不屑为。若让保甲长有搜索逮捕之权，则蹂躏乡曲之事难保不因之而起"，但这一建议却未被采纳。[①] 汪伪国民政府在实践中还是赋予了保甲长临时紧急处理权，这必然会发生一些借此武断乡曲的事情，也导致了民众对于保甲行政人员的疏离和畏惧。

第三，加强对流动人口和户口异动的管制，实施五家联保，要求民众负担连带责任，是汪伪保甲制度残酷性的体现。1942 年 11 月，汪伪政府依照 1935 年剿匪区内编查户口条例第二十四条之规定，制定了《保甲连坐暂行办法草案》。它规定："各户户长应联合同甲内他户户长至少五人，共具联保连坐切结。""各户户长具名切结以后，遇有左列情形发生，应即报告甲长：一、有形迹可疑之人潜入者。二、留客寄宿及其离去，或家人出外作经商之旅行及归来者。三、出生死亡或因其他事故致生户口上之异动者。""保甲长接到具结各户之前项报告时，应

---

① 《行政院第 104 次会议讨论事项》（1942 年 3 月 24 日），中国第二历史档案馆编：《汪伪政府行政院会议录》（12），第 300 页；《行政院第 155 次会议讨论事项》（1943 年 2 月 26 日），中国第二历史档案馆编：《汪伪政府行政院会议录》（18），第 298 页。

即速递报区长，如遇有前条第一款之情形时，得先为搜索逮捕之紧急处分；保甲内各户住民，如有勾结窝藏土匪或故纵脱逃者，除依法惩办外，甲长及曾具结联保之各户长，应科以四日以上二十日以下之拘留，但自行发觉曾据实报告并能协助搜查逮捕者，免予处罚；甲长或联保之户长遇有第四条所列各款之情形，匿而不报者，得科以三十元以下之罚金。"①可见，汪伪保甲政策继承了国民党"剿共"保甲制的残酷性，更多地要求沦陷区人民对基层行政之失察负连带责任。

在汪伪统治后期，其保甲政策并没有因战争的持久而有所放松。继1942年汪伪内政部将"整理保甲以为本年度中心工作"后，②保甲推进委员会又要求将各县办理保甲之成绩列入县长考核标准，③并强制对基层保甲人员进行组训。1944年9月，汪伪政府为推行保甲制"整齐划一，免致分歧"起见，制定了《乡镇保甲法》。④该法于12月30日由汪伪立法院第三次会议决议通过，规定"乡镇保甲为行政及自治之基本组织"，并要求各伪省市以此法令在六个月内完成编组保甲的工作。《乡镇保甲法》分为九章五十三条，包括总则、乡镇保甲之编组、乡镇保甲户长之推选、乡镇公所保甲办公处之组织、乡镇保甲会议、乡镇保甲之运用、奖惩、乡镇保甲经费及附则等。它是汪伪国民政府通过的最为详细、完备的保甲制度。⑤该法是汪伪政府后期保甲政策的主要体现，也为汪伪统治区各地保甲制度的开展提供了法律依据。

汪伪广东政权成立后，为了将广东人民禁锢在其封建的强制性统治机构中，切断各地抗日武装和民众的联系，防止民众"匪化"，妄图使广东成为日伪"和平运动"的"模范区"，伪广东省政府上承汪伪中央的意旨，在广东沦陷区推行保甲制度，作为警察统治的补充。然而要在乡村推行保甲制度，不仅需要政府对

---

① 中国第二历史档案馆藏：《保甲推进委员会拟具各县订立保甲规约暂行办法及保甲连坐暂行办法卷》（汪伪），案卷号：二0一0-6361。

② 中国第二历史档案馆藏：《内政部保甲推举委员会令各县办理保甲应注意各种事项案》（汪伪），案卷号：二0一0-6574。

③ 中国第二历史档案馆藏：《内政部保甲推举委员会令各县办理保甲应注意各种事项案》（汪伪），案卷号：二0一0-6574。

④ 《行政院第230次会议讨论事项》（1944年9月22日），中国第二历史档案馆编：《汪伪政府行政院会议录》（29），第22页。

⑤ 中国第二历史档案馆藏：《乡镇保甲法》（1944年12月30日），案卷号：二0一0-6365。

乡村有强制力，更需要村民的配合。所有这些条件，抗战初期的伪广东政权都不具备。因此，它不得不首先在广东乡村实施疯狂的"清乡运动"，冀望以此来为保甲制度的编查创造条件。

"清乡运动"是日军占领中国领土后通常要采取的控制中国基层社会的办法，这一运动在东北、华北的日占领区都曾实施。在汪精卫伪中央政府成立以后，它继承了这一野蛮的做法，曾有条理、有计划地进行过"清乡运动"。1941年3月24日，汪伪中央政治委员会议决成立"清乡委员会"，并由汪精卫亲自任委员长，陈公博、周佛海任副委员长，决定在汪伪控制区厉行清乡。"清乡委员会"制定的清乡基本方针是："军政并进，剿抚兼施，由城而乡，遍及全区。"[1]同时，汪伪政府认为保甲编制为"清乡要政之核心工作"，需贯彻其始终。如在汪伪中央政权所在地的江苏省，"清乡委员会"成立了保甲指导委员训练所，专门训练编制保甲的人员；它在"清乡区"各级行政机关自上而下层层设置保甲机构，专司保甲工作，从而使"各县镇公所及保甲长，在县保甲室指挥下，推行保甲工作，连贯一气"，"清乡区各县在编制保甲时往往是编制、复查、抽查三管齐下，确保保甲名实相符"[2]。伴随着汪伪政府"清乡运动"的进行，保甲编组工作也正式展开，而且也是由上至下，一以贯之。

伪广东政府如法炮制。首先，它划分"清乡区"，以编组保甲防卫团来重点进行"剿匪"，并加强对民间枪械的管制以维持治安。汪伪广东政权建立后不久，即制定了《清乡区实施保甲暂行办法纲要》，并在"清乡区"各县市编组保甲防卫团，"以增强人民自卫力量，辅助军警防剿匪共、维持地方治安"为其宗旨。它要求各"清乡区"在办理保甲编组完成后，立即编练保甲防卫团。保甲防卫团的编组办法是：每甲抽调壮丁五至十人为保甲防卫团团员，编为一班，班长由甲长兼任之；每保应组织防卫团一分队，队长由保长兼任之；每五分队以上应组成一中队，中队长由联保主任（乡镇长）兼任之；每区应组织防卫团一大队，大队长由区长兼任之；每县应组成防卫团一团，由县长兼任团长；而各县保甲防卫团

① 戴逸主编：《中国近代史通鉴：抗日战争》，第302页。
② 潘敏：《江苏日伪基层政权研究（1937–1945）》，上海人民出版社2006年版，第87、88页。

和大队应设置队附各一人，由广东省政府遴员派充，中队附由团长遴选军事人员充任，报由省政府核准。在武器的管理方面，它要求："保甲防卫团区域内居民所有自卫枪械子弹，准其正式充作自卫之用，给予枪照以资保证……凡正式使用之枪械一，律按照烙印之次序编号，发给枪照并粘附上使用人本身照片，由县府汇呈广东省政府备查。如因防剿匪共消耗子弹时，应随时呈报团长核销及予以补充之。凡有私藏枪械弹药，隐匿不报，已经告发或查获者，依照刑法惩罚之。各县政府及区公所应随时检查各乡枪械，以防遗失或辗转留为匪用。"① 它对于战前广东乡村私藏的枪支规定："此次广州事变，蒋军撤退之时，遗弃枪械弹药及爆烈品等，为数甚多，民间藏匿者自必不少。查军用品系违禁物件，民家绝对不得匿藏，但为体谅无知人民起见，特由本会规定赏格，限期缴出……倘有逾期仍敢藏匿并不缴出者，一经查确，概以土匪论罪。"② 汪伪的防卫团组织是以保甲制度为基础。伪广东省政府为严格控制基层政权，就通过派员任命团附、大队附的办法来控制防卫团；它对武器的严格管理，则是要明了民间武器的动向，使其不得转为"匪"用。

其次，组织联防队，以军事配合政治防匪"剿共"。1940 年 6 月，汪伪广东省政府为"清除匪患，确定地方治安，及强化各地团警组织"起见，颁布了《广东省各县地方联防暂行条例》，并重新组织各县联防队，以军事配合政治来加强对基层社会的控制。该条例规定："在保甲制度未完成以前，所有各县地方武装自卫团体，一律改编为联防队。其组织以联防体例规定，县设联防总局，区设分局，乡镇设办事处；全县编组联防队一总队，辖下分组若干大队。迨联防暂行条例公布后，再加委各县县长兼任该县联防总局长及总队长，其总队附，政治指导员及大队附等，由广东省民政厅照章分别遴员委充。"联防队的具体编组办法则是：各县地方联防队编制，依照保甲制度编组，以户为单位，十户为甲，十甲为保，每甲选派二至四人为联防队员，以三十名为一分队，设分队长一员，由保长择优兼充。三分队为一中队，设中队长一员；三中队为一大队，设大队长一员，

---

① 中国第二历史档案馆藏：《广东省清乡地区保甲防卫团暂行组织规程》（汪伪），案卷号：二0一0-6352。
② 《伪广东治安维持委员会限期收缴枪械开列赏格表布告》（1938 年 12 月 31 日），广东省档案馆编：《日军侵略广东档案史料选编》，第 292 页。

大队长附一员。每区有联防队三中队以上者，得设大队长，不足三中队者，仍设大队附一员，勷助该区长指挥辖内各联防队。"联防分队之设立，得体察地方情形，联合数保组织一分队，但每乡镇至少成立一分队，各队员不得以别甲居民或招募代替。"①

此办法还规定了县与县之联防的办法，准许一县联防队越境五里捕捉贼匪。而县内各区之联防队亦如此。它要求"各区联防分局，闻邻县边区有警，应不分彼此，立即召集联防队，火速前往协助或堵截，捕获盗匪应送回邻县边区联防分局讯办"。②而为集中事权，"防剿共匪"，亟谋紧密之联系，及融洽各地防卫力量起见，汪伪广东政权又于1941年9月13日在番禺、东莞、中山、新会四县联防局增设副局长一员，由各该县现任警察局局长兼任之，"俾各县联防队及警察队，能收统一指挥效果，增强防守之机能"③。

迨至1942年5月，在汪伪广东政府所控制的十六县中，"除潮阳、惠阳二县……联防总局尚未成立外，其余南海、番禺等十四县，均于民国二十九年先后呈报成立，共计有十四总队，内分六十二大队，二特务大队，一集训中队，队员总共一万六千二百九十人，枪支一万一千九百杆。"当时各县之联防队，"或由地方武装自卫团体改编，或依照原有保甲制度由各区乡选派，故各地联防队员，多未受过军事训练"④。其组织并不甚严密，且联防也因为其组织基础——保甲制度实施的不力，而无法有效地发挥作用。

再次，设置"保甲编查处"，颁布多种保甲法令和实施细则，实施联保连坐切结。1942年1月，伪广东政权设立了"保甲编查处"，作为全面推行保甲制度的常设机构，专门从事强化和巩固保甲制度的工作。⑤1月7日，汪伪广东省政府订定出《广东省编办保甲章程》，在广东沦陷区城乡全面实施保甲编组。它规定："保甲为乡镇内之编制"，户为保甲内之单位。户设户长，十户为一甲，甲设甲

---

① 《广东省政概况》（汪伪·1942年），第二编，民政，第62页，广东省档案馆藏档，案卷号：汪伪6。
② 《广东省政概况》（汪伪·1942年），第二编，民政，第65页。
③ 《广东省政概况》（汪伪·1942年），第二编，民政，第133页。
④ 《广东省政概况》（汪伪·1942年），第二编，民政，第61页。
⑤ 丁身尊主编：《广东民国史》（下），广东人民出版社2004年版，第929页。

长；十甲为一保，保设保长。保甲编定后，乡镇长应监督召开保甲会议，制定保甲规约，各户户长应一律誓守，从事"编订门牌及调查户口"，"境内出入人口之调查登记"以及"匪共之警戒通报及防御"等15项事务。县政府拨付保甲经费。政府有权根据保甲规约的执行情况，对户长、甲长和保长进行奖惩。

与汪伪中央的保甲政策相较，其广东一隅的保甲政策之针对性更为明显。综观该章程，它有两个明显的特点：其一是"肃清匪共"。该条例的第一条就明确规定，兴办保甲的目的是"严密民众、促进民众训练，以期守望相助、肃清匪共、发扬民治精神，奠定宪政基础"。这一思想在其他的条款中也得到了贯彻。如奖恤条款内规定，凡是有下列情形者，除依照保甲规约赏恤外，民政厅还给予特殊奖恤："一、侦悉匪共情状报告迅速，因而保全地方者。二、破获匪共机关、或擒获著名匪共，经讯明者。三、破获匪共秘运或埋藏之枪支子弹，或大批梁秫者。四、协助军警抵御或搜索异常出力者。五、因抵御或搜捕匪共至伤亡者。六、因匪共报复至受伤病故者。"此外，该章程还同意民间合法拥有武装，保甲机构的专有武装交由保长保管支配。① 其矛头是针对中共在广东的地方势力的，尤其是中共在乡村的势力。它唆使民众武装与中共作对，不仅说明了其破坏中共抗日的阴谋，也从另一个侧面说明了中共势力在广东乡村强势存在的事实。其二，该章程继承了国民党政府乡村基层政权层级控制的内涵。比如它规定："保甲为乡镇内之编制"、将保甲长年龄提高到25岁、保长酌给办公费等。② 这些国民党政府的保甲法令，或为新县制实施后的基层组织所规定，或为应付战时人力需求，抑或为提高保甲行政人员的地位，进而提高基层工作效能而作出的规定。它们的内容在汪伪广东政府的政策里也得到了反应，二者在基层政权的行政方面有一定的继承性。

此后，伪广东民政厅为实施上述章程，制定了《广东省编办保甲章程实施办法》，要求"各县政府应于本章程公布后四个月内，督率所属及乡镇长副，依照本章程之规定，将保甲编组完竣"。而在保甲编组前，各县要做好准备工作，如

---

① 中国第二历史档案馆藏：《广东省编办保甲章程》，案卷号：二○一○ -6358。
② 中国第二历史档案馆藏：《广东省编办保甲章程》，案卷号：二○一○ -6358。

公布编办保甲章则、召集当地党政军学各级机关研讨实施编组工作、依照规定经费支出标准编造经临费支出预算书、依照规定式样印制各款应用表式簿册等。在保甲编组秩序方面,它要求先举行宣传,后组织保甲编查队,然后进行复查门牌、编组保甲的工作。另外,为了严密保甲组织,使其发挥实际作用,它还要求各县在编查完竣后,立即举办互保切结,除向甲内各户切实讲解出具互保切结之意义外,还应注意:"公字户应由主管人负责监督全责,免具互保切结;寺字户应与共保内之寺庙联保,保内仅一寺庙者,由主管人监督全责,免具互保切结;临字户必须得顾主或甲内土著之担保;新来之户,如同甲各户不愿互保者,得另觅本县殷实商号或住户担保。"① 这种规定,无疑反映了汪伪广东政权强制居民连保切结,野蛮地控制基层社会的意图。

　　1943 年 5 月,汪伪广东省根据伪中央颁行的《县保甲户口编查办法》,又制定了《广东省县保甲户口编查办法施行细则》。它规定,保甲仍未编查完竣之各县局,应立即按照前颁之《县保甲户口编查办法》规定,在三个月内完成保甲编查工作;而已编查完竣之县局,应以两个月为限开始重新加以整理。此后,各县市都应每年整理一次,并在新年的一月底以前整理完成。各县局编查人员及协助人员,应于事前集中学习编查规则,除仍按照以前的规则并根据以前的编查原则来编组保甲外,在一些具体的事情上还要注意一些原则:如"不得分割本村街之一部编入另一村街之保";"船户编查时之分段应按常泊处之河流形势为之,但以就乡镇辖境内划分为限";流动靡常之户及新增之户均列为临时户,编为临时保甲,并附隶临近之保或甲;原编保或甲均应保持其原有之区域与番号,不因住户之增减而变更;原乡镇或原保甲不足法定数字时,"应与临近之乡镇或临近之保甲合并调整",不能与邻近之保甲合并调整者,则编为特编户或特编保甲;对于无家游民,"其户口调查表惟须另帙定制";寺庙户、公共户、临时户及不满六户之船户,应"附隶所在地或临近或常泊处陆上之甲内",并依其户类的不同另编其户籍之次序,不与甲内原有户数合编次序,但得附隶于普通之甲。由特编户、临

---

　　① 《广东省编办保甲章程实施办法》,《广东省政概况》,第97—102页,广东省档案馆藏档,案卷号:汪伪6。

时户或船户编组之甲、保的编序与隶属亦同；编查完竣后，所制成之户口调查表册，"即为各乡镇保甲户口清册，不必另造保甲册，与实施户籍登记簿相辅而行；各县实施户籍法后，户口调查表册，仍应依本办法按年整理，不得偏废"。

该细则还规定，日常户口异动及人事登记等情事，应依户籍行政各项法规另案办理。而对于各县局举行编查或整理所需之经费，应由"县局编造预算，呈缴省政府核定后，以地方款开支，不得由乡镇公所供应。嗣后，每年整理所需之经费，应依照实际需要编入地方之岁出计算"。① 由此细则可见，汪伪广东保甲政策更强调户籍的重要性，严密户籍就要从源头上控制乡民，进而达到人必归户，户必归甲的目的；它提出保甲经费不由乡镇公所筹集的办法亦减小了保甲推行的难度。这一时期汪伪广东保甲制度有可操作性。

最后，分区分期试验保甲制度，完善保甲编查，进而严密保甲制度的内容和效果。1944 年以后，由于战局向着有利于中国的方向发展，汪伪广东区保甲政策也有所变化，它更强调保甲制度的强制性和切实性，力图以此挽救战争的颓势。1944 年 3 月，伪广东省府为完成"清乡区"东莞、宝安两县之保甲编查工作起见，除饬各县遵照编查保甲户口暂行条例外，特订定了《第一期（前半期）清乡区实施保甲暂行办法纲要》。它规定：东莞、宝安两县保甲户口之编查分三期完成，第一期预定为 22 天，第二三期各 1 月；并在东莞、宝安两县各成立保甲委员会，负责指导实施一切保甲编查事宜。伪广东省府还派送"清乡"政治工作团团员，分赴两县指导协办保甲编查工作，又派民政班毕业学员为各区保甲指导员指导保甲编组实施。它要求："在清乡区内各县保甲编成后，即须组织保甲防卫团，以期增强民众自卫力量，确立地方治安。"

按照上述纲要的实施程序，广东沦陷区各县在第一期应完成事项是：宣传保甲的意义，进行思想动员。如要求"各县政府所有办理保甲工作人员，应先将有关保甲户口编查之各项法规章则，全部作有系统之研究；预定各乡详细实施办法，并尽量对民众宣传推行保甲之意义"，之后再逐级往下宣讲，直到乡村百姓明白保甲制度的重要性。第二期为编组保甲时期。该期除继续宣讲保甲制度的意义

---

① 中国第二历史档案馆藏：《广东省县保甲户口编查办法施行细则》，案卷号：十二（6）-9791。

外，各区区长、编查委员应会同指导员，令各户长推举各甲长、甲长推举保长，设置各甲长、保长办公处，宣讲保长、甲长之应尽责任。在能编组五保以上的大乡镇，设立保长联合办公处，由保长互选一人为主任。第三期为清查户口，完成保甲编查阶段。在此期间，"清乡区"各县长及保甲编查委员会召集各区长、指导员会议，决定施行清查户口日期及程序，并督率各级编查保甲人员次第清查户口，且将户口调查表汇集递报到伪省政府；在户口清查完备后，保甲委员会应督促各区区长与指导员登记民有自卫枪炮，向县政府报告保内壮丁人数（其属寺院之僧道亦同），并对壮丁进行军事训练，编组保甲防卫团壮丁队；保长应召集甲长会议，协定保甲规约及联保连坐切结，保长、甲长、户长一律加盟签字，共同遵守；各区区长要随时严饬保甲户长确报户口异动情形。①

由此纲要可知，伪广东政权为更好地实施保甲制度，不仅专门将东莞、宝安作为特别区域施以保甲制度，而且在保甲编组的具体问题上还有严密的规定，如从保甲编组的宣传员，到保甲办公处的设置，再到户口调查、民间枪械登记、壮丁的汇报与训练、保甲规约和联保连坐切结的制定和遵守，直至户口异动的随时督报，都反映了这一时期伪广东政权保甲制度推行的严密性又上了一个层次。

在海南岛，日军也曾"确立保甲制度"作为地方行政的辅助机关。并组织伪警察队，"协助日军的警备和维持治安"②。只是，日军在海南的有效占领地域并不固定，总的来说"只限于沿海平原一带——即使在这一带的广大农村，也未能完全控制。至于面积占该岛一半的中部山区，则一直控制在岛上抗日军民手中。整个岛上形成了抗日根据地、游击区和敌占区三个地带"。③因此，日伪曾设法破坏国共的统一战线组织。

总之，整个抗战时期，汪伪广东政权与日本占领军合作，既汲取了日据台湾、伪满及华北等日占沦陷区实施保甲的经验，又结合广东的实际，在沦陷区强制性地进行了"清乡"，继之推行保甲制度。其保甲政策不仅对汪伪中央的保甲法令有所奉承，也对战前广东保甲制度有所借鉴。虽然它根据不同时期的不同需

---

① 中国第二历史档案馆藏档（汪伪），案卷号：二〇一〇–6352。
② 宓汝成、王礼琦：《日本侵占海南岛和海南岛人民的抗日斗争》，《抗日战争研究》1992年第1期。
③ 左双文：《华南抗战史稿》，广东高等教育出版社2004年版，第85页。

要，保甲政策有所侧重，但其军事化的色彩及强制性地控制基层民众，打击中国军民抗日活动的目的从未改变。

第三节　汪伪广东政权对沦陷区基层社会的控制

在军事占领后进行大规模的"清乡"，妄图以此消弭抗日军民的力量，进而编组保甲，控制乡村社会，是伪广东政权控制基层社会的策略之一。汪伪广东政权大规模的"清乡运动"，一方面企图打击反对力量，尤其是广州市郊及各地抗日游击队日益活跃的抗日活动；另一方面试图绥靖乡村，以此来开展保甲的编组，以求更久远和稳固地控制乡村社会。但由于汪伪在广东乡村既没有有效率的、任其驱使的基层伪政权机构，更无群众基础的支撑，其"清乡"往往无法获得良好效果。比如1943年年底，汪伪政府"任命伪广州绥靖公署参谋长黄克明为伪广东清乡事务局长，随后在东莞、宝安、中山、新会、南海、顺德等地，开展以掠夺战略物资为主要目的的'清乡'运动"，但其效果非常有限。[①] 一般地说，对基层社会的控制，政治意义超过一时的经济掠夺。然而汪伪在广东的"清乡"活动，却往往以掠夺物资为主要目的。这不但难于建立听命于自己的伪政权，反而会引起广东民众的反感，汪伪在广东的清乡运动效果并不理想。[②]

通过警察机构的力量，将保甲内户口异动及人员往来纳入每日汇报制度，是汪伪广东政权强力控制基层社会的另一策略。日伪时期的保甲除具有传统保甲制度的一般特征外，其严密控制的职能发挥到了极致。在"清乡"地区，汪伪保甲制度就实行每日汇报制。据中共苏南游击队的调查发现，汪伪政权要求甲长每日向保长汇报，保长每日向乡长汇报，乡长每日则向区长书面汇报。汇报的内容涉及"有无陌生人来往，有什么活动，得到什么消息。如果有陌生人来往住宿，即

---

① 左双文：《华南抗战史稿》，广东高等教育出版社2004年版，第74—75页。

② 在日伪控制下的江苏地区，其"清乡"的初衷也无法完成。"清乡"的效果"几乎是昙花一现"，随着清乡日军的撤离，"基层社会迅速恢复到清乡前的状况；在空间上亦很有限，非清乡区一切仍原样，日伪的统治还是局限于'点'、'线'。"参见潘敏：《江苏日伪基层政权研究（1937–1945）》，上海人民出版社2006年版，第34、40页。

要到警察所登记"。① 伪广州市对这种制度的推行较苏南地区有过之而无不及。这在后章还有专论,此处不赘。在广东乡村,汪伪的特务还经常秘密到乡村展开调查,要求乡村保甲长逐日汇报户口异动情形及有无中国游击队员的活动等。

在"清乡区"通过保甲组织严格实施联保连坐办法,以此连带责任将居民禁锢在牢笼之中,是汪伪广东政权控制乡村的再一策略。日本学者织田万说:"保甲制度之真髓,即共同担保及共同责任之制是也。"② 汪伪政权显然认识到这一点。它实行在联保连坐切结方面,首先对自新户的言行实行严格的联保连坐办法,如发现自新户有"通匪纵匪"情事,凡担保联保切结人及本甲甲长、联保连坐切结各户一概连坐。在"清乡区"内的连坐切结规定:"署长指定当地薄有家产者,负责办理。如该结内藏有要匪或匪物,先未报出,后经军队、团队或署长查出,同结者与匪同罪。"汪伪政权还要求"壮丁队"无条件按其要求工作,"不许有灰色中立态度","不打匪便是匪"③。

这一时期,汪伪广州市政府要求同编于一户中的商业从业者,需立具联保连坐切结。如有一张切结为黄国华、杨巨溢、黄廉、周文、黄波五男子立约者。以黄国华为户长,其余为成员,另找一人担保。户长誓约书写道:"本户长及本户长之家族全体,自当遵守保甲户口条例、保甲规约及当局所订各种取缔条例,如有违犯情事,愿受最严厉之惩罚。此誓。"联保连坐切结证则写明:"立联保邻座切结证人,今愿负权责担保本表所载户长及其家族确系正当良民,绝无反动非法行为,嗣后如有违犯保甲户口条例、保甲规约及当局所订各种取缔条例情事发生,立切结证人愿受该户长及其家属所受同样最严厉之处罚。特立此证为凭。"④ 此表没有列出此户女子的姓名信息,可见其对成年男子的控制尤为严格,切结中关于一户内男子要找一担保人的规定也是新的要求,并且担保人对此要负最严厉惩处

---

① 谭震林:《江南反清乡斗争的经验教训——在苏中三分区司令部营以上干部会上的报告》(1941年11月),中共江苏省委党史工作委员会,江苏省档案馆编:《苏南抗日根据地》,中国党史资料出版社1987年版,第162页。

② [日]《织田万》:《清国行政法》,中国政法大学出版社2003年版,第300页。

③ 中国第二历史档案馆藏:《清乡地区整理保甲肃清零匪暂行办法》,转引自费正清、李作民、张家骧等编:《抗战时期的伪政权》,河南人民出版社1993年版,第243页。

④ 广州市档案馆藏:《广州市保甲委员会表格》,案卷号:7-8-330。

的同罪担保责任。

此外，日伪政权还利用保甲组织编组日伪青年团、自卫团，以及爱乡会、爱护会、瞭望哨等"清乡"团体，"清乡"宣传队也依靠保甲组织召集群众参加"清乡"大会，灌输"和平反共建国"思想。有学者称："一言以蔽之，日伪期望通过保甲组织，既要约束'清乡'区老百姓的行动，亦要控制他们的思想。"① 而综观日伪之联保连坐切结的要求及其施行，则不仅是思想的控制，更是人身自由和集体责任的控制，它妄图以此限制沦陷区军民的反抗斗争。

继承战前国民政府的乡村政策，缩编乡镇，改自治区为行政区署，以提高行政效率，是汪伪广东政权对沦陷区控制的另一行政措施。由于战时部分县市处于敌我共占的状态，地域并不固定。因此，汪伪政权也根据实际情况缩编乡镇区域，而不是完全按照战前整个县市的区域编制而定。如在增城，该县区域原有 12 个镇、257 个乡，设置 12 个自治区。但战时隶于日伪控制下之区域尚不及全县面积之半。因此日伪政权最初曾将该县设置 3 个行政区进行管制，但后任者好大喜功，仍将全县能统治的区域划成 12 区。伪广东政权为此提出："增设至十二区，似非事实所必需，况该县现尚须省库按月补助，自应体察地方财力，酌量撙节。"于是，伪政权查明实际情况后报告说："该县前缴各区所辖乡镇名称表，仅得一镇及一百四十乡，尚未及该县之半数，是编设行政区署，本无庸按照全属自治区额悉为设置，惟查该县原管三江所属十乡，自博罗县交回该县接管后，县境已渐拓展，原呈所拟减缩计划，将全县共缩为七个行政区。"该报告还称，缩编乡镇的目的在"体察地方情形，切实简缩，以免虚糜公帑"。②

在乡村行政系统方面，汪伪政权继承了战前国民党的乡村政策，即"县以下之行政组织，以县政府及乡镇公所为主体，区署则又为县政府之辅助机关"，保甲为乡镇内编制。③ 同时，它将区长、乡、镇、坊长，及保甲长各级人员定义为

---

① 潘敏：《江苏日伪基层政权研究（1937–1945）》，上海人民出版社 2006 年版，第 88—89 页。
② 中国第二历史档案馆藏：《广东省增城县缩编行政区署经过及县图、各区辖乡镇名称表》（汪伪），案卷号：二〇一〇—2594。
③ 陆稻香：《地方教育行政与视导》，广东省政府藏：《广东省地方行政人员训练所特刊》，案卷号：汪伪3。

地方自治人员。①而为增强行政效率起见，汪伪政权还"将各县原日自治各区，一律改为行政区署，兼并自治事宜。确定各区署每月经常费，分甲、乙、丙三等，甲等每月合支一千二百元，乙等每月合支一千元，丙等每月合支八百元；乡镇公所亦分甲乙丙三等，甲等月给经费一百元，乙等月给经费八十元，丙等月给经费六十元。各乡镇公所仍办自治事务，其组织各有差别，是以不列编制，其经费由其自行支配，所有区乡镇月支经费，统由县政府在地方款收入项下拨给。"②在具体的保甲行政规则纲要方面，汪伪广东政权坦称："本省自事变后，以保甲之推行不容稍缓，经饬参照前订保甲章则，体察现实情形，订定本省编办保甲章程及实施办法，暨广州市编组保甲实施办法各草案，连同互保切结及各种表册式样。"③有学者就曾指出："日伪控制的乡村，其基层的傀儡（如区长）没有太多的政治色彩，也与战前的功能有相当程度的延续性。"④由此可见，日伪是继承了国民党战前的乡村政策，企图利用传统的封建控制方式来强力控制沦陷区，并以之与国民党政权及中共的游击队争夺乡村资源。

1944 年 6 月，汪伪广东当局成立了伪省市保甲委员会，加紧对其控制下的广东各县市农村进行户口调查和保甲管理，并加强了对各级保甲机构的抽查和指导，而在日伪治下的城市更是进一步强力推进保甲制度，严密地控制城市居民的活动。汪伪还通过其伪党组织的力量来控制基层社会，允许和鼓励保甲长加入伪党，以保障其积极性。汪伪政权鉴于广州市不仅是广东的省会城市，也是华南地区的中心城市，因此对广州市的统治更为严密。在这一系列的保甲活动中，汪伪广州市之保甲制度具有典型性，后章对此还将专门介绍。

抗战时，汪伪在广东推行的以"保甲制度"为主要手段的乡村控制的策略，是汪伪政权妄图严密乡村制度，强力控制民众的现实选择。然而，一方面广东民众的抵制和中共游击队的斗争造成了汪伪广东基层保甲行政推行的困难；另一方

---

① 广东省政府藏：《广东省地方行政人员训练所特刊》，法规，第 9 页。案卷号：汪伪 3。
② 《广东省政概况》（汪伪·1942 年），第二编，民政，第 56—57 页。
③ 《广东省政概况》（汪伪·1942 年），第二编，民政，第 81 页。
④ R. Keith Schopppa,"*The Changing Face of Collaboration：Hangzhou, 1938—1940*",1998 年美国亚洲学会年会论文，转引自王克文：《欧美学者对抗战时期中国沦陷区的研究》，《历史研究》2000 年第 5 期。

面，汪伪基层行政人员不卖力，甚至是敷衍塞责，也造成其保甲行政实施不力的重要原因。汪伪政权论及此时供称：地方行政人员对于保甲行政工作，"仅能完成一部者有之，文饰表面、阳奉阴违者有之"①。由此可见，日伪广东政权的基层保甲政策虽曾给中国军民的抗战斗争造成了一定的困难，但其保甲编组工作远远说不上成功。

---

① 《清乡委员会关于强化现行保甲工作方案草案》（1942年），中央档案馆、中国第二历史档案馆、吉林省社会科学院合编：《日汪的清乡》，中华书局1995年版，第159页。

第七章　保甲制度在广州市的推行

　　保甲制度虽兴之于传统乡村社会，但鉴于近代城市的兴起及其对国家统治的重要性，城市基层社会的控制制度也越来越受到统治者的关注。余井塘明言："有人以为保甲制度适用于乡村，而不宜于城市，这种认识也是错误的。诚然，乡村人民居住地较为固定，流品较为整齐，因此办理保甲较为容易，但断不能据此即认为，城市不宜办保甲，甚或不能办保甲。实则在中国城乡的秩序一样的皆无组织，有时城市的人民无组织，或较甚于乡村。我们现在要注意的问题，即如何努力，如何设法减少或消灭城市办理保甲的困难而已。"[1]民国时期的各大城市，几乎都推行过保甲制度，而抗战时国民政府的陪都重庆，更是进行过大规模的保甲编组工作。汪伪政权也在其占领的上海、南京和广州等地推行了保甲制度。

　　本章主要以广州市的保甲制度为个案进行讨论，对 1937—1945 年间广州推行保甲制度的状况合并叙述，以探讨战前及战时国民党、日伪势力为控制广州基层社会而推行的保甲制度的特点。

第一节　抗战前夕广州市保甲活动

　　陈济棠在广东的统治结束之后，南京国民政府的政策得以顺畅的下达广东。在乡村社会控制方面，广州市明显地继承了国民党中央的一贯政策：国家权力向下延伸，保甲制度强制推行。这一时期，国民党政府对市区的管理，采取了划分

---

①　余井塘：《保甲制度的真谛》，江苏《保甲半月刊》1935 年 2 月 15 日。

保甲区，并由省会警察局各分局长兼任保甲区长的办法来进行。当时的广州被分为 21 个保甲区，即东山区、前鉴区、大东区、东堤区、南岸区、小北区、德宣区、汉民区、靖海区、惠福区、西山区、西禅区、长寿区、太平区、陈塘区、逢源区、黄沙区、芳村区、洪德区、海幢区、蒙圣区等，另设 79 个联保区。

国民党中央对广州市保甲制的推行非常重视，有特别指示。蒋介石在视察广东时，就曾"面谕"广州市市长曾养甫："从速举办广州市保甲。"对此，曾养甫认为："大抵居今日而欲组织民众，舍保甲外，实无其他善法。保甲制度而得完成，则就民众言之，自治自卫两种问题，故可迎刃而解，进一步且可为实施县政、接受政权之准备；就政府言之，无事之时则可利用保甲之组织以推动民众从事经济、政治、教育、军事种种建设，使其血脉相通，指臂相使，如网之在纲，如水之赴壑。有事之时则可利用保甲组织民众之力量，以为政府御侮之后盾，而不致饴内顾之忧；诚属政府、人民两利相兼需之要政。况我粤为革命策源地，本市尤为粤省政治重心，濒海边疆，形势险要，无论内安外攘，皆有及早组织民众，训练民众之必要。"于是，他"上奉切令，下察情形，深觉当务之急，无愈于此"。广州市在进行保甲编组的具体措施方面，首先拟定《广州市编组保甲实施办法》，"以为推进之标准"，同时又成立了保甲编查处，掌理推行全市的保甲事务，"以专责成"。该编查处组织直接隶属于广州市政府，下设总务、组织、训练三股。其中总务股的工作是计划、编配、宣传、审核、统计保甲事项；组织股负责调查保甲组织事项；训练股从事训练、调遣保甲行政人员的工作。10 月，广州市政府任命梁谦武为该处主任，责其全面负责广州市保甲制度的编组和推进。曾养甫表示市政府将大力协助和支持其工作："惟兹事体大，经纬万端，非常之源，黎民所惧。市长自当督同该处员司，悉心规画以谋迅赶事功。"①

广州市之保甲行政内容更加丰富，涵盖了民警、自卫、自治方面的内容，即防止盗贼发生、训练民兵、巩卫地方、办理户口异动登记等工作。② 为使广州市各保甲区的各项保甲工作能够顺利进行，广州市政府专门抽调了市府各科职员作

---

① 第二历史档案馆藏：《关于广东办理保甲案》，案卷号：十二（2）–1548。
② 《广州市政府市政公报》，第 552 期，1936 年 10 月 31 日，第 193 页。

为保甲佐理员，派遣他们到各保甲区督促各该区保甲行政工作的开展。不过，最早的一批佐理员"对于各区段内情形尚多隔膜，工作进行难期速效"，其总体的工作成绩不大。此后，为求广州市保甲编组工作早日完成，市政府将前此所派佐理员一律调回，而要求各该区长慎选熟悉区内情形、办事干练人员为佐理员。同时它还规定佐理员的薪金为省币五十元，由广州市政府发给，不从各区财政项下支付。此后，各保甲区都推荐了专门人员，并报告市政府，对此名单市政府全部通过。下表是部分佐理人员的履历及工作区域：①

部分保甲佐理员履历表

姓名	年龄	籍贯	出身	曾任职务	拟任保甲区	备注
杨衍辉	22	广东南海	广州实用会计学校毕业	广州市宝华保甲区办事处临时佐理员。	宝华保甲区	—
孔泉	32	广东南海	南海中学毕业	鹤山县筹饷处办事员、三河坝禁烟分所收支员、阳江县政府收发员、梧州市政府三等科员。	南岸保甲区	—
黄宗荣	30	广东和平	广东省立第二中学校毕业	广州市公安局警察第十一区一分署户籍协助员、和平县政府会计兼庶务员、广州市警察五区一分署户籍助理员、新会县第三区区立第一学校教务主任兼教员、从化县禁烟局南方分所文牍、三水县成善小学校教员。	陈塘保甲区	—
殷杰	25	广东遂溪	遂溪县立中学校毕业、省立第十中学肄业。	遂溪县参议会书记员、遂溪县地方自治训练员。	光孝保甲区	—
庄荣达	32	广东遂溪	巴黎大学法学院毕业	—	芳村保甲区	—
苏升	28	广东顺德	广东地方武装团体训练员养成所毕业，实用高级会计学校毕业。	广东警卫队编练委员会编练员、顺德县警卫队勒楼乡小队长、顺德县警卫第一中队长、厦门市公安局督察员、广东省会公安局海幢分局分驻所事务员、海幢分局巡官。	海幢保甲区	—
李常玲	30	广东新丰	广东地方武装团体巡逻养成所毕业	新丰县兵小队长、广东省会警察局东山分局练习员。	东山保甲区	辞职，未到任

① 此表格系根据《令派各区保甲佐理员》的《令派各区保甲佐理员》、广州市各保甲区区长推荐佐理员履历编制而成。分别见广州市档案馆藏档，案卷号：临2-1-2423、2424。

（续表）

姓名	年龄	籍贯	出身	曾任职务	拟任保甲区	备注
廖荣年	38	广东南海	—	警察游击分队长、海军游击营排长、新会保卫营排长、讨龙护国军连长、南海县署游击队二队长、饶平第一区署巡官、台山县大江警察署属员、五邑区禁烟局台山分局庶务员。	西禅保甲区	—
徐冠中	38	广东茂名	茂名县立中学毕业	遂溪县公署收发员、郁南县公署文牍员、海山兼东界场公署文牍员、北区太平关文牍、北区善后公署警卫队养成所文书股书记。	花地保甲区	2月到任，5月辞职。
蔡斯烈	26	广东澄海	金山中学高中毕业	潮梅航政局征收员、汕头公安局第一区户籍员、中山县第五区警捐助理员、洪德自治公所书记。	洪德保甲区	—
黄应机	36	广东钦县	省立钦州中学校毕业	钦县平治团保分局局长、钦县县立师范讲习所教员、钦县县立第一小学校教员、钦县县立第二小学校教务训育主任、第四军教导旅第二团中尉军需。	鹅潭保甲区	—
李援民	29	广东兴宁	广东省党务训练所毕业	国民党香港支部干事、省党部服务员、兴宁警卫大队部书记、国民革命军独立第二师第三团中尉书记、兴宁县第九区区公所助理员。	前鑑保甲区	—
苏六民	29	广东海康	上海群治大学文学院教员系毕业、实业部度量衡检定人员养成所高级班毕业。	上海群治大学附中教员、海康县第四小学校校长、海康县私立协和小学校校长。	长寿保甲区	2月到任，4月请长假。
王君实	30	广东东莞	广东财政厅地税征收员养成所毕业	广州特别刑事审判所书记员、广州市调查人口委员会文书股一级干事、广州市临时赛马会干事。	惠福保甲区	—
李志强	40	广东番禺	广东法官学校修业	大元帅府参军处第一处科员、广东省长公署内务科长员、广东全省烟酒专卖局总务科长、广东财政厅研究公卖处酒类科长、佛山市政厅秘书、佛山市政局秘书、佛山市警察第一区署长、台山县获海警察分所长、保安县警察第四分所所长、军事委员会海军局给养科长、财政部印花总处秘书、财政部筹饷总处稽核科长、广州市筵席捐总办、广东毫币改铸厂主任、司法日刊经理。	东山保甲区	接任辞职未到任的李常玲
王友仁	34	广东遂溪	上海法政大学政法学生	遂溪县教育局长、私立广州湾益智中学校训育主任兼教员。	芳村保甲区	接庄荣达职务

（续表）

姓名	年龄	籍贯	出身	曾任职务	拟任保甲区	备注
韩益准	32	广东文昌	广东国民大学本科政治经济系毕业	海军第四舰队第二团第三营上尉军需、国民革命军第十九路军补充团上尉军需、广东番禺县公安局长洲分局一等局员、财政部警税总团补充团少校军需。	长寿保甲区	接苏六民职务
黄柱棠	25	广东罗定	广东现任军官训练班毕业	高要县金利公安分局警长、清远县太平分局事务员。	西山保甲区	5月接梁公达职务
李耀群	30	广东茂名	广东国民大学毕业	—	花地保甲区	接徐冠中职务
孔秉德	43	广东南海	南海中学校毕业	花县政府会计员、南海县第六区罗格乡乡长。	惠福保甲区	接王君实职务

由以上人员履历可以看出，这些佐理员不仅有较高的学历，而且大部分还有警、军、政、教等各界的工作经历，平均年龄为30岁。他们在当时可谓是有识、有力的保甲工作人员。另外，由于佐理员之薪金是由市政府统一支给，他们在经济上不受各该保甲区制约，这有利于其工作的开展。

1937年4月，广州市推选出了一万四千余名保甲长，并制定了甲长变动报告书，①但保长及联保主任人选仍无法完全确定。市政府于5月指出："惟以市区辽阔，户口繁密，编配组织极需时日，现在基本层级甲长一万余名虽已推出，惟联保主任及保长两级人员正陆续进行推举中，尚未办理完竣，训练未能即时开始。"随即，市政府拟定有关保甲人员训练期限、内容和办法的文件。在训练期限方面，文件规定："本市各级保甲干部人员，共约一万六千人，自应分区分期办理，现拟分为三期训练，每期训练五千名，分为五中队。每日利用业余时间训练二小时，先施以政治训练一月，再征集其年龄在四十五岁以下之壮年甲长，续施军事训练一月，共以两月为完成期；"训练内容包括："（甲）属于政治方面者，（子）党义摘要，（丑）保甲规约及一切现行法令，（寅）公民常识，（卯）新生活运动纲要，（辰）民众组织纲要，（巳）国民经济建设概要，（午）中国之耻史大略，（未）

① 广州市档案馆藏：《各保甲会议录》，案卷号：4·01-2-323。

军人千字课等；（乙）属于军事方面者：（子）制式训练，（丑）野外教练，（寅）防空防毒常识及演习，（卯）简单掩体作业，救护作业、运输工程，消防作业，（辰）军警法令摘要等。"在训练经费和师资方面，它规定："训练所需各项经费，经列入职府二十六年度经临概算社训经费项下。至关于师资之配置，每中队拟设教官三名，每期共须一百五十名，此项师资除一部分由政府军事各机关征集外，并由职府军事干部训练班毕业各学员选择派充。"[①] 由上述广州市保甲长训练的时限、内容、经费及师资等各方面的规定看，市政府此次对保甲行政人员的训练还是做了充分的准备的，不过正式之训练工作尚未开始。

第二节　沦陷前广州市保甲编查的情况

1937 年 7 月初抗战全面爆发后，国民党中央十分重视保甲编组工作。7 月 15 日，国民政府军事委员会召集各部联席会议，通过了关于筹备全国总动员一案，决定由内政部制订方案办理。8 月，内政部制定了《全国总动员关于户口调查整顿保甲长及协助征工方案》。该方案对户口调查、整顿保甲长、协助征工三方面的工作作了详细的规定。在户口调查方面，它规定："一、调查户口在乡村地方，应由乡镇村长、联保主任、保甲长负责办理。区公所或区署应设置户口调查员，负监督指导之责。二、乡镇村设有警察地方，乡镇村长、联保主任及保甲长办理户口调查事项，并应与警察机关取得密切联系，协同办理。至联系办法，由各省政府就地方情形酌量规定方案施行。三、城市地方户口调查事项，由警察机关负责办理之。四、调查对象应特别注意于已训练或未训练壮丁之人数，有无职业特能，以及境内出入人之侦察及外侨之行动等事项。"关于整顿保甲长问题，它要求："一、对于意志颓唐、精神衰惫之保甲长，应予以撤换，尽先就已受社会军训之壮丁中择有精干者充任之，不拘于推选手续。二、所有保甲长应集中于区公所或区署，予以三日或一星期之短期训练，授以非常时期之必要知识，未设立区

---

① 　广州市档案馆藏：《办理本市保甲情形》，案卷号：4-01-2-366。

公所或区署者，由县政府派员分期召集训练之。"在协助征工方面，它指出："一、保甲长应迅将本保甲内壮丁人数，按户调查清迄，并造具壮丁名册，分左列各项详细填注：1. 姓名，2. 年龄，3. 住址，4. 有无职业，5. 特能，6. 同户共有壮丁多少。二、保甲长如接到上级机关征工命令，应立即将本保内应出壮丁数目，遵照军事征用法第十五条人之征用程序，查照前项名册，指名呈报征用机关，领取通知分发各被征用人。三、本保甲内征用人接到通知，如有隐匿规避情事，应即前往开导，如有不遵从者，随即密报征用机关强制行之。"①

为办理地方治安和准备抗战的需要，广州市按中央要求积极办理保甲行政事务。1937 年 8 月 13 日，广州全市保甲长宣誓就职，市长曾养甫在该就职典礼上训话，要求全市保甲长积极准备抗敌救国。在《全国总动员关于户口调查整顿保甲长及协助征工方案》颁布后，广东省政府于 8 月 20 日饬广州市政府办理上项调查人口、整顿保甲长、协助征工事宜，并批示曰："应即由保甲编查处会商各区长，分区订定日期，召集保甲长谈话，授以非常时期工作纲领。至乡长、壮丁队长等，应并分期召之。"8 月 30 日，广州市长曾养甫向省政府报告其执行该批示的情况如次："（甲）关于户口调查者。查本市户口调查，虽向由警察机关办理，惟各保甲长仍应分肩责任，以补充各区员警之不逮，而期周密切实。（乙）关于整顿保甲长者。处此非常时期，各区乡所属保甲长，严加甄别实为当前急务，应由各区乡长注意查看，并由本府保甲编查处分派妥员视察，如有疲惫颓唐、办事不力者，呈请撤换，以该保甲内少壮精干曾受社训之壮丁补充。（丙）关于协助征工者。查市郊各区兼管户籍，自当该保甲内壮丁调查清楚，造具名册，以备征用。本市户籍虽系由警察分局主管，各保甲长仍应随时协助，以免遗漏及有隐匿规避等情弊。至于本府日前分区召集第一次保甲会议，颁布非常时期工作纲领十余条，为应付日前严重时局一种具体办法，至关重要，尤应加紧督促执行，以上各点，应切实注意办理。"② 由此可见，当时广州市政府在上述三个方面的工作中都做了切实的准备。它要求警察和保甲长联合起来办理保甲工作，这正是广州市

---

① 广州市档案馆藏：《全国总动员关于户口调查整顿保甲长及协助征工方案》，案卷号：4·01-2-367。
② 广州市档案馆藏：《全国总动员关于户口调查整顿保甲长及协助征工方案》，案卷号：4·01-2-367。

区保甲行政有别于乡村的一个特色。

8月，广东省政府秘书处为促办广州市保甲制度事宜，还专门制定了广州市保甲概况调查表。它要求广州市："迅予依式查填过处，俾资办理。"对此调查表，广州市政府迅速予以调查填报。该表的填写如下：

广州市保甲概况调查表①

保甲区	地址	区长姓名	办事人数	所辖保数	所辖甲数	户数	人数	备注
东山	寺前街	沈叔坚	区长、佐理员各一人	21	241	2342	—	
前鉴	前鉴街	李华秀	同上	36	401	1730	—	
大东	大东路	孔昭业	同上	45	510	5465	—	
东堤	红庙前街	黄令驹	同上	59	624	6149	—	
小北	飞来庙	关雄	同上	87	931	9292	—	
德宣	德宣中路	黄干英	同上	59	652	6236	—	
汉民	汉民南路	李则谋	同上	69	750	6930	—	
靖海	一德路	丁培慈	同上	60	648	6095	—	
惠福	惠福路	魏任民	同上	63	675	6359	—	人数尚未能精密调查，故从缺。
西山	西山庙	马炳伟	同上	77	869	10941	—	
西禅	西禅寺奥和里	廖觉吾	同上	97	1094	10941	—	
长寿	长寿北贡街	洪钟銮	同上	86	929	9373	—	
太平	太平南路	黄观光	同上	64	677	6598	—	
陈塘	陈塘新街	廖恩锡	同上	62	661	6694	—	
逢源	逢源路	叶素如	同上	83	908	8930	—	
黄沙	黄沙北横街	袁祖安	同上	61	646	6413	—	
芳村	芳村	龚治	同上	54	587	5772	—	
洪德	河南洪德七巷	曾广纶	同上	80	898	9856	—	
海幢	同福路	袁煦圻	同上	70	808	8016	—	

上表中只填报广州市区的 19 个保甲区，少了蒙圣和南岸两区的调查数字，且所

---

① 广州市档案馆藏：《广东省政府秘书处函请查填保甲概括调查表》，案卷号：4·01-2-320。

填者仅保甲数，保甲长人数及户数，具体人口数字并没有调查清楚。12 月，曾养甫称市府已普遍调查了广州市 21 个保甲区，计保长 1313 人、甲长 14325 人，但仍未有户口、人口的确数。① 同时，在广州市上报国民政府内政部的报告里，曾养甫具体谈到了从抗战爆发到 1937 年年底这近半年时间里，广州保甲制度的办理情况，并再次就国民政府要求的户口调查事项、保甲长整理事项及协助征工诸事项的最新办理情形做了汇报。

关于户口调查事项，曾养甫指出，此事向由广东省会警察局负责办理，但市政府也曾展开过调查，如市政府将人力车夫的调查任务交给交通管理处查明。其时广州市全市人力车计有 5700 辆，如以每辆车有车夫两人计，"合计 11400 人"。交通管理处对此办理登记，以备非常时期征调之需。关于医师的调查办理则由卫生局负责登记，到 1937 年年底，经卫生局登记的医师"共 364 人"，"足备非常之用"。同时，广州市政府要求医师填具志愿书，"声明非常时期不得离开"，如果有违背者，市府即将其开业执照取消。在壮丁之移动状况管理方面，广州市专饬各主管机关严密调查，而对于壮丁训练及其管理等工作，也积极加紧进行，并成立广州市社会军事训练总队部，负责办理市区壮丁训练事宜。到 1937 年年底，第一期壮丁训练已经办理完备，并已进行第二期的训练工作。另外，军事训练总队部还依照军训法规第一章第二节第十三条之规定成立在营模范团，"共辖 3 个大队，每大队辖 4 个中队，每团官佐学生及兵夫等共计 1677 名"。市府认为此次干部养成，将来"即可推动全市壮丁实行全民抗战工作"。

关于整顿保甲长事项。广州市政府已于 12 月前将市区保甲长人数调查清楚。此外，曾养甫指出："保长系由甲长公推，甲长系由户长推举。"在委任保甲长职务时，广州市政府亲自对保长进行过严格审察，"资格亦认为适合，并征得其本人同意就任，始予委任"，故办事尚称得力。关于甲长的任命因其数量过众，一时未能加以个别审查，故只以选举票数最多者当选。此后，广州市政府还对保甲长进行整顿，严为甄别，对"觉其中不无品流过杂且能力欠缺之人"，或者"年

① 广州市档案馆藏：《广州市靖海、汉民、海幢等区保甲长会议录及保甲规约等之呈报》，案卷号：临 2-1-2491。

龄过高，龙钟颓丧者，不识文字者及业务纷繁不可兼顾者"，均予撤换。在这次整顿中，"计淘汰及自动辞职者统共 3200 余人"，所有保甲长遗缺，皆已物色了"精壮少年，勇于任事或久居其地具有相当资望者补充完竣"。在这次整理保甲中，番禺县有 9 乡划归广州市区，"共有保长 366 人，甲长 3590 人"。对于这些新划入的保甲区域，广州市政府以其"原日组织未臻健全，无俾实际"为由，分令各乡从事改选，分别加委。它还派定职员多人，协同各区乡佐理员协办保甲工作，调查月报表，巡回调查，认真考核，随时予以整顿。

与整顿保甲相关的是训练保甲长。当时广州市内共有保甲长 16500 余人，其中教育程度较高，明了保甲工作者固有之，可教育程度甚低，不明保甲工作者亦属不少。因此市政府认为，"当此全面抗战之时，若不灌输非常时期保甲人员应具备之常识，难期得力。"于是，它参酌训练公务员及社训办法，并体察广州市的实际环境、需要，划分三期分别对保甲长进行训练，"每期训练五周，授课 52 小时，授以保甲防护，军事、政治、经济、国势等科目，由 12 月起，限四个月将全市保甲长训练完毕"。

关于协助征工事项。曾养甫指出，征工服役，如建筑工程、造林工程、筑修工程等均由各该主管机关办理。他充满信心地说："惟本市各保甲区长、保长、甲长，已全部产生，全市民众已成为极有系统之组织，将来本市实行征工时，皆由甲长、保长、区长分别担任征集调遣等工作，至市郊各乡，亦经饬令各乡长先将该保甲内壮丁调查清楚，造具名册，一俟征工令颁，即可以此编制征用。此关于协助征工服役情形也。"①

1937 年年底，广州还特别制定了《广州市汽车司机、手车夫、清道夫、挑夫训练委员会组织大纲》，以及《广州市汽车司机、手车夫、清道夫、挑夫之训练计划草案》等文件，对这部分社会人员进行战备训练，以为抗战急用之需。

由广州市以上工作可见，市政府在抗战爆发伊始，即上承国民党中央的指示精神，在保甲制度的编组办理方面还是做了非常多的工作。尤其是在中央要求的户口调查、整顿保甲长以及协助征工事项上，广州市不仅认真地按要求进行办

---

① 中国第二历史档案馆藏档，案卷号：十二（6）-9872。

理，并根据城市的实际情况加大了警察和保甲长合作的力度，力争双方共同努力，来完成保甲调查、编组工作。如在户口调查方面，它虽然没有将人口的具体数字调查清楚，但还是完成了对人力车夫及医师的调查，并进行了很好的管理，同时也展开了对壮丁的训练工作。这些无疑为抗战的爆发做了人力和救济方面的准备。在保甲长整顿方面，它撤换了一批品流过杂且能力欠缺、年龄过高、龙钟颓丧及不识文字者，撤换的比例超过了 1/5，共有 3200 余人。同时这些缺额也已由精壮少年，以及勇于任事或具有相当资望者补充。市政府还对保甲长进行了有计划的训练。在征工方面，曾养甫在认为工役各有所管，而保甲系统臻于健全的情况下，将来需要征工当不成问题；广州市政府还计划对汽车司机、手车夫、清道夫、挑夫等进行训练，以备不时之需。当然，这只是广州市长曾养甫向国民政府内政部报告的有关内容，如果这些工作都能够按部就班、保质保量地完成，那么它无疑为抗战的爆发做好了基层社会动员及各方面的准备。

在完成中央交办的保甲工作任务之同时，广州市政府还根据城市基层政权的发展情况，进行了一些建设和改革。这主要体现在基层选举、保甲规约、保甲会议、赙赠制度、筹集经费等方面。

规定联保长和乡长民选，以此发动民力而强化基层行政，是沦陷前广州市保甲工作的重要内容之一。1937 年 9 月，广州市在其保甲两级组织人员已经选举完成的基础上，鉴于非常时期的到来，为进一步加强基层控制、发动民力，进而开展了对联保层级的组织强化运动。市政府"依照广州市编组保甲实施办法规定，再将各区联保主任一层机构迅速成立，以资联系而便推进一切保甲工作"。① 开展此项工作的顺序是：先将各保甲区划分为若干个联保区域，并将各该区联保区管辖范围、辖保数确定，然后制定推举联保主任规则，定期举行推举联保主任会议。在开选举会时，市政府要派员前往监选，并亲自散发推举选票。市政府为此制定了《联保主任推举规则》，详细规范了选举的过程及其运作规则：各区长应于开会之二十四小时前分函各保长，声明召集会议推举联保主任，并请其依时出席。开会前，则由各该区将属内各个联保区域所管辖之保次及保长姓名，分别区

---

① 广州市档案馆藏：《令发联保主任推举规则及联保区管辖范围保数表》，案卷号：4·01-2-357。

域隶属，"榜到会场，俾众周知"。开会时不限人数，但如超过开会时间三十分钟仍不出席者，做弃权处理。开会地点在区长办公处。具体选举过程是："推举票每保长一张，由监选员加盖私章于票上，按名即席分发各保长。"各保长选举后，即按保联顺序收缴。其后，各区区长及监选员于散会后，即督同佐理员将所收集之票加以整理，随将各联保区被选举人之保次、姓名、票数、职业各项，用稿纸制成一表，详细列开。整理制表完备后，应将票封固，由区长及监选员盖章在其封口之上，连同被推举人名表及该区呈文，由监选员携回市政府核委。 ① 由此可见，市政府非常重视联保主任的选举，并将选举过程和结果完全置于其控制之中。然而，这种记名推选、现场不唱票的办法，显然还不是真正的民主选举。联保主任最后是由市政府根据选举情形，结合被选举人的职业情况而任命的。

在选举联保主任的基础上，广州市政府又给予保甲长以直接选举乡长的权力。只是由于选举制度还不够健全，结果在几个乡长选举的过程中出现了不少舞弊和讧乱情事。在广州市彬社乡乡长的选举中，就出现了得票高者不就、任职者失责、选举失败者诽谤等情事。1938年2月，广州市彬社乡乡长冯丕承以年迈之由辞乡长职，获得市政府批准后，由保甲编查处派员前往该乡监督重新选举乡长。该乡共辖有8个村、48保。选举时出席者有43个保长，其中新洲全体保长缺席选举。选举的结果是已辞职的冯丕承仍然以近半数的选票（20票）当选。另有梁启壎、徐醒亚各得10票。但冯丕承再次辞乡长职，于是广州市政府遂任命梁启壎为乡长。② 有保长对此任命不服。仑头村保长黎堃荣、北山村保长莫肖彭、赤沙村保长黄绍伦、琶洲村保长郑子良、土华村保长梁梅伯、小洲村保长简子齐、黄埔村保长冯启图联名上书广州市长曾养甫，要求留任"年高德劭，乡望素孚"的冯丕承，但市政府对此没有回应。③ 有多个村子的多名保长联名上书请留已辞职的乡长，而且称其素孚众望，有能力为福乡里，这本身是对新任乡长的不

① 广州市档案馆藏：《令发联保主任推举规则及联保区管辖范围保数表》，案卷号：4·01-2-357。
② 唐学韶：《呈报赴彬社乡监选乡长情形请察核》，广州市档案馆藏：《伪广州市政府关于委任各乡乡长及各乡长辞职的呈报》，案卷号：临2-1-2425。注：此案卷注释为"伪广州市"，乃是建国后档案整理人员对当时国民党治下之广州市的称呼，下同。
③ 《呈为关于改选乡长一案切恳委任得票最多之原任乡长冯丕承仍予复任乡长由》，广州市档案馆藏：《伪广州市政府关于委任各乡乡长及各乡长辞职的呈报》，案卷号：临2-1-2425。

信任，说明冯丕承的辞职并非如其所称"年迈"的原因。果然仅半年后，由于梁启壎兼任番禺县东桂中学校教务主任，经常留校办事而将乡事完全托给助理员代行，其对"推行保甲，训练壮丁，及筹组自卫队等要政，均无成绩"。市政府最终认定其做法是放弃职责的怠职行为，而行令免去其职务。①

同年8月，广州市政府重新主持彬社乡乡长选举。这次选举的结果是冯秋士36票、简子齐29票、徐醒亚28票。据此，市政府任命票数最多的冯秋士为乡长。但在这次选举中仅得到1票的黄埔村保联主任冯禹畴上书市政府，指出此次选举有舞弊嫌疑，并谓三位乡长候选人中，冯秋士"素患精神病，至今仍时发时止；简子齐又名简旅，系属著匪；徐醒亚历来参加贿选等"。市政府对此展开调查，最终认定冯的这封信是毫无根据的空言诽谤，但也不追究上书者的责任。② 彬社乡选举中出现的种种问题，无疑会对乡长的工作开展造成不良的影响。

石牌堡乡是另一个在选举乡长中冲突频发的地方。1937年以前，因为广州市政府任命了很有争议的董瀛洲为乡长，造成部分乡民的强烈抗议，以致冼猎扬地区宣布脱离石牌堡，另划区自治，成立了以李慰文为乡长的冼猎扬乡。此后，市政府以董瀛洲办事不力为由免其职务，并重选乡长。在石牌保所辖的21个保中，有18个保长参加了这次乡长的选举，结果是池大森以16票排在第一位，其余是黄天伦10票，梁镙海10票。市政府对此选举结果表示满意，并认为池大森资望地位均佳，"充任乡长最为适宜"。然而，池本人却由于"所营商业失败，对乡事灰心"而辞乡长职。市政府改委黄天伦充任乡长。但黄以"痼疾未除，难胜重则，学术经验均不得人"为由提请辞职，并恳请市政府另委贤能，"俾利推行庶政，而免误己误人。"市政府被迫收回委任状。然而对于梁镙海，市政府认为他是寺右村人，"族小丁稀，如任为乡长，必为各村所不服，乡政易造顿挫"，因而没有任命梁为乡长，而是特派保甲编查处张子昆前往池大森家去劝慰池，要其以国事、乡事为重，就任乡长。池于是勉强就任。③ 然而这种安排却招致寺右村人的不满。

---

① 广州市档案馆藏：《伪广州市政府关于委任各乡乡长及各乡长辞职的呈报》，案卷号：临2-1-2425。
② 广州市档案馆藏：《伪广州市政府关于委任各乡乡长及各乡长辞职的呈报》，案卷号：临2-1-2425。
③ 广州市档案馆藏：《伪广州市政府关于委任各乡乡长及各乡长辞职的呈报》，案卷号：临2-1-2425。

由以上两乡的选举情况可见，乡长的选举是完全在市政府的监督下进行的，由各保长直接选举当地人士出任本乡乡长。市政府虽拥有最终决定权，但基本上是任命得票最多之人充任。这体现了当时乡村社会政治一定程度上的自治性质。此乃非常时期国民党政府对基层行政机构动员的形式之一，客观上有利于基层社会的动员。另外，如下表所列，这些乡长候选人也几乎都是地方保甲长、义勇队队长及小学校长出身。

几个乡长候选人的履历表 ①

姓名	年龄	籍贯	职业	履历
陈忠权	52	番禺	农民	民十年同安办学，举为校董；民二十一年乡自治，举为同安约乡乡长；民二十六年改编保甲，举为同安第一保保长；民二十七年奉委为同安村联保办公处主任。
邓子中	67	番禺	农民	历任新村、江屋村保长。
梁福尧	40	番禺	农民	民二十年被任西坑乡副乡长、二十四年被选任西坑乡正乡长、兼任禺东合群行车公司监察员、二十六年缩乡复被选任西坑村保长、二十六年七月划入市区仍被选为西坑村保长、本年三月又被选兼任禺东公路董事会董事、最近复被选任西坑村保长。
冯秋士	43	黄埔	军界	历充黄埔村静远小学校长、第八陆军总指挥部运输处管理股股长。
简子齐	44	小洲	农界	番禺县东桂中学肄业。历任小洲乡长、十年兼任彬社公局局董、彬社公局理财员、新港公路董事。现任小洲村保联主任兼义勇队第三分队长。
徐醒亚	35	琶洲	政界	广州市圣心中学毕业、广东省地方自治工作人员训练所毕业、曾任番禺县参议员、番禺县第三区副区长、番禺县地方财政管理委员会委员、番禺县第二区琶洲乡乡长、广州市彬社区壮丁队第五中队长、现任新港公路董事会董事、广州市彬社区义勇队第一分队长。
池大森	60	番禺	商界	私塾四年。任石牌村第七保保长。
董天伦	37	番禺	商界	私塾二年。现任石牌村第六保保长。
梁鑑海	42	番禺	农界	私塾二年。现任寺右村保联主任。

广州市政府这样做，而不直接派出工作人员参选，为的是将这些乡政交给地方人

① 广州市档案馆藏：《伪广州市政府关于委任各乡乡长及各乡长辞职的呈报》，案卷号：临2-1-2425。

士办理，以满足地方人士的自治诉求，这符合当时基层治理原则。然而，出于利害关系以及市政府没有出台明文的选举法规等限制，在乡长的选举中，地方各保无章可依，竞逐以利害，以至乡长的选举漫无标准、弊病丛生。这不仅使地方的政治力量分合角逐无度，也导致乡村地方对国家权力的离心，削弱了国家权力自上而下一以贯之的动员能力。另外，部分有资望的地方人士对乡政兴趣不大，已被任职者屡屡请辞，甚或消极怠职，也削弱了国家对战争资源的控制和调动能力。这对已经到来的抗日战争的开展将产生非常不利的影响。

指导各区制定保甲规约，并要求其发挥实际作用，是沦陷前广州市保甲工作的另一重要内容。抗战爆发后，广州市保甲编查处即要求各区制定保甲规约，并派员前赴各区指导，授以非常时期保甲工作纲领。据广州市保甲编查处主任梁谦武报告，保甲编查处曾"分派职员，分赴各保甲会议，妥为指导，务使各保甲长及户长一致起来，执行非常时期中一切准备工作"。 至于市郊各乡，"亦早经成立保甲会议，并已有职处派员指导，当前工作多已明了，至各乡义勇壮丁队，现正在计划整理，一俟义勇总队部成立，即当协同该部人员切实加以整理，以期维护市郊安宁"①。到1937年12月底，广州市各保甲区保办公处基本成立完毕，计有汉民保甲区、靖海保甲区、东堤保甲区、陈塘保甲区、太平保甲区、前鉴保甲区、长寿保甲区、芳村保甲区、大东保甲区、海幢保甲区、黄沙保甲区、惠福保甲区、逢源保甲区等，递交了保甲规约和保办公处办事细则等文件。②

由于广州市保甲编查处派员赴各区指导，并授以非常时期保甲工作纲领，因此在保甲规约和保甲会议讨论的内容上，各区各保上报的材料并无本质的差异。这里仅以德宣区保甲规约为例，来看在广州沦陷前广州市保甲规约的内容及其推行情况。

1937年10月11日，德宣区第二十五保保长黄尚殷呈交了《广州市德宣区第

①　广州市档案馆藏：《全国总动员关于户口调查整顿保甲长及协助征工方案》，案卷号：4·01-2-367。
②　广州市档案馆藏：《广州市靖海、汉民、海幢等区保甲长会议录及保甲规约等之呈报》，案卷号：临2-1-2491。

二十五保保甲规约》① 。该保甲规约系根据 1936 年《广州市编组保甲实施办法》制定的。它有以下十个方面的内容，要求同保人等誓同遵守：其一，它规定该保的名称、编次和范围。"本保依市政府保甲编查处编订番号，名为广州市德宣区第廿五保"，所管辖区域以两帽街，文桂里，金和里，长泰里及长泰新巷为范围，共编成十二甲；保长办公处设于文桂里第七号门牌。

其二，它规定了保甲长为名誉职，不得任意推却或辞职。保甲长应督率保内户长及居民履行本规约。在清查户口方面，由各甲长督同各户长办理，每三个月举行一次，各户长应据实填报，不得虚伪；清查完毕应分别更正户口册，报告保长，由保长抽查后转报区长作出统计表，呈报市政府备查；如"户口遇有发生异动情事，户长应速报甲长，甲长速报保长，转报联保主任及区长，汇报市政府"。如遇户长甲长保长不在家时，应由其家人或所指定之代理人代报。

其三，在精神行为方面，保民应服从指挥，禁绝烟赌，破除迷信，协捕"匪奸"等。"现值国难时期，本保同人皆有御侮救亡之责，必须笃信三民主义，服从最高领袖指挥，牺牲个人利益"，"切实奉行政府禁令，戒绝烟赌"；对于保内有游于烟赌、素行不良或曾犯刑事案件、或有匪党汉奸嫌疑者，一经保长察觉，或接到甲长户长住民报告时，应即查明其姓名、年貌、籍贯、住址等，详细记录，随时加以注意，并报告保长、区长查核；保内同人应"一体遵守新社会运动纪律，养成礼义廉耻之素行"。它还规定，保内同人关于不良风俗之改革及各种迷信之破除，经奉上级官厅令办或保甲会议议决者，"本保同人应一体切实执行，不得违犯。"

其四，保民要协助保甲长维护保内治安、共谋救济及建设事业。"本保住民如当场发现盗匪汉奸等类，应即鸣警笛通报，或挨户分报，服从保长甲长及军警长官之指挥，协助警戒搜捕。"保境内如遇水火风灾，或非常事变，"本保住民得接警报，应即各携用具齐赴出事地点，服从保长甲长之指挥，协力警戒救护。"保境内防空之设备，交通之修理及公共重要地点之守护，经奉上级官厅办理或由

---

① 德宣区第二十五保保长黄尚殷呈：《广州市德宣区第二十五保保甲规约》（1937 年 10 月 11 日），广州市档案馆藏：《各保甲会议录》，案卷号：4·01-2-323。

保甲会议决定举办者，"本保同人应一体协力工作，其工作之分配，由保长甲长秉公定之"。凡属晚间闻警报后，"本保同人必要进行熄灭灯火，以保公共安全"。凡遇非常事变如敌机空袭等，保民"务要沉着应付，不得互相谈话，共保安宁"；保内同人如有孤贫老弱者、残废无依者、疾病颠连者，"均应共谋救济，务使各安其生"；保内同人应本建设救国宗旨，努力从事国民经济力之培养，如在消极方面"须力戒奢靡，厉行节约"，在积极方面"须鼓励储蓄，增加生产"。另外，它还要求保内居民"应极力提出服用国货，以谋自给自足"。

其五，对努力工作之保甲人员给予奖励优赏，而对不遵办或怠于执行任务之保甲人员给予处罚。该规约规定，符合下列条件者，本保保甲会议及市政府均分别核奖或给恤："（甲）侦悉匪党奸人之诡谋因而保全地方者。（乙）破获匪党奸人机关或违禁品物经证明法办者。（丙）协助军警抵御搜捕匪犯异常出力者。（丁）从事水火风灾或非常事变之救护致受伤亡者。（戊）因检举匪犯致受报复，或因抵御搜捕匪犯致受伤亡者。（己）办理地方建设事业特著成效者。（庚）办事成绩异常优良足为表率者。（辛）保甲所需经费能特别捐助者。"而如有抗不遵守保甲规约，抑或怠于执行保甲规约规定之任务者，均应提出保甲会议分别科罚，并"报由区长核定，转呈市政府备案；如属情节严重者，由区长转呈市政府核办"。

其六，在保甲经费方面，它规定"本保办公经常费之收支，及其公布方法，悉遵上级政府命令及会计法令办理之"。而如因具保公益，需筹集临时费时，须经该保保甲会议议决，并"呈奉上级政府核准后方得征收，其收支报销方法与经常费同"。

其七，关于保甲会议者，它规定保甲会议每月举行一次，如遇特别事情，得由保长或经全保甲长 1/2 以上、或户长 1/3 以上之请求，召开临时会议；保甲会议由保长召集甲长举行之，以保长为主席。如保长或多数甲长认为必要时，得召集各户户长列席保甲扩大会议，但列席者不参与表决。开会时出席人员及议决事项均须应记录存查，并呈报区长，转呈市政府备案；"凡保内公共事业之兴革，如非法令所规定者均应提经保甲会议议决，始可执行。"该规约还要求保内保丁，踊跃参加训练、调遣及征工服役等事情。[①]

此保甲规约涵盖了有关保区人选，保甲行政人员责任、义务及赏罚，保民义务和战时责任，保甲经费征收与报销，保甲会议召开和讨论，以及保民在精神方面要适应非常时期的特点和要求等。这无疑为抗战时的基层社会动员做了很好准备——为基层民众适应战争做了组织与精神动员。

保甲规约在制定后能否严格执行，这才是至关重要的问题。我们虽然无法查证当时该保甲规约的执行情形，不过却从文本上发现，该规约订定后只有宣德区第廿五保保长黄尚殷、第一甲甲长罗溢、第二甲甲长炳记、第三甲甲长邓标、第五甲甲长潘次五、第十一甲甲长刘福6人签名遵守，不到该保13个保甲长总人数的一半。同样，在1938年1月汉民区第十四保拟具的保甲规约上，其十甲中也只有两位甲长签名，100户中只有30位户长签字。[②] 由此可见，广州各区的保甲工作在很大程度上仍停留在制定章程规则及户口调查等事项上，民众甚至甲长对办理保甲一事仍无足够的重视和热情。而广州沦陷前大量居民的外逃或回乡，使这一现象更加严重。在《广州市汉民保甲区第三保区域户数人数表》（10月）中，第一至六甲人口的男女比例分别为：32：5；47：25；37：8；10：4；21：8；28：8。由此可见，当时广州市已经有许多人逃往外地，其中以妇女为主，甚至还有许多保甲长远避他方。[③] 有学者指出："一个漠视民众基本利益的制度，无论它的设置多么严密，组织架构多么周密，都只能在民众的消极抵制中失去其作用。"[④] 可见，严密的基层制度还需要有充分的民意支持，它才能得到较好地推进。

饬令各区召开保甲会议，并通过保甲会议动员民众，是沦陷前广州市保甲工作的具体表现。广州市府要求每保按月召开保甲会议，讨论保内应兴应革事项。如1938年3月23日，陈塘区第四保联召开的第六次保长会议，就有关于种痘、筹办义勇消防、募制寒衣慰劳前方将士，及调节区内工厂和居民之间纠纷的报

---

① 广州市档案馆藏：《广州市靖海、汉民、海幢等区保甲长会议录及保甲规约等之呈报》，案卷号：临2-1-2491。

② 广州市档案馆藏：《广州市靖海、汉民、海幢等区保甲长会议录及保甲规约等之呈报》，案卷号：临2-1-2491。

③ 广州市档案馆藏：《各保甲会议录》，案卷号：4·01-2-323。

④ 王先明：《辛亥革命后中国乡村控制体制的演变——民国初期的乡制演变与保甲制的复活》。

告。另外，它还讨论了筹办街坊义学、战时节约米粮、提倡杂粮等事。广东保甲会议的确有一些具体内容。①

在日机每次轰炸广州后，各保也通过保甲会议来紧急救济，并集议开展防奸活动。如1938年4月21日举行的陈塘区第四保联的第七次会议，就通报了4月10日该保联辖内某逢衣工厂遭敌机轰炸燃烧后，保内保甲长及保民出力救助之情况。内称："除蒙政府人员暨各团体消防救护人员到场施救外，本处经领有市府颁发证摺袖章各保甲长均到场奋勇救护，尤以潘祥、黄礼文、麦栋、卢达文、傅秉德各保长为出力，于不幸事件发上后即到灾场帮助，异常努力，使空前之灾不致扩大，至足钦佩。"为此该会议决议代表坊众对以上努力救助的各保甲长及民众致谢和慰劳，该保联主任麦志英还亲自烹茶、煮粥、致送饼食以慰劳在场各工作人员，并且致函感谢"陶陶居慷慨赠饼三百件，莲香楼赠饼二百件"；该保联还将以上这些救助行为广为布告坊众。② 在这次会议上还决定在该保联成立清奸团第五十七队，以黄礼文为队长，又选出清奸团组长10人，并通告各保甲长限五天内将所征求团员编造名册。③ 还有东堤保甲区第一保联办公处第八次会议，也提出防奸的问题。它宣布了查奸事务实施办法，并筹组查奸队、壮丁队以专责成，"日夜查缉汉奸"；而在查奸队未成立之前，则要求"各保甲长须各自努力，注意查缉宵小汉奸"。④ 芳村区第一保联于1938年1月修订了《广州市芳村区第一保长联合办公处稽查组查奸队组织章程》，也决定组织查奸队，并要求该队"受保联处稽查组之指挥监督，率领查奸队全队队员力行搜查汉奸之工作"，"查奸队员如侦察发现汉奸时，即随时随地知会段警缉拿解送当地警局办理"。⑤

---

① 《陈塘区第四保联处第六次保长会议录》(1938年3月23日)，广州市档案馆藏：《广州市西山、太平、陈塘等保甲区保甲长会议录及保甲规约等呈文》，案卷号：临2-1-2489。
② 《陈塘区第四保联处第七次保长会议录》(1938年4月21日)广州市档案馆藏：《广州市西山、太平、陈塘等保甲区保甲长会议录及保甲规约等呈文》，案卷号：临2-1-2489。
③ 《陈塘区第四保联处第七次保长会议录》(1938年4月21日)、《陈塘区第四保联处到保甲临时会议录》(1938年4月27日)，广州市档案馆藏：《广州市西山、太平、陈塘等保甲区保甲长会议录及保甲规约等呈文》，案卷号：临2-1-2489。
④ 《东堤保甲区第一保联办公处第八次会议录》(1937年11月6日)，广州市档案馆藏：《广州市靖海、汉民、海幢等区保甲长会议录及保甲规约等之呈报》，案卷号：临2-1-2491。
⑤ 《广州市芳村区第一保长联合办公处稽查组查奸队组织章程》(1938年1月)，广州市档案馆藏：《广州市芳村、靖海等保甲区保甲长会议录及成立肃奸委员会保甲规约之呈文》，案卷号：临2-1-2492。

各保甲会议还在保甲长的任命及履行职务方面做了许多工作。1937 年 11 月 6 日在东堤保甲区第一保联办公处第八次会议催促选补甲长："如保内尚有辞职、离职之甲长，务请从速选补，充实保甲组织而利进行。"该保联办事处于 12 月 1 日召开的第十五次会议作出决议："请各保长于三日内补足甲长，幸毋延滞悬缺碍公。"①同样的事情发生在其他保甲区，都要求对连续不出席会议的保长进行重新选举。如 1937 年 10 月 17 日，东堤保甲区第一保长联合办公处第一次会议，就通过了"保甲长倘有连续不出席三次以上者，应另行物色得力人员报处，以凭呈荐补充，以充实保甲组织"的提案。②

1937 年 8 月 17 日，广州市德宣保甲区第一次会议还通过会议主席、该区区长黄干英提议："请各保甲长按户劝导幼弱妇孺从速迁乡，壮丁男子留候编壮丁队，以增厚抗战力量。"并要求各保甲长于会后就辖区内各户切实劝导。会议还提议由保甲长督导各户加紧办理消防、储粮、储水、燃料、消防器具等事项。③对于不愿意参加保甲人员训练班的保甲长，各保会议也通过决议，要求各保长积极参加，并劝勉甲长也参加训练班。④

由上述可知，广州市沦陷前的保甲会议讨论并实际做了一些较为具体的工作，尤其在战时的救济、防奸等事项上，它有力地配合了政府的战时工作。不过，由于政府无法保障其有足够的经费支持，以至于一些会议决定所办事项的经费，都是由联保内保甲长，甚至一些保民义捐而来的。没有固定的经费保障而仅仅依靠保民的自觉，是无法长久而有力地发挥保甲会议的组织协调功能的。

通过赙赠办法，解决保甲行政人员的后顾之忧，并显示其对保甲行政人员的尊重，是沦陷前广州市保甲工作的一个新尝试。1937 年 10 月，陈塘第二保联主任梁作周陈请在该保联推行祭金制度，俾保甲人员得资奋勉。他认为，当此保甲

① 《东堤保甲区第一保联办公处第八次会议录》（1937 年 11 月 6 日），广州市档案馆藏：《广州市靖海、汉民、海幢等区保甲长会议及保甲规约等之呈报》，案卷号：临 2-1-2491。

② 《东堤保甲区第一保联办公处第一次会议录》（1937 年 10 月 17 日），广州市档案馆藏：《广州市靖海、汉民、海幢等区保甲长会议及保甲规约等之呈报》，案卷号：临 2-1-2491。

③ 广州市档案馆藏：《各保会议录》，案卷号：4·01-2-323。

④ 《东堤保甲区第一保联办公处第八次会议录》（1937 年 11 月 6 日），广州市档案馆藏：《广州市靖海、汉民、海幢等区保甲长会议及保甲规约等之呈报》，案卷号：临 2-1-2491。

制度正在萌芽之始，又值全面抗战发动民众之期，如何用种种办法鼓励保甲人员办事之热心，则赙赠不失为一推动妙法："每一保甲长死亡，可得治丧费千数百元，是无异为保甲人员预购人寿保险；在政府固不动分毫，在一般保甲人员，亦所出无多，而受其惠者，则可恃此事死养生之费。"该案后在广州市第三次保联主任会议讨论时，"全体均热烈赞同，渴望从速颁布"。[①] 其后，广州市保甲编查处要求太平区第一联保主任余铁汉等，体察广州社会各方情形，斟酌保甲人员经济状况，拟具章则来具体实施赙赠制度。该章则不久即被拟定出来，并由广州市保甲编查处修正通过。

赙赠章则首先指出，赙赠的目的在使"广州市各区保甲人员为达到相赒相恤相救相助之真义"。它规定：在任之保甲长（因违犯法律情形死亡者除外），除得依照广州市编组保甲实施办法第三十六条祭保甲规约规定赏恤外，并可依照该办法予以赙赠。具体程序为："在职之保甲长死亡时，由其亲属以书面或口头向该管上级人员报告。上级人员接到报告后，应即召集死亡者之同保人员，襄助治丧，并按级递呈区长，转呈市政府察核……市政府据呈后，派员查明属实，即分饬各区区长，转饬各保联主任，递转所属保甲长，各出赙金毫券半毫，由保联主任负责收集，于奉令后五日内，转送死亡者之主管保联办事处。"其中还规定，甲长以保长为上级人员，保长以保联主任为上级人员，联保主任以区长为上级人员。按照上述规定，当主管保联主任收到各保联送来赙金满三百元时，应率同该死亡者之同保保甲长，送交死亡者之遗产继承人收领，取具领据，其余则统作第二批汇交，但仍以一个月办理完毕。办理完毕后，并应连同领具，呈缴主管区长核转市政府备案。另外，它还要求除赙赠外，死亡之保甲长出殡时，全市联保主任及本区各级保甲长，均应全体前往执绋；如因事故无暇，应派员代表参加。[②]

除因公伤亡另外奖恤外，只要是在任之保甲长死亡，都享受本赙赠待遇。这无疑是相当于给亡故保甲长的家属一次很好的补偿机会。赙赠以至少 300 元为限

① 《修正广州市各区保甲长赙赠办法》，广州市档案馆藏：《广州市西山、太平、陈塘等保甲区保甲长会议录及保甲规约等呈文》，案卷号：临 2-1-2489。

② 《修正广州市各区保甲长赙赠办法》，广州市档案馆藏：《广州市西山、太平、陈塘等保甲区保甲长会议录及保甲规约等呈文》，案卷号：临 2-1-2489。

在当时也是一个不小的数目。另外，亡故保甲长出殡时全市联保主任及本区各级保甲长前往执绋的规定，也是给亡故保甲长的崇高待遇，显得其身份尊贵。这对保甲长勤力办事，勉力为公，当有相当的促进作用。

赙赠办法实施后，各保联多有赙赠的情况发生。如陈塘区第四保联就在赙赠办法颁行后的 5 个月内办理了六宗赙赠事项。[①] 如 1938 年 3 月 30 日，该保联第五十三保保长张礼祥病故后，该保联就指出，张保长因积劳成疾，不幸在职病故，其在 4 月 2 日出殡时，"本处各保长执绋致祭，及代呈请市府援例赙赠"[②]。

统一保甲经费筹集办法，力图保障保甲行政的开展，是沦陷前广州市保甲工作推进的重要举措。抗战前，广州市的保甲编制虽然普遍展开，但是保甲经费的不足还是在一定程度上限制了其工作的开展和实际效果。而且当时广州 21 个保甲区的保甲经费的收支标准也并不一致，以致不同区的居民对此产生困惑和抵触情绪。为了更好地完成保甲经费的征收及统一保甲经费的收支，广州市 21 个保甲区的区长联名上书市长曾养甫，提出全市保甲经费应划一征收，不得参差不齐、各自为政。对此，广州市保甲编查处第三次全体保联主任会议即订出保甲经费征费办法：将商店住户分为两等，"凡能生利之户归商店类。此类纳洁净费二毫以上；月租八元以上者为甲等，每户月征二角；纳洁净费二角以下、月租不及八元者为乙等，每户月征一角半。凡不能生利之户归住户类，此类纳洁净费一毫半以上、月租八元以上者为甲等，每户月征一角半；纳洁净费一毫半以下，月租不及八月者为乙等，每户月征一角。独立户自成一甲者，又分两类，如属工厂、商店、旅馆、银行、大公司等，照甲等商店十户之数五折征收；如属公署、兵营、监狱、学校、教会、寺观、会馆、公所等，照甲等住户十户之数五折征收。"同时，该办法建议由广东省会警察局各分局收捐室代为征收保甲经费。市长曾养甫表示赞同。[③]

① 《陈塘区第四保联处第六次保长会议录》（1938 年 3 月 23 日），广州市档案馆藏：《广州市西山、太平、陈塘等保甲区保甲长会议录及保甲规约等呈文》，案卷号：临 2–1–2489。
② 《陈塘区第四保联处第七次保长会议录》（1938 年 4 月 21 日），广州市档案馆藏：《广州市西山、太平、陈塘等保甲区保甲长会议录及保甲规约等呈文》，案卷号：临 2–1–2489。
③ 广州市档案馆藏：《改善征收保甲经费标准及征收办法》，案卷号：4·01–8–237·1。

与此同时，保甲编查处规定以每一保甲区为一财政单位，各区成立保甲经费管理委员会，负责保甲经费的预算、征收、核计、支付、保管及报销等，原区内公产公款之管理也由保甲经费管理委员会负责。该委员会以区长、各保长联合办公处主任、每保联推举的保长、甲长各一人为委员组成之，隶属于区长办公处，以区长为主席。"凡提存款项，由主席签署外，须得提存委员二人联署。"预算书要在每年的六月及十二月分别编造，并由市政府批准。① 根据这一规定，广州市各区都拟定了保甲经费预算表。如黄沙保甲区就拟定了《黄沙保甲区民国二十七年三月份保甲经常费收入总预算书》及《黄沙保甲区民国二十七年三月份保甲经常费支出总预算书》。其具体情况如下：

黄沙保甲区民国二十七年三月份保甲经常费收入总预算书②

科目		全年度预算数	本月份预算数	备考
第一款保甲费		14848.800	987.400	—
第一项独立户		105.000	8.750	—
独立户等	甲等（3）	24.000	2.000	依照全市第三次保联主任会议案第四款暂定办法征收之。
	乙等（9）	81.000	6.750	
第二项商店		3112.000	259.400	—
商店等	甲等（943）	2263.200	188.600	甲等商店每户月征2毫，乙等每户征收1.5毫。
	乙等（472）	849.600	70.800	
第三项住户		8631.000	719.250	—
户等	甲等（1783）	3209.400	267.450	甲等户月征1.5毫，乙等月征1毫。
	乙等（4518）	5421.600	541.800	

---

① 《广州市各保甲区保甲经费管理委员会暂行章程》，广州市档案馆藏：《改善征收保甲经费标准及征收办法》，案卷号：4·01-8-237·2。
② 《黄沙保甲区民国二十七年三月份保甲经常费收入总预算书》，广州市档案馆藏：《改善征收保甲经费标准及征收办法》，案卷号：4·01-8-237·1。

黄沙保甲区民国二十七年三月份保甲经常费支出总预算书 [①]

科目		全年度预算数	本月份预算数	备考
第一款保甲经常费		10894.800	907.900	
项目	第一项各保联办公费	2700.000	225.000	每保联月支办公费75元，共3个保联。
	第二项保长办公费	2562.000	213.500	每保长月支办公费5元，七成支给，共61保。
	第三项甲长办公费	5392.800	449.400	每甲长月支办公费1元，七成支给，共642甲。
第二款保甲经费管委会津贴费		240.000	20.000	月支书记10元津贴，代收保甲经费警捐人员10元。
第三款公益费		0	0	——
说明		本区因经费不敷，各保甲长办公费按七成摊派，每月余79.5元，全年余944元。		

　　由此两表可见，虽然其保甲经费的收支都有严密详细的规定，从而给保甲工作的开展提供了经费支持和保证。然而这一收支表也有缺陷：第一，经费的收支不够严密，用途不尽合理。在经费的来源方面，其主要来源是由独立户、商店和住户缴纳，政府却没有支付一定比例的保甲经费，而按保甲规约规定的地方公产公款收益也没有列入进来。一旦征收工作不畅顺，则必将造成保甲经费因无稳定来源而告急，从而影响保甲工作的开展；在保甲经费的支出方面，其支出的对象主要是各级保甲办公费和津贴，用于公益的支出为零。这样的支出预算是不完善的，它并没有具体规定保甲经费的用途和标准，只有联保、保长、甲长办公费数额之规定。这会造成保甲长办事不如不办、多一事不如少一事的心态，因为这样既省事又省钱，何乐而不为呢？第二，警局代收保甲经费并从中支薪的规定，将会影响地方保甲行政工作的开展。这一时期的保甲经费仍由省会警察局各分局的警捐人员代收，但警捐人员从保甲经费中领津贴，似乎既不合规定，也不合理。因为他们的薪金既然由警察局派给，而代收保甲经费的工作也是由市政府委给的，不应多收一份津贴。而且警局代收经费也使各区保甲经费管理委员会在经济上仰仗警察局，不利于其工作的独立开展。此外，七成支付经费的规定，虽然是

---

　　① 《黄沙保甲区民国二十七年三月份保甲经常费支出预算书》，广州市档案馆藏：《改善征收保甲经费标准及征收办法》，案卷号：4·01-8-237·1。

战时各级机关普遍存在的做法，但它无疑会影响保甲工作的开展。

1938 年 5 月以后，鉴于广州市保甲经费征收数额较大规模减少，保甲编查处上报市长，要求财政厅通饬各区警捐征收处切实协助征收。广州市警察局也严格要求各分局征捐员司切实协助征收保甲经费，并实施"不清缴保甲费不给迁移证办法，俾保甲费得以顺利征收"。[①] 后来，广州市政府将警捐的征收权改隶财政厅，但效果仍不理想。广州市政府为了征收保甲经费动用了省会警察局、财政厅的力量，可见其对保甲经费征收工作的重视。但一方面是政府没有固定的资金拨付，地方亦无财源；另一方面是日本战机对广州的轰炸造成人心惶惶，大量人口外迁，保甲经费的来源非常不稳定，保甲工作的办理遇到了很大的困难。

值得提出的是，广州市在办理保甲的过程中，警察与保甲的关系至为密切。这可以在广州各警察分局长兼任保甲区区长，以及保甲经费由警察局代收等情况上得到体现。抗战时，各城市的警察机关与保甲制度联系更为紧密是普遍现象。如在战时的陪都重庆，其警保联系即相当密切。在保甲人员的任用方面，《重庆市改进保甲养成人民自治实施程序》及其修正案要求："警察局官员兼任区、镇正职，区镇副职及保长、干事亦须具备一定的资格。"它具体规定为："区长以警察分局长兼任，并遴选地方声望素著士绅一人及中心学校校长分任副区长；以中心学校教员、青年团员及国民兵队长担任干事、录事和兼职干事。镇长以警察分所长兼任，以地方声望素著一人为副镇长；国民兵镇队附兼任镇干事，其他录事、兼任干事以青年团员或中心学校教员担任。保长由地方声望素著士绅担任，副保长以青年团员或国民学校校长兼充，以国民学校教师及国民兵保队附兼任保干事。"[②] 警保的紧密结合，有利于政府多管齐下加强对基层社会的控制。这也是政府通过国家的警察机关强力控制城市基层社会的反映。

总体而言，广州市沦陷前的保甲制，包括户口调查及异动查报、整顿保甲长、协助征工、选举地方基层行政人员、开展赙赠运动、制定保甲规约、普遍开展保甲会议、统一保甲经费征收办法等方面的工作。它使战前的全市基层社会得

---

① 广州市档案馆藏：《改善征收保甲经费标准及征收办法》，案卷号：4·01-8-237·2。
② 冉绵惠、李慧宇：《民国时期保甲制度研究》，四川大学出版社 2005 年版，第 193 页。

到了有效动员，并使市民在战争的环境中更加重视基层组织的力量。然而，保甲行政毕竟不是一朝一夕就能够成熟、完善的。一般说来，如果基层制度完善，政权机构运行良好，基层行政人员素质过硬，那么战时无论是撤退，抑或是疏散，民众及物质都能得到较好的安置，而不致混乱不堪。比如江苏武进县居民在当地乡镇保甲长的组织下，就曾有条不紊地撤离："自敌军到达武进后，民众逃难悉照保甲编制，由乡镇保甲长率领各该乡镇保甲全体民众团体出发，故秩序井然，无一遗散。……出发时，先由户长将全户人口报交保长，全保民众应悉受保长一人指挥。如一保人口众多，则该保可单独出发，稀少者则并入他保，或全乡镇出发，由乡镇长统领之。"① 如此有组织之逃难，武进人亦自诩为战区各县之冠。尽管广州市长曾养甫曾给内政部报告说，广州已做好了征工征役的准备，且保甲系统完善，需要时就能发挥组织的作用，然而在广州沦陷时，其基层社会并没有能如上述江苏武进县利用保甲组织、有秩序统领居民撤退的情况，反而是基层一片混乱和恐慌。②

这一时期广州市保甲制度的普遍开展并没有扎实的基础，人力资源和物资的准备都不够充分，加上政局不稳定，以及日机的轰炸等因素，市政府的威信日降，基层社会控制也不够稳固有力。正因为如此，国民党广东政府一旦在日军的袭击之下，十天之内即丢失了广州市，其下层组织也随之土崩瓦解。

第三节　汪伪广州市保甲制度的推行

日伪控制广州后，随即在广州市通过军事警察力量清除中国抗日军民的力量。汪伪政权在成立不久，伪广东省会警察局就颁布了《广州市中心区警卫实施办法》。它规定在东起文德路，西至海珠路，南达一德路和大南路，北到现东风路南侧的区域内，增设 19 个保安警察守检岗位，从上午 6 时至晚上 10 时对来往

---

① 玉行：《武进城沦陷目击记》，贺圣遂等编选：《沦陷痛史》（上），复旦大学出版社1999年版，第366页。
② 参见左双文：《华南抗战史稿》，广东高等教育出版社 2004 年版，第 59—60 页。

的市民进行严密的盘查。① 此后，伪广州绥靖公署在市内增设了临时指挥部，统一指挥全市伪警。到 1943 年 11 月，汪伪又增设了伪宪兵第四大队，加强对广州市区的控制。②

与此同时，日伪通过组织防卫团的形式强化其对广州市区民众的统治。其颁布的《广州市保甲编查委员会各保甲区防卫团组织办法》要求：广州市内 18 至 35 岁的男子必须加入防卫团。而该团的组织依托则是战前国民党留下的保甲组织："每甲应组成防卫团一班，设班长一员，由甲长兼充；每一保应组成防卫团一分队，设分队长一员，由保长兼充；每一联保应组成防卫团一中队，设中队长一员，由联保长兼充；每一保甲区，应组成防卫团队一大队，设大队长一员，由区主任兼充。均由委员会分别加委。"③ 由此可见，日汪企图强化其在广州市的军事治理能力，以建立一整套的"防奸反谍"的体系。有学者曾评价说："汪伪政权实施各县地方联防和保甲制度，不仅束缚了人民群众的自由，而且极大地限制了广东抗日游击活动，因而进一步强化了对广东人民的宪警统治。"④

在以军队警察加强对广州市严密控制的基础上，伪广州市开始有计划地重新编组保甲，希望借此组织来更有效、更长久地控制广州市的基层社会。在 1941 年 3 月 1—4 日的汪伪第二次市县长会议和 1941 年 11 月 25—27 日的汪伪第三次市县长会议上，汪伪广东政权就先后分别通过了由伪广东警务处长汪屺提议的《各乡村厉行编办保甲以保安由》、伪汕头市长许少荣提议的《拟请将保甲制度推行各市县并训练保甲人员以确立自治基础案》、伪广州市长周化人提议的《实施保甲制度以巩固治安案》。会议并决定将这些提案中的组织部分交由民政厅和伪省政府秘书处审查办理，而经费部分则交由伪财政厅审查配合。⑤ 此后，汪伪广东政权又颁布实施了《广州市编组保甲实施办法》。

1943 年 8 月，汪伪广州市保甲委员会成立，其主任委员一度是伪广州市长汪

① 丁身尊主编：《广东民国史》（下），广东人民出版社 2004 年版，第 929 页。
② 左双文：《华南抗战史稿》，广东高等教育出版社 2004 年版，第 75 页。
③ 广东省档案馆藏：《广州市保甲编查委员会各保甲区防卫团组织办法》，案卷号：政类 379。
④ 丁身尊主编：《广东民国史》（下），广东人民出版社 2004 年版，第 930 页。
⑤ 《广东省政概况》（汪伪·1942 年），第 2 编，民政，第 56 页。

屺、张焯堃等。该委员会要求其职员"按日赴各区访问保甲长，并指导各保甲长对于负责之工作及保甲当前使命之认识"。① 希望藉此下情上达，滤清全市保甲长素质，"提高保甲长工作水准，使保甲机构益加健全"②，并严密民众组织和防止其为"奸匪"利用。同时，它对规避或不尽职责的保甲长，"轻则处罚，重则驱逐出境，绝不宽待"③。另外，为拉拢各地保甲长，日伪政权还一再强调其保甲组织的"民治精神"④，并允许和鼓励保甲长加入伪党，以伪党的组织力量来控制保甲长为其效力。1944 年 6 月，广州市保甲委员会由市长兼任主任委员、各警察分局长兼各区办事处主任。⑤

综观日汪政权在广州 7 年的统治，其保甲政策的一个突出特点，是对战前广东省及广州市国民党政权保甲政策的继承性。伪广东省民政厅长王英儒就曾称："以奉令从速恢复本省各市县保甲制度，以维治安，谨参照民国二十六年以前本省实施之《广东省编办保甲章程及实施办法》，暨《广州市编办保甲实施办法》，体察本省现实情形，分别拟具广东省编查保甲章程及实施办法草案，户保切结及各种表册式样，暨《广州市编组保甲实施办法》。"⑥ 事实是，汪伪《广州市编组保甲实施办法》几乎完全照搬了 1936 年 12 月广州市政府保甲编查处订定的《广州市编组保甲实施办法》。其内容略有变革之处有：在第一条中，将"特依据立法院保甲条例，并参照江西、湖北、四川等省会编组保甲章程"，改为"特参照广东省编办保甲章程"；将第十四条中的"盗匪"、三十四条中的"匪类"改为"共匪"；在第十七条中，将"壮丁之征集、编组、训练、服务办法，参照保甲条例另定之"的规定，删去了"参照保甲条例"，并改为"壮丁之征集、编组、训练、服务办法另定之"；在第三十八条中，将"本办法自公布之日施行"，改为"本办

---

① 《市保甲委员会派员访问保甲长》，广州《公正报》（汪伪）1944 年 10 月 19 日。
② 《保甲会访问保甲长，继续一月后始结束》，广州《公正报》（汪伪）1944 年 10 月 20 日。
③ 《市保甲委员会将甄别全市保甲长》，广州《公正报》（汪伪）1944 年 12 月 6 日。
④ 《广东省政概况》（汪伪·1942 年），第 2 编，民政，第 82 页。
⑤ 汪伪：《保甲周刊》（广州），发刊词，1945 年 3 月 16 日。
⑥ 中国第二历史档案馆藏：《广东省编办保甲章程及实施办法，广州市编组保甲实施办法》（汪伪），案卷号：二〇一〇—6358。

法自呈请省政府公布之日施行"。而其他内容则一字未易，条目更无任何变化。①
汪伪政权在该办法中，将"盗匪""匪类"改为"共匪"，一方面说明这一时期其
政策是对国民党当局实行拉拢，以求共同打击共产党；另一方面则说明当时共产
党人在广州地区仍有能力组织抗日的活动，对汪伪政权造成了威胁。

汪在广州的 7 年统治，其前、中、后三个时期的保甲编查办法及策略略有不
同。下表中所列其三个时期的三个保甲法令，它反映了这 7 年中伪广州市保甲制
度在推行过程中的变化：

广州市保甲编查办法对比表

项目 \ 方案	广州市编组保甲实施办法	修正广州市保甲编查实施办法	广州市保甲编查条例
制定单位	广州市政府	广州市保甲编查委员会	广州市保甲委员会
制定时间	1941 年 1 月	1943 年	1945 年
主管部门	本市保甲之编组，由市政府设保甲编查处办理，其保甲区域即就省会警察区划分，每区设区长一人管理之。	本市保甲之编组，由广州市保甲编查委员会依照省会警察分局管辖区域划分保甲区，每区设区主任一员管理之。	广州市保甲编查委员会依照省会各警察分局管辖区域划分保甲区，并派员每一区内组设编办处，与该区警察分局联络，协力以本条例之规定筹办该区编组保甲事务，该区保甲编组完成时，即行将编办处裁撤。省会警察局警察分局对于保甲编查实施事务，应负协力推进之责。

---

① 广州市保甲编查处编制的《广州市编组保甲实施办法》(1936 年 12 月)，参见中国第二历史档案馆藏：《关于广东省办理保甲案》，案卷号：十二（2）-1548。

（续表）

项目\方案	广州市编组保甲实施办法	修正广州市保甲编查实施办法	广州市保甲编查条例
编查办法	保甲编组以门牌为单位，每一警察门牌为一户，户设户长；十门牌为一甲，甲设甲长；十甲为一保，保设保长。各保甲区域应就辖内各保户数、人数、地方情况，划分若干联保区，设保长联合办公处若干处，由联保区内各保保长互推一人为主任，呈由区长转呈市政府核委。领导联保各保负保长应办职务之总责。但各保应行举办之事务仍由各该保长负责办理。 前项联保区之划分，每保甲区域至多五区为限。 其编余之户，不满一甲者，六门牌以上得编为一甲，五门牌以下附入他甲。编余之甲，不满一保者，六甲以上得编为一保，五甲以下得附入他保。凡一门牌内居住两家以上者，以一家为正户，余为附户，正户以房主或包租人或居住较久者充当，附户以数字编之。正户附户各设户长，由住户家长充之；但家长因特殊情形或属女性不愿充当时，得指定行辈较次者一人为户长。各保应以原有街段为范围，但得合并数街段为一保，不得分割某街段之一部分改隶于他阶段之保；凡公共处所（如公署、兵营、监狱、工厂、学校、医院、寺观、教会、宿舍、旅馆、会馆、公所等）应以每一处所为一甲，即以其主管人或负责人为甲长，附入临保，不另分户。已编保甲之户，有因全户迁徙、空屋无人者，应保留其甲之顺序，俟有人迁入时编组之；其编查后新建房屋，初编门牌者，则以其番号排入邻户；水上船艇保甲之编组，应俟陆上保甲编组完成后再行办理。	保甲编组以门牌为单位，每一门牌为一户，户设户长一人，十户为一甲，甲设甲长一人，十甲为一保，保设保长一人，每十保合为一联保，设联保长一人，并设联保办事处。其编余之户，不满一甲者，六门牌以上得编为一甲，五门牌以下附他甲，若编余之甲，不满一保者，六甲以上得编为一保，五甲以下应附入他保；倘不满一联保者，六保以上得另编一联保，五保以下应并入临近之联保；凡一门牌内居住两家以上者，以房主或包租人或居住较久者之家长为户长，倘因特别事故或属女性不愿充当户长时，得指定行辈较次之一人为户长，或举附户之家长为户长。但数门牌仅住一家以一户论；各保应以原有街段为范围，但得合并数街段为一保，不得分割某街段之一部分改隶于他阶段之保；因编保甲之户，有因全户迁徙、空屋无人居住者，应保留其甲之顺序，俟有人迁入时编组之；其编查后新建房屋，新编门牌者，以其番号排入邻户；医院、寺观、宿舍、旅馆及其他公共场所，应以每一处所为一甲，即以其主管人或负责人为甲长，附入临保，不另分户。	保甲编组以门牌为单位，每一门牌为一户，户设户长一人，十户为一甲，甲设甲长一人，十甲为一保，保设保长一人，每二十保为一联保办事处，设联保主任一人。其编余之户，不满一甲者，六门牌以上得编为一甲，五门牌以下附他甲，若编余之甲，不满一保者，六甲以上得编为一保，五甲以下应附入他保；倘不满一联保办事处者，十保以上得另合一联保办事处，十保以下应并入临近之联保办事处；凡一门牌内居住两家以上者，以房主或包租人或居住较久者之家长为正户长，倘正户家长因特别事故或属女性不愿充当户长时，得指定行辈较次之一人为户长，或举附户之家长为户长；应编保甲之户，有因全户迁徙、空屋无人居住或破烂庙宇者，应保留其甲之顺序，俟有人迁入时编组之，其编查后新建房屋，新编门牌者，以其番号排入邻户；医院、寺观、宿舍、旅馆及其他公共场所，仍照一般户口编查；水上船艇保甲之编组应俟陆上保甲编组完成后再行办理。

（续表）

项目＼方案	广州市编组保甲实施办法	修正广州市保甲编查实施办法	广州市保甲编查条例
保甲行政人员之任免	甲长由本甲各户长公推，保长由本保各甲长公推，均就本保甲住户中选推，不限于户长甲长；甲长之推定或变更，由甲内各户长联名报告于保长转报区长，保长之推定或变更由保内各甲长联名报告于区长，均由区长转请市政府核给委任。由市政府汇报省政府备案；市政府查明保长甲长不能胜任或认为有更换之必要时，得令原公推人员另行改推。区长查明有前项情形时，亦得呈请市政府核准，令行改推，其原公推人认为有前项情形时，亦得联名呈请区长转呈市政府核准改推。	甲长由本甲各户长公推之，保长由本保各甲长公推，联保长由该联保区内各保长公推之；各保甲区保长、甲长推定后，由区主任加委，保长以上由区主任转呈委员会加委之；联保长、保长、甲长任期一年并得连任。但联保长、保长、甲长有不能胜任者或认为有更换之必要时，得令原推举人另行改推。倘原推举人查明上述情形，亦得呈转委员会核准改推之。	甲长由本甲各户长公推之，保长由本保各甲长公推之，联保办事处主任由该处内各保长公推一人兼任之。区长由本区内各保长公推之。但保长被推举为区长后，其原有保长一职，应由联保内各甲长另行推举，所遗甲长遗缺，亦照定办法另行推选之；各保甲区甲长、保长、联保主任推定后，甲长得由区长加委之，保长以上由区长转报委员会加委之；委员会查明区长、保长、甲长有不能胜任者或认为有更换之必要时，得令原推举人另行改推。倘原推举人查明上述情形，亦得呈转委员会核准改推之。
保甲行政人员之资格	有下列各款情形之一者，不得充当保长、甲长：一、年龄未满二十五岁者；二、不识文字者；三、褫夺公权尚未复权者；四、禁治产者；五、吸食鸦片或其他代用品者。	有下列情形之一者不得充任联保长以下职务：一、政府机关公务员；二、年龄不满二十五岁者；三、有危害治安行为之虞曾受刑徒之宣告者；四、褫夺公权尚未复权者；五、禁治产者；六、残废或不识字者；七、吸食鸦片及其他代用品者；八、无正当职业或无恒产者。	有下列情形之一者，不得充任甲长以上职务：一、政府机关公务人员；二、年龄不满二十岁者；三、有危害治安行为之虞曾受刑徒之宣告者；四、褫夺公权尚未复权者；五、残废或不识字者；六、无正当职业或无恒产者。

（续表）

项目 \ 方案	广州市编组保甲实施办法	修正广州市保甲编查实施办法	广州市保甲编查条例
保甲行政人员之职务	区长承市政府命令办理所辖区内保甲事宜，其职务如下：一、宣达区内奉饬遵行之保甲法令及调查报告区内情况事项；二、督促区内住民履行保甲规约事项；三、监督指挥区内保甲人员执行职务事项；四、其他依法令应由区长执行之事项。 保长联合办公处之主要任务如左：一、办理联合各保之公共设备即防护事项；二、办理联合各保之征集训练事项；三、办理联合各保之卫生清洁事项；四、办理联合各保之其他公共事项。 保长受区长之指挥监督，其职务如下：一、监督甲长执行职务事项；二、辅助区长执行职务事项；三、督率保内住民履行保甲规约事项；四、执行保甲规约之赏恤处罚事项；五、保甲经费之收支及预算决算之编制事项；六、检查保内奸宄事项；七、协助军警搜查人犯事项；八、检查并指导保内共同及家庭卫生清洁事项；九、保内壮丁之征集、统率事项；十、保内应办公共事务之分配督率事项；十一、转报人事登记事项；十二、其他依法令应属保长执行之事项。但关于第四、五两款之规定事项，应事先呈报区长核定得施行，其情节较重者，须转请市政府核办。 甲长受保长之指挥监督，其职务如下：一、辅助区长、保长执行职务事项；二、督率甲内住民履行规约事项；三、清查甲内户口事项；四、检查甲内奸宄事项；五、协助军警及保长搜查人犯事项；六、检查并指导甲内共同及家庭卫生清洁事项；七、甲内壮丁之征集、统率事项；八、甲内应办公共事务之分配、督率事项；九、转报人事登记事项；十、其他依法令应属甲长执行之事项。	区主任承委员会之命办理所辖区内保甲事宜，其职务如下：一、宣达区内奉饬遵行之保甲法令及调查报告区内情况事项；二、督促区内住民履行保甲规约事项；三、监督指挥区内保甲人员执行职务事项；四、区内保甲防卫团转达之征集、训练、统率事项；五、其他依法令应由区主任执行之事项。 联保主任受区主任之指挥监督，保长受联保主任之指挥监督，其职务如下：一、监督甲长执行职务事项；二、辅助区主任执行职务事项；三、督率保内住民履行保甲规约事项；四、执行保甲规约之赏恤处罚事项；五、保甲经费之收支及预算决算之编制事项；六、检查保内奸宄事项；七、协助军警搜查人犯事项；八、检查并指导保内共同及家庭卫生清洁事项；九、保内保甲防卫团壮丁之征集、训练、统率事项；十、保内应办公共事务之分配督率事项；十一、转报人事登记事项；十二、其他依法令应属联保长及保长执行之事项。但关于第四、五两款之规定事项，应事先呈报区主任核定方得施行，其情节较重者，须转呈委员会核办。 甲长受联保长、保长之指挥监督，其职务如下：一、辅助区主任、联保长、保长执行职务事项；二、督率甲内住民履行规约事项；三、清查甲内户口事项；四、检查甲内奸宄事项；五、协助军警及联保长保长搜查人犯事项；六、检查并指导甲内共同及家庭卫生清洁事项；七、甲内保甲防卫团壮丁之征集、训练、统率事项；八、甲内应办公共事务之分配、督率事项；九、转报人事登记事项；十、其他依法令应属甲长执行之事项。	区长承委员会之指挥监督，联络该地区警察分局负责督饬各联保主任、保长、甲长办理该区内保甲一切事项。 联保主任、保长秉承区长之指挥监督，协助维持保内安宁秩序之责，其职务如下：一、辅助保长执行职务；二、清查甲内户籍人口及取具联保连坐切结；三、修筑警察检查甲内奸宄及清查迁出入之户口；四、协助警察搜捕匪犯及杜绝不良分子之活动；五、教戒甲内住民勿为非法；六、其他依照命令或保甲规约所定应由甲长执行之职务。

（续表）

项目 \ 方案	广州市编组保甲实施办法	修正广州市保甲编查实施办法	广州市保甲编查条例
保甲规约	保甲编订后，由市政府、分区区长督促各保长召集所辖甲长开保甲会议，就下列各款原则斟酌当地情形协定保甲规约：一、关于保甲名称及区域事项；二、关于户口调查事项；三、关于非常事变之警戒、消防及救护防御事项；四、关于匪共之警戒、通报搜查事项；五、关于防空事项；六、关于境内交通设置之修理守护事项；七、关于普及公民教育之促进事项；八、公民训练事项；九、征工服役事项；十、卫生清洁事项；十一、不良风俗之改革事项；十二、各种合作社事项；十三、烟赌之取缔或禁止事项；十四、名胜古迹之保存事项；十五、境内失业者之救济及无业游民之处置事项；十六、保甲经费之筹措、征收、保管及支用报销事项；十七、保队员及保住民怠于职务之处罚事项；十八、保甲出力人员赏恤事项；十九、保甲会议事项；二十、其他维持地方安宁秩序及公共利益事项。保甲规约保长甲长一律签名，并载明本保辖区内所有街巷名称及门牌、户数、人数，呈由区长转呈市政府核明备案。	保甲编订后，由委员会分饬各区主任督促各联保长召集各联保长、甲长开保甲会议，就下列各款原则斟酌当地情形协定保甲规约：一、关于保甲名称及区域事项；二、关于户口调查事项；三、关于非常事变之警戒、消防及救护防御事项；四、关于匪共之警戒、通报搜查事项；五、关于境内交通设置之修理守护事项；七、关于普及公民教育之促进事项；八、公民训练事项；九、征工服役事项；十、卫生清洁事项；十一、不良风俗之改革事项；十二、各种合作社事项；十三、烟赌之取缔或禁止事项；十四、名胜古迹之保存事项；十五、境内失业者之救济及无业游民之处置事项；十六、保甲经费之筹措、征收、保管及支用报销事项；十七、保队员及保住民怠于职务之处罚事项；十八、保甲出力人员赏恤事项；十九、保甲会议事项；二十、其他维持地方安宁秩序及公共利益事项。保甲规约保长甲长一律签名，联保长对于保内各保所订立之保甲规约并须签名于其上，如由他处迁来或迁出复归或新充之户长，亦须签名加盟于各保甲内之现行规约，共同遵守。	保甲编订后，由委员会分饬各区区长督促各保长召集甲长开保甲会议，协定保甲规约，并一律在规约内共同遵守。至保甲会议应讨论决定之事项如下：一、本保甲之名称及地域；二、清查户籍人口；三、水火风灾之警戒及急救；四、取缔出入所管区域之人（按原文如此）；四、匪盗之警戒报告搜查及协助实行防止办法；六、向警察分局检举不良分子；七、保甲人员怠于职务之警戒及处罚；八、保甲人员赏恤之申请；九、其他临时交办事务及协助保持安宁秩序之必要事项。保甲规约制定后，应即绘制本保区域祥图，载明本区域之马路、街巷名称即户数人数，连同联名签署之保甲规约呈由区长转呈委员会存查。各该保甲内各户长应一律签名，由他处迁来或迁出复归或新充之户长，亦须签名加盟于各保甲内之现行规约，共同遵守。
连带责任	—	各户长除以上项规定一律遵守保甲规约外，应联合甲内户长三人以上共具联保连坐切结，声明结内各户当互相劝勉监察，不为匪、通匪或纵匪，如有违反之户，他户应即密报，倘瞻徇隐匿，联保各户愿负连坐之责。该甲长亦应在其联保连坐切结上签押，每结分填五份，由甲长收齐递转保长、联保长、区主任，转呈委员会分别存查。	各户长除以上项规定一律遵守保甲规约外，应联合保甲内户长三人以上共具联保连坐切结，声明结内各户当互相劝勉监察，不为匪、通匪或纵匪，如有违反之户，他户应即密报，倘瞻徇隐匿，联保各户愿负连坐之责。该甲长亦应在其联保连坐切结上签押，每结分填五份，由甲长收齐递转保长、联保长、区主任，转呈委员会分别存查。

（续表）

项目 \ 方案	广州市编组保甲实施办法	修正广州市保甲编查实施办法	广州市保甲编查条例
征集劳役	保长、甲长因执行职务，须本保或本甲共同协力时，甲长得随时召集甲内各户长分配任务，保长得随时召集保内各甲长分配任务；保长、甲长执行规定职务，应须多数住民共同工作时，得征集保甲内十八岁以上四十五岁以下之壮丁行之，但遇下列情形之一者，得免其征集：一、身体残疾或有痼疾者；二、在本地方任重要公职者；三、现在学校任教职员或肄业者；四、有专门学术技能，经市政府核准免役者。	各保甲区内执行职务须共同协力时，区主任得随时召集联保长分配任务，联保长得随时召集保长分配任务，保长得随时召集甲长分配任务联保长、保长、甲长执行规定职务，应须多数住民共同工作时，得征集保甲内十八岁以上四十五岁以下之壮丁行之，但遇下列情形之一者，得免其征集：一、身体残疾或有痼疾者；二、在本地方任重要公职者；三、现在学校任教职员或肄业者；四、有专门学术技能，经市政府核准免役者。	各保甲内因执行职务须共同协力时，区长得随时召集保长分配任务，保长得随时召集甲长分配任务，倘因公务上之必要，应须用多数住民共同工作时，得由甲长于本甲内召集十八岁以上四十五岁以下之男壮丁行之，其壮丁之召集、编组、训练、服务办法，由委员会议定，呈准后施行之。
报告事项	各户户长遇有下列情事发生时应即报告甲长：一、出生、死亡、迁入、迁出，致生户口上之变动时；二、水火、疫病等灾害发生时；三、邻居有形迹可疑之人迁入时。甲长察觉甲内有前条各款情事发生或接受甲内户长住民之报告时，应即递报保长转报区长。如保长认为有搜索救护之必要时，得先为紧急处理一面报告区长核办。	各户户长遇有下列情事发生时应即报告甲长：一、邻居有形迹可疑之人潜入时；二、水火、疫病等灾害发生时；三、出生、死亡、迁入、迁出，致生户口上之变动时。甲长察觉甲内有前条各款情事发生或接受甲内户长住民之报告时，应即递报保长、联保长转报区主任。如保长认为有搜索救护之必要时，得先为紧急处理一面报告区主任核办。	各户户长遇有下列情事发生时应即报告甲长：一、如有形迹可疑之人潜入时；二、留客寄宿及其别去或家人出外常夜不在家内住宿，及其归来时；三、出生死亡或因其他事故致一家户口发生变动时。甲长知甲内有户口有异动时，除由甲长速报保长转呈区长即警察分局外，遇有形迹可疑之人潜入时，应即详查，如认为确有妨碍地方治安或风化之虞者，须立即报告警察分局为必要之处置。
保甲会议	区长为促进保甲效率之必要，应于每月召集所辖联保主任及保长举行会议一次，保长应于每月召集所辖甲长举行会议一次，讨论一切应办事项。下列事项须经联合各保长会议之审议：一、保长联合办公处之经费筹集事项；二、联合各保应兴革之共同合作事项；三、各保保甲会议不能决定事项；四、市政府或区长直接交办事项。但关于第一项经费之筹措，应于决议后呈报区长，转请市政府核准方得进行。	区主任为促进保甲效率之必要，应于每月召集所辖内联保长举行会议一次，联保长应于每月召集所辖保长举行会议一次，保长应于每月召集所辖甲长举行会议一次。讨论一切应办事宜。	—

（续表）

项目＼方案	广州市编组保甲实施办法	修正广州市保甲编查实施办法	广州市保甲编查条例
保甲经费	保长、联合办公处主任、甲长均为无给职。但应须办公费得依照省保甲经费收支暂行规程之规定办理。保长联合办公处书记得酌给薪水。保甲经费以地方原有公款拨充，其在无公款之地方，得向甲内住民分等征集之。	联保长、保长、甲长均无给职，至每月应须办公费，得由委员会核定之。	区长、联保办事处主任保长、甲长均为无给职，但应需办事费，得由委员会核定之。办理编查本市保甲所需一切经费得由委员会按照实在需要议定，分别列具预算，呈请广东省政府拨给之。
奖惩	凡保甲内住民有下列各款情事之一者，经联保主任、保长、甲长审查情节轻重，科以一角以上三十元以下之罚金或折罚苦工：一、拒绝加盟于保甲规约者；二、填报户口不实，或任意销毁门牌户贴者；三、应缴保甲所需之经费，无故拒绝征收或滞纳者；四、无故拒绝征集者；五、遇有户口异动及紧急情形匿而不报者；六、经分配工作而不遵办者；七、依保甲规约督饬其执行任务而怠职者。前项各款之处罚，须呈由区长核定执行转报市政府备案。凡保甲内住民有勾结奸人、窝藏"共匪"或故纵逃脱者，依刑法特别法令解送执行机关从严办。保甲职员滥用职权或贻误要公者，区长得按其情节呈请市政府从严处罚。保甲职员办理保甲，著有成绩，或因公伤亡者，除依照保甲规约施行赏恤外，并得报由市政府分别从优核奖或给恤。保甲罚金由各该直辖保长征收，缴交联合办公处主任保管，专供该联合保奖恤及临时必要费用。其支出应呈由区长转请市政府核准行之。	凡保甲内住民有下列各款情事之一者，经联保主任、保长、甲长审查情节轻重，科以一角以上三十元以下之罚金或折罚苦工：一、拒绝加盟于保甲规约者；二、填报户口不实，或任意销毁门牌户贴者；三、应缴保甲所需之经费，无故拒绝征收或滞纳者；四、无故拒绝征集者；五、遇有户口异动及紧急情形匿而不报者；六、经分配工作而不遵办者；七、依保甲规约督饬其执行任务而怠职者。前项各款之处罚，须呈由区主任核定执行转报委员会备案。保甲区内如发觉住民有勾结窝藏或纵逃匪犯及不良分子情事，拘捕后送由警察分局转界法院依法处罚之。至该管甲长及具联保切结之各户长，如属知情匿庇者，应依照保甲会议之决议处罚之，但属于自行发觉据实报告者，得免处罚。保甲职员滥用职权或贻误要公者，区主任得按其情节呈请委员会从严处罚。保甲职员办理保甲，著有成绩，或因公伤亡者，除依照保甲规约施行赏恤外，并得报由委员会分别从优核奖或给恤。保甲罚金由各该直辖保长保管，专供该联合保奖恤及临时必要费用。其支出应呈由区主任转请委员会核准行之。	保甲内住民有勾结奸人、窝藏共匪或故纵逃脱者，依刑法特别法令解送执行机关从严惩办。保甲职员滥用职权或贻误要公者，区长得按其情节呈请市政府从严处罚。各保甲区域住民如有规避推举，或拒绝机加盟保甲规约，或违犯保甲规约所订事项，或不服从保甲长之征集分配任务者，得按级呈准委员会惩罚之。其罚则由委员会议定呈准后公布之。保甲职员如有滥用职权或贻误要公者，惩罚之。倘属办事务力或成绩优良者，奖励之。其惩奖办法由委员会另行订定之。

材料来源：中国第二历史档案馆藏《广东省编办保甲章程及实施办法，广州市编组保甲实施办法》（汪伪），案卷号：二〇—〇-6358；广州市档案馆藏《关于抽查、复查户口及整理保甲暂行办法》，案卷号：临3-1-511；广州市档案馆藏《广州市保甲委员会保甲编查条例》，案卷号：7-11-101。

由上表反映出的伪广州市政权前期、中期、晚期的不同保甲政策，我们从中可以发现其对广州市统治的一些变化趋势和特点：

首先，联保办公处成为必设机构，并被赋予实权。汪伪统治前期的保甲编制，继承了抗战前国民党政权的办法，不将联保作为一个层级，各区根据实际情形决定如何划分之："各保甲区域应就辖内各保户数、人数、地方情况，划分若干联保区，设保长联合办公处若干处，由联保区内各保保长互推一人为主任。"联保主任虽对各保事务负总责，但不干预各保具体事务："领导联保各保负保长应办职务之总责。但各保应行举办之事务仍由各该保长负责办理。"中期时，联保办事处是必须要设置的一级，"每十保合为一联保，设联保长一人，并设联保办事处。倘不满一联保者，六保以上得另编一联保，五保以下应并入临近之联保。"而且联保实起到承上启下的作用："主任受区主任之指挥监督，保长受联保主任之指挥监督。"后期为集中事权，伪政权进一步扩大联保编组；"每二十保为一联保办事处，设联保主任一人，倘不满一联保办事处者，十保以上得另合一联保办事处，十保以下应并入临近之联保办事处。"这种层级统治的方式，无疑加强对基层社会的控制能力。

其次，保甲行政人员逐级推免，从"户"到"区"的层级进一步清晰。汪伪统治前期只有甲长、保长的推荐任免："甲长由本甲各户长公推，保长由本保各甲长公推，均就本保甲住户中选推，不限于户长甲长；市政府查明保长甲长不能胜任或认为有更换之必要时，得令原公推人员另行改推。"中期政策进一步规定："联保长由该联保区内各保长公推之；联保长、保长、甲长任期一年并得连任。"汪伪政权后期，又增加了区长的任命："区长由本区内各保长公推之。但保长被推举为区长后，其原有保长一职，应由联保内各甲长另行推举，所遗甲长遗缺，亦照规定办法另行推选之；委员会查明区长、保长、甲长有不能胜任者，或认为有更换之必要时，得令原推举人另行改推。"汪伪广州市通过保甲编制，将从"户"到"区"的层级连通一气，从而使政令的上传下达有顺畅的可能。

再次，对保甲行政人员资格的规定更加严格。在中后期，汪伪政权除规定

"不识文字者、褫夺公权尚未复权者、禁治产者、吸食鸦片或其他代用品者"等，不得充任保甲长外，还增加了"政府机关公务员、有危害治安行为之虞曾受刑徒之宣告者、无正当职业或无恒产者"，均不得充任保甲长的规定。而且在后期，汪伪政权还将保甲长的年龄规定降到 20 岁。这与战时国统区对保甲长年龄要求越来越高之规定恰好相反。国统区为保证兵源，甚至规定 35 岁以下不得充任保甲长。像广州这样的城市不是兵源的主要来源地，反而保甲长人选难求，放宽年龄的界限显然是汪伪政权的因时之法。

最后，加强了民众的连带责任。汪伪前期的保甲制度因袭了抗战前国民党基层的保甲规章，没有对连带责任的规定。中后期的广州保甲组织就明白规定了联保连坐，要求："各户长除以上项规定一律遵守保甲规约外，应联合保甲内户长三人以上共具联保连坐切结，声明结内各户当互相劝勉监察，不为匪、通匪或纵匪，如有违反之户，他户应即密报，倘瞻徇隐匿，联保各户愿负连坐之责。该甲长亦应在其联保连坐切结上签押。每结分填五份，由甲长收齐递转保长、联保长、区主任，转呈委员会分别存查。"

汪伪广州市在前后期保甲制有所改变，步步加紧控制基层社会民众的基础上，保甲行政工作方面也有一些具体的内容：

第一，利用保甲组织进行户籍清查，进而严控户口异动。1941 年 2 月，汪伪广州市府要求对杂居户类人口变动实施严格报告制度。所谓杂居户类，即指"酒店、旅店、旅馆、客栈、妓馆、妓艇、车夫馆、祠堂、试馆、平民宿舍而言"。伪广州市省会警察局要求各分局，就所辖范围内之杂居户类，按日造具报告表呈缴省会警察局，以备"随时查考或即时派警抽查"。[①] 对在医院留医之病人采取同一要求："除日本人设立之医院由本局协商后再行办理外，所有本国人或第三国人设立之医院"，均应"按日将留医病人开列，报告该管分局，以备随时派警检查"。[②] 其后，汪伪政权还规定：留客寄宿及其别去，或家人出外常夜不在家内住宿及其归来时，甲长知甲内户口有异动时，"除由甲长速报保长转呈区长即警察

---

① 广州市档案馆藏：《杂居户类人口变动报告表记载说明》(汪伪)，案卷号：7-8-325。
② 广州市档案馆藏：《医院填报留医病人须知》(汪伪)，案卷号：7-8-325。

分局外，遇有形迹可疑之人潜入时，应即详查，如认为确有妨碍地方治安或风化之虞者，须立即报告警察分局为必要之处置"。① 这是汪伪更强力控制基层社会在政策上的显现，也显示了其对基层社会无序的担忧。

在户口异动方面，汪伪政权要求所有迁入迁出者，"均应依法填具迁徙声请书，声请登记"。除"迁居于同在本市警察分局辖内时毋庸另觅保证"外，所有迁出、迁入者，都需要寻觅保证人具保。如"民户由市外迁入时，应于迁入前四日觅具保证，由该管分局核发'迁入证'，方得迁入"。② 清查户口时，如"发觉某户尚未申报户籍，而其理由又不充分者，应着该户离境，而该段甲长亦应着即连带离境，以示惩戒"。③ 由此可见，其对户口管理是相当严格且具有军事性质的，然而成效甚微。有学者就认为："由于广州市民的抵制，加上战时流动人口多，日伪当局从未查清广州市民户口，乡村户口更是查不清，所谓保甲制不过徒具形式而已。"④

第二，利用保甲组织进行反间谍活动，是汪伪广州市政权打击抗日军民力量的重要手段。1941 年，汪伪广州市府制定了《广东省会警察局夜间空袭防杜敌间活动实施办法》。它注意到在夜间空袭的时候，有许多"间谍"趁机活动，不仅扰乱民心，更趁乱进行"破坏"。该办法为防杜"敌间"趁夜间空袭时出来活动，除要求各分局在各自辖内设置瞭望台监视各属地区内有无异动和"敌间"活动外，同时也要求各保甲长应充分发挥监察作用。它指出，在敌人夜间空袭时，各保甲区主任应即召集辖内各保甲长举行清查户口会议，指导各甲长限于会议完成翌日起，三日内重新将甲内户籍人口确实查明，并设置专簿记载。凡遇有下列情形者，应立即报上级复查核办："1. 户内成年男子有不尽不实嫌疑者；2. 未经申报户籍者；3. 无正当职业而不明其生活费来源者，户口人数增减无定出入等流品庞杂形迹可疑者。"同时，各甲长应对辖内殷实之家陈明厉害，"晓谕敌间活动与

① 广州市档案馆藏：《广州市保甲委员会保甲编查条例》（汪伪），案卷号：7-11-101。
② 广州市档案馆藏：《广东省会警察局修正处理户口异动办法》（汪伪），案卷号：7-8-325。
③ 广州市档案馆藏：《汪伪广东省会警察局局务会议录》（汪伪），案卷号：7-8-270。
④ 左双文：《华南抗战史稿》，广东高等教育出版社 2004 年版，第 75 页。

危害公安之切身关系"，从而要求其共同防范协助。[①]

另外，这一"实施办法"还要求：凡遇夜间空袭警报发出时，应由保长督饬各保甲长出勤于甲内，先择便于瞭望而易隐蔽之地点潜伏，注意窥察该管各户有无异动，倘察觉有发放信号或可疑举动者，应即以最迅速方法报知分局，施行家室搜查；各该段值勤长警及保甲防卫团，应专责担负巡察各街道及街内之空室、烂室、厕所，如果发现有人潜伏在内，概须施行身体检查及地面搜检，并带交附近马路之警戒岗指定地点予以监视，倘无携带可疑物品，比俟解除警报才准予以自由；各岗警及防卫团巡察各街道时，并须注意所经各户有无燃点灯火，或者登高、或者凭栏瞭望之情事发生，如有发觉，察其属尚无"敌间"嫌疑时，也应立刻制止之。另外，它还采取了重奖重罚的措施：保甲长如能根据情况切实执行法则，努力从公，严守秘密，并能当场破获"敌间"者，予以从重奖掖；"倘在规定应办事项而敷衍塞责，致所辖地区范围内为'敌间'乘机活动"者，则会受到从严惩治。[②]

此办法几乎是要求保甲长全民皆兵，共同为防杜空袭时的间谍活动做出牺牲。同样，它将保甲长置于民众的对立面，要求其对有任何嫌疑之分子采取极端措施——人身搜查和逮捕羁留等，反映了当时敌伪视百姓为敌间而对之实施严控审察外，也说明伪政权已将保甲长作为政府职员来管理任用。然而，保甲长们只有责任义务，并无特别权力，也没有与之相适应的优待，他们对这一办法的实施并不热心，因此其效果未必能达理想。当然也会出现另一种情况，就是这一办法规定的紧急处理权甚大且无十则惩戒，难免有保甲长会乘机公报私仇或要挟百姓，以达个人目的。

在利用保甲控制城市基层社会与民众方面，汪伪治下的上海市的做法，也同广州同出一辙。如上海的保甲制度规定："每一保甲区均须特组自卫队，派员不断值班，以防罪行之发生。公共租界内之中华民国公民，咸须遵行保甲制，每区派员十至十五人，共组织保甲筹备委员会。每一店铺与住宅均为一户，设户长

---

① 广州市档案馆藏：《关于抽查、复查户口及整理保甲暂行办法》（汪伪），案卷号：临3-1-511。
② 广州市档案馆藏：《关于抽查、复查户口及整理保甲暂行办法》（汪伪），案卷号：临3-1-511。

一；每十户为一甲，设甲长一；每十甲为一保，设保长一。每户各领保甲证一纸，悬于大门明显处。住户则由警务处发给市民证，此证人人咸应常藏身畔。每一保甲机关，对于居民人数、迁移与生死事宜，实当登记。""凡违背保甲规约或调查户口条规，及疏于所担任务、滥施职权、行为不检、扰乱治安，或未获许可而协助任何人之行动者，同样处罚。"① 甚至在法租界，也同样开办保甲编组事宜，设立守望厅，军事性质非常明显。并规定二房东不得拒保，否则依法严惩。② 另外，汪伪上海的保甲还设立卫生处，作为保甲制之卫生部分，"平时促进本市卫生状况，防空时负充分急就之责"③。这几乎是动员一切可以动员的力量，来完成其严控基层的目的，其对于基层百姓则要求无条件、无报酬地做"贡献"。

汪伪广州市政权虽然对保甲制度异常重视，并强力实施，但在其统治广州的后期，其保甲制度的办理还是遇到了诸多困难。究其原因，汪伪广州政权认为这主要是由保甲行政人员的不积极、不合作，甚至是消极怠工造成的。如 1945 年 5 月，广州市保甲委员会对广州市警察局称："推进保甲，首在领导者之能否努力。现查各区主任，每多敷衍塞责，影响保甲推进至大。"④ 有鉴于此，汪伪广州市保甲委员会拟定了《强化保甲机构及推进工作草案》，要求各区进一步强力实施保甲制度。

首先，该草案要求各区正副主任应严密稽查区内之保甲长，倘有不负责任、不能胜任，或缺悬日久迄未补委者，务即予更换，由区另行指派该甲内居住之品行端正，而又能负责之居民充任。对于不愿充任者，"各该区要体察地方现实环境，先分别予以'劝导'、'申斥'、'警告'，如仍不接受，即予以拘留，甚或勒令出境，以为战时体制之下人民不肯尽义务者儆。"另外，各区对于离职或辞职未补之保甲长，也应该查明委补，以使保甲机构健全。

其次，该草案提倡编并甲户。它认为市区已有一些保甲区的保甲编查不合规定，如"各区辖内各甲之户数，间有只得四户或五户而编成一甲者，亦有一甲而

---

① 《公共租界保甲制度协助警方维持治安》，《申报》（汪伪）1942 年 3 月 11 日。
② 《二房东不得拒保，否则依法严惩》，《申报》（汪伪）1942 年 6 月 11 日。
③ 《拟设卫生队数十处附属于保甲组织》，《申报》（汪伪）1942 年 8 月 11 日。
④ 广州市档案馆藏：《传知强化保甲纲要由》（汪伪），案卷号：7-11-240。

编至十六户至二十二户者"。对于这种情况，各区正副主任应查明现经拆毁或复建之户号，予以编并，使之符合规定，进而确实保甲户口。

再次，该草案要求严格训练保甲长。与以往保甲长的训练主要集中于具体操作训练不同，它提出本次的强化保甲运动，是要求对保甲长以"精神训练为主要"，其训练要目有：和平反共建国之国策、市民对保甲应有之认识、保甲长目前应负之责任与应做之工作等。其具体办法则是将全市分为东西南北中五个地点，每周集中训练一次；其训练人员，由保甲编查委员会秘书、各组组长、各区正负主任担任轮流训练。必要时将集中全市保甲长于中山纪念堂，实施总训练，并由保甲编查委员会主任训话，"务使各保甲长得有深刻认识与了解"。

复次，该草案提出扩组防卫团。广东被日军占领伊始，日伪政权即在广东划分"清乡区"，并在"清乡区"各县市编组保甲防卫团，"以增强人民自卫力量，辅助军警、防剿匪共、维持地方治安"。1943 年 10 月 6 日，汪伪广州保甲编查委员会出台了编组防卫团法案，饬各区克日征集壮丁，组织保甲防卫团，并以保甲区主任兼任大队长，联保长兼任中队长，保长兼任分队长，甲长兼任班长等。不过，汪伪政权的防卫团编组及其工作的开展效果并不明显，民众对此毫无兴趣，常常无故拒不出勤。为进一步发挥防卫团的军事性能，维护地方的秩序安宁，汪伪保甲编查委员会又要求各区重新编组保甲防卫团："以每户抽派一适龄男子（十八岁以上四十五岁以下）负责防守为原则，暂分为两个时期实施。第一期先从商店实施，第二期再普及于各户"。汪伪在编定防卫团后，又要求各区随即召集这些团员加以相当训练，以适应战时体制，协力维持治安；对其不从者，则"由各该区正副主任体察情形办理。"这一规定是可怕的，因为在战时体制下，酌情办理往往也是随意办理，对于不听从政令者的处罚总是最严厉的。显然，汪伪在办理保甲团防的过程中，具有不可避免的暴力成分。

最后，该草案注重整理户籍。汪伪政权统治广州的后期，虽经保甲编查委员会制定复查户口办法及整理户口异动办法，并严饬各区遵办，但办理的实际效果并不明显，内各区之户籍和警察分局之户籍甚不相符。此次汪伪政权在强化保甲等，提出警察分局协助整理户籍。它要求各区正副主任严格督导所属，予以整理，分别校正，以后办理户籍工作也不得间断；并规定"以此事为各保甲区正副主任考成，倘仍有敷衍塞责，一经察觉，即予免职。庶几今后得有准确之户籍，从而治安可得而确立。"①

由以上强化保甲的规定可见，汪伪统治广州后期，为进一步汲取政治资源，加强对基层社会的控制，伪市政府已经撕去了其前期稍许的温情面纱，而是赤裸裸的以"战时体制"为借口，强制执行其严酷的保甲政策：保甲制度之最要者，一在动员民众利用保甲组织，展开民主动员，如献金、防空等。二在强化统制，"为期物资收买及配给之普遍，非利用保甲力量之协助不为功"。② 为此，它采取了严密训练保甲长、对其进行精神"教育"，对不任职的保甲长进行惩罚，利用防卫团的军事性质严密控制全市人民，以及整理户籍，重新编并甲户等措施。这些都是国家权力对地方社会强力渗透的表现，而其目的也就是要稳定社会治安。这恰好从反面说明了在汪伪统治的后期，即使其强力控制下的广州市，治安状况也潜伏着很大的危机。

在汪伪统治广州时期，其保甲政策反映出其统治策略，具有战时的强制性和利己的随意性，这也凸显了其殖民统治的特色。

第一，保甲经费征收政策的多变特点，暴露了汪伪政权统治的强制性及其勒索敲诈的本质。根据汪伪中央《省保甲经费收支暂行规程》规定，办理保甲之经费是由地方公款及人民捐输而来的。1943 年 4 月，汪伪中央行政院颁布的《各县保甲经费收支规程》③ 又规定："保甲经费每保每月以五十元为限，其用途如次：一、保长办公处纸张、笔墨、灯火及其他必要之费用。二、保甲会议与壮丁集合训练时之茶水。三、保甲长及派人因公外出之费用。四、应分摊之联保办公费。"其经费的来源则是："一、原有地方公款或公款、公产收益。二、如无前项收入或收入不足定额时，得由保甲会议决议就住户中有力负担者分别征收，以足定额

① 《强化保甲机构及推进工作草案》，广州市档案馆藏：《关于抽查复查户口及整理保甲暂行办法》（汪伪），案卷号：临 3-1-511。
② 汪伪中央社：《健全保甲制度的急要性》，广州《保甲周刊》，创刊号，1945 年 3 月 16 日。
③ 汪伪行政院公布：《各县保甲经费收支规程》（1943 年 4 月 8 日），中国第二历史档案馆编：《汪伪国民政府公报》（8），第 471 号，江苏古籍出版社 1991 年版，第 5 页。

为限。但每户每月至多不得超过五角，各项征收之款，均应发给收据为证。"对保甲经费的征收保管，它则规定："保甲经费以保甲长负经手之责，保长负汇收及初查之责，区长负复查及审核之责，县政府负抽查之责，联保主任负保管之责。"在保甲经费经手收支人员中，"如有浮收、滥支、侵吞等情弊，一经查明或被举发，由县政府依照法令严行惩处"。另外，它还规定："壮丁队协助军警戒严、抵御土匪时，必要之供养得先就保甲经费条款挪用，不足时得经保甲会议决定向本保内殷实住户及商家募捐支用。"这样的规定无疑给地方保甲行政人员向保内殷实住户及商家"募捐"开了方便之门，为他们的这种搜刮行为披上了合法的外衣。

在汪伪广州市编查保甲的过程中，它曾要求各区依照警捐额之四成征作保甲经费。但在不同时期，特别是政府加强保甲编查时，它还会加征保甲经费。如1943 年 7 月，伪广州市在开展大规模保甲编查时，鉴于所需经费为数甚巨，乃要求除征收警捐额的四成外，还要补充征收经费。其办法是："（一）收保甲租捐一个月，（二）保内落实绅商特别捐助，（三）省市税捐附加保甲经费二成，以资挹注，如有盈余，拨充各县举办保甲经费。"[①]这种临时经费的征收是不合规定的，加重了民众的负担，特别是保内绅商更是要多掏腰包。同年 9 月，广东省会警察局拟定出《广东省会警察局所属各分局代办劝募保甲区内殷商特别捐助保甲经费实施办法》。它要求广州市各保甲区就所辖区内稍具规模之殷实商店富户，"分段分日召集到分局开座谈会，由分局长或保甲区副主任，或由保甲编查委员会派员参加，将施行保甲意义，及实施保甲制度与市民福利之关系暨市民捐助保甲经费应尽之义务，逐一详加阐述，然后劝募踊跃特别捐助一次过保甲经费"。[②]这种临时特别捐虽然没有具体数额的限制，但殷商富户在座谈会上要表个态，并要在警察分局准备好的簿册上签名盖章，写出自己愿意捐纳的数额。随后广州市保甲编查委员会即按照姓名、认捐金额填备捐款收据，由分局分派人员携带这些收据赴各户收取捐款。这一规定虽要求自愿特别捐助，但无疑带一定的强制性，有敲竹

---

① 广州市档案馆藏：《关于征收保甲经费》（汪伪），案卷号：33-1-878。
② 《广东省会警察局所属各分局代办劝募保甲区内殷商特别捐助保甲经费实施办法》，广州市档案馆藏：《汪伪广东省会警察局有关征收保甲租捐的训令》，案卷号：7-8-285。

杠的嫌疑。

另外，为了调动保甲经费征收人员的积极性，汪伪广州市警察局于1943年10月还规定："将保甲经费的5%留作各经手机关的办公费和经办人员的奖金，其中省会警察局占其中的60%，广州市保甲编查委员会和广东省警务处各占二成。"① 这一规定显然违反了汪伪保甲经费收支章程中关于经手人员无偿服务的原则，必然有助于提高警察部门征收保甲经费的"积极性"，一般民众和绅商的负担也会随之而加重。

第二，由警察机关全权负责保甲行政工作的做法，显示了汪伪广州政权统治的殖民地政权性质。从本质上讲，纳于自治的保甲行政是民政工作的一部分，但鉴于抗战时期的特殊性，战前国民党亦曾提倡警保合作，以共同控制基层社会秩序。然而，汪伪广州市的保甲行政作为维护治安工作的一部分，则完全由伪警察系统控制。伪广东省会警察局一向视其为警察部门的属下工作，即视各保甲办公处为其协助机构。同时，它还将各分局办理保甲的成绩保甲长考成的标准。如1944年5月8日的广东省会警察局第一百五十七次局务会议就称："关于运用保甲问题，我们要知道，保甲系协助我们维持治安者，如果我们能善用保甲，对于我们工作帮助甚大。所以各兼区主任，今后要发挥自己能力，确实去做。"各分局长运用保甲时应严格保甲长的人选，考核其办事能力，"如果认为某一保甲长不能做事，应即另选。嗣后，如任何一甲内发生案件，应将该甲长惩办，不可姑息"②。

由前述可知，汪伪广州市的这种警保密切联系的程度，大大超过抗战前国民党统治的任何时期。抗战前的国民党政府虽然也设有广州市保甲委员会，并由市长兼任该会主任，而且其省会警察局也要求各分局长，应与保甲委员会随时密切联络，以促进保甲工作之推进。但由于该会没有下属机构，在各区也没有专职工

① 广州市档案馆藏：《汪伪广东省会警察局有关征收保甲租捐的训令》，案卷号：7-8-285。
② 广州市档案馆藏：《汪伪广东省会警察局局务会议录》，案卷号：7-8-270。

作人员，^① 因此，其主要工作还是制定一些章则条例和考察各区保甲制度的推行情况。广州市沦陷后，伪广州市保甲行政的主要业务虽名义上由各区区主任兼理，但实际上由伪广东社会警察局各分局具体操办。由此时起，从户籍的管理、保甲经费的征收使用，到各区保甲长的管理等事项，都是警察分局负责的。这样一来，广州市的保甲制度，只是汪伪警察机关控制下的一个供其驱使占领区内民众、维护其殖民统治秩序的工具而已。

---

① 虽然广州市保甲编查委员会曾要求在每一保甲区内组设编办处，与该区警察分局联络，协力筹办该区编组保甲事务。但这时已经是汪伪统治广州市的末期，将该条例未能付诸实施。参见《广州市保甲编查条例》，广州市档案馆藏：《广州市保甲委员会保甲编查条例》（汪伪），案卷号：7-11-101。

第八章 宗族势力与广东保甲制度的推进

　　传统中国社会是一个宗法社会。在以宗族为主导的传统乡村社会里，宗族势力对国家的乡里制度有着能动性。中国历代政府在治理乡村时，总是积极利用宗族在管理传统乡村社会中的作用，希望以此来维持其在乡村社会的稳定统治。然而，"宗族是一种独特的社会意识形态，也是一种独特的社会经济关系"①。强宗大族会对国家在乡村中的管理起到一些稀释作用。这一点在国家政权积弱时表现得尤为明显。

　　民国时期，宗族在乡村社会中仍然强势存在，并在乡村生活中起着极为重要的作用。同样，国民政府成立后即着手加强对乡村社会的控制，力图通过其基层社会的政权组织形式——保甲制度将其意志贯彻到基层，以便更有效地动员基层社会的人力物力，这一趋势在抗战爆发后进一步加强。于是，国家权力代表——保甲制度与传统乡村势力——宗族势力则不可避免地发生了颉颃：国家一面要利用宗族的力量维持乡村的秩序，一面又是担心宗族势力的扩展会影响其对基层社会的控制；宗族势力一面要配合国家的乡村行政，以维持其治理秩序，一面又对国家政权的挤压表示不满，努力维持其原有的利益和生存空间。这一时期国家和地方宗族在乡村社会层面既合作又冲突的关系，构成了战时乡村政治的一个特色。在广东这样一个强宗大族普遍存在的地方，两者的冲突尤为明显。概而言之，抗战时的宗族势力与保甲制度二者相互影响、相与为用。

---

　　① 　科大卫、刘志伟：《宗族与地方社会的国家认同——明清华南地区宗族发展的意识形态基础》，《历史研究》2000 年第 3 期。

第一节　传统乡村社会治理中的宗族与保甲

宗族是一个建立在血缘基础上的相当稳固的团体，其内部有严密的等级限制，也有不同的权力分布。在传统中国社会里，敬宗收族的观念深入人心，先有家族后有个人。孙中山说："敬宗亲族的观念，深入了中国人的脑筋，有了几千年。国亡他可以不管，以为人人坐皇帝，他总是一样纳粮；若说到灭族，他就怕祖宗血食断绝，不由得不去拼命奋斗。"①

在宗族势力存在于乡村，并时刻影响着乡民活动的同时，国家力量也一直有所显现。可以说，在传统中国乡村社会治理中，从来都存在着国家的权力，同时也存在着地方的自治系统。傅衣凌曾指出："中国传统社会的控制系统分为'公'和'私'两个部分。国家政权对社会的控制，实际上也就是'公'和'私'两大系统互相冲突又互相利用的互动过程。"②此处所言的"公"与"私"两大系统，即是国家与乡族的双重控制系统。一方面是组织严密、拥有众多官僚、衙役的、凌驾于整个社会之上的国家系统。它依靠军队、法律等政治力量和经济、习惯等方面的现实力量，来实现其控制权；另一方面是乡族的势力却实际上一直对基层社会进行直接的控制。即如冯天瑜所说，以血缘关系为纽带的宗法组织，成为了"封建社会肌体的细胞群，封建王朝不可或缺的基层组织和赖以维系的支柱；由家族制度产生的族权是仅次于政权的封建时代的巨大权力系统"。③这一权力系统虽然在历朝历代有强弱隐显之不同，但它一直都存在着："虽然自先秦至秦汉，中国政治制度受宗法制度的制约有式微的趋势，但是自秦汉以降，乡里制度受宗法家庭的影响有强化的趋势也是事实。"④

乡村社会既然存在着"公""私"两个权力系统，就存在两者在利益上的冲突与合作，而且往往是多种权力交叉重叠，互相利用的。也就是说，一方面，保甲制度的最小也是最直接的构成单位就是家庭，它的基础就建立在家族制度基础

---

① 孙中山：《三民主义》，美加各界推广三民主义募印委员会 2003 年发行，第 57 页。
② 傅衣凌遗作：《中国传统社会：多元的结构》，《中国社会经济史研究》1988 年第 3 期。
③ 冯天瑜：《中国文化史断想》，华中理工大学出版社 1998 年版，第 42 页。
④ 赵秀玲：《中国乡里制度》，中国社会科学文献出版社 1998 年版，第 181 页。

之上；另一方面，如果从职能方面来看，宗族与保甲在维护乡村社会安定、教化族人、兴办地方公益事业方面，有着诸多相通之处。在事实上许多宗族族规的基本内容就是宣传人伦、崇孝悌、正纲常、安分睦族、无犯国法、完粮纳税等。这些族规具有封建法律的强制性，和国家法制不但不冲突，反而非常契合。另外，宗族势力也只有承认、甚至利用保甲制度这一官方行政系统之后，才能更好地生存。弗里德曼（Maurice Freedman）就曾提出过中国东南的宗族为了自身的利益而有意利用国家保甲组织的观点："为了共同的保卫目的，宗族成员结合在一起，形成保甲组织，负责招募地方武装，设置岗哨"，甚至将保甲组织处于宗族祠堂的控制之下。而且宗族内部的纠纷则主要依赖宗族自己来调节，"在国家的支持下，地方宗族通常是解决宗族成员纠纷的最大单位"①。有学者更以清末为例指出："清末国家行政权力的边陲是县级，县以下乡村社会的政治特征，是一个以保甲制度为载体、以宗族组织为基础和以士绅为纽带的乡村自治。"②这便是宗族与保甲最为有效的结合。

宗族势力和保甲制度的平衡稳定关系不是一成不变的。在国家强势控制乡村社会的时候，宗族的势力就相对萎缩；一旦国家势衰，宗族在地方事务中就会发挥更大的作用。比如，清政府就试图利用保甲制度来平衡或制约分散聚居在乡土社会中的任何一种社会力量的独立性发展，甚至把宗族士绅一度列为地方基层组织控制的对象。雍正朝时曾有规定，地方绅耆之家，一律和百姓一样按照保甲组织编次，听任保甲长稽查。萧公权就认为，清政府的这一政策是欲"藉保甲长之权力以压制绅权，免得士绅在地方上权势过大"。③对于国家利用保甲压制绅权之做法，"绅士们常常联合抵制，力求超越它的控制。就在反复而又艰苦的尝试中，清王朝将绅士阶层置于保甲制度之下的企图是很难实现的……而绅士阶层却在地方社会的控制中，既确保了自身的主体地位，又削弱了保甲制度的实际作用"④。

① ［美］莫里斯·弗里德曼：《中国东南的宗族组织》，上海书店出版社 2000 年版，第 84、86、145 页。
② 于建嵘：《乡村自治：皇权、族权和绅权的联结——清末乡村社会政治特征的诠释》，http://www.blog-china.com。
③ Hsiao Kung-Chuan；*Rural China：Imperial Control in the Nineteenth Century*，University of Washington Press，1960，p.69.
④ ［韩］金钟博：《明清时期乡村组织与保甲制之关系》，《中国社会经济史研究》2002 年第 2 期。

在清朝后期，由于外来入侵和内乱引发的团练的兴起，更促使了地方宗族士绅势力的加强。这时政府用于牵制宗族绅士力量的保甲制度，反而会沦为了宗族控制的工具。外国学者金钟博（김종박）、孔飞力（Alden Kuhn）等皆对此有较多的叙述：在"清代（团练）的交错纠葛的社会易变中，历史以极其平静的方式述说着绅士阶层社会控制地位的惊人变故。清朝精心设计的保甲制度在近代已沦为绅士们的工具。19世纪80年代的保甲制度，把保甲的一切权力明确地交付绅士掌握；只是在保甲的最低等级（牌和甲）保留了平民的地位，而在此之上（保）则由绅士领导，并设立了总揽全乡保甲系统的监督总绅。结果，保甲旁落到地方绅士之手的趋势，成了咸丰及以后中国农村的共同特征"。[①] 在传统宗族势力较为兴盛的地方，如在有强宗大族存在的地方，祠堂的作用可能比保甲还要大；甚至流行着"国法不如家法"，"乡评严于斧钺"的俗谚，可知宗法的森严与权威。[②]

进入民国后，宗族在乡村的势力虽有一定程度的削弱，但它始终存在着。1927年有人著文称，士绅阶层"有历史关系，有社会地位，取精用宏，根深蒂固，绝对不易动摇"。[③] 王先明认为："在20世纪前期剧烈的社会政治变革中，士绅仍然成为乡村权力结构的主体，只是此时士绅的构成却并非局限于功名、身份，其来源和身份已呈多元化趋向。"[④] 也有学者指出，清朝绅士成为国家与乡村社会进行沟通和交涉的中介，是他们在公共领域中维持着国家与社会的平衡。然而20世纪以来，"原来稳定的、控制局面的、平衡国家与社会的同质的绅士阶层，让位于相互冲突的、缺乏共同信念的、破坏国家与社会原有关系的异质的'地方精英'，包括传统的绅士、绅商、商人、军事家、教育家和土匪首领等各种'职能性精英'"[⑤]。总之，民国时期乡村宗族的构成和势力虽然有所变化，但其强势存在一直是民国乡村社会政治生活的一个突出表现，国民党中央政府和各地政府都

---

① ［韩］金钟博：《明清时期乡村组织与保甲制之关系》。金钟博此处的论述可能借鉴了孔飞力的观点，因为孔飞力有几乎是同样的表达。参见［美］孔飞力：《中华帝国晚期的叛乱及其敌人》，中国社会科学出版社2002年版，第227页。

② 冯尔康：《18世纪以来中国家族的现代转向》，上海人民出版社2005年版，第46页。

③ 静守：《总理逝世两周年纪念中的湖南农民运动》，《湖南民报》1927年3月24日。

④ 王先明：《士绅构成要素的变异与乡村权力——以20世纪三四十年代的晋西北、晋中为例》，《近代史研究》2005年第2期。

⑤ 强世功：《法制与治理——国家转型中的法律》，中国政法大学出版社2003年版，第28、34—35页。

不能够越过宗族而施政。在乡村中，国家力量的代表——保甲制度和宗族势力的
颉颃仍在持续。

第二节　广东地方政权对宗族势力的利用

广东乡民聚族而居和宗族势力强大，是学界的共识。如佛山自明以来，"民
族之繁，不可胜记……世家大族，蝉联雀起，乡望乡事，均有关系"。[①]且"粤地
多以族望自豪"，[②]人们热衷于敬宗收族，以发展宗族势力。广东宗族势力的发展
甚至溢出了粤地。如在湘粤赣交界客民集聚的五指峰乡，其宗族大姓（28个姓氏
分为83族）之祖先"来自广东的共有63个，约占总族支数的76％"。[③]

民国时期，广东宗族势力之强大，首先表现在至少有4/5的农民"与他们的
宗族生活在一起"，从而形成了共同利益和宗族意识。1926年7月，国民党人在
广东乡村的调查资料支持了广东农村聚族而居的这一历史特征："广东平常同一
姓的人，常是三四千人在一个村子里面居住，村内成连环形道路同城市里面的街
道一样。有时一个村内居住有七八万的同姓人。东江连平的颜、谢二姓，十六万
人在一条村内居住，占二百多里的地方，结果弄到同姓结婚。"[④]

和北方宗族是与村落重合或者是村落内部的社会单元的特征相比，南方之宗
族也和村落明显地重叠在一起，"即使不止一个宗族，但是每一个宗族都明显的
占据着村落的一个部分，几乎没有杂居的近邻"[⑤]，许多宗族甚至超越于村落之上。
宗族成员之间有着巨大的共同利益，比如他们共同拥有的族田，就因为其数量巨
大而与每个成员的生活息息相关。陈翰笙曾指出："在长江流域的各省当中，没
有一个省的族田所占比例像广东这样多。在长江三角洲的无锡县，族田仅占耕地

① 汪宗准修、冼宝干纂：《佛山忠义乡志》，民国十五年刻本，卷9，氏族，第1页。
② （清）吴荣光：《佛山忠义乡志》，道光十一年刻本，卷5，乡俗，第3页。
③ 刘劲峰：《赣南宗族社会与道教文化研究》，国际客家学会、法国远东学院、海外华人资料研究中心2000年版，第171页。
④ 《广东农民运动概述》，《农民丛刊》第2卷，1926年7月。
⑤ 陈翰笙：《中国南方的农民问题》，转引自［美］莫里斯·弗里德曼：《中国东南的宗族组织》，上海书店出版社2000年版，第2页。

面积的 8%；但在广东的惠阳县……却有 1/2 的土地属于宗族。"1933 年陈翰笙曾对广东 17 个县做过实地调查，按照最低的估计，广东约有 4200 万亩耕地，而族田和其他公田要占这一面积的 35% 以上，[①] 这当然包括了属于宗族成员共同拥有的学田和村田。这些共同的利益，使得宗族成员维护着一个稳固的团体，并对外保持着高度的一致性。杜赞奇说这种一致性不时造成了地方上的不稳定状态："南方宗族的共同财产及超村级联系，成为乡村政治及冲突的根源，它不仅沟通向上浮动的渠道，而且保护同族弱者，并具有北方宗族所缺乏的共同意识。"[②]

广东宗族势力的强大还反映在其械斗频仍上。械斗是指一个宗族为了保护自身的利益而与其他宗族发生的武装冲突。据中共在广东的调查报告显示，械斗是"广东乡村里的人最喜欢做的一件事。"一个宗族的成员受到其他宗族攻击的时候就会发生械斗，甚至其他一些睚眦小事也会引发大规模的械斗行为。频繁械斗的结果，是各个宗族内部保持着强大的凝聚力和有着武力存在，并对其他宗族保持戒备。弗里德曼甚至说，许多宗族一直保持着要同别的宗族战斗的姿态。[③] 械斗不仅扩展了宗绅势力，而且也进一步加强了小民对宗族的依赖性，从而使其在乡村的控制能力强势发展，加深了农村封建割据的分裂状态；甚至由此造成强势宗族各霸一方，不许异族染指，以至于敢抵制官府的状况。这显然是一种不利于保甲制度推行和国家权力下沉的宗族阻力。[④] 郑振满对闽南地区社会的研究后指出："清代闽南乡族械斗的社会实质，在于争夺对基层社会的控制权。……由于清朝政府未能对基层社会实行直接的统治，自然也就不可能正本清源。"[⑤] 各宗族间的械斗，其善后多是在国家的支持下，由地方宗族自己来解决。

国民党人在广东乡村的调查指出，广东乡村民众的宗族观念异常发达，同姓人之间的关系更是尤为亲密，天大的事情都可以调和。如"前两个月顺德第五区禾村乡同南海第九区发生械斗的事便是一例：南海的人到顺德去掘沙，逢至顺德

① 陈翰笙：《解放前的地主和农民》，中国社会科学出版社 1984 年版，第 34、38 页。
② ［美］杜赞奇：《文化、权力与国家——1900—1942 年的华北农村》，江苏人民出版社 2006 年版，第 81 页。
③ ［美］莫里斯·弗里德曼：《中国东南的宗族组织》，上海书店 2000 年版，第 145 页。
④ 谭棣华：《略论清代规定宗族械斗》，《清史研究通讯》1985 年第 3 期。
⑤ 郑振满：《清代闽南乡族械斗的演变》，《中国社会经济史研究》1998 年第 1 期。

的人拜山，看见南海的人掘了他们的祖坟，当即回去搬了很多农具来打南海的人。打时顺德人的口号是"刘关张三姓的人联合起来！"于是南海方面，姓刘、姓关、姓张的立即跑开。顺德的人等到南海刘关张三姓的人跑后，这才开枪打非刘关张三姓的人。刘关张三姓的人是永远不通婚的。……所以广东人的氏族关系实大于他们的地方关系。"①

土客冲突实质上也是宗族械斗。这是东南一些省份比较独特的"景象"，其中又以广东最为突出。这是由于广东客家人较多，他们在发展的过程中时与土著冲突，双方长期不能相安而引发的结果。广东人对于土客关系分得非常清楚。要是某个地方的农会是现在本地人在里面组织的，客籍的人就不会加入；要是它是由客籍人方面组织的，本地人同样也不会加入。主客分别最主要的原因是：（一）生活问题；（二）宗法社会的传统观念。②土客冲突既是由土客争夺生存空间引起的，更是广东宗族势力强大而导致的宗族械斗的延伸。为了在冲突中取得优势，双方都完全动员了宗族的力量。政府很难正本清源，只能从中调节或采取隔离双方的政策。清代代表国家政权力量的保甲制度，曾竭力维护土客的和平共处。早在嘉庆年初年，时任广东巡抚的那彦成曾奏报说，广东博罗、永安二邑"民居错杂，有土籍客籍之分"。在客籍之中，"其祖又复不一，族别类殊，势难混一"。因此他提出："今欲编查保甲，势不能编客入土，又不便土客分编，显存形迹，致启猜嫌。"而应该委派"明干之员"分赴各都各约进行编查，每户编一小门牌，著明姓名、年岁、行业、弟兄、妻妾、子女及寄居人口，揭于各家门首。由每十户编为一大牌，设一牌长。"牌长若由官选充，则恐其不协人情，且土客之间稍存意见，弊易滋生"；故宜让一牌十户之内，土民客民共同保举一人充为牌长，"取具不敢祖土欺客及祖客欺土，众心允服，甘结缴具"。此后一牌之内，如果发生结盟拜把，盗窃不法及土客互仇等重大事情，由牌长飞报甲长、约正，再转报县政府即时查拿。③清代当时在东南沿海地设立保甲制度，是应对地方盗贼结合、绥靖维持地方安宁的一个重要措施。那彦成甚至将之应用于解决土客矛盾，这也

---

① 《广东农民运动概述》，《农民丛刊》第2卷，1926年7月。
② 《广东农民运动概述》，《农民丛刊》第2卷，1926年7月。
③ 刘平：《被遗忘的战争——咸丰同治年间广东土客大械斗研究》，商务印书馆2003年版，第297页。

反映出当时广东土客冲突的严重性。

1905 年科举制度的废除,使乡村士绅失去了通过考试晋升入仕的希望,他们纷纷改弦更张,进入城市寻找新的出路。"绅士城市化"的浪潮使传统乡村社会的结构发生了巨大变化:"他们逐渐离开乡土,走进城市从政、求学或经商,且愈有见识、愈具才干者愈加如此。留在乡村的多为一些年老力衰的绅士,一些爆发的、缺少文化的'土豪劣绅'逐渐兴起,许多并成了地方上新的头面人物。乡村成了一个被文化精英遗弃的地区,宗法关系淡化,地主与农民的冲突开始尖锐,广东乡村遂成为一个酝酿革命的温床。"①有学者甚至指出:"民国绅士实际上是指地方社会中有权有势有势力的一个群体,其权势的获得可能是政治的(政客),也可能是经济的(商人、文人),甚至可能是军事的(军阀、恶霸),却很少是文化的(学者、文人)。"②即使那时仍留在乡村的士绅,也开始蜕化变质,"新生的豪强、恶霸、痞子、无赖一类的边缘人,开始逐步占据乡村社会中心,作威作福,严重恶化了乡村的统治秩序和论理秩序"。广东珠三角地区在抗战时沦入日寇魔掌后,地方"乡绅更加趋于恶劣,乡村处于空前动荡和无序之中"。③

由此可见,随着晚清以来社会振荡的加剧以及 20 世纪 20 年代大革命运动的影响,广东的宗族势力一度受到了不小的打击。房学嘉在考察粤东古镇松口宗族时后指出:"在传统的宗法社会里,宗族共同体内一般实行大家族制管理。但在现实生活中,宗族由于房派间的矛盾,以及受生态环境诸因素之影响,一旦条件适合,族人常常'突围'而出,另谋拓殖。"而近代以来,作为宗族基础的族田,有很多已被出售或私分,这样宗族的约束力量必然大大降低。在房的考察中也发现,松口温氏、徐氏宗族的"蒸尝"被出售的情形。而"徐氏竟私分了公共财产的宗族尝产"。④在民国时期,广东乡村的宗族势力的确在一定程度上被削弱了。然而,其宗族的力量毕竟根深蒂固,不可能倏忽之间消失殆尽,有些宗族仍顽强

① 何怀宏:《选举社会及其终结——秦汉晚清历史的一种社会学阐释》,三联书店 1998 年版,第 422 页。
② 徐茂明:《江南士绅与江南社会(1368—1911 年)》,商务印书馆 2004 年版,第 329 页。
③ 王春生:《区域政治视角下的乡村治理——珠三角农村村制变迁及基层民主政治建设研究》,华中师范大学博士论文,2001 年,第 10 页。
④ 房学嘉:《围不住的围龙屋——粤东古镇松口的社会变迁》,花城出版社 2002 年版,第 17、63-64 页。

地生存下来。比如在宝安松元厦振能之陈氏宗族，虽在民国时期受到社会动乱和外敌入侵的冲击而一度有所削弱，但由其宗族强大的教育系统培养出来的族人，却仍然能够保证其在地方的地位和势力，而其部分远赴南洋谋生的族人又在成功后衣锦还乡，在原居地重新求田问舍，成家立室；宗族反而有复苏的迹象。因此，在抗战后陈氏族人筹资兴办振能中学时，连时任广东省政府主席的民国政要宋子文，也为振能中学撰写了"英才蔚起"的题词。由此可见，广东的宗族势力及社会影响尚存。[①]而在抗战前夕的番禺（今海珠区）下渡村，其宗族势力仍非常强大："族中有族长，乡中有乡长，乡长亦由村民共举，许多时候由族长兼任。""凡是由外迁来的人，只可居于客人的地位，村中大事没有资格参与的。"[②]

由以上分析可见，民国时期虽有部分乡村精英转移到了城市，然而国家政权也没有能够完全填补乡村精英流失而留下的空间，广东宗族的势力在整个国民时期依然是乡村的一种重要力量。这一力量的存在对广东地方政府来说，既能利用之以健全基层保甲政权，以为抗战服务，同时它的存在也会对国家政权产生一定的稀释作用。事实证明，广东地方政府对宗族势力的政策，是限制与利用并施。它力图通过宗族势力来稳定基层社会秩序，并以动员乡村人力物力服务于抗战为归依。而对广东乡村宗族势力的强大，政府在乡村治理方面不得不对之加以倚重和利用。宗族在控制乡里安定方面能发挥的作用，无疑是政府容忍其在乡村存在的主要原因之一。

美国政治学者塞缪尔·亨廷顿（Samuel P. Huntington）指出，"在一个只具有有限政治参与的体制内，传统的乡村精英分子的支持，已足以使政治保持稳定。"[③]刘晔也从政治学的角度分析说："乡村精英作为中介的重要性在于，他们既是社会主流价值理念（进而成为国家的价值理念）的感知者和认同者，也是乡村共同利益的代表者和维护者。他们体现了国家和乡村社会的相对分离，更体现了

---

① 沈成飞：《松元夏振能陈氏》，《保安史志通讯》，2005 年第 2 期。

② 伍锐麟著，何国强编：《粤海虞衡卅一秋——伍锐麟调查报告集》，国际炎黄文化出版社 2005 年版，第 396 页。

③ ［美］塞缪尔·P. 亨廷顿：《变化社会中的政治秩序》，王冠华等译，三联书店 1989 年版，第 267 页。

国家与乡村社会的某种合一。"①因此，清人冯桂芬就说："宗法行，而保甲、社仓、团练一切之事可行。宗法以人人有隶属为主，是亿万户固已若网在纲，条分缕析，于是以保甲为经，宗法为纬，一经一纬，参稽互考。""宗法为先者，聚之于家也；保甲为后者，聚之于国也。""今保甲诸法不行者，以无宗法为先也。"②由此可知，宗族族权在乡村中能起到基层政权所不能或难以起到的作用，关系广东保甲制推进甚大。

国家对宗族势力的利用和倚重是传统乡村政治的特点，其乡村政权——保甲制度就在编组中利用了宗族的形态。传统保甲编组要求保持十进制，然而现实中的编组往往并没有那么准确。到了清末，保甲编组中的"牌""十家"等的划分和编组就逐渐以宗族为基础。具体表现为："第一，一牌不一定非得有 10 家组成。第二，牌中往往包括居住并不相邻但却同属一族的人家。"因此，"到了 19 世纪末 20 世纪初，宗族势力与保甲组织相互混合，成为权力文化网络中的一个重要环节"。③在广东，由于宗族势力的发达，地缘组织与血缘组织的重合，保甲制度的划分与宗族中的宗、门划分完全重合，国家通过宗族组织征收赋税。④因此，有学者也指出："在粤省的许多地方，乡与族不分，故有保甲由宗族代理者，亦有团练与宗族保甲相配合、相比附而行者。"⑤

有鉴于此，政府事实上不得不承认，在基层社会的治理上有赖于宗族力量维护乡里的稳定。这不仅是因为民国政府羸弱的乡村社会组织不能承担宗法组织消亡后的混乱局面，而且在外患未除、军阀纷争，乃致国共纷争的威胁下，"民国政府无心、无力也无意于进一步削弱摇摇欲坠的政权基础，为其他政治力量造成可乘之机。相反，在国内分裂倾向日趋严重的巨大压力下，民国政府转向于扶

---

① 刘晔：《乡村治理的结构性变迁》，载陈明明主编：《革命后社会的政治与现代化》（复旦政治学评论第 1 辑），上海辞书出版社 2002 年版，第 365 页。
② 冯桂芬：《复宗法议》，《校邠庐抗议》，中州古籍出版社 1998 年版，第 168 页。
③ ［美］杜赞奇：《文化、权力与国家——1900—1942 年的华北农村》，江苏人民出版社 1996 年版，第 93 页。
④ 片山刚：《清明珠江三角洲的图甲制》，第 27 页，转引自［美］杜赞奇：《文化、权力与国家——1900—1942 年的华北农村》，江苏人民出版社 1996 年版，第 94 页。
⑤ ［韩］都重万：《清代广东乡治组织与团练之渊源》，引自阎纯德主编：《汉学研究》（第二集），中国和平出版社 1997 年版，第 365 页。

植、收买基层宗族势力，寻求政权与族权的结合。"① 有学者就认为，"从孙中山
到南京国民政府，他们对待宗族的一个共同的精神，就是承认它的合法存在，但
改革它的宗法性。他们的态度和政策，多属于意向性的、号召性的，而不是法
律、法令的强制实行，包括《礼制草案》亦复如此；在实践上着力不够，对民间
相当程度地放任自流"②。事实的确如此，蒋介石也曾在《中国之命运》一书中表
明观点："中国固有的社会组织，在血统方面，由身而家而族；在地域方面，由
家族而保甲而乡社。两方面的系统都很分明，两方面的训练和教育，亦最为古来
的贤哲所致力。由个人日常生活的箴规，推而至于家，则有家礼，有家训；推而
至于族，则有族谱，有族规。在保甲则有保约，在乡社则有乡约和社规。其自治
的精神，可以举修齐的实效，而不待法令的干涉。"③

　　秉承国民党中央的意旨，广东省府根据自身情况，在乡村政策的推行中体现
了基层政权与民间宗族势力相与为用的特色。在抗战时期的 1944 年 10 月，国民
党吴川县长詹士邦和中共人士曾专门召集吴、化、廉边地区的乡绅会议，商讨发
动群众，"建立各区联防队"协助政府抗击日军等问题。④ 由此可见，战时政府
对宗族士绅的借重还不可能一时失去，尤其是抗战时期，宗族势力在动员乡村人
力物力方面，给予国家的支持是非常重要的。在其他各省，地方政府也多倚重于
宗族的势力。如阎锡山在山西搞村政的时候也指出，"村治能否进行，政治能否
下逮于民间，关键在于正绅能否出任村长"⑤。而在江西，其民政厅提请省政府核
准备案的《关于清乡剿匪办法案》中，也有如下规定："1、遇必要时，警卫队部
及总团、区团、甲牌，均可遴选地方公正绅商协助办理。2、各区团款，准提用
原有公款，如有不足时，得召集地方绅商会商。3、抽收绅富米谷各捐，须由地
方绅商会议通过，拟具章程，呈由县长转呈该省政府民政厅核准后，才能开始征
收。4、各县警卫队官兵薪饷，以地方原有警备队、自卫军等公开拨充之，如有

①　杨婉蓉：《试论民国时期农村宗族的变迁》，《广东社会科学》2002 年第 2 期。
②　冯尔康：《18 世纪以来中国家族的现代转向》，上海人民出版社 2005 年版，第 281 页。
③　蒋中正：《中国之命运》，正中书局 1946 年增订本，第 61 页。
④　左双文：《华南抗战史稿》，广东高等教育出版社 2004 年版，第 106 页。
⑤　《阎伯川言论辑要》（第 3 辑），太原绥靖公署 1937 年编印，第 2 页。转引自王先明：《士绅构成要素的变异与乡村权力——以 20 世纪三四十年代的晋西北、晋中为例》。

不足时，得召集地方绅商会议，就地筹给。"①

同样，在日本人占领的广东部分地区，日伪基层政权也刻意利用当地的宗族组织。他们不但在攻占某一地区前先调查清楚该地方的强宗大族，以为其作战服务，并且在占领这些地区时要求他们出来成立"维持会"之类的组织，以维持治安。②如 1940 年汪伪广东政权建立后，就曾设法联络各地绅耆，并特别设立民政厅特务工作纲要，"派员分赴各地秘密调查目前政治尚未复员区域之地方绅耆及其行动；对于各地绅耆之素服众望、拥有实力而人品端正者，即行设法联络，收为己用，藉以增厚和平势力；利用地方势力消灭一切和平障碍，以期全省政令之早趋统一"③。这一点尤其表现在它对具有一定社会影响的、具有宗族势力背景的保甲长的拉拢上。其后，伪政权为更好地控制这些地方，并为达到"以战养战"的需要，常通过宗族的力量来征兵征粮、修筑工事等。笔者在三水大旗头村的调研中也发现，当时的村民并没有能力反对伪政权，即如当地的大族郑氏宗族也不得不应付伪政权的要求。④

然而，当时广州的一些地方势力多对日伪持抗拒态度。如 1946 年上半年，广州市政府民政科在调查报告中就称："各保长极少曾在伪政府时期服务"。服务者仅有："海幢区公所第五保保长梁柏二、洪德区公所第四保保长梁德、洪德区公所第六保保长何惠如、洪德区公所第九保副张子良。"⑤这份报告指出虽然汪伪广州政权没有能够大规模地利用地方的宗族势力，但其欲利用地方势力以稳定其统治秩序的意图却非常明显。

由此可见，无论是历朝的封建统治阶级，还是抗战时的南京国民政府，抑或广东地方政府，甚至汪伪地方政权，他们都认识到了在治理乡村社会中，宗族势

---

① 内政部第一期民政会议秘书处：《内政部第一期民政会议纪要》，沈云龙主编：《近代中国史料丛刊三编》（53），文海出版社有限公司 1989 年印行，第 16 页。

② 关于日伪政权"维持会"的研究，可参见潘敏在江苏等地的研究。潘敏：《江苏日伪基层政权研究（1937–1945）》。

③ 《广东省政府民政厅呈国民政府报告书》（汪伪），广东省档案馆：《日军侵略广东档案史料选编》，第 236 页。

④ 根据笔者 2004 年 9 月 24 日在三水大旗头村郑氏宗族的调查，内容为郑氏后人郑伯所介绍。

⑤ 《广州市政府民政科督导员领取通行证问题文书以及督导工作报告》，广州市档案馆藏档，全宗号 17，目录号 1，案卷号 80。

力扮演着不可或缺的角色。宗族势力虽然和官方的政治体系有所冲突，但这种冲突总是在可控的范围内，而其在维护传统乡村治理模式、弥补国家政权之所短的作用，却更为统治者所倚重。正因如此，宗族就能够与国家的基层政权同时共存，甚至互为补充、互相依靠、相与为用。

与国民党通过保甲制度利用宗族势力不同，中国共产党在社会革命及国家政权建设的过程中，对宗族组织形成了较为成熟的看法和对策。中共认识到宗族力量是一柄双刃剑，既可以同革命暴动实现有限度地结合，有时也会对暴动设置人为的壁垒。它可以很容易地使农民聚合在农会或暴动之中，也能很容易地分散、镇压农民运动。所以共产党在创立初期由于力量弱小，曾利用宗族内部以及宗族之间的矛盾来发展中共组织，以壮大势力。但由于宗族对其成员的规范，及其对当时处于"非法"地位的共产党组织的怀疑，它也对共产党在基层乡村的活动造成过一定的负面影响，尤对中共在乡村的发展形成一定的窒碍。[1]

整体而言，共产党对宗族势力还是以限制为主的，这一点尤其表现在中共力量较为强大的时候。不仅毛泽东将"家族系统"与封建的"国家系统""鬼怪系统"等同，视其为阻碍社会发展的绳索，[2] 而且中共还通过强大的政治实践来瓦解宗族组织在乡村社会的影响力。如 1927 年 5 月的《中国共产党第五次全国代表大会关于土地问题决议案》，就曾对宗族势力提出过一些解决方案。它指出："要破灭乡村宗法社会的政权，必须取缔绅士对于所谓公有的祠堂、寺庙的田产的管理权"，"使农民群众从封建宗法的剥削下解放出来"[3]。在实际操作上，共产党人从以下三个方面来瓦解宗族组织对基层社会的控制能力：通过土地改革，消除乡族势力的经济基础；通过阶级斗争，清除地方精英；通过灌输阶级意识，将原来人与人之间的宗法性定位转化为阶级性定位，如明确划分出地主、富农、中农、贫农、雇农。[4] 这样，

---

[1]　有关共产党早期的活动与宗族的关系，可参见黄琨：《中共暴动中的宗族组织(1927～1929)》，《史学月刊》2005 年第 8 期。

[2]　《毛泽东选集》第 1 卷，人民出版社 1991 年版，第 31 页。

[3]　中国社会科学院经济研究所中国现代经济史组编：《第一、二次国内革命战争时期土地斗争史料选编》，人民出版社 1981 年版，第 92 页。

[4]　张侃：《从宗族到国家：中国共产党早期的基层政权建设——以 1929–1934 年的闽西赣南为中心的考察》，《福建论坛》2002 年第 5 期。

通过对宗族势力的清除，以及自身基层组织的建设，中共就建立起了新型的基层制度，并形成了高效的动员能力。

虽然抗战时共产党因应形势发展，政策上曾做过一些变通，如既不采取镇压宗族势力的手段，也不没收其土地和财产。以至于战时"地主、缙绅仍然有很大的势力，甚至左右着这些乡村社会的政治、经济权力。特别是在中共建立'三三制'政权后，一些地主、绅士参与到各级政权中来，影响着中共政策在乡村社会的实施"。[①] 但这只是权宜之计，中共既定的限制打击宗族势力的总体方针没有改变。这是和国民党基层政权采取地根本不同的政治主张。两者间对整个乡村社会的不同政策，体现了双方在乡村争夺资源的不同方式，而最终是中共的乡村政策占了上风、赢得了优势。

第三节 宗族势力对保甲制度的推进和窒碍

国家对乡村宗族势力的倚重，等于它在一定程度上承认了宗族士绅在乡村实行精英统治的合理性。不过，国家的初衷也是希望将宗族势力纳入其治理的网络内，通过宗族力量把国家的行政权力延伸到乡村社会层面。但宗族士绅也被政府同时赋予了享有上对政府、下对村民的充分自治权，而且其权力伸缩的空间很大。因此，宗族士绅被萧凤霞称为"经济人"。[②] 他们既可以制约政府势力的下沉，也可以利用其在乡村的支配性力量获利。杜赞奇将"经济人"分为保护型和赢利型两类："保护型经济"代表社会的利益，并保护自己社区免遭国家政权的侵犯；而"赢利型经济"则是视乡民为榨取利润的对象。[③]

但无论是哪种类型的"经济人"，宗族在乡村社会中所发挥的影响却是巨大

---

① 黄正林：《社会教育与抗日根据地的政治动员——以陕甘宁边区为中心》，《中共党史研究》2006年第2期。

② 有关"经理人"的论述，详细内容可参见：Siu, Helen F., *Agents and Victims in South China：Accomplices in Rural Revolution*, New Haven：Yale University Press, 1989。

③ ［美］杜赞奇：《文化、权力与国家——1900—1942年的华北农村》，江苏人民出版社1996年版，"中文版绪言"，第2—3页。

而又全方位的。贝克就指出：宗族的本质"就是在多种层次的社会组织上运作，无论事务大小、正式与否，抑或时间的长短"；[1] 因此，它根据自身利益的需要，对国家基层政权的保甲制度也有两面的影响。王戎笙等认为："当中央政权强大时，地方乡绅的活动受到较多的约束，乡绅的离心倾向、破坏性行为尝受到政权的严厉打击；当中央政权对基层社会的控制能力削弱时，国家就假手乡绅填补基层控制的真空，允许并鼓励乡绅积极参与地方政治活动，维持地方的封建统治秩序；当国家权力全面崩溃时，乡绅就可能发展成政权的对立面，谋求扩大地方势力，并努力在本地区维护社会的稳定和本阶级的切身利益。这是中国封建社会虽屡遭打击，仍然能够度过难关、苟延残喘的原因。"[2] 这是封建社会时期，宗族根据形势的变化而做出的不同应对。而在民国时期、尤其在抗战时期，宗族由于面临着国民党政权的挤压，负担着传统的教化、近代乡村重建及抵御侵略的民族重任，其表现出了不同的特点，即它对官方保甲制度的推行既有促进功能，也有稀释作用。

一方面，宗族势力对保甲制度的编组、推进和实施起到一定的推动作用。它在协助保甲制度效能的发挥、加强对乡村社会的治理，及集中抗战资源，以应付民族危机等方面，作出了重要的贡献。贝克对中国家族和国家政权的关系有过较多的论述："宗族的势力与国家的权威互为消长。但即使在国家力量最虚弱的时期，它对地方宗族仍有一定的权威。"而在意识形态层面，"宗族需要从儒教经典中吸取营养。而尽管政府在有效地将孔教应用为普遍的政治原则方面非常失败，但儒教仍然是帝国的指导哲学，它在制约地方主义方面，给予了帝国强大的文化动力。宗族在本质上是保守的……它们不会反叛，更不会革命，并且在终极层面上，还必须承认国家的权威。"因此，宗族这种非常高效的组织形式，及其对国家极小的威胁性，使其对乡里的统治贡献良多，对传统乡村基层政权的巩固也大有裨益。从积极的角度看，宗族还能够为国家提供居民忠诚、稳定的税收和有训练的人力资源。[3] 事实确实如此，近代以来宗族的确发挥了重要作用，它承担起

① 　Hugh D.R.Baker, Chinese Family and Kinship, Macmillan：London, 1979, p.70.

② 　《基层社会组织与乡绅》，王戎笙主编：《清代全史》第5卷第5章，辽宁人民出版社1994年版，第454页。

③ 　Hugh D.R.Baker, *Chinese Family and Kinship*, pp.155,156,161.

地方自治的功能，"不仅担当治安、司法、赋役等基层政权的管理职能，而且担当起教化、教育、互济、公益建设等自治职能"①。刘泱泱概括："它用温情脉脉的亲情来牢笼群众；它用家内、族内的家法族规来束缚群众；它可以把许多足以引发强大反抗斗争的纷争限制在宗族内平息下去。甚至还有这种情况：农民挣脱了基层政权的压制，起来反抗了，却往往难冲破宗族组织的羁绊，最后还在政权与族权的联合势力下，被镇压下去。"②这无疑对国家的乡村建设起到了促进作用，也为国家的保甲行政创造了条件。

如前所述，保甲制度采用了家族主义的特点，以血缘组织为基础，以户为单位，其组织与宗族中的宗、门划分完全重合，国家通过宗族组织征收赋税，管理地方民众。可以说，离开了家族、宗族组织，保甲组织就会成为空壳。这样，保甲组织的优劣在很大程度上是与整个家族的族长的行为密切相关："贤明的家长，固然容易领导全家为善，昏乱的家长，也容易领导全家为恶。"③故要想"保甲皆真实"，"只能首先劝导大户乐于遵从，然后推及单门"④。

在巨宗大族林立的广东，他们纷纷组织"某氏家族自治会"，其宗族更愿意和国家的基层政权和平共处，而不愿与政府作对。它在维护自身利益的前提下，更多的关注地方的建设、赈灾等事业，如佛山的大族就积极地推动义仓建立，并设法赈灾等。而对于国家课税，也是尽力缴纳，免于国家催课。当时佛山即"以图统甲，每图分为十甲，每年轮值，以甲统一图办纳之事"。后在地方乡绅的推动下，甚至有"联图纳粮之策"。⑤抗战时期广东的乡绅也以自己的力量来组织民众，建立联防队，为政府的"足兵足食"创造了条件。这说明了抗战时政府对士绅的借重，而宗族也非常积极地参与国是，甚至是共赴国难。

冯尔康在总结20世纪上半叶家族的主要活动时也认为，虽然家族的宗法性

---

① 张翔凤：《苏州乡绅与近代宗族保障》，唐力行主编：《国家、地方、民众的互动与社会变迁》，商务印书馆2004年版，第57页。

② 刘泱泱：《近代湖南社会变迁》，湖南人民出版社1998年版，第319页。

③ 李宗黄：《现行保甲制度》，中华书局1945年版，第169页。

④ 宗源瀚：《请实行保甲疏》，见《皇朝经世文编续编》卷68，转引自张研、牛贯杰：《19世纪中期中国双重统治格局的演变》，中国人民大学出版社2002年版，第103页。

⑤ 汪宗准修，冼宝干纂：《佛山忠义乡志》，卷4，赋税·图甲，第5页。

活动和功能都发生了某种变化，但其"传统的教化功能在消退，社会功能有所加强。"① 如前所述，抗战时广东宗族与基层政权的合作，表明宗族有利于国家政权在乡村的有效运作，其在征兵征役纳粮方面所作出的贡献，体现了其在抗战中的作用。宗族在当时特定条件下，还是有积极作用的。

另一方面也应看到，宗族为了自身的利益对政府保甲制度的推行会有一定程度的抵制，二者颉颃的结果往往是稀释了保甲制度推行的效果，使政府的乡村政策无法完全落实，也使国家强力控制乡村的初始目的无法完全实现。

中国是个人情社会，而且在传统社会里，民众的社会意识不占主导地位。相反"裙带关系及其文化上赋予的重视血缘和友情关系，而直接带来的障碍显得尤其普遍。"② 因此，建立在宗族组织基础上的保甲制度的正常运行就受到影响。宗族的本质特性决定了它对国家的控制有一定的抵制性，它不可能完全遵照国家的基层政权来运作，反而和国家的政令有些抵触。因此，在以户为基础而编制起来的保甲制度中，乡邻之间担负监督和报告彼此不法行为的连坐责任，是很难发挥有效作用的。"如果家庭是国家的基石，那么所有的基本忠诚都是相对于家庭而言的，而且，每个人都必须将家庭的位置摆在国家前面。在这种情况下，隐匿家庭成员的犯罪行为不仅是合理的，而且是一种义务。"③ 对此，梁景之有分析："一个高度重视邻里亲情关系的乡村社会，徇私情，庇所亲或碍于情面不告发是再自然不过的事，更何况首报在乡村并不认为是什么光彩的事。"④ 于是宗族的各级首领在汇报邻里的非法行为方面非常谨慎，因为来自不法分子报复的威胁，要比政府催促其报告不法行为的压力更使他们畏惧。而当强宗大族的首领受到政府控制的时候，他们又会抱怨政府的强制力量挤压了他们的生存空间。⑤

自19世纪以来，国家控制乡村组织（保甲与里甲制）的涣散，使宗族组织起而代之。"如此，保甲组织失去其'相邻连坐、互相监督之实'，而渐渐由宗族

①　冯尔康：《18世纪以来中国家族的现代转向》，上海人民出版社2005年版，第245–247页。
②　Hugh D.R.Baker, *Chinese Family and Kinship*, p.123.
③　Hugh D.R.Baker, *Chinese Family and Kinship*, p.122.
④　梁景之：《从"邪教"案看清代国家权力与基层社会的关系》，《清史研究》2003年第3期。
⑤　Hugh D.R.Baker, *Chinese Family and Kinship*, p.118.

组织所代替。""从史料中可以反映出来，保甲首脑全为宗族首领所充任。宗族首领利用官方赋予保甲组织的权力进一步巩固和扩大其对村庄的控制"，① 而且宗族对基层政权的参与也使其自身的势力有所增强。"当政府推行地方自治时，乡长、保长、甲长等多由强族的当权者推荐，或由他们自己兼任了。宗族这种古老的制度和政府提倡的民主制度在这里绝妙地交汇在一起，经济控制和政治控制合为一体。这种体制为贪污受贿、剥削弱者提供了温床，创造了自身无法克服的种种弊端。以政府官员的政治地位扩大其族内的支配、占有财产的权力；以日益扩大的经济实力巩固政治地位，或为谋取更高的官位增加有力的筹码。这既是对祖先荣誉的亵渎，又是对民主自治制度的讽刺。"② 由此也可发现，宗族在一定程度上控制了乡村的保甲制度，它对保甲具有先天的冲突性；如果不能控制保甲制度，那么宗族势力也不会任由国家保甲行政人员摆布。这样，宗族势力的不合作甚至抵制，显然会削弱保甲制度的实际作用。

抗战爆发后，政府要求同保、同甲各户联保，共负联保内住户"勾结或窝藏匪犯，或故纵脱逃"之责。另外，一些地方还有"逐级联保"与"连环联保"之说。前者即是"各级保甲人员，均需出具联保保结，甲长需与保长具结，保长需与联保主任具结，联保主任需与县长具结"。后者则是，"同保各甲应共具连环监察保结，但虽系一保，而各所在区域不相连属之村庄，亦得自成一连环监察关系"③。我们不难想象，联保的范围越大，由于其牵涉的人越多，而造成其能实施的可能性就越小。因此，这种有损地方多数人利益，特别是宗族利益的联保方式，很难在广东这样一个"乡村姓族的分派"④地方顺利推行。前述李姓祖等反对缩编乡镇及黄冈保甲示范乡中的地方宗族势力对示范乡一些工作的抵制，都表现出了地方宗族势力对保甲制度的消极影响。即使是在抗战的部队里，广东省政府虽颁布了《国民军抗战连坐法执行办法》，要求部队官兵强制执行连坐法，但它

---

① ［美］杜赞奇：《文化、权力与国家——1900—1942年的华北农村》，江苏人民出版社1996年版，第94页。
② 张静如、卞查英主编：《国民政府统治时期中国社会之变迁》，中国人民大学出版社1993年版，第312页。
③ 西北研究社编：《保甲制度研究》，第112页。
④ 广东省政府民政厅：《广东省实施新县制促进地方自治之检讨》（1944年5月15日），第1页。中国第二历史档案馆藏档，案卷号：12-272。

仍也无法保证联保连坐工作的有效进行："国民军多注重历史感情用事，对抗战连坐法往往执行不力，以至功败垂成。"①

在华南的其他地方，比如在闽西武平县北的武北村落，由于其宗族势力在整个民国时期都过于强大，结果也导致保甲组织的力量受到了较大的削弱。"长期以来，国家权力很难直接到达武北村落社区，国家政权对武北地区实行的是间接统治，这种间接统治的主要表现是高度的乡村区域自治"，②而政府"派到这里的区、乡人员无事可做，非常安闲，常与当地人士搓搓麻将，消闲度日"。③在云南，由于宗族势力过大而造成保甲行政人员无力无权的情况也较为常见。据周荣德在云南的调查，乡约"在自己的社区并无权势，只是充当自上而下的那道轨道的终点。他接到政府命令就去请示村子里的一个士绅"。④而贵州松桃县的一位绅耆，还曾为保甲经费征收的问题，直接上书行政院长蒋介石，指责地方不顾民间疾苦，保甲人员与人民成仇雠，企图以此逃避保甲经费。⑤

许多学者都曾指出，在国力鼎盛之时，保甲制可以起到抑止宗族势力的作用。然而一旦国家的控制有所减弱，如抗战时期，这种"土生土长"的乡村宗族为了自身的利益，与国家发生冲突是不可避免的。抗战时的保甲制度，推行效果不彰，其中原因无疑是受到了地方宗族势力及宗族观念一定程度的影响。

当然，随着宗族势力的内耗和国家控制的加强，广东宗族势力在民国时期有了一定程度的衰落，这也使其对基层政权的控制能力有所削弱。在粤东北的梅县西阳镇，"进入20年代，随着军事形势的变化以及地方动荡的加剧，乡绅议政已成为过时言论，强化保甲制度以及由掌握军事实力的军人主政，乃是在所难免之事"⑥。赵小克在考察粤东凤凰镇康美村曾氏宗族后也指出，"一种社会组织的出现

① 韶关市档案馆藏档，案卷号：1-12-47。
② 刘大可：《闽西武北的村落文化》，国际客家学会、海外华人资料研究中心、法国远东学院2002年版，第15页。
③ 刘大可：《闽西武北的村落文化》，法国远东学院2002年印行，第14页。
④ 周荣德：《中国社会的阶层与流动——一个社区中士绅身份的研究》，学林出版社2000年版，第109页。
⑤ 杨廷佐为请改筹贵州松桃县保甲经费摊派弊端意见书及行政院训令等文件》（1940年5—12月），中国第二历史档案馆编：《中华民国史档案资料汇编》第5辑第2编，政治（1），第105—109页。
⑥ 钟佳华：《梅县西阳镇宗族、庙宇与墟市》，周建新等《民间文化与乡土社会——粤东梅县五大墟镇考察研究》，花城出版社2002年版，第244页。

和存在相当程度上是因为承担着某种社会功能,有着社会的需要"。从根本上说,曾氏宗族组织的衰退是社会发展和现代化的必然结果。另外,"宗族组织的存在和发展是与国家所提供的社会空间有直接的联系。国家政治制度和政策对宗族有限制的时候,乡村宗族是难以有很大的发展空间的"①。

宗族势力的衰落,使国家的力量在乡村控制上有了较大的自由空间,而代表国家权力的保甲制度,终于在抗战时期国家的强力推动下,有了发展的可能。宗族虽然能影响保甲行政,但随着保甲行政人员和国家政权的靠近及宗族内部一定程度的分化,必然造成宗族势力在地方事务上的发言权越来越小。然而,失去了宗族势力的强力配合,保甲制度的作用也就难以发挥。有学者基于对广东珠三角地区的研究而得出不一样的结论:"在晚清至民国的大动荡中,村落宗族家族制发生了巨大的变化,宗族组织基本上由一个救济老弱病残、调解平息纠纷、维护地方治安的传统宗族,变成了一个两极分化、族民无以为生、族亲间六亲不认的一盘散沙式组织。由于宗族家长、强房首领基本上与劣绅同流合污,因此宗族取向和保甲组织基本上保持了一致性……从宗族的角度看,宗族家族内部的分裂和宗法上层的劣绅化,使宗族的亲和力大为下降,家族的凝聚力大为减弱,宗族在整个村落中的地位日益下降,保甲组织明显处于上风。整个村落结构趋于行政化、官僚化。"②笔者在此虽然不同意这种对宗族的简单化概括,但也承认这一时期宗族的式微却是一个趋势。并认为行政化、官僚化的乡村统治体系,固然便于国家的权力延伸到基层,进而强力控制乡村,但仅凭国家政权的强力控制,是很难有效管理乡村的。失去宗族势力上传下达的周旋和调节,国家不仅不能更好地控制乡村,反而削弱了其乡村动员的能力。诚如有学者指出的,20世纪上半叶的中国,"国内、国际战争频仍,时间拖的很长,人民颠沛流离,维生艰难,哪里还有条件进行良好的家族建设?而处于多事之秋、焦头烂额状态下的政府,哪里有精力和能力去管理民间的家族?"③虽有个别家族仍能维持其一定的势力和影响,

---

① 赵小克:《凤凰镇康美村曾氏宗族组织结构调查》,何国强主编,陈运飘、马建春副主编:《粤东凤凰山区文化研究调查报告》,国际炎黄文化出版社2004年版,第377页。

② 王春生:《区域政治视角下的乡村治理——珠三角农村村制变迁及基层民主政治建设研究》,第11页。

③ 冯尔康:《18世纪以来中国家族的现代转向》,上海人民出版社2005年版,第23、24页。

然而总体上说，宗族的衰落已经成为一种无可挽回之势；而其衰落，无疑使抗战时期的基层动员能力原本就孱弱的民国政府失去了强有力的支持，国家在乡村的行政效能因而大打折扣。

由上述可知，一方面，国家要利用宗族的积极作用，让其配合基层政权来维护乡村的秩序，以为国家的兵役、劳役、课税等作出贡献；另一方面，政府又要对宗族有一定的控制能力，防止其消极的地方保护主义和强烈的排外倾向。这种宗族势力和国家权力和平共处、相生为用，以共同维持乡村秩序，协调内部力量一致对外的关系，在抗战时乡村社会管理上是非常重要的，也必须如此。

第九章　抗战期间广东保甲制的功能

　　抗战前，广东有 97 县 3 市 3 局，共 103 个地方行政单位，但到 1943 年 7 月时，广东只能控制 58 县 3 局 1 市，共 62 个行政单位，全部沦陷或局部沦陷的县市占 1/3 强。而且沦陷区多是一些大城市、珠三角及沿海等富庶之区。国统区所占 2/3 左右的地盘，却多为贫瘠落后的粤北山区地方。[①] 由此导致了战时广东省内三种政治力量的并存：国民党地方政权、沦陷区敌伪汉奸政权及逐步成长壮大起来的以东江、琼崖地区为主要活动地带的中共抗日民主政权。这三种力量没有固定的边界，往往互渗交错。

　　上述这种状况，使得战时的广东乡村情况更是复杂，斗争亦非常激烈。国民党为限制共产党势力在广东的发展，不惜采取或明或暗的方式打击中共的抗日力量，其中利用基层组织的力量就是基本的方式之一。为了应付国民党的打击，进而发展壮大自身，立足乡村的中共抗日民主政权也充分重视基层社会资源，并打入国民党保甲制定内部以保存发展自己力量。同样，汪伪政权也通过其特务组织发展在乡村的力量，利用保甲制度来限制国民党和中共的活动。当然，国共双方也采取了种种措施来抵消汪伪政权在乡村的组织能量。三种政治力量在广东乡村的角逐博弈，一方面使广东乡村抗日力量的发展受到了一些束缚和限制，抗战的进行因而也显得艰难曲折；另一方面，广东的乡村同时也潜藏着战胜日伪势力和走向人民胜利的巨大能量。

---

　　① 《本省政务在抗战时期中所受影响及最近状况和今后设施》(1943 年 7 月 17 日)，转引自丁身尊主编：《广东民国史》(下)，广东人民出版社 2004 年版，第 945 页。

第一节 "足兵足食"与保甲制度

政府建立保甲制的原始目的，乃为什伍编组，联保切结，藉以消弭盗匪，安定地方。但历朝历代的统治者在运用推行保甲时，逐渐增多其功能，甚至乡村基层几乎所有的工作都不出保甲范围之右。这样一来，保甲已不是传统意义上的保甲，而是"具有综合性职能的基层社会行政组织"。① 近代以降，由于基层社会近于失控的状态，保甲工作之职繁责重，直至积重难返。保甲负荷如此繁重之乡村工作，实令人担忧；它不仅造成了国家权力的向下延伸，阻碍了地方自治工作的开展，进而造成了基层社会的相当混乱。

抗战的爆发，许多紧急的战备工作，事无巨细地都落在了基层保甲工作的范畴之内，也即是落到了保甲长的头上。前述李汉魂亦曾指出，保甲长紧急应办工作，有十条之多。战争的紧迫性，要求保甲工作不能由于不堪重负而陷于瘫痪，执政者考虑到抗战时保甲工作的先后缓急，而对其提出了特殊的要求。

战时工作最紧要者，莫过于兵与粮。而兵与粮的工作都是以户为单位来办理的。因此，以户为单位编组的保甲，其工作首先就围绕着兵役和田赋粮政，也就是李汉魂所说的"足兵足食"展开了。"足兵足食"的工作，不但是战时各次兵役会议的中心议题，更是政府"年度施政的两个中心工作"。② 广东省政府就曾强调："粤为战区，衡量时地需要足兵足食，当为目前最急之要政。不论前方后方县份，莫由出此。足兵者何，加强自卫团队组训，推进兵役，维持后方治安是也；足食者何，增加农业生产（积极），厉行粮食调节（消极）是也。故加强抗衡力量（足兵）与救济粮荒（足食）二点，似可订为施政中心。"③ "足兵足食"的工作，也是抗战时全国性保甲制度的最根本的工作。新县制实施后，国民政府就曾规定，"县长考绩以征兵成绩占百分之三十五、征粮占成绩百分之三十五"，其

---

① 张研：《清代社会的慢量变——从清代基层社会组织看中国封建社会结构与经济结构的演变趋势》，山西人民出版社 2000 年版，第 385 页。

② 李汉魂：《足兵足食》（1941 年 8 月 12 日），载广东省政府编译室编印：《战时粤政》，1945 年。

③ 《广东省政府第九届委员会第一百九十二次议事录》（1940 年 12 月 31 日），广东省档案馆：《民国时期广东省政府档案史料选编》（6），第 323 页。

他所有工作占余下的百分之三十。这样一来，"所有县长以及其所属人员不无有放弃基本工作，不择手段而求征兵、征粮以得到成绩之趋势"①。有学者曾总结说：到了20世纪40年代以后，保甲的社区功能进一步弱化，筹粮和征兵成为了保甲主要的职责，保甲的职责更加"国家化"②。当时的保甲制，成为以征兵征粮、军管民役为主要事务的工具。

在老百姓的眼里，"足兵"是要人要命的工作，"足食"是要钱要粮的工作；可在地方官的眼里，这则是考核其政绩的最主要因素。征兵和筹粮的"国家事务"成了保甲的主要职责，其工作的艰巨性不言而喻。保甲制度负担如此两个中心工作，其面临的考验亦可知矣。抗战时期的保甲长除了负责日常征粮、收捐外，还较多地参与到政府的征实和限制物价运动方面。然而"足食"的工作，涉及整个的战时经济政策问题，这中间多由各级政府统筹，很难凸显出保甲长的经济行为。③有鉴于此，下文主要是对保甲长在征兵工作中的表现，做些讨论。

抗战时，"保之编制，以十甲为原则，不得少于六甲，多于十五甲"，"甲之编制，以十户为原则，不得少于六户，多于十五户"。这种弹性的规定，据说是根据当时军事家研究的成果而作出的："一个军官所指挥的单位，最好是6个，至多不得超过15个，所以保甲的编组也应该一样。"④1938年3月，国民党全国临时代表大会通过的《为达成长期抗战之目的，必须一致努力推行兵役制度案》称："若保甲办理完善，每保抽一壮丁，则补充裕如。"⑤1940年2月，国民党军政部也规定："县设国民兵团，区设区国民兵队，乡镇设乡镇国民兵队，保设保国民兵队，甲设甲国民兵班。"区队长由区长兼任，乡镇队长由乡镇长兼任，保队长由保长兼任，甲班班长由甲长兼任，前三者"应附设于区署、乡镇公所及保甲办公

① 中国第二历史档案馆：《各省实施新县制推行地方自治成绩总检讨》（忻知选辑）。
② 于建嵘：《清代与民国保甲体制的比较》，引自 http://www.yannan.cn。
③ 关于广东的战时经济政策，以及粮政诸问题，郑泽隆在其博士论文中有较为详尽的论述。参见郑泽隆：《李汉魂与广东抗日战争研究（1935—1945）》，中山大学2001年博士论文（未刊稿）第49—87页。
④ 冉绵惠：《民国时期保甲制度在四川推行的历史概况》，《西南民族学院学报》（哲学社会科学版）2001年第11期。
⑤ 荣孟源、孙彩霞编：《中国国民党历次代表大会及中央全会资料》（下册），光明日报出版社1985年版，第495页。

处内办公"。① 在抗战时期，保甲和役政可谓是水乳交融，国家要求保甲发挥其在国防上的军事化功能，以便统制民力，为抗建工作做贡献。如国民政府要求："在推行新县制的时候，必须把役政放在首要的位置。"② 因军旅之事最难办的是兵役工作，然而兵役工作却负载抗战之重任。王云俊就认为，"保甲制度是一种军事化人口管理的制度，在国防上具有更重要的作用"③。抗战时国民党政府所颁布的《兵役法》和《兵役法暂行条例》规定，国家征兵手续完全由保甲长来实施，各项征兵的具体工作由保甲长来安排——包括壮丁的训练、抽签、集合、交送。因此，有人认为保甲制度乃是征兵制度的基础，是施行征兵的准备，"征兵之实行非先把保甲制度办理好不可"。"反之我们亦可以说，如果把征兵的事情办理好，保甲亦就算是大半成功了。"④ 闻钧天也曾指出，施行征兵制度，"必先举行户口调查、体格检查等工作"，这"须赖保甲之力"。"保甲制度苟能办理完善，则政府征兵令一下，自有水到渠成之势，一瞬间举国皆兵矣。"⑤ 由此可见，统治者在办理兵役工作中，对保甲制的依赖程度非常之甚。

抗战开始后的 1937 年 11 月，广东虽未成为战区，但为配合全国的抗战需要，也开始了征兵工作。省政府规定征兵要坚持"三平原则"，即平等、平均、平允，同时还设立了"广东省兵役宣传委员会"。它明确宣示："役政为当前唯一要政，役政之良窳，关系抗战之成败"，⑥ 并印行《兵役答问》，要求全省人民加倍重视役政工作。1938 年 4 月，广东省部分县市如东莞、罗定等县，呈报壮丁纷纷出口。民政厅有鉴于此，为对壮丁"加以限制，以利兵源之补充"起见，而订定出《管理壮丁出境暂行办法》。它要求各县区"利用保甲组织，以户籍登记为稽查之准据，并从积极方面以劝喻宣传为原则，俾能明了为国家应尽之义务，而减少其出境"。⑦

---

① 广东省档案馆藏：《广东省县各级组织纲要实施工作计划进度表》，案号：3-1-33 之二。

② 李宗黄：《新县制与兵役》，韶关《中山日报》1941 年 7 月 10 日。

③ 王云俊：《民国保甲制度兴起的历史考察》，《江海学刊》1997 年第 2 期。

④ 陈高傭：《抗战与保甲运动》，商务印书馆 1937 年版，第 52—53、60 页。

⑤ 闻钧天：《中国保甲制度》，商务印书馆 1937 年版，第 436 页。

⑥ 《省兵宣会印兵役答问》，韶关《中山日报》1941 年 9 月 11 日。

⑦ 李泝：《非常时期之民政工作》(1938 年 4 月 26 日)，广东省档案馆藏档，案号：3-1-24。

1938 年广东省成为战区后。壮丁出口有增无减，"共逃国难"的情形严重，致兵源不足，役政的任务紧迫。省政府为动员全省壮丁勇于参军、基层民政工作者勇于任事，以解决兵役问题，于 1939 年 8 月召开了广东省全省第一次兵役会议，要求各县市加紧完善基层保甲机构，积极办理兵役工作。然而在这次会议后，广东的役政工作并未有太大的起色，各地积欠兵额仍然较多。无奈，1941 年 5 月广东省地方最高军政长官余汉谋、蒋光鼐、李汉魂等联名发表了《实行清交积欠兵额运动告各界人士书》。他们在书中说："乡镇保甲长，均为兵役基层的执行人员，应明瞭兵役法规，向民众普遍宣传讲解，尤须一秉至公，任劳任怨，努力推进。"[①] 李汉魂还特别要求："上至师团管区，下至乡镇保甲，都需以兵役为中心任务，厉行役政考绩和奖励制度。"[②] 8 月，广东省政府三十年度行政会议暨军管区第二次全省兵役会议召开。省政府主席李汉魂发在会上表演说时一再强调："基层组织为行政的基础，我们为国防力量的充实，民族战斗力的坚强，和奠定民治的永久基础，全靠基层组织的健全，通过和运用乡镇的保甲机构，才能成功。"[③] 他以后又多次强调，征兵的真谛是要做到"征而能来，来而能教，教而能安，乐于用命的要求，必须严密壮丁的调查、管理、组织、训练，改良新兵待遇，革除贿买顶替，惩办贿放壮丁不法人员，实行优待征人家属，防止壮丁逃亡兵役，以促役政之推行顺利"。[④]

为切实搞好全国的征兵工作，1940 年 3 月，国民政府军政部兵役署对办理兵役中的违法行为进行解释："保甲长若以法令从事于公务时，藉端或藉势勒索财物者，应以《惩治贪污暂行条例》第二条第四款处死刑、无期徒刑、或十年以上有期徒刑。""保甲长如强迫独子应征，可依刑法第三百〇四条论处；如于同居亲属应服兵役之男子，隐匿不报者，应以违反兵役法治罪条例第二条第一三四项处

　　① 余汉谋、将光鼐、李汉魂：《实行清交积欠兵额运动告各界人士书》，《广东兵役》第 2 卷第 2、3 期合刊，1941 年 5 月 5 日。
　　② 郑泽隆：《李汉魂与广东抗日战争研究（1935—1945）》，中山大学 2001 年博士论文（未刊稿），第 39 页。
　　③ 李汉魂：《广东省政府三十年度行政会议暨军管区第二次兵役会议开幕词》，《广东政治》第 1 卷第 1 期，1941 年 9 月 15 日。
　　④ 李汉魂：《广东省政府三十一年行政会议开幕词》（2），韶关《中山日报》1942 年 8 月 21 日。

以一年以下有期徒刑或拘役。"① 以此要求各地严格执行兵役法规，公平办理。据此，广东省府积极要求各地方明确兵役任务，不得违背《兵役法》。它还公开审判了办理兵役中的伪报独子案事件，对违法者依法进行惩处。② 另外，省军管区又会同省政府进一步采取措施搞好役政，如着力健全保甲组织，调整部分乡镇保甲长，并以改善待遇、延长任期、充实经费的方法，借以提高保甲长办理兵役的积极性；广泛开展视导地方兵役的工作，给办理兵役的保甲长以实际工作的压力；特饬地方优待出征军人家属，以解除士兵们的后顾之忧。

1942 年 5 月 15 日，广东省为防止青壮年逃避兵役和继续改进役政工作，正式实行国民兵身份证制度。"身份证分正证和负证，除写明姓名、年龄、籍贯等外，还写着本人十个指头的'罗、叉'（○表示罗、× 表示叉）以代替相片。负证发给本人随时备查，正证保管在乡镇公所，外出（指到县外）时才发给。外地人如无正证就被扣押。"③ 政府企图以此来严密壮丁的管理，使其便于征调，并希望以此为契机，奠定建国建军诸项要政的基础。广东省政府曾指出："本省实施国民兵身份证效果，尚属完备，各县市局亦能集中全力实施，成绩颇佳。"它同时认为："惟省与省邻接县乡检查联络，极关重要，已分电征询浙桂闽赣四省政府意见，以便订定全部检查计划，定期实行。"④

在上述种种措施的实行后，广东省的兵役工作在全国来说还是办理得较好的。⑤ 不过其兵役工作，还是受到了舆论的批评和民众的抵制。我们从各种批评者的言辞所向，确能发现广东役政工作还存在诸多弊端及其办理困难的两点原因：

第一，基层政治组织未臻健全。保甲组织为推行役政之基础，兵役的根本问题，并不在兵役法本身，而在实施兵役法的乡村政治机构。徐特立说农民之所以

---

①　《中央日报》1940 年 3 月 1 日。

②　韶关《粤华报》1943 年 6 月 18 日。

③　刑力民、王淦文：《抓壮丁回忆》，载广东省兴宁市政协文史委员会编：《兴宁文史》第 22 辑，1997 年，第 133 页。

④　《粤政简报》第 1 期，1943 年 1 月。

⑤　从 1939 年 3 月至 1945 年 8 月，"广东奉配兵额为 91 万人，实征得 72 万人，欠交数奉准停交者 97893 名，实欠 92139 名，征缴率为 79%"，兵役署肯定了广东兵役工作的成绩，军政部并传令嘉奖。转引自郑泽隆：《李汉魂与广东抗日战争研究（1935—1945）》，第 42 页。

反对征兵，是因为"区乡保甲制度，是和农民对立的"。[①]其本身之缺点及流弊，"如身份证之核发未臻严密，免缓役申请之尚欠完善，与乎入营壮丁之逃亡，均系于保甲未甚健全，致无从查究根源，影响役政甚巨"[②]。由于基层政治机构——保甲的不健全，造成兵役法令未能普遍实施，户籍法难以落实，以致人口无法调查清楚。然而，"实施兵役制度，必须户口编查完竣，壮丁调查清楚"[③]。对此，广东省政府亦不得不承认，"向以户籍未具基础，人口受战事影响移动频繁，加以地方人力财力之缺乏，调查造册均感困难，故历年调查多未确实，致使役政推展，蒙受影响"[④]。户籍保甲法，以户籍工作为办理保甲的基础工作，而在以保甲为基础开展的役政工作中，户籍调查工作的重要性不言而喻，其办理的不尽确实正预示了役政办理根本的、无法克服的缺点。

第二，基层行政人员在办理役政中存在敷衍塞责、强拉壮丁等弊病。首先，基层行政人员的敷衍塞责，应付差事。1940年12月，广东省政府曾严厉批评曲江县大坑口的保甲人员，称其在办理兵役中"敷衍塞责，所征之兵百分之九十五为收买"。[⑤]省政府的视导保甲人员在调查中亦发现，在壮丁抽签之日，各地保甲长多不到场，地方政府"用了九牛二虎之力，才召集过半数的保甲长来参加，壮丁赴场抽讖者，还是寥若晨星"。而且，"保甲长多不识字，对于国民兵团和县政府所发的各种兵役法规，和有关役政的各种法令，从来就没有去理会它，虽识字的乡镇保甲长，也没有几个去看看政府发的到底是什么东西"。这种情况说明保甲长多一事不如少一事，而且既是多一事也难以办成一事。更有甚者，"有些保甲长若逢到乡中做神会有食有吃的就奋勇蚁赴，若是开会讨论役政，那是不翼而飞"。[⑥]曲江县政府在办理1941年度征召国民兵总抽签事宜时，"计迟到者有白沙、白土两乡长，不到者有黄冈等九乡长"。县府忍无可忍，对迟到者各罚慰劳品五

①　徐特立：《关于武装农民问题》，《中国农村》第4卷第10期，1938年3月。

②　《健全保甲便利役政推行》，韶关《中山日报》1943年11月11日。

③　张光前：《兵额积欠的原因及其对策》，《广东兵役》第2卷第2、3期合刊，1941年5月15日。

④　广东省政府编译室编印：《战时粤政》，1945年，第129页。

⑤　广东省档案馆藏：《曲江县呈报办理保甲章程及其实施办法暨附表及保长名册、年籍、住址清册》，案卷号：3-2-73之二。

⑥　何克强：《役政工作所见所闻》，《广东兵役》第2卷第1期，1941年3月15日。

件，不到之乡长着各罚购慰劳品十件，以示惩戒。^①办理役政工作，非但乡镇保甲长视为畏途，而且乡镇长也能拖则拖，敷衍上级。上梁不正下梁歪，乡镇长的态度，又导致了保甲长态度的进一步消极。

其次，基层行政既兵役人员在办理战时役政工作时的舞弊问题，几成千夫所指。战争的特殊性和国民党的战时乡村政策，使国家之职能扩大。其在地方上建立的是一种政教合一的高度集权体制。保甲长作为这一集权体制的末端，虽不能在地方上为所欲为，但基层权力的扩张，使其在办理役政时有更多作弊的机会，却也是不争的事实。雇人服兵役，甚至借保甲长战时可以不服或缓服兵役的规定而投机，是地方豪强常干的勾当。这样的事情，一般保甲长是不敢过问的。甚至有些保甲长勾结县役政人员和地方豪劣，"买空卖空，填发假收据，以假冒充新兵"，据时人回忆说，"在当时，买卖壮丁几乎成了一种特殊的市场"。而且因为有买有卖，自然就产生经纪人（中人）、兵贩子。"各乡镇要买壮丁可找中人，'领壮丁'的要卖自己也要找他们，番摊主手中有壮丁要卖也找他们，而他们也从中获利。"而且，壮丁的身价也会随着国家征兵的急缓和市场的供求而波动，"如征兵任务紧，卖壮丁的人少，价格就上涨；反之则下跌，早晚时价不同。有的乡根本就不抽签，直接派应征兵额给各保，有族长出钱或向各家各户摊派，买壮丁顶替"^②。如此，以征兵为利薮，拿百姓的生命谋利，实在令人发指。

蒋介石甚至指责基层行政人员说："不按征兵条例，不论壮丁及龄与否，仅视彼征者出价之多寡，以为标准。有钱免验，孤子必征。"^③李汉魂也将兵役人员营私舞弊视为"役政困难的最大症结所在"。鉴于此，他曾饬各地整顿役政，严厉究办违法人员。^④有些人更是强烈要求当局确实实行连坐法，"如某保某应征入营，其亲戚及保民须具立联保切结，若某人中道逃亡，其亲戚及保民严重处分，则保民及亲戚不敢隐瞒，应征者又恐替代人不可靠，致受遭殃，庶可减少冒名顶

---

① 《曲江县政府惩乡长一批》，韶关《中山日报》1940年12月9日。
② 刑力民、王淦文：《抓壮丁回忆》，《兴宁文史》第22辑，1997年，第132—133页。
③ 郭冠杰：《全民抗战与保甲制度之改造》，广州《抗战农村》第1卷第2期。
④ 郑泽隆：《李汉魂与广东抗日战争研究（1935—1945）》，中山大学2001年博士论文（未刊稿），第39页。

替之弊害。"① 但这种野蛮的连坐法，也造成了壮丁的大量逃逸。

最后，抓壮丁行为与民众的反抗。抗日战争时期的国民服兵役条例规定，凡年满 18 岁—45 岁的国民（男性）都要服兵役，其中 18—25 岁为甲级现役，26—45 岁为乙等预备役。各乡（镇）每年举行一次征壮丁抽签大会（即抽壮丁），由各乡（镇）队副主其事。然而，由于以上所提到的保甲长和地方豪劣办理役政的舞弊情形，有钱者雇役，家贫者只有逃亡，妻离子别，远走异地求生。时人说："把训练教育壮丁队之责委任诸只要钱要命的保甲长区长，这只能压抑人民武装的积极性，只能使人民逃避！"② "未逃脱者就被抓去当兵，这就叫做抓壮丁。如果抓不到，上头又抓的紧，就抓家人抵押，或以兄弟代。有时就到街上或其他地方抓外地人或乞丐来充数，这也叫抓壮丁。"③ 并且，役政人员为防止壮丁逃走，就"用绳索缚手，持枪押送，如待囚犯无异"。④ 从乡下抓到区署的壮丁，还要被关闭起来，然而再押到县政府，之后仍然要关好多天，才一批一批给武装的警察押着送进营房去。这样一来，"壮丁们自己觉得好像犯了大罪，大家也觉得被征的人是要做囚徒，没有不引以为羞的"⑤。新兵入伍前已多有死亡，幸而不死者，亦无心当兵杀敌。

1939 年 7 月，曲江县政府为补充战时兵源，应付当前环境起见，"定一甲准备一兵，以谋补救"，它同时规定，"中签壮丁，不得藉故离乡，如违，拘罚其家长不送云"⑥。这样的规定，进一步明确了如中签壮丁逃避兵役，则扣押家属作质负连带责任。服兵役是公民应尽的义务，然而政府如此公开宣布兵役有连带责任，则是民众所深恶痛绝的。这也造成了壮丁更多的逃亡，甚至拖家带口上山为匪，入海为盗。究其原因，在百姓心中除了不患贫而患不均外，还不患私而患不公，兵役的不公正是他们无法忍受的。无力反抗的小民，只有一走了之。抓壮丁的负面影响对抗战来说是灾难性的。薛暮桥说："强制农民去服兵役，甚至利用

①　姚英侪：《对于兵役应有之改善》，《广东兵役》第 2 卷第 1 期，1941 年 3 月 15 日。
②　恽逸群：《抗战与农民》，五洲书报社 1937 年版，第 60 页。
③　刑力民、王淦文：《抓壮丁回忆》，《兴宁文史》第 22 辑，1997 年，第 132 页。
④　黄开光：《抗战时期的韶关》，第 5 页。韶关市档案馆藏档，案卷号：国民党旧资料 245 号。
⑤　恽逸群：《抗战与农民》，五洲书报社 1937 年版，绪言。
⑥　《曲江县实行一甲准备一兵》，韶关《大光报》1939 年 7 月 17 日。

军警捕捉壮丁。农民愈捉愈逃，政府愈逃愈捉；因而汉奸便可以利用机会，煽惑农民反抗征兵。"[1] 有些还没轮到兵役的壮丁，虽未逃逸，也是惶惶不可终日，征兵者一入村，则逃匿山中或草泽，不能安心务农。

对此，政府一方面有意将兵役不完善的责任推给农民，说其思想保守，天生有一种"好铁不打钉，好男不当兵"的落伍思想；另一方面其也不得不反省自己，进而要求各级兵役人员，尤其是乡镇保甲长："切以法令，公平征集，给民众良好的印象，为以后兵役改进的基础，"[2] 并同时要逐渐肃清种种官僚化强制征兵的流弊。

广东兵役办理的不顺还有其他一些原因。如"沦陷区的广泛和华侨分布的众多"，就使广东兵役受到相当的影响；[3] 在督导方面，很多督导人员下乡，不能深入基层而只是蜻蜓点水；有些督导人员甚至和地方役政人员相互勾结，欺上瞒下，造成很大的不良影响；在办理优待出征军人家属方面，如在优待委员会中，只有县长、县市党部书记长、县市机关学校及法团负责人，当地公正绅者，及出征抗敌军人家属代表等，[4] 却无保甲长。可是强制的征兵，则要保甲长去实施，而且《兵役法惩罪治罪条例》中的惩罚条款，则大部分是针对基层办理兵役的人员，尤其是保甲长的。由此也定型了保甲长在办理兵役过程中，只能唱反角、给人以狰狞面目的角色，这不利于其开展工作；区指导员多留区署办公，而不下乡，使思想宣传工作无法落实到基层。而在社会舆论方面又有误导的一面，如要求一些罪犯、失职保甲长服兵役，甚至一些学校恐吓说，要将思想不纯的学生充作兵役。[5] 这当然使民众谈兵役色变，而根本联想不到它是什么光荣的卫国卫家的战争义务。从政治层面上分析，按照廖承志的看法，广东省兵役缺陷的根本原因则在于政治的不透明、人民得不到切实的民主自由和参战权力及其在经济生活上的没有保障。[6]

---

① 薛暮桥：《战时乡村工作》，新知书店 1938 年版，第 28 页。
② 张余良：《兵役人员对清欠运动应有的认识与努力》，《广东兵役》第 2 卷第 2、3 期合刊，1941 年 5 月 5 日。
③ 皇世途：《六年来广东省兵役之回顾与前瞻》，《广东兵役》第 3 卷第 2 期，1943 年 6 月 15 日。
④ 《优待出征军人家属条例》，《广东兵役》第 2 卷第 5 期，1942 年 1 月 15 日。
⑤ 韶关《粤华报》1943 年 6 月 20 日。
⑥ 恽逸群：《抗战与农民》，五洲书报社 1937 年版，第 58 页。

　　"足兵足食"不仅是国民党利用保甲制度办理战时基层行政工作的应急政策，汪伪政府也有同样的政策。沦陷区的征兵情况如何呢？汪伪征兵是补充伪军以为日寇卖命，情况自然不会更好。而其在征粮方面甚为卖力。据潘敏的研究，汪伪政府"一到米粮征购的季节，县及县以下各级伪政权机关'全力以赴'，米粮征购几乎成为基层政权的唯一职能。伪县长、区长几乎每周就召集各方面人士，（包括乡镇保甲长，田赋分征收主任，警察署长等）商讨军粮征购事宜。……县长找区长，区长逼乡镇保甲长，乡镇保甲长就穷凶极恶的勒索农民"。在日军穷途末路前期，"日军随时命令伪区长召集全区乡镇保甲长会议，威逼保甲长挨家挨户向农民要粮食"①。据 1944—1945 年吴江县区署月工作报告的内容则显示："区长们的日常'功课'便是召集乡镇保甲长召开军粮征收会议，或者带着区员下乡催征军粮，无暇顾及地方上的兴革之事。"②

　　战时保甲工作任务之繁重是不言而喻的，而"足兵足食"这一中心工作的开展，往往会使其他保甲工作受到严格的限制，一些重要的保甲工作，如普及国民兵训练、普及国民教育、举行国民月会、禁鸦片、垦荒地、增生产，以及整饬卫生等，几无开展；其他如清查户口、办理户籍、人事异动登记等为配合"足兵足食"的紧迫性工作，无法彻底而根本地完成。广东省政府方面亦承认："本省过去基层组织，因经费短绌，人才缺乏，故除征兵征粮等紧急要政外，其他自治事务，多未能实施动员。"③在视导保甲方面，"督导人员下乡，多只注重征兵征粮，而未能注重督学及指导地方自治推进"④。甚至连黄冈保甲示范乡乡长陈孙谋，也整天忙于征兵征粮，而不能兼顾其他各项事业。这说明政府在努力完成"足兵足食"的同时，对相关配套的保甲工作却无从开展。然而这些工作"乃为征兵、征粮之基本工作及其先具条件"，若放弃此等工作于不顾，则"征兵、征粮势惟有出于捕捉搜取之一途，恐捕捉搜取之结果亦将无得，而影响及于社会之秩序"⑤。

---

① 潘敏：《略论日军在苏浙皖地区的军粮征购》，《民国档案》2004 年第 3 期。
② 潘敏：《江苏日伪基层政权研究（1937–1945）》，上海人民出版社 2006 年版，第 67 页。
③ 广东省五年建设计划起草委员会编订：《广东省五年建设计划》，第 1 页。
④ 《草拟方案加强基层行政》，韶关《中山日报》1943 年 2 月 1 日。
⑤ 中国第二历史档案馆（忻知选辑）：《各省实施新县制推行地方自治成绩总检讨》。

也就是说，政府对作为保甲工作应有之义的很多事务不重视，则其"足兵足食"的工作也就无法从根本上完成。这对抗战事业的影响就可以想见。

第二节　保甲制防共功能与共产党"两面政权"建设

从全国而言，民国保甲制度的兴起是从"剿匪区"开始的，即它是从反共前沿推向全国的。国民党一面蛊惑人心的宣传说："赤匪所到之区，首先破坏保甲，惨杀保甲人员；联保主任与保甲长之职务，人人视为畏途。"[1] 一面又利用其所控制的保甲组织，进行"政治剿匪"。因此，"反共防共始终是各地编办保甲的原则之一"，也是"各地编办保甲的首要目的。"[2] 这种状况并未因抗战的爆发和新县制的实施而有所改变。国民党政府反而汲取了其在内战中自身基层组织薄弱的教训，提出要以党融政，由基层组织做起，从根本上铲除共产党的势力及其影响。它曾明确指出："现行保甲条例，意在防共。"[3] 为此，1939 年 4 月，国民党中央秘密制定的《防制异党活动办法》规定："地方机关对于保甲之编制，应当选择本党思想纯正之青年担任保甲长，并经授以各种政治常识及防制异党活动之训练与指导，使每一保甲长均能兼政治警察之任务，并能领导所属人民，一致防制异党之活动，"[4] 而且，国民党鉴于战前"上层有党，下层无党；城市有党，乡村无党"的缺陷，蒋介石一再要求国民党组织要向县以下基层组织渗透。他说："惟有保甲长都是本党忠实的党员，革命力量才有确实的基础；惟有本党党员踊跃参加保甲，我们才能够真正实行三民主义。"[5] 按照蒋介石的要求，1940 年 1 月，国民党内政部和中央组织部在致国民精神总动员总会的《动用保甲组织防止异党活动办法》这一极机密函中要求："保甲内应尽量发展本党组织，保甲长除依非常时期保甲

①　罗天亚：《保甲与区政》，南京《行政研究》第 2 卷第 6 期，1937 年 6 月 5 日。
②　王云俊：《民国保甲制度兴起的历史考察》，《江海学刊》1997 年第 2 期。
③　华北政务委员会治安总署编：《保甲教科全书》，转引自孙宅巍、韩海浪：《现代中国社会基层组织的历史变迁》，《江苏社会科学》2000 年第 4 期。
④　张宪文主编：《中华民国史纲》，河南人民出版社 1985 年版，第 603 页。
⑤　何汉文：《如何树立党在农村中的基础》，《中央周刊》第 1 卷第 30 期，1939 年 3 月。

长选用办法选用外，应以本党党员充任为原则，未入党者，设法介绍其入党。国民学校校长同……特殊地带，如陕北等地保甲长必须以党员充任，并负责侦查异党活动，随时分报上级党政机关核办。"①

在实践中，国民党政府将推行保甲制与组建基层组织结合起来进行。这样一来，到了 1945 年时"全国至少有 1/3 的乡镇和保建立了国民党的区党部与区分部。40 年代中后期，国民党的活动不再是局限于城市，它的组织已经深入县以下基层社会，与乡村民众有了某种程度的接触。"在抗战时的国民党党员中，"'农业类'党员的比例占据第二位。这些农业类党员主要是一些受过初等教育和私塾教育的乡镇保甲长人员和地方乡绅"。②国民党对于保甲长不仅进行政治的、军事的训练，而且还施以警察特务式的训练；且规定在"异党活动最烈之区域，应实行联保连坐法，使人民不敢与异党分子接近而受其利用。必要时并于保甲组织中建立保甲通讯网，指定乡村中纯良之知识分子，担任调查异党活动之通讯工作，以辅助保甲长力量之不逮"。③

显然，上述办法、条例从不同角度进一步强化了乡村保甲制度，而使这一时期的保甲制度有两个非常明显的特点：第一，保甲组织更加党化、警察化、军事化和特务化；第二，贯彻在保甲组织中实行三位一体的统制政策。如此集权甚至是恐怖的保甲政策，引起了广大民众强烈不满。人们唱出了"蒋介石，大独裁，贪官污吏两边排，乡长拿着生死簿，保长拿着勾魂牌"这样的歌谣。④因此李伟中说，"遏制中共发展也是国民党推行'新县制'保甲的一个目的"⑤。这种看法是有道理的，也是有目共睹的事实。

上承国民党中央的保甲政策，甚至是蒋介石的直接告诫⑥，广东省政府努力利用保甲制，在两个方面加大了对共产党的遏制力度与压迫。第一，它用政治的手

---

① 中国第二历史档案馆编：《中华民国史档案资料汇编》，第 5 辑第 2 编，政治（1），第 104—105 页。

② 王奇生：《党员、党权与党争——1924—1949 年中国国民党的组织形态》，第 297、299 页。

③ 章伯锋、庄建平主编：《抗日战争》（政治卷，上），四川大学出版社 1997 年版，第 827 页。

④ 谢增寿：《国民党南京政府保甲制度述论》，《南充师院学报》1984 年第 4 期。

⑤ 李伟中：《南京国民政府的保甲制新探——20 世纪三四十年代中国乡村制度的变迁》，《社会科学研究》2002 年第 4 期。

⑥ 据李汉魂之女李浈记述，蒋介石在任命李汉魂为广东省政府主席时就告诉他，虽然国民政府已同意让共产党参战，但还需要力加限制，密切监视。参见李浈：《花开梦怀》，汕头大学出版社 2004 年版，第 116 页。

法，加强保甲制度的党化倾向，进行"政治剿匪"。1939 年后，广东省政府就征求各地保甲长陆续加入国民党，使"党义与革命精神，透入行政基层以行改进政治"。① 其后，这种征求变成了强迫入党，地方国民党党部、政府在乡村召集保甲长会议，要求"所有十八岁至三十岁的青年，都要加入三青团，三十岁至四十五岁的都要加入国民党，强迫全体保甲长具结担保完成之"。② 到 1944 年，广东全省"各地县市共有区党部 839 个，区分部 6701 个，小组 17176 个，党员 148341 人。截至 1945 年年底止，全省 102 个县市有区党部 1179 个，区分部 8112 个，小组 19895 个，党员人数 180492 人"。③ 不过，由于广东沦陷区范围广大，其党部又督导不周，不少基层组织只是流于形式而已。

第二，它加强保甲制度的情报功能，严防共产党的活动。在韩江地区，国民党平和县地方政府频频派出警探，刺探中共在此的活动情报，并利用保甲组织向保甲长了解有关情况："他们对保长反映的灾情漠不关心，却绕着圈子试探韩纵有无在该地活动。"④ 在东江地区，国民党组织了两个特务队，给予他们大量的经费支持，并可论功加赏。同时，他们居然利用日寇和汪伪的特务来进行反共活动，造成了许多特务一身而三任，而其目的只有一个，即反共。有的特务曾供称："我们被派来主要的工作任务，就是反共，破坏游击区，消灭游击队，由于目标一致，所以一身三任倒很便当。"⑤ 抗战时期曾任广东人民抗日游击队珠江纵队第一支队队长的欧初也回忆说："日、伪、顽三家出于共同的反共反人民的共同本质，勾结起来，围攻我抗日根据地和游击队，成为抗战胜利前夕，中山政治军事形势的一大特点。"⑥ 在保甲组织的配合下，国民党的基层党部还特意对红军的家属进行重点打击，实行歧视政策，使之成为"捉壮丁的对象"。此外，他们还时时抓

---

① 《征求保甲长入党》，韶关《大光报》1939 年 7 月 31 日。
② 东江纵队政治部《对东江当局暴行的控诉》(1944 年 12 月)，载广东省档案馆编：《东江纵队史料》，广东人民出版社 1984 年版，第 317 页。
③ 丁身尊主编：《广东民国史》(下)，广东人民出版社 2004 年版，第 953—954 页。
④ 中共汕头市委党史研究室、中共梅州市委党史研究室编著：《韩江纵队史》，广东人民出版社 1995 年版，第 234 页。
⑤ 东江纵队政治部：《对东江当局暴行的控诉》(1944 年 12 月)，载广东省档案馆编：《东江纵队史料》，第 316，317 页。
⑥ 欧初：《少年心事要天知——抗战时期回忆录》，广东人民出版社 1999 年版，第 183 页。

住机会，利用其所控制的情报，对共产党的活动进行武力镇压。1939 年冬到 1940 年春，国民党顽固派在全国各地掀起了第一次反共高潮。这期间，广东的国民党顽固派势力为贯彻国民党中央的反共指示，开始限制并打击抗日群众团体并，逮捕、杀害共产党员和抗日分子。

20 世纪 20 年代广东省曾是全国农民革命运动最发达的地区。然而，经过蒋介石等国民党反动派"清党"后，中共在广东的党员人数锐减，其活动大为削弱。直到 1936 年，中共才又重新在广东发展壮大其组织力量。同年 9 月，薛尚实、王均予先后奉中共中央和北方局的指示，来到香港、广州重建了共产党广东的领导机构。次年，中共中央又先后派云广英、张云逸、张文彬等到广东工作。抗战爆发后，国共合作的局面形成，中共在广东开展了统一战线建设，其组织也有了进一步的发展。1937 年 10 月，中共南方工作委员会在香港成立，由张文彬任书记，薛尚实任副书记兼组织部长。同月，中共闽粤赣边省委也告成立，由方方任书记。另外，根据中共的提议，陈汝棠在广州成立了第四路军看护干部训练班。护干班并根据中共省委关于"深入基层、扎根农村"的指示，组织小分队分赴广州郊区和南海、番禺、高要等地，举办民众抗日救护训练班，并建立全省抗日救护团。是年年底，中共中央又派廖承志、潘汉年到香港筹建了八路军办事处。在琼崖地区，国共双方经过一年多的谈判，终于也达成协议，成立了双方合作的统一抗日战线。1937 年 12 月，琼崖红军游击队在琼山县改编成以冯白驹为队长的广东省民众抗日自卫团第 14 区独立大队。1938 年 1 月，由中共南方工委领导的广东青年抗日先锋队成立，它统一领导了广州地区青年学生的抗日救亡运动，[1]并在汕头建立了"岭东青年抗敌同志会"。稍后，兴梅、粤中、珠江、西江、琼崖、南路等地，也先后建立了青年、农民、妇女的抗日救亡团体。"这些革命团体，名义上挂的是国民党的招牌，实际上是中共在里面起着核心领导作用。"[2]这一时期广东的抗战统一战线开展的非常不错。它成为抗战初期中国"统一战线的模范省区"和仅次于汉口的国统区救亡运动中心。[3]这种情况的出现，是和当

① 中共广东省委党史研究会编：《中共广东党史大事记》，中共党史出版社 1993 年版，第 180 页。
② 丁身尊主编：《广东民国史》（下），广东人民出版社 2004 年版，第 840 页。
③ 左双文：《华南抗战史稿》，广东高等教育出版社 2004 年版，第 3 页。

时国民党广东当局暂时较为开明及其部分地改变了过去对民众抗日救亡运动采取阻挠和限制的做法有关的。

中共广东省委于 1939 年 1 月召开第四次扩大会议，贯彻中共中央六中全会精神，决定广泛开展敌后游击战争。于是，中共广东省地方党部扩大了敌后各抗日根据地，先后成立了"广东人民抗日游击队东江纵队、广东琼崖人民抗日游击队独立纵队、广东抗日游击队珠江纵队、粤中人民抗日解放军、广东人民抗日游击队韩江纵队、广东西北区人民抗日同盟军、南路人民抗日解放军等多支武装队伍，并一起组成华南抗日游击队。"[①] 这些地方游击队的组成，为中共有组织、有计划地开展敌后对敌斗争，做好了组织的和军事的准备。

这期间，中共广东地方组织对国民党基层社会的保甲制度持积极态度。它认为，保甲制度是非常重要而有效的动员群众的制度。"政府需要它去动员民众来支持抗战，不应对保甲有冷淡态度"。地方人民应该积极地起来，出钱出粮，监督保甲机构的运行，保证它能够朝抗日、利民的方向发展。"出钱是对的，应该的，因为政府用这些钱是为着抗日，但是要出的公平，并且保证钱能够到政府里去。倘若保甲不健全，大家不理、散漫，那会给部分野心家从中舞弊，鱼肉人民，故应自己把保甲健全起来。……保甲不单是只要民众出钱，而且要准备种种战时工作来支持政府抗战，如坚壁清野的准备、粮食准备、严查汉奸"。"要保甲担负起这些责任来保卫家乡，必须健全，首先应该促成联保处成立，使真正的良好的人负责，来传达政府意见，传达人民意见到政府。"另外，中共地方组织还动员积极的保长去到所有的保长中去活动，并要大胆地提出意见，并推动县自治科促成联保处成立。[②]

然而，随着广东成为敌后战区以及抗战的持久进行，国民党开始利用保甲组织对中共的活动进行限制和打击，中共不得不改变斗争策略。对于国民党各地政府"防家贼"式的保甲组织，中共针锋相对地发出了警告，指出目前的乡村政治机构，不适合战时的需要，保甲已经成了"一种阻碍抗战的桎梏"，是"动员民

① 广东省地方史志编纂委员会编：《广东省志·教育志》，广东人民出版社 1995 年版，第 111 页。
② 《东莞县工作报告——环境的变动和党的组织状况》(1938 年 2 月)，中央档案馆、广东省档案馆编：《广东革命历史文件汇集》(41)，第 180—181 页。

众的枷锁"。毛泽东在《论联合政府》中两次明确要求国民党取消或废止压迫人民的保甲制度，并把它作为中国共产党当时的具体纲领的内容之一而提出来。[①]而对抗战以来国民党当局对保甲制度的"改革""改编""整理"等活动，中共则认为其意"不仅在于麻痹和欺骗民众，而且在于消灭保甲内部的矛盾，巩固其专制统治。"[②]并声明非"根本改变这些束缚着人民全副手足的保甲制度"，不能促进抗战的进一步开展。[③]针对于广东省政府利用保甲制度，对共产党活动进行打击的现实情况，中共广东地方政权依据中共中央的宗旨，采取了一系列措施来防止敌方蚕食，并力求在此基础上进一步发展壮大革命力量。其主要措施如下：

首先，在乡村中大力和敌人争夺群众。中共认识到，要想打击国民党钳制民众运动、旨在反共的保甲组织，首先就要和敌人争夺群众。"群众是政权的基础，没有群众就等于沙滩上的楼阁，是不稳固的。"[④] 于是，中共采取多项灵活措施，以提高民众的革命积极性。比如在保甲长的选举上，它专门组织了选举委员会指导选举工作，"采取直接的、普遍的、无记名的投票，选票由政府制发，同时要有监票人、唱票人、记票人，上级还要派员指导及监督，以示慎重"。[⑤]这种民主的做法赢得了群众的好感。当时有同志认为，国民党加强保甲制度的党化倾向是针对中共的，因此我们也应该让保甲长都是中共党员。中共组织认为，这种看法"是很不对的"；"保甲长、乡政府工作人员，只要他精明、肯干、有群众威信的就可以了，不一定要党员充当"[⑥]。如此一来既打消了民众的担心，又使中共党员能放开手脚在基层活动，不会担心因党籍问题而为工作的开展带来不便。

其次，中共党员利用情报，打入敌人内部。1939 年 7 月间，中共潮揭丰边县委宣传部长钟声，仿照广东省军民合作站的办法，在潮安县白沙乡成立了第一个

① 《毛泽东选集》第 3 卷，人民出版社 1991 年版，第 1064、1070 页。
② 西北研究社编：《保甲制度研究》，西北研究社 1941 年版，第 233 页。
③ 谢增寿：《国民党南京政府保甲制度述论》，《南充师院学报》1984 年第 1 期。
④ 王士钊《抗日时期的东宝行政督察处》，载中共广东省委党史资料征集委员会、中共广东省委党史资料研究会编：《广东党史资料》（第 7 辑），广东人民出版社 1986 年版，第 32 页。
⑤ 《中共琼崖特委关于实施民主、武装力量准备、领导作风和工作制度等问题的意见》（1943 年），载中共广东省委党史资料征集委员会、中共广东省南海行政权区委员会党史办公室编：《琼崖抗日斗争史料选编》（内部发行），1986 年，第 266 页。
⑥ 《琼崖抗日时期干部学习材料》（1942 年 1 月），载中共广东省委党史资料征集委员会、中共广东省南海行政权区委员会党史办公室编：《琼崖抗日斗争史料选编》，第 236 页。

共产党的军民合作站，其活动迅速发展到前线及近前线的各大乡村，并逐步发展成为情报站，以利于共产党人开展活动。[①] 另外，中共潮汕地区组织还指示各地，派人员打进揭阳、丰顺、澄海、潮阳等县的保安团、壮丁训练队，"争取掌握其领导权"[②]。对省地方行政干部训练所，共产党人也已打入其中，据称"地干所地下党员有六七十人，抗先队员有二三百人，受地下党员领导"，[③] 而当时地干所的学员总共也只有五六百人而已。除在基层渗透外，共产党的力量也向上层发展。李汉魂的女儿李浈后来曾回忆说，在其父任广东政府主席期间，已有几个地下共产党员渗透到了省政府，他们甚至还出入于李汉魂的家中。[④]

再次，中共有时利用土匪的力量来对抗国民党的基层政权。抗战时期的粤闽边土匪横行，他们在许多乡镇和市场公开派款、收税，谁也不敢阻挠。许多区乡政府保甲成了土匪的政府，为土匪势力所把持，甚至许多联保主任与土匪头是同一人担任的。如此，"就是县政府一些官员、大士绅都与土匪勾搭发生联系。他们并且利用宗派地方观念而得以与当地封建势力勾搭起来。许多县府人员、士绅、乡保长都援助他们"[⑤]。地方土匪势力的强大，使国民党不能不把严密保甲、维持治安放在施政方针的第一位。土匪也开始关注保甲制度，并通过它与国民党政府的力量相抗衡。[⑥] 为了生存发展，当时的地方共产党组织也会巧妙地利用这些地方土匪势力与国民党的矛盾。如闽粤边的大土匪张河山，因为搅乱了国民党在基层的统治政权，而受到了国民党的围剿。于是共产党人就一度同他联合起来对抗国民党，以打击国民党的乡村保甲政权。然而，由于后来张被国民党收编，于是他转而进攻共产党的游击区了。

在这个三角权力的角逐中，土匪们也企图利用国共的对抗来发展自己。如当

① 中共汕头市委党史研究室、中共梅州市委党史研究室编著：《韩江纵队史》，第46页。
② 中共汕头市委党史研究室、中共梅州市委党史研究室编著：《韩江纵队史》，第18页。
③ 邓筠、施琦：《抗战时期广东地方行政干部训练所和中共地下党的活动片断》，载中国人民政治协商会议广东省韶关市委员会文史委员会印：《韶关文史资料》（第7辑）1986年，第111页。
④ 李浈：《花开梦怀》，汕头大学出版社2004年版，第286页。
⑤ 《闽粤边土匪工作报告提纲——土匪的力量状况一级国共两党对土匪的不同政策》（1940年），中央档案馆、广东省档案馆编：《广东革命历史文件汇集》（43），第437页。
⑥ 《闽粤边土匪工作报告提纲——土匪的力量状况一级国共两党对土匪的不同政策》（1940年），《广东革命历史文件汇集》（43），第443页。

地的土匪钟绍奎、钟冠勋等曾积极反共。后来由于国民党难以拉拢这伙土匪而逮捕枪毙了钟绍奎，于是"他的部下一部分土匪就又积极找共产党员进步分子接近了。"

复次，中共还利用少数民族的力量来打破国民党的基层统治。国民党利用保甲制度对乡村进行控制，不仅导致了共产党的警惕和反击，而且使地方固有势力开始有所反弹，这也包括少数民族的力量。比如国民党在海南岛白沙县的统治，就遭到了黎族人民的反抗，而他们打击的矛头正是对准国民党的基层政权——保甲制度。白沙黎族起义的领导人王国兴是黎族的首领、大管家，另一个领导人王玉锦本人就是保长。他们关于如何起义等问题，都是通过保甲会议来进行讨论的；王国兴也曾多次检查过各保起义的准备工作，起义的骨干也正是这些保甲长。这次起义于1943年农历7月爆发后，遭到了国民党的镇压，于是他们就找到了共产党在当地的组织，接受了共产党的领导。1944年秋，琼崖游击队独立总队编为独立纵队后，即以白沙为根据地开展抗日斗争。1945年8月8日，白沙县抗日民主政府正式成立后，王国兴担任了副县长。①

最后，针对于国民政府的间谍战和武力的威胁，中共明确提出了建立"两面政权"的主张。

所谓的"两面政权"，即是中共对国民党的基层政权——保甲制度的灵活控制措施，表面上看，保甲长是国民党任命的，甚至对其忠诚，而实际上中共则打入其内部，并说服这些保甲长对国民党采取消极抵制、应付差事的做法，而积极为中共的抗日斗争服务——包括提供一定的人力物力和国民党、日伪的情报。②中共对国民党保甲制度的利用，在第二次国内战争时期就已经出现了。当时所谓的"白皮红心"基层政权，就给敌人造成了诸多的麻烦，曾有功于反"围剿"的斗争。抗战时期，这种退一步进两步的"两面政权"建设，也随着国民党保甲制

---

① 有关这次起义的详细情况，参见丁身尊主编：《广东民国史》（下），广东人民出版社2004年版，第1015—1019页。

② 朱德新概况"两面政权"的特点有四点：1.它的形式是保甲，是保甲的异化即特殊类型；2.它存在的时间长范围广；3.它是一种完全的敌伪保甲向彻底的革命政权过渡的中介；4.它有表面为敌人服务的一面，同时又有抗日的一面。参见朱德新：《二十世纪三四十年代河南冀东保甲制度研究》，《安徽史学》1996年第1期。

度的强化而出现。这是中共广泛利用的乡村斗争策略。

中共广东地方组织认为，"保甲制度是国民党控制基层、实行反动统治的主要手段。保甲长一般由当地的地主绅士或其他殷实富户充任，他们对上忠实执行国民党政策、法令，对下为虎作伥，欺压人民。"在这样的环境下，中共的"武装部队活动，如果没有必要的掩护是很难站得住脚的；相反，如果通过某些公开的、半公开的、合法的形式掩饰政治实质，活动起来就方便和安全"。因此，其要求各地共产党员要与当地群众建立密切关系，并"通过与当地地主、士绅拉关系安插人员、'操纵'选举等方式，将共产党员逐步安置在保甲长的位置上……在国民党统治区建立起两面政权"。对"两面政权"建立之后的"白皮红心"保甲长，中共对其有特殊的要求。比如要求他们在表面上贯彻执行国民党政令，对一些与人民武装活动无碍又有损害群众利益的任务，如类似禁烟禁赌、推行蒋介石倡导的所谓新生活运动等，不仅要做得认真，而且要"虚报成绩，大吹大擂，以蒙蔽和麻痹上司官长"；但对抽捐收税、抓壮丁一类任务，就"能拖则拖，敷衍塞责，消极对抗。如与农会串通谎报猪瘟疫情，要求豁免屠宰捐，抓壮丁时预先通告适龄壮丁躲避。"对于国民党派来侦察我方活动的情报人员，则先"稳住阵脚，打探来意，摸清虚实然后迅速报告，研究对策，采取措施"。[①]

笔者发现广东省档案馆中保存有一份国民党翻印的文件，名为《中共中央关于保甲长指示》。新中国成立后，档案馆工作人员在整理这一档案时，在旁边注明这样一行小字："国民党翻印文件，未经考证，可能有伪作或篡改，仅供参考。"观其内容，大意是中共教授广大受中共领导的保甲长及地方基层工作人员，如何在国民党政权中隐蔽力量、图谋发展，并利用其自身的条件，在不暴露身份的情况下，积极开展抗日和反对国民党压制中共的工作，尽可能发展壮大自己的力量。比较一下这一指示的内容和上引史料的规定，笔者发现两者有诸多的相似之处，或至少是不相违背的。另外，这一国民党翻印的文件，是国民党广东省政府发到各县市地方基层保甲组织的宣传材料。它要求其保甲长对中共在各地建设"两面政权"的活动，提高警惕，并利用时机顺藤摸瓜，打击中共的这种组织活

---

① 中共汕头市委党史研究室、中共梅州市委党史研究室编著：《韩江纵队史》，第 215 页。

动。因此，如果仅是空穴来风地捏造中共在乡村活动的情事，甚至夸大其活动的危害，最多只能对中共的活动提出抗议，但这很可能误导其保甲长的"反共"工作。有鉴于此，笔者认为这一文件是出自中共为要求其保甲长有策略地同敌人斗争、不过早暴露实力而作出的指示和要求，还是大致可信的。[①]更何况抗战时广东共产党人一再强调："统战工作仍然可以对少数县长地方实力派，乡保下层政权进行。"[②]

在沦陷区，中共对于日伪的清乡、蚕食和国民党的活动，也提出应做"退一步进两步的工作，有计划地开展'白皮红心'的斗争，派遣一些可靠的群众打进敌人营垒内部，了解敌情，掩蔽斗争"。[③]对于敌伪的间谍及其利用保甲长开展旨在对付中共的情报工作活动，中共则通过"两面政权"的保甲长探听消息，开展注意生面人，检查生面人的工作；并通过积极分子"注意各村有无嫌疑奸细分子"，[④]以此来严密观察当地保甲长与外界的联系情况，使其活动处于民众的监视之下，防止其完全变质，以保证"两面政权"的成果。对于中共势力不及而难以拉拢的保甲长，中共则采取大力的宣传策略，找保甲长谈话，告诉他们："我们是抗日部队，大敌当前，爱国一家，凡是爱国者都应同舟共济，支援抗日，绝不许有破坏抗日，危害人民的反动行为。"[⑤]以此来让保甲长们明白抗战的意义，减少或不为国民党的消极抗日、积极反共做工作，至少是使其不反对中共在乡村进行的抗战工作。

同时，中共还利用其能控制的"两面政权"，积极开展打击前来活动的国民党间谍。比如，国民党派往韩江纵队活动的间谍，因为其转弯抹角地打探中共在此的活动情况，而引起"白皮红心"保甲长的注意，并向中共地方政权汇报。中共对此采取了严厉的措施，将这些间谍逮捕并枪毙。其后仍有类似的人活动，如

① 详细文件内容，参见文后附录四。
② 《张鼎丞关于闽赣边区党的工作总结——党的历史和党的组织、统治、民运工作概况》(1940年)，《广东革命历史文件汇集》(43)，第424页。
③ 琼崖武装斗争史办公室编：《琼崖纵队史》，广东人民出版社1986年版，第157页。
④ 《东江纵队政治部关于反内战动员的指示信》(1944年9月4日)，载《东江纵队史料》，第511页。
⑤ 中共汕头市委党史研究室、中共梅州市委党史研究室编著：《韩江纵队史》，第217页。

一个化装成货郎的五人武装特务小组，亦被民主政权逮捕审讯枪毙。① 同样，国民党当局者也注意利用这样的"两面政权"。他们曾逮捕中共的"白皮红心"保甲长，软化以后，让他们提供情报，为其对中共游击队进行突然袭击带路，给游击队造成了较大损失。② 对此，中共一方面进一步考察"两面政权"的保甲长，武力威慑他们，使其不敢轻举妄动；另一方面，则要求中共的乡村工作者采取具体措施防敌，如改换或编造多个籍贯姓名，"一可以迷惑敌人，让他们无法搞清我们活动区域的人数；二是万一不幸落入敌手，不致使家人亲属受连累"③。

中共在广东建立"两面政权"的工作，尽管有失利的地方，但总的来说成绩是主要的。韩纵在总结其斗争经验的时候认为，其成功的条件之一就是："高举抗日旗帜，团结一切可以团结的力量，特别是争取国民党乡保甲长和开明绅士的支持合作，同时对国民党顽固派进行有理、有利、有节的斗争"。④ 欧初先生也回忆说："共产党员袁世根受组织派遣担任伪乡长，靠'白皮红心'政权掩护，建立了党组织，掌握了武装，当游击队需要时，提供可靠的支援和保障。"⑤ 正因如此，尽管抗战时期中共在广东的活动，开始发展时力量薄弱，面对着日、伪、顽三重包围之中，战斗环境恶劣，但其抗日救亡工作还是取得了较好的成绩：抗战胜利以前中共在粤省已有两万余兵力，并在"广东内陆和岛屿先后建立了拥有70多个县600百多万人口的抗日根据地的游击区"。⑥ 这不能不说与中共在基层大力依靠群众，并采取了合理的、切实的乡村斗争策略有很大关系。这一时期的中共通过大力建设"两面政权"，不仅为其活动获得了很多有价值的情报，而且得到了大量的人力物力的补充。其重要作用可想而知。

当然，中共抗战时期在广东取得的成果，也同国民党地方政权自身脆弱的统治有关。在八年抗战中，国民党组织扩张和渗透能力，虽然达到了其建党和执政

---

① 中共汕头市委党史研究室、中共梅州市委党史研究室编著：《韩江纵队史》，第234页。
② 中共汕头市委党史研究室、中共梅州市委党史研究室编著：《韩江纵队史》，第238页。
③ 黄炜然：《忆东莞抗日敌后的民运工作》，载中共广东省委党史资料征集委员会、中共广东省委党史资料研究会：《广东党史资料》第14辑，广东人民出版社1988年版，第121、119页。
④ 中共汕头市委党史研究室、中共梅州市委党史研究室编著：《韩江纵队史》，第274页。
⑤ 欧初：《少年心事要天知——抗战时期回忆录》，第138页。
⑥ 广东省地方史志编纂委员会编：《广东省志·教育志》，第111页。

以来前所未有的程度。然而，"由于国民党党机器长期以来所形成的组织功能障碍和内在积弊并没有得到很好地疏通和清除，战时党组织在量上的膨胀和扩张，不仅没有显示出党力的强健和壮大，相反，却出现组织涣散与组织扩充同步增长的情形。"而且由于入党既不能给保甲长带来什么好处，党票贬值乃势所必然。这不仅使国民党通过扩大组织力量的努力无法达到目的，反而使其党员的形象进一步败坏和威信扫地，其可谓得不偿失。20 世纪三四十年代留下来的大量资料显示："国民党在广大乡村基层社会的影响甚至不如乡村教会组织和秘密社会团体。以四川为例，该省哥老会的势力和影响远远超过了国民党。党和政府的许多政策措施，只有在取得了当地哥老会首领的首肯后才能推行。"[①]而在广东，因为其宗族势力极为发达，宗族族长不配合，政府的保甲政策也很难推行。

第三节　国民党与日伪争夺乡村的斗争

中国以农立国，抗战时期乡村的重要性不待烦言。战争双方的胜败，很大程度上体现在对乡村社会的争夺上。抗战时广东政府的乡村工作，因日政权伪的渗透变得尤其复杂与艰难，但也因此而充满了战胜敌人的希望。在与日伪争夺乡村方面，国民党曾做了不少工作。

认识到农民对于抗战的重要性，并改变以往的乡村政策以争取民众的支持，是广东国民党政权同汪伪争夺乡村的第一步措施。乡村工作本质上即是农民工作；敌我对乡村的争夺，在本质上讲也就是对农民的争夺。张发奎说："应当相信，抗战之胜利不仅取决于兵力，尤取决于民力。要使广大的群众，紧紧地团结在我们的周围，不要有一个老百姓给敌人利用去。"[②]然而，乡村中多数百姓对于抗日战争的神圣性并无深刻的认识，"以致存在着以为中国打胜仗不过任捐纳税，

---

① 王奇生：《党员、党权与党争——1924—1949 年中国国民党的组织形态》，上海书店出版社 2003 年版，第 293、358 页。

② 石辟澜：《广东民众动员的过去及将来》，韶关《新华南》第 1 卷第 2、3 期合刊，1939 年 5 月 5 日。

日本打胜仗也不过任捐纳税的错误见解"①。易劳逸的研究指出，抗战时中国乡村农民缺乏政治意识和国家观念———对许多农民来说，抗战似乎事不关己。② 基于民族大义观之，农民的这种认识当有较大的局限性；但从农民自身的利益出发，这种认识并没有错。这里能说明的问题是，政府的农民政策还存在着较大的缺陷。时人即指出："五家联保""强迫自新"等"软硬恐怖残忍手段，与日俱增，民众窘迫之余，惟相率离乡避难而去，其状极惨"。③ 据 1941 年中山大学农业系在广东连县 19 个村的调查可知："离村成年男子连老汉在内共 501 人，占成年男子的 39.9%。"④ 由此可见，国民党广东当局不仅不能有效地宣传抗日、动员民众，反而是以捐税和联保造成了乡村劳动力的大量流失，致军队想在乡村立足也觉困难重重。有的记述称："我们北伐出发的时候，民众对我们的帮助，真不知有多少。这次我们为民族的生存抗战，照理我们的民众应该比北伐时更兴奋，更勇敢。但我们竟看不见一个老百姓，使我们军队感觉的十分的不方便。"⑤ 缘此种种弊端，社会舆论强烈要求政府主动开展农民运动，发动农民力量为战争服务，而不能"由敌人大规模进攻造成农运的政治条件"，⑥ 更不能任由敌人去诱惑、收买、利用民众，以致使其成为汉奸反助敌人害我方。鉴于此，广东省政府即通过相当多的措施，来改变以往的乡村动员形式，以争取民众从事抗战工作。鉴于第三章第一节中对此已有较多的论述，此处不赘。

通过保甲编制来控制农民以为我所用，是广东省政府应对汪伪乡村工作的第二步措施。省府在充分认识到农民大众对于抗战的重要性，并利用民族主义战争来争取民心的同时，又认识到积极澄清吏治、改善人民生活，从而凝聚民众向心力对抗战的重要意义。"吏治能澄清，则政府的力量自然增强，人民生活改善，则政治基础始能巩固。"⑦ 否则的话，农民则甘愿为敌人做事，助纣为虐，"领取敌

---

① 夏超凡：《可歌可泣的事实在增城》，广州《抗战农村》第 1 卷第 3 期。
② ［美］易劳逸：《一项暧昧关系的诸面相：战时的走私、傀儡与屠杀，1937—1945 年》，转引自王克文：《欧美学者对抗战时期中国沦陷区的研究》，《历史研究》2000 年第 5 期。
③ 广东省档案馆编：《东江纵队史料》，第 23 页。
④ 郑泽隆：《李汉魂与广东抗日战争研究（1935—1945）》，中山大学 2001 年博士论文（未刊稿），第 42 页。
⑤ 恽逸群：《抗战与农民》，五洲书报社 1937 年版，第 6 页。
⑥ 李伯球：《农村统一战线的认识与行动》，广州《抗战农村》第 1 卷第 1 期，1938 年 2 月 16 日。
⑦ 魏育怀：《收复潮汕之当前任务》，广东《抗战周刊》第 20 期，1939 年 12 月 31 日。

人的五斤白米，或一元五角了"。① 鉴于战地县份人力、物力多被敌人摧残，县以下各级组织难以恢复并发挥作用，广东省政府为争取民众，巩固战地组织，以打破敌伪阴谋而完成抗战建国使命起见，要求战地县份"派政工队，深入宣传，唤起民众、组织民众而造成广大民众力量，奠定地方自治基础；并饬对游击区县政府，迅速恢复所属乡（镇）保甲组织及将各区乡（镇）长姓名暨工作情形，详列报核"。②

当时的广大知识分子，对乡村政治组织中，"只赋予区长保长指挥监督乡村人民的权力，却没有赋予乡村人民指挥监督区长保长的权力"表示强烈的不满。他们要求政府进一步打破政治活动的限制，发扬基层组织的民主精神。③ 有人指出，要和敌伪在基层争斗，改造基层组织是必然的，而改造的工作需要注意以下内容：必须管教养卫结合运用，健全基层政治组织，"用教育力推动它，用经济力去充实它，用军事力去强化它"。从消极的管理发展到积极的自治。他认为在基层在组织中，"在纵的方面，乡（镇）长之于各保，保长之于各甲，确有层层控制与运用的能力；在横的方面，发扬其民主之精神，利用乡（镇）民代表大会、保民大会及户长会议、甲居民会议以及训练四权的使用"。④ 可见这时从政府到民众，均已认识到了民众对抗战的重要意义，并有相应的措施来动员民众抗日，同时避免其为敌所用。

从汪伪方面观之，将保甲制度作为乡村工作的引擎，以此来控制农民、打击中方在乡村的势力，则是其乡村工作的应对措施。对于中方在乡村的行为和政策，日伪亦有相应的对策。它不仅认识到民力可用，更认识到保甲制度乃是乡村工作的着手点，予以十分重视。广州的一家汪伪杂志指出："保甲的目的，在于协助警察维持地方治安，教诫约束居民遵守法纪。……一甲以内，一保以内，如甲长保长以及户长，都能认真去干，试问歹徒、间谍、奸细及不良分子能够躲藏到哪里？每一户每一甲每一保都如此严密其组织，发挥其真义，治安哪有不好

---

① 张任侠：《如何组织农民》，广州《抗战农村》第 1 卷第 3 期。
② 广东省档案馆藏：《广东省政府实施新县制报告书》（1940 年 10 月），案卷号：3-1-35。
③ 叶民：《健全保甲制度与农民动员》，《中国农村》（战时特刊）第 8 号，1938 年 2 月 1 日。
④ 梁明政：《实施新县制与改造基层组织》，广东《地方行政》第 4、5 期合刊，1940 年 9 月 1 日。

之理？所以，战时的保甲人员应要作成军警当局的一对眼一对耳，有所见有所闻，即可报告当局迅速搜查索问，其力量之伟大，实在无与伦比。……须知保甲的用意就是自治、自卫、互助、互存。信赖政府，固然重要，发挥自力，也是当然。……保甲人员如果不能办这件工作，可说是不配做战时的人民，也不能做战时的人民。"①日伪政府官员甚至将保甲组织比拟为机器的引擎，认为保甲组织是乡村中各种工作的原动力，负担编组保甲责任的人，等于造引擎的工人，假使保甲编组能十分健全，"那么粮食的配给，地方的治安，教育的普及，以及一切有关国计民生的事件，都可以拿保甲的原动力来推行"②。

软硬兼施，打击中方的基层行政人员及民众，是汪伪控制乡村的惯用手段。日伪政权为达到"以华治华"，"以战养战"的目的，在其兵力所及的游击区，建立了维持会一类的伪组织，以建立起其在乡村基层的反动统治，"使占领区的农业为其提供粮食、工业原料和农副产品，成为它的附庸经济"③。日伪又有怀柔的一手，其在沦陷区及势力所及的游击区施赈，对每家每月施米半升，火柴一盒，条件是"五家联保，不得搬迁"。④日伪并尽量使其控制的保甲组织成为民间的组织（用日伪政权的法定词汇来说即为"自治组织"），而不把保甲编组编入国家行政机构。这与同时期广东省府在国统区将乡镇公所、办公处与保甲组织衙门化、乡镇保长官僚化的做法大不相同。日伪企图以此来争取民众，进而控制乡村社会，使其在战争中尽可能地赢得优势。

当然，日伪的保甲制度对于基层民众来说，也并非是慈眉善目，其基层政策的目的性非常明显。在1936年1月，日军在伪满洲国实行的新制度中，"街村长由县委派，街村事务由县直接监督指导，完全失去自治意味。自1938年实行统制经济，各县就把街村组织提前强化，把收买粮谷、统治物资等事务，均责成街村担任，从此街村变成监视农民的机构，为敌人作工具"⑤。抗战爆发后，汪伪也

---

① 广图：《战时保甲人员应办的工作》，广州《保甲周刊》（汪伪）第3期，1945年3月30日。
② 中央档案馆、中国第二历史档案馆、吉林省社会科学院合编：《日伪的清乡》，第490页。
③ 沙东迅：《粤海近代史谭》，华南理工大学出版社1989年版，第240页。
④ 宜之：《汕头沦陷后的潮汕》，《中国农村》（战时特刊）第6卷第6期，1940年4月1日。
⑤ 中央档案馆编：《伪满洲国的统治与内幕——伪满官员供述》，中华书局2000年版，第213页。

有规定："每保必须选壮丁三人，挑夫一名，若不照办，全保男女老幼，都要杀尽。"①而在抗战时的江苏，时人对日伪凶恶的面目有如下细致地描述："1945年1月到2月，敌伪当局因本区军米解数不足，照强迫签订数只有20%，着即召集全区乡保甲长数百人在伪区署开会，诘问军米为何延宕不解，而且面目狰狞，状甚可怖。与会人士见此狠毒形象，哑口无言。凡稍有难色者，即被掌颊数下，并令解衣赶迫入水。"会后，敌怒未息，复将保甲长二下余人逐个推入水中，"严寒风烈，莫不身抖动僵，状至惨，笔难绘。并又传知各个乡保甲长，限三日之内须全数解足，逾期以最严厉烧杀手段加施"②。在广东潮汕地区，当土尾、双港的伪乡长被国民党便衣队掳去之后，次日日伪军就下山把全乡四个保长都抓去砍头了，原因是他们已经"串通"了国民党。③

　　大量使用间谍渗透到国统区收集情报，破坏抗战，是日伪协助其正面军事战争、打击我方乡村行政组织的重要措施。这也是令国统区政府、军队和广大民众最头痛并首先要着力应对的问题。战时的保甲长具有情报员的功能，是不言而喻的。日伪在总结其乡村工作时即称："现代战争，不单是两军对垒这么简单，而利用间谍战以获致战果者，前例不少。所以我们如果每个民众都能事事留意，处处留心，随时随地发奸摘伏。每甲之内，每保之内，人人能以'自爱其家，互爱其邻，共爱其国'的心理，而严查户籍，保卫闾邻，则奸宄之徒，必无所遁形。须知我们所负的是轻而易举的一件事，而所协力于政府的实非浅鲜。"④由此理念，日伪对中国的间谍战发挥到了极致。其汉奸活动之猖獗，以致达到了人人"谈奸色变"的程度。一个国民党士兵说："在前方对炸弹与飞机并不感到威胁，只有汉奸真使人烦恼，就是周围都有驻军，你单身走路亦要时存戒心。后方行人被暗杀是时有所闻的。""大家都知道这次战争应该是全民的抗战，但实际的情形竟成了'无民抗战'。本国的军队在本国的领土内与外敌作战，竟如荒岛行军，看不

---

①　《新华日报》1939年3月2日。转引自魏鸿运主编，郭彬蔚、金普森副主编：《中国现代史资料选编》（4·抗日战争时期），黑龙江人民出版社1981年版，第170页。

②　《贞丰八年血泪录》，载《昆山文史资料》第2辑，1983年。

③　《潮汕的一般情况——敌占区的扩大、敌伪动态和国民党情况》（1943年），载中央档案馆、广东省档案馆编：《广东革命历史文件汇集》（43），第533页。

④　惠行：《纪念国府还都五周年》，《保甲周刊》（汪伪），第3期，1945年3月30日。

见民众。有了民众的行动，却是敌人的奸细。"另外很多士兵甚至发现："汉奸在我们的军队的阵地里做'游击战'。"[1] 国民党的官员也说："我们军队开到之后，能帮助我们的老百姓都逃走了，留下来的都是汉奸……他们不光是破坏我们的交通，放信号，还把我们的军情报告给敌人，做敌人的向导，替敌人拉夫。汉奸之多如蚁，每天杀也杀不完。我们的电话一天要修十几次。有的时候甚是误了指挥！"另外，很多农民因为怕汉奸的公然捣乱报复，而不敢帮助国军，以致无组织的善良农民却"变成了掩护汉奸的'青纱帐'"。[2]

针对日伪的间谍战，广东省政府在乡村积极开展了防伪防奸运动，并强化政治性的官僚控制系统，利用基层组织来捕捉敌人以打击汪伪的情报网，这也是中方针对汪伪间谍组织的因应措施。早在1938年6月初，广州即成立了"反汉奸联盟"，会员有4000多人。[3] 此后，全省各地特别是沿海地区，也纷纷联立防止汉奸破坏的组织，并处理了一批汉奸。1940年2月，广东省政府主席李汉魂亲自拟具了《运用基层组织侦察敌情破坏敌后交通通讯捕捉敌人实施办法》。省府希望以此来打击限制日伪的间谍网络，并协助军队作战，以确收军民合作效果。该办法共4章24大类内容，主要分为"侦察敌情""破坏敌后交通通讯""捕捉敌人"和"奖惩"等。下面试分述之：

在"侦察敌情"方面，该办法规定："侦察敌情以县市局为组织单位，由各县市局情报股主管办理，县以下组织以区长为侦察队长，乡镇长为小队长，保长为分队长，甲长为当然队员，并得由保长挑选民众为队员，暂不限名额，但须经该保长署名担保及得乡镇长之同意，递呈区署核准汇报县市局备查。"侦察敌情的内容包括：敌人作战计划及有关文件之刺探事项、敌兵种兵力及番号之查报事项、敌兵动态及一切交通运输之查报事项、游击区内敌伪政治组织及社会设施之查报事项、地方官员之调查事项等。各县市局所得情报有与各该区乡镇地方有关者，抄知各该区乡镇侦察队长，提示注意；其属于奉令密查专案或县市局饬查之

---

① 陈高佣：《抗战与保甲运动》，商务印书馆1937年版，第3—4页。
② 恽逸群：《抗战与农民》，五洲书报社1937年版，第6、7页。
③ 梅嘉、求实：《抗日战争时期的广东战场》，转引自丁身尊主编：《广东民国史》（下），广东人民出版社2004年版，第871页。

件，得因性质由县市局经饬小队长或分队长查报。在具体做法上，它要求："游击区内各级侦察队长，应随时适应需要，化装苦力、难民、小贩及假作顺民等，深入敌后刺探情报。"

在"破坏敌后交通通讯"方面，它规定："游击区内各县市局应酌查地方交通情形，划分区段，饬各区乡镇保长会同国民兵团各级队长，组织便衣破坏队，分段负责破坏敌后交通通讯。""便衣、破坏队之组织，由区乡镇保长挑选或征集辖内民众编成之，其队长以当地国民兵团各级队长任之，负指挥调遣之责。"而便衣、破坏队之任务如下："（1）截取敌方通讯线并焚毁电杆。（2）焚毁、拆除、破坏敌伪构筑之公路、铁路、险隘路基及桥梁涵洞等。（3）拆除敌人构筑之铁轨、螺丝，预埋炸药炸之。（4）其他有关敌人交通工具之破坏事项。"

在"捕捉敌人"方面，该办法规定：接近游击区及游击区内各县市局，应发动民众组织便衣队捕捉敌人。"便衣队之组织以乡镇长或保长为队长，并挑选志愿壮丁及热血青年为队员，不限名额。"便衣队之主要任务为捕捉敌伪官兵。各队长应随时化装农民、小贩等，"在敌必经之路侧及驻地附近潜伏，或预行侦察敌之步哨地点及传递经过道路，利用实际设法捕捉，按级递解以凭核奖，如系枪毙或射杀者，取首级件报核"。

为实施以上任务，该办法明确了完成这些任务的奖惩规则。其奖励的内容分为：传令嘉奖或发给奖状、记功、提升、奖金四种。奖金之发放则是："捕获敌士兵者一百元；捕获敌尉官者二百至一千元；捕获敌校官者二千至五千元；捕获敌将官者六千至一万元。"但凡有下列事实之一者，也要按情议处："1、泄漏机要者。2、奉命不力者。3、庇纵间谍者。4、藉端舞弊或藉词检查意图诈财者。5、敌兵压境或得有敌情隐匿不报者。6、虚构事实因陷害他人或因得奖金者。"①此后，广东省府又公布了《修正广东省捕杀敌伪组织官员奖励办法规定》，这些规定的颁布，促进了广东乡村的反间谍活动。1940 年 8 月 23 日，伪番禺县检查烟苗主任李伯宪及伪番禺县太平市联乡办事处副主任林剑秋被国民党基层组织捕

---

① 中国第二历史档案馆藏：《广东省运用基层组织侦察敌情破坏敌后交通通讯捕捉敌人实施办法》，案卷号：十二（6）–16614。

获，而根据《修正广东省捕杀敌伪组织官员奖励办法规定》，政府即各给捕捉者奖金 200 元。[①] 东莞县政府也曾呈报："该县党部区分部书记王伯熙等击杀伪虎门特区维持会副会长王季良，请依法……给予奖金二百五十元。"[②] 鉴于政府的鼓励和大力支持，广大乡民和国民党的基层行政人员对于反间谍工作，还是积极进行的，并取得了不小的成效。

除鼓励民众捕捉间谍及日伪官员外，国民党中央政府还要求各地政府利用保甲力量，组织民众协助清乡，"使地方人民互相纠察，自动检举，务使匪类得以隐匿"[③]。为此，它在 1939 年制定的《防止汉奸间谍活动办法大纲》中规定，清乡工作由各地水陆警察机关负责，未设立警察之乡镇，由"村长、联保主任、甲长会同办理。全国国民不分性别年龄，均负有侦察检举汉奸间谍之责任"。[④] 广东省政府为肃清汉奸，特动员特务队"协助保甲长挨户调查，实行五家联保，并连同自卫团设立检查站瞭望哨，构成严密封锁线"。[⑤]"对于汉奸之检举与根绝，务须现行健全保甲而运用之，从速签具联保切结，使其发挥联保连坐之关系，本守望相助利害与共之主旨，通力合作，以期汉奸之根本绝灭。"[⑥] 省府并进一步在各乡镇设立情报站，由乡镇长兼任站长，站以下设若干情报小组，由保甲长兼任情报员。它提出要利用保甲组织"寓兵于农"的特点，以准军队的力量来打击日伪的间谍组织，清除汉奸；同时重在思想上对民众进行防奸的动员。如广东国民公约就有如下内容："（一）不违背三民主义。（二）不违背政府法令。（三）不违背国家民族的利益。（四）不做汉奸和敌国的顺民。（五）不参加汉奸组织。（六）不做敌国和汉奸的官兵。（七）不为敌人和汉奸带路。（八）不替敌人和汉奸探听消息。（九）不替敌人和汉奸工作。（十）不买敌国和汉奸银行发行的钞票。（十一）

---

① 《广东省政府第九届委员会第一百五十五次议事录》（1940 年 8 月 23 日），广东省档案馆：《民国时期广东省政府档案史料选编》（6），第 121 页。

② 《广东省政府第九届委员会第二百一十七次议事录》（1941 年 4 月 1 日），广东省档案馆：《民国时期广东省政府档案史料选编》（7），1988 年，第 2 页。

③ 蒋介石：《推行地方自治之基本义务》。

④ 广东省档案馆藏档，案卷号：5-2-9。

⑤ 王河天：《如火如荼的西江民众动员》，韶关《新华南》第 1 卷第 2、3 期合刊，1939 年 5 月 5 日。

⑥ 《二十七年下半年各县市局保甲工作纲领》，广东省档案馆藏《户口异动、抽验保甲办法计划及报告表、各县保甲概况》，案卷号：3-1-46。

不用敌人的货物。（十二）不卖粮食和一切物品与敌人和汉奸。"[1] 以上这 12 条内容，几乎全部是动员民众对汉奸和伪组织提高警惕和进行预防，这实为反奸的宣传口号。

针对汪伪动员知识青年下乡的问题，国民党内政部也提出了应对策略，其中之一就是要求严密保甲组织："由本部通行各省，转饬所属县市政府，切实依照保甲户口编查办法，整理保甲组织，厉行户口清查，使人必归户，户必归甲，甲必归保，以便侦察检举。"内政部还为此专门拟定了《对奸伪'动员知识青年到农村去'之推断及其对策》[2]，要求各地政府注重实施，并尽力消除汪伪知识青年下乡的影响。广东省府也奉令根据实际情形在这方面做出了应对之举。

如在经费方面，它对于敌后政权给予一定的关照："查区署系县政府辅助机关，与自治机关性质不同，依照中央规定，其经费原应归省库负担，由县自筹向为中央所不准（新县制实施后自当别论）。本年度补助各县自治经费，既经停止，区署经费事实上已不能不由各县自筹。惟在游击县份，因环境关系，收入短绌，自属实情，如区署经费必须自筹，势必无形停顿，为维持敌后政权起见，凡游击区各区署经费，自应一律仍由省库拨支。"[3]

在敌我争夺乡村的斗争中，日伪政权推行的保甲政策，在很多地方实施时只是敷衍，无法真正贯彻下去。一些地方的保甲长敷衍日伪，其目的是为了保全地方不受蹂躏。有学者即曾指出，在"清乡区"，当"清乡"工作人员和日军撤走之后，区乡镇长保甲长很快就成为两面派，将日伪政府的政策法令、规章制度置之高阁，不予理睬；到日伪统治后期，基层社会的军政人员越来越腐败，日本人和伪政权却对其无可奈何，没有能力驾驭。"日伪时期的基层社会行政组织，从

---

① 吴奇伟：《告东江同胞书》，梅县《抗战周刊》第 2 期，1939 年 8 月 13 日。

② 中国第二历史档案馆藏：《对奸伪动员知识青年到农村去之推断及其对策一案》（1945 年 7 月），全宗号十二（2），案卷号 1454。具体内容参见附录六。

③ 《广东省政府第九届委员会第二百二十四次议事录》（1941 年 4 月 25 日），广东省档案馆编：《民国时期广东省政府档案史料选编》（7），第 50 页。白崇禧在安徽也实行过类似的政策，他曾指出，健全乡村基层组织，实行保甲长有给职，是非常必要而切要的，这对"控制敌伪，消灭顺民思想，发挥管教自卫效能，对付敌之怀柔政策与积极加强民众抗战力量"等情事，都是非常重要的。参见《白崇禧关于安徽省保甲组织剥削和危害民众情形致蒋介石电》（1939 年 5 月 10 日），中国第二历史档案馆编：《中华民国史档案资料汇编》，第 5 辑第 2 编，政治（1），第 103 页。

来就不专门服务于一种势力，而是同时服务于抗日政权和日伪政权，即使在清乡区，日伪亦不能如愿以偿地控制农村基层社会。"① 这种说法虽有一定的道理，但这只是问题的一方面。我们还应看到的是，日伪势力曾在中国部分地区统治了八年，并曾控制广东沦陷区约七年。其间它在基层社会的统治虽然受到了抵制和敷衍，但其推行的保甲制度、连保切结还是相当严密的。日伪政权通过强力的"清乡"、建立联防队，乃至于利用间谍猖獗活动等，曾给中国军民的抗日斗争造成了很大的困难。因此，不能低估汪伪的基层保甲政策对抗日战争的破坏性。有时人曾评价说："日本军阀在侵略中国的八年中，在占领区内压迫控制中国人民，得力于保甲制度不少。"② 在战后的1945年年底，参与粤桂两省绥靖会议的六十四军及粤军第一区署甚至认为："抗战八载，一切基层组织尽遭摧残。"③ 我们固不必纠缠于这一说法的可信程度，但国民党基层组织遭受的摧残，自然和日伪的乡村政策相关联。日伪对我国乡村保甲制度的利用，进而强力控制沦陷区的乡村社会，钳制人民的思想、行动，打击我在沦陷区的游击战争等。这些对我抗战事业确曾有一定的影响。而在乡村社会的争夺战中，汪伪势力一度非常嚣张，曾给我方造成了较大的损失。

---

① 潘敏：《江苏日伪基层政权研究（1937-1945）》，上海人民出版社2006年版，第91页。
② 陈虞苏：《农村中的保甲制度》，上海《文汇报》1946年9月9日。
③ 汕头市档案馆藏：《伪市第四、六区公所保长花名册，任免等材料》，案卷号：12-6-677。

结　语

从民国肇造，封建帝制退出历史舞台始，保甲制度虽或明或暗、或强或弱，甚至一度在实施孙中山的方略、发展地方自治的名义下被取代，然而由于国民党政府的统治需要以及其一党独裁的价值取向，决定了保甲制不可能就此退出历史舞台。抗日战争的爆发，为保甲制度的死灰复燃提供了契机。"对于后进国家来说，中央集权体制有利于动员地方的人力与资源，有利于协调各部门各地区之间的关系，达到社会的整合与政治的统一。"[①] 那么，加强保甲制度以强制性的手段来控制基层社会，以致建立人必归户、户必归甲、甲必归保、保必归乡镇的高度集权的战时乡村管理体制，则成为国政府所力求实现的目标。

积极提倡保甲制度的专家黄强曾认为，保甲制度之策划要以"乡人治乡为入手，健全民治为原则；以安定社会为始基，巩固国防为终点"。[②] 这一看法具有普遍性。国民党统治者为因应战时特殊需求，把保甲制度提升到求"国防之巩固，民族之生存"的高度。尽管保甲制度受到了种种质疑和诟病以及来自乡村民众的强烈抵制，但它却并未因此而消弭，反而在新县制的庇护下，以纳于自治、健全基层政权的名义而得到了全面强化。孔飞力曾指出："保甲制度在理论上可以以最小的花费办理。"[③] 与国民党推行保甲制之同时，日伪政权为了以战养战，严控基层的需要，也致力于推进保甲制度。它认识到战争阶段的保甲工作"应披上战时色彩，才能配合时代，协力战争"。[④] 而所谓战时色彩，无非是保甲制度在政治

---

① 马小泉：《国家与社会：清末地方自治与宪政改革》，河南大学出版社 2000 年版，第 123 页。

② 黄强：《中国保甲实验新编》，中正书局 1935 年版，第 321 页。

③ ［美］孔飞力：《中华帝国晚期的叛乱及其敌人——1796—1864 年的军事化与社会机构》，中国社会科学出版社 2002 年版，第 88 页。

④ 广图：《战时保甲人员应办的工作》，广州《保甲周刊》（汪伪）第 3 期，1945 年 3 月 30 日。

方面的武力推进和经济方面的统管统制。

战时广东省的保甲制度，集中反映了国、伪、共三方面基层政权的纠葛，实际内容即包括国民党统治区的保甲制度、日据区汪伪保甲制度，以及沦陷区及国统区共产党基层政权的实际存在和活动。它一方面是抗战时国家强化其对乡村控制的表现；另一方面也与广东自辛亥革命以来的地方紊乱无序以及广大民众强烈要求社会安宁稳定、政府则千方百计想有所作为有很大的关系。国、伪、共三方不同的乡村政策及其相互关系，对广东的抗日战局发展发生了重要的影响。

关于抗战时保甲制度对中国抗战的意义，有学者认为："在中国抗日战争这一特殊的历史时期，保甲组织为政府快速完成战时总动员，及时征兵、征粮，以及组织群众力量反抗日本军国主义的侵略等方面，更是作出了极其重大的贡献。可以说，这一时期的保甲组织，对中国社会所起的积极作用是明显地占主导地位的。"① 也有的学者持另一种观点认为："保甲制的推行，对国民党来说是彻底的失败，不仅没有实现最基本的功利目标——消灭中国的共产主义势力，反而使国民党丧失了改良乡村的最后机会。"② 以上两种评价虽侧重点不同，但对保甲制度的观点显系对立。

笔者认为国民党保甲制度的推进，并不像国民党政府的某些要员及其御用文人所说的那样，是千古以来的良法美意；③ 也不像一些学者所谓的积极作用明显地占主导地位；当然亦不能谓其"仅仅发挥了一些消极的功能，仅仅只是统治民众的工具"。④ 概而言之，抗战时期国民党推行保甲制度用心良苦，对政府有效地集中人力、物力支持中国抗战事业确曾发挥过一定的作用。比如，民众动员的加强与其组织化的开展；一些民意机关的设立，及其对民众生活产生的积极影响；在谍报工作中获取情报及其对敌方的打击；有利于抗战兵源的补给等。它是"小政府在有限的信息约束下控制大国的有效手段"。⑤ 然而，国民党抗战保甲制度的

① 孙宅巍、韩海浪：《现代中国社会基层组织的历史变迁》，《江苏社会科学》2000 年第 4 期。
② 张鸣：《国民党政府的保甲制度在乡村的命运》，中国农村研究网 http://www.ccrs.org.cn。
③ 闻钧天：《中国保甲制度》，商务印书馆 1935 年版，第 458 页。
④ 曾涛：《论保民大会》，《中国农村》第 6 卷第 7 期，1940 年 1 月 1 日。
⑤ 张维迎、邓峰：《信息、激励与连带责任——对中国古代连坐、保甲制度的法和经济学解释》。

推行，无法达到其预定的目的。我们略去民众的厌弃不说，即使就事论事，抗战保甲的开展其自身也有种种明显的缺陷。^①抗战保甲是要在极短的时间内，强硬地集中大量的人力物力，以作战争双方生死存亡博弈的赌注，其间充斥的独断强横，必然会给受制者带来种种不幸和牺牲，因此它遭到广泛地诅咒和唾弃。史景迁在评价清朝的保甲制度时认为："这种法律制度不加区分的把什么人都组织在一起，这就如同将鸡鸭同飞鸟同栏，羊狗与虎豹同圈。就村社中的每一个人而言，最明显的区别就是他们的社会背景各不相同，因此他们之间的互相敌视和猜忌也是显而易见的。如果要想将这样的一群人组合起来，首先就得将属于同一类的人组织在一起，组成互相间的契约关系，即要使他们同心同德。换句话说，就是通过这一纸契约，将他们所有人的力量联合在一起，最大限度的加以充分利用。"^②孔飞力和费孝通也有类似的判断。^③民国时期的保甲制度，无论是国统区抑或沦陷区，保甲的这一基本精神都没有改变，其消极作用也就不言而喻了。就广东而言，综观抗战八年，保甲制度办理的效果不彰，不仅没能达到统治者以之为战争服务的预期，而且给中共领导的抗日斗争造成了一定的困难。民国时期的讨论和今人的研究已对保甲经费与人才等问题有较多的涉及^④，这里仅就学界关注较少或论述不够的地方，做些补充。

第一，在抗战的名义下，地方官员于办理保甲的过程中明目张胆地掠夺地方，并任用豪劣，这引起了地方民众的强烈反感，乃致敌视保甲制度的推行。

保甲制度的推行，最重要的因素一在经费，二在人才。这是统治者普遍的共

---

① 朱德新先生概况河南省办理保甲制度的特点时，指出其缺陷有："声势浩大，却无多大的实际效果"，"保甲公文和表格自上而下地在各级机构'旅行'"，"硬性分期与实际情况脱节"等方面。参见朱德新：《二十世纪三四十年代河南冀东保甲制度研究》，中国社会科学出版社 1994 年版，第 27—30 页。这些表现在广东省兴办保甲的过程中也有一定的相同之处，前文也有分散的叙述，有鉴于此，在此不赘述。

② ［美］史景迁：《"天朝之子"和他的世俗王朝》，朱庆葆等译，远东出版社 2001 年版，第 160 页。

③ 参见［美］孔飞力：《中华帝国晚期的叛乱及其敌人——1796—1864 年的军事化与社会结构》，中国社会科学出版社 2002 年版，第 32 页；费孝通：《乡土重建》，上海观察社 1948 年版，第 50 页。

④ 具体情况可参见费孝通：《基层行政的僵化》、《再论双轨政治》，《乡土中国》，上海观察社 1948 年版；谢增寿：《国民党南京政府保甲制度述论》，《南充师院学报》1984 年第 4 期；王先明、常书红：《晚清保甲制的历史演变与乡村权力结构——国家与社会在乡村社会控制中的关系变化》；张鸣：《国民党政府的保甲制度在乡村的命运》，中国农村研究网 http://www.ccrs.org.cn。

识。① 各个保甲条例对此都有规定，明确要求地方政府保障经费供给，慎选人才，以确保保甲制度的推行能取得良好效果。然而，抗战期间一切政务急办，其特征之一就是经费筹措的困难与优秀人才的难觅。新县制给予县大机构，给予乡镇小编制，并"将后者列入县财政预算，取消了它的独立财政地位，其收入须经县政府核准"，以致造成"国家财政和自治财政也无法区分"。② 广东省政府虽屡屡规定地方要保障保甲经费的供给，但县政府却无法支付，乡镇地方又无力管理财政收支。这种状况甚至造成部分地方行政人员有枵腹从公者。保甲长职繁责重、不胜应付而又权力有限，以致一般民众视保甲长之职为畏途，每退避三舍，即使当选者也推诿塞责，以逃避责任。

地方政府频频以"无力无才"来应对上级对其办理保甲不力的斥责。为此，广东省政府曾明确规定："在县财政分期整理仍不敷用时，可依法在许可之范围内另辟税源，诚能以点滴归公，取之于民，用之于民，即使人民负担增加，亦不至有任何怨言"；至人才问题，如前所述，政府要求地方可以"降格以求"。③ 这一规定没有说明"另辟税源"的范围和人才"降格"到何种程度。这会导致地方官公开刮地皮、任意任用保甲长而不受保甲条例中关于保甲长资格的限制。这样办理保甲的政策在经费和人才问题上才真正出了问题。

1941 年下半年，广东民政厅曾统计过全省自 1936 年到 1941 年上半年废除苛捐杂税的种类及数量。其情况如下表：

---

① 关于经费和人才两者对保甲制度的影响，学界已有较多的论述，在此不再展开。相关研究可参见赵小平：《试论国民党地方自治失败的原因》；曹成建：《20 世纪 40 年代新县制下重庆地方自治的推行及成效》；武乾：《南京国民政府的保甲制度与地方自治》（《法商研究》2001 年第 6 期）；张群：《抗日战争时期广东国统区新县制下乡（镇）基层政权建设》（《广东史志》2002 年第 3 期）等相关文章。即使在民国时期，也有论者详述了保甲经费不能确定、保甲长联保主任变更频仍及没有合适人选给保甲行政带来的绝大影响。参见罗天亚：《保甲与区政》，《行政研究》第 2 卷第 6 期，1937 年 6 月 5 日；吴德馨：《谈保甲经费》，《行政研究》第 2 卷第 8 期，1937 年 8 月 5 日。

② 张静：《基层政权——乡村制度诸问题》，浙江人民出版社 2000 年版，第 29—30 页。

③ 《战地县份实施新县制问题意见》，广东省档案馆藏：《广东省县各级组织纲要实施工作计划进度表》，案号：3-1-33 之一。

广东省历年来裁撤地方苛捐杂税统计①

（二十五年至三十年上半年）

年份	种数	年额（国币元）
总计	6487	4117926
1936	435	1380555
1937	154	620790
1938	4965	892752
1939	118	156538
1940	596	510288
1941	219	557000

此表的统计，一方面固然可以看出统治者为了减轻民众负担而裁撤地方苛捐杂税的"功绩"，如表中显示，1938 年一年居然可以裁撤近五千种捐税；另一方面则恰恰说明地方苛捐杂税的繁细众多，可谓多如牛毛。抗战前陈济棠曾指责地方政府："层层敲吸，非剥至人民体无完肤不止。嗟我小民，何能堪此！我敢说一句，披阅各县市种种杂捐表册而不下泪的，必非人类。"②苛捐杂税繁多的状况，随着抗战的进行势难改变，且流弊甚广。1941 年 8 月，四川就有居民联名上书国民政府行政院，称"苛税百出，假手保甲经收，畸重畸轻，流弊滋甚，财政紊乱，民怨沸腾。……闾阎被其追收之忧，恨之刺骨，畏之如虎"。③这是一个全国性的问题，也是保甲制度本身一时难以解决的困难。

　　关于保甲长的职责，张维迎、邓峰从法律与经济学的角度分析说："一个是报告犯罪情况，一个是公共职能的最低一级的组织者。他们对赋税的征收、公共建设（劳役）的动员、稽查盗贼、道德教化等均负有责任。如果完不成赋税、出现盗贼、劳役不能征满等，保甲长要受连带责任。"继而他们认为，如此繁重的职

---

　　① 《广东政治》第 1 卷第 4 期，1941 年 12 月 15 日。

　　② 《整理与建设要同时并重——在广东省行政会议上的讲话》（1933 年 11 月），《广东西北区绥靖月刊》第 21 期。

　　③ 《四川南川巴县等县民关于乡镇保甲征收派款扰害闾阎呈》（1941 年 8 月 21 日），中国第二历史档案馆编：《中华民国史档案资料汇编》，第 5 辑第 2 编，政治（1），第 131 页。

责和承担连带责任的能力，只有"大户"才能负担如此重任。① 然而，"大户"负担的不仅是责任，他们则要求与其付出代价大致相当的甚至远远超出的收益；战时保甲长的待遇虽然战时有所提高，却仍不足以和其付出形成一个恰当的比例，他们乘机掠取也就不可避免。

一方面是经费上的另"辟税源""点滴归公"；另一方面是人才上的"降格以求"，致保甲长人选多不符合规定。广东省抗战时的这种保甲政策，把地方保甲制度的推行和民众直接的经济负担联系起来。在村民们看来，政府推行保甲就是要钱、要人，其厌弃、抵制之心可想而知。正如程懋型早就警醒地方行政工作人员时说的："一般民众缺乏自治知识，出钱而不知有所监督"，保甲行政人员不负责任，"收款而不知有所限度，驯至流弊所至，漫无标准，予取予求，户有户捐，亩有亩捐，人民愁痛之余，出以怨怼"②。《剑桥中华民国史》的作者也指出："蒋介石很清楚地方政府效能不断下降及其未能博得民众的支持。"③

第二，国民党政府地方官员任职的短期限和升迁的不确定性，不仅造成他们乘机劫掠地方，更使基层政策缺乏连续性和稳定性。

地方官员任期的稳定性及政策的连续性，是地方社会得以发展的一个非常重要的因素。然而据张仲礼统计："19世纪以来，国家最基层的代理人知县的平均任期在1.7—0.9年，在如此之短的任期内，其发挥作用的能力极为有限。"④ 整个民国时期，这一状况并无多大改变，且地方官员升迁乏则。国民党政府以考试来衡量官员任职的资格与政绩的办法，无法得到很好的实施。上级官员多依靠个人好恶和利害关系来安排下级官员的命运。就曲江县来说，其县长几成一年两任，

---

① 张维迎、邓峰：《信息、激励与连带责任——对中国古代连坐、保甲制度的法和经济学解释》。这种看法和孔飞力的说法有某些相似之处，比如他说："在危机时期，官僚们不得不把治安管理甚至征税的责任交给那些能够在农村实行实际权力的代理机构，或者至少允许这些机构承担保甲制度和里甲制度的职责。"参见［美］孔飞力：《中华帝国晚期的叛乱及其敌人——1796—1864年的军事化与社会机构》，中国社会科学出版社2002年版，第96页。

② 程懋型：《现行保甲制度》，中华书局1936年版，第56页。

③ ［美］费正清：《剑桥中华民国史》，中国社会科学出版社1993年版，第400页。

④ 张仲礼：《中国绅士：关于其在19世纪中国社会中的作用的研究》，上海社会科学出版社2002年版，第55页。

"民元至今，县令更迭，凡五十有六焉"①。广东省其他县份的官员任职变动情况见下表：

广东省各县市局长任期及更调原因次数统计②

任期	总计	更调原因次数						
		升调	另有任用	另候任用	辞职	撤职	身故	其他
合计	195	26	29	46	44	18	6	26
未满一年	82	6	16	24	20	12	2	2
一年至二年	68	11	9	16	13	4	1	14
二年至三年	18	6	0	2	5	1	1	3
三年以上	9	1	0	2	4	0	1	1
任期未明	18	2	4	2	2	1	1	6

注：1. 本表任期以 1939 年 1 月现任县市局长到差日起计至 1941 年 6 月底止。
    2. 更动原因次数系 1939 年 1 月至 1941 年 6 月。
    3. 更动原因未明者列入其他栏。

在上表统计的 195 人中，任期未满一年者最多——有 82 人，占总人数的 42.6%，任职在一年至两年期限者有 68 位，占 30.%，任期在两年至三年者有 18 位，占 9.2%，而能任满三年者只有寥寥的 9 人，占 4.6%。在上述统计的人中，能够升迁或者是另有任用的，总计只有 55 人，占总数的 28.2%，余下的多数人要么等待一个毫无期限保障的候用，要么是因种种原因而主动辞职不干，而被撤职的有 18 人，占 9.2%。

由此统计表可以看出，这些县局官员要真正能够保住几年乌纱帽已相当不易，而有希望亨通官场的人更是寥寥无几。大部分人只能是得过且过地在官场搅一趟混水，而后就是无期限地候用或者声誉扫地的辞职归乡。国民党地地方官员任期短，调动、辞免频繁，一方面导致了地方基层行政缺乏稳定性；另一方面则如王奇生所说："县长多怀五日京兆之心，时作挂冠之想。……在这种情况

---

① 《曲江县调查报告》(1941 年 9 月 6 日—1941 年 10 月 27 日)，《广东统计季刊》第 1 期，1941 年 12 月；《曲江县之沿革及环境》，第 1 页，韶关市档案馆藏档，案卷号：1-16-293。
② 《广东统计季刊》第 1 期，1941 年 12 月，第 24 页。

下，怵于来日生活之无着不免想在最短期间之内，以不正当的手段，谋得不正当的收入，以求卸任后能维持较长时期的生活。"① 这就导致了这部分官员在地方上的胡作非为，致使地方穷困，乡民厌官、不信任政府，进而抵制政府保甲政策的推行。

即使一小部分有望升迁的官员，也因为更换一次长官，"荐信三尺，带员数十，赶走一半"，从而造成卸职地和就职地政府官员的大量更换，打破了原来地方官员利益的暂时平衡和地方政策的连续性，直接影响了地方及"国家对乡村社会的控制能力"。②1944 年 5 月，广东省政府机关报《中山日报》不得不承认："过去县级人员更动频繁，进退乏则，几尽随主管好恶而取舍，尤于县长交替之际，动辄大批更换，习为故常，影响新县制推行甚大。"③

第三，抗战时期国家权力下沉，保甲政策的推行由上而下一以贯之，地方行政缺乏民主性和灵活性，同时，乡村社会传统的文化权力网络又同地方政府争夺控制乡村的权力资源，从而造成了保甲行政在地方的推行受到了双重的打压，其发展空间极为有限。

民国保甲制度的重建，是在近代以降地方社会急剧动荡和矛盾特别尖锐的情况下，国家企图强化乡村控制的产物。④ 而抗战时期的保甲制度，则是这种政策在抗战这一特殊社会背景下的继续深入和具体化。一方面，当时保甲制虽然是在自治形式下重建，但实际结果不是地方自治的加强，而是自上而下的政治统治权的强化。费孝通说："保甲制度是把自上而下的政治轨道筑到每家的门前，最近要实行的警官制更把这轨道延长到了门内。"这条政治轨道有国家权威和法律的支持，使得地方基层的保甲制度只能在这条固定的轨道上，沿着政府设计好的路线驾驭着地方的事务，执行着上级机关的命令。如此，国家严密而不许有任何挑战的控制，使地方自下而上的政策反馈渠道，因保甲长的被动受权而不能发挥主

---

① 王奇生：《民国时期县长的群体构成与人事嬗递——以 1927 年至 1949 年长江流域省份为中心》，《历史研究》1999 年第 2 期。

② 贺跃夫：《孙中山的地方自治观与南京政府之实践》，《中山大学学报论丛》1995 年第 5 期。

③ 《确立县级人事制度，严禁随意更调人员》，韶关《中山日报》1944 年 5 月 8 日。

④ 关于这一点，可参见徐勇在《非均衡的中国政治：城市与乡村比较》一书第 292、297—298 页对这一问题的叙述。

动性，地方绅士被排除于政权之外或者受制于政权之中而被垛住了，以此形成了
"单轨政治"和基层行政的僵化。①另一方面，乡村社会因长期的动乱和失控而造
成的政府行政权力的真空，使地方产生了宗族与豪绅等大批权力资源的既得利益
者，他们是不愿意自行退出既得权力的舞台而任由官方摆布的。徐勇谓："统治
者要想完全以军事强力控制的方式，在广阔和分散的乡村社会建立和巩固统治权
威和秩序，是难以办到的。"②关于这一点，王先明、常书红在分析晚清保甲制度
时也指出，保甲组织在乡村的权力，"如果不具备摧毁乡村文化网络和权力网略
的力量，保甲组织就只能接受乡村为其预留的空间"，"封建国家对保甲的设计，
恰恰忽视了乡村社会关系的实际情况，忽视了乡村社会分层的基本特点。它悬空
于乡村社会的天真创意，以卑御尊、以弱御强的倒挂制，付诸实施，几乎必死无
疑"③。萧公权对此持相似的看法：绅士们常常联合抵制保甲编制，企图超越它的
控制，"以至于保甲制在中国的南部无疑地失败了"④。抗战时期的乡村绅士权力
受到了很大的削弱。然而，其长期以来在地方公共事务上的影响及其在乡村的地
位，不可能在短时期内完全失去。这从广东省政府的各种保甲、自治条例中，屡
屡要求地方绅耆奋起担负维护地方自治和自卫工作，并进而为抗日战争做贡献的
实际情况中，就可以看得出来。不甘心受官方摆布的地方绅耆，对政府保甲制度
的推行，无疑起着较大的阻碍作用。国民党政权通过保甲制度来强力贯彻其乡村
政治控制的企图，虽然能够收到某些短期性成效，但却窒息了乡村的生命力，不
仅未能建立起持久稳固的统治权威和秩序，反而激起了包括农民和绅士两个方面
的更强烈反抗。

　　第四，保甲制度作为一种具有连带责任的强制性制度，本质上是一种控制基
层社会的方法。国民党在予与予取之间把握不确——"予取"甚多而"予与"甚
少，结果其保甲制根本得不到广大民众的支持。

---

①　费孝通：《乡土重建》，上海观察社1948年版，第50页。
②　徐勇：《非均衡的中国政治：城市与乡村比较》，中国广播电视出版社1992年版，第302页。
③　王先明、常书红：《晚清保甲制的历史演变与乡村权力结构——国家与社会在乡村社会控制中的关系变化》，《史学月刊》2000年第5期。
④　萧公权：《十九世纪之中国乡村》第60页，转引自王先明：《近代绅士——一个封建阶层的历史命运》，天津人民出版社1997年版，第80页。

程方认为，保甲制度的根本精神，是运用家庭组织的自然方式，根据相友相助的伦理观念，维护社会安宁，协进地方事业。故其制度为庶政措施的下层基点，本身是一种"方法"，而不是一种"目的"①国民党政府抗战时的保甲行政体制绝非民主政治。保甲制度在战时的作用更多的是体现在控制基层社会、动员社会力量、增加战争资源。保甲制度实施的对象是户与人，它力求以这种实施方法从户与人的反应和配合中得到实际的效益。为此战时的政府要求民众在"连带责任"或"共同责任"方面多做贡献，而对于民众自身利益却未能有实质的保障。有学者援引吉登斯的理论，认为现代国家的一个重要基石是行政力量的强化。而行政力量又包括社会活动信息的储存与人们行为的直接监督两方面，民国时期保甲制的强化可能就是为了适应这两方面的需要。②从某种角度言之，包括保甲制在内的"国家政权建设"，确实体现了国民党政权在乡村推行现代化的努力。但由于历史条件的限制，以及当权者对"国家权力"和"政治现代化"的片面理解，最终使中国早期的国家政权建设误入歧途。这首先表现为当国家政权的某些职能迅速增长的同时，人民的民主权益和经济利益却不断削弱。"国家权力"实际上沦为少数既得利益集团实施专制统治的工具。"强化国家权威"的过程逐渐异化为单纯的对广大社会民众强化控制和敛集社会财富的过程……民国时期的国家政权对乡村社会渗透的失败乃至后来政权的全面崩溃，其源正在于此。③

就广东省而言，抗战区的不稳定，沦陷区的广阔④，地方行政官员"迟玩"⑤，皆是广东战时保甲制度推行不力的客观原因。至于广东省民政厅所谓："基层组织尚欠完密，保甲长人选未尽适当，保甲规约及联保连坐仍未切实运用，致流弊所及，组织松懈，领导乏人"⑥。实则是颠倒因果，推脱责任的说法。基层组织不健全，保甲长不得人等，皆是保甲制度本身的问题。这是保甲行政不尽如人意的

---

① 程方：《中国县政概论》，商务印书馆 1939 年版，第 295—296 页。
② 王铭铭：《社区的历程》，天津人民出版社 1997 年版，第 88 页。
③ 孙远东：《现代化进程中的草根行政——中国农村社区治理模式研究》2002 年 5 月，中国乡村网。
④ 广东省档案馆藏：《民政厅代电各县加强保甲组织及各县呈报办理情形》，案号：3-2-69。
⑤ 《灵山县保长集中办公及缘由》（1943 年 4 月 4 日），广东省档案馆藏：《广东各县市局长集中办公办法》，案号：3-3-177。
⑥ 广东省档案馆藏：《民政厅代电各县加强保甲组织及各县呈报办理情形》，案号：3-2-69。

表现，它当然不能成为保甲行政效果不彰的前因。至于李汉魂所说的"地方封建势力浓厚，人民自卫观念淡泊"①，以及蒋介石所指斥中共的破坏等因素影响了保甲行政的推行等，则更是国民党统治者为自己政策做辩护而已，实不足论。中共曾指出，保甲制度的问题绝不是单独的问题，它是全国抗战、团结、进步势力与投降、分裂、倒退势力这两大潮流斗争之总问题的一部分，"是全国政治问题的一部分，是中国革命问题的一部分"。因此，"保甲制度之废除与改革决不能单独获得解决。这一问题的解决，是与全国政治问题——革命问题——分不开的"②。这一论说，不仅突出了中共与国民党在对待保甲制度方面的不同观点，亦揭示了国民党保甲制度推行效果不彰的根本原因之所在。

　　抗战时广东保甲制度推行不力的原因是复杂的。这当中既有落后的、封建色彩浓厚的保甲政策与当代社会发展、时代进步本身格格不入的原因，又与该统治政策不切实际、不恤民力，甚至涸泽而渔的做法相关联，更与敌方在乡村实行针锋相对的政策和不遗余力的破坏有关系。还有一点也是可以肯定的，就是统治者在推行保甲制的过程中，一方面在乡村行政上屡屡犯错，伤害百姓；另一方面又在此问题上遮遮掩掩，甚至逃避责任、嫁祸于人。如此，统治者不仅失信于民，而且更进一步造成乡村民众反抗当局的怒潮暗涌，终至一发不可收拾。同样，汪伪政权推行的保甲制度，也没有超越其固有的单方向的驭民色彩，亦没能突破战前国民党为保甲制度所划定的条条框框，即使其能一时将民众强制约束于基层社会，却不能使民众积极地为其服务。

　　而反观共产党在游击区实施的基层行政政策，则有其自身的建设系统和制度规范。以抗战前共产党在闽西赣南的基层政权建设实践为例，其在组织建设分方面分为两步：一是将原来只下达到县的国家权力机关普及区、乡两级；二是区、乡政权的工作中心在于具体基层的村工作。因此，"国家的意志和政策通过同样构造的各级组织层层落实、层层传递，很容易并且很快地传达和灌输到当时中华苏维埃共和国的普通民众中，实现了最大限度地社会动员，如军事动员、公

　　① 李汉魂：《本省政务在抗战期中所受影响及最近状况和今后设施》1943年7月17日，载广东省政府编译室编印：《战时粤政》，1945年。
　　② 西北研究社编：《保甲制度研究》，西北研究社1941年版，第242页。

债购买、修建河堤水利、组织互助社、发展犁牛社、进行春耕运动、扩大红军等等"。[1]同时，它又"使民众的意见迅速反映到苏维埃来，迅速得到讨论和解决"。[2]由此可见，共产党在乡村的组织动员能力已经远远超过了国民党的保甲制度，其在乡村组织能力的优劣也终使双方势力的对比逐渐有利于共产党方面。

中共这种强大的组织动员能力到抗战时又有所加强。中共边区政权在根据地推行"减租减息"发展生产的经济政策，实施以"三三制"为原则将民众积极性调动起来的政治参与政策，并进行大力宣传民族主义、鼓励民众抵御日本侵略的政治思想工作等。中共通过严密高效的基层政权组织，密切了中共同基层民众的关系，获得了其大力支持，并将其力量有效的动员到抗日战争中来。[3]另外，中共推行的社会教育运动，使根据地民众的民族意识、国家意识、政治参与的热情和能力，以及对中共政权的认同感有了很大的提高，因此，而使中共政权对根据地乡村社会资源实现了有效的控制。[4]

有学者曾概括地认为，与国民党从外部植入新精英而推行自上而下的官僚化保甲制等垂直整合不同，共产党在实现由城市向农村的转移之后，就将社会动员作为国家政权伸入村庄的有效手段。中共认为要实现有效的社会动员，一方面要依赖一个效忠于国家的阶层；另一方面需要有一套有效的动员机制。共产党利用阶级斗争不但找到自己的代理人，而且找到了有效的乡村动员机制。通过阶级斗争，共产党将农民紧紧地团结在自己的周围，从而使原有的地主、富农等旧式地方精英失去了统治村庄的基础；通过互助组、农业合作社、生产队、民兵组织、贫农协会、妇女协会、儿童团等正式的、制度化的、符合形式理性的组织体系，

① 张侃：《从宗族到国家：中国共产党早期的基层政权建设——以1929-1934年的闽西赣南为中心的考察》，《福建论坛》2002年第5期。
② 陈明明：《在革命与现代化之间》，载于陈明明主编：《革命后社会的政治与现代化》，《复旦政治学评论》第1辑，第231页。
③ 黄琨对战时华北地区抗日根据的分析也认为，中共地方党组织在华北形成了党、政、军、民以及群众团体协同合作进行民众动员的局面，将民众有效的动员了起来。而之所以能造成这样的结果，除了中共以民主主义作为号召民众抗日的口号之外，"中共在实践中采取了照顾农民切身利益、扩大政治参与的选举措施，极大地提高了农民抗日的积极性，并整合了他们的力量。军队的纪律和抗日的态度也是影响动员效果的重要因素"。黄琨：《中共在华北的民众动员（1937—1940）》，《中共石家庄市委党校学报》第7卷第10期，2005年10月。
④ 黄正林：《社会教育与抗日根据地的政治动员——以陕甘宁边区为中心》，《中共党史研究》2006年第2期。

形成了"权力的组织网络"。^①这种分析虽超出了对战时保甲制度的分析，但却大体上厘清了中国近代农村问题的解决方向，从而会有助于我们从另一个侧面去透视国民党保甲制的一些问题。

美国政治学者亨廷顿指出："在现代化政治中，农村扮演着关键性的'钟摆'角色"，"如果农村处于反对地位，那么制度和政府都有被推翻的危险。城市的作用是一个常数：它永远是支持反对派的力量根源。农村的作用是个变数：它不是稳定的根源，就是革命的根源。对政治体制来说，城市内的反对派令人头疼但不致命，农村的反抗者才是致命的，得农村者得天下。"^②由此可见，抗战时乡村工作对于战局具有决定性的影响。从上述国共双方乡村组织政策的对比可知，双方势力的消长在抗战时期已经开始发生变化；这种状况在战后更出现了倾斜，国民党的最终溃败首先从乡村开始，也就势在必然了。

---

① 强世功：《法制与治理——国家转型中的法律》，中国政法大学出版社 2003 年版，第 60–63 页。
② ［美］塞缪尔·亨廷顿：《变化社会中的政治秩序》，三联书店 1989 年版，第 266—267 页。

附 录

附录一:《保甲长运用通则草案》[①]

甲 总则

一、保甲长之运用,悉以本通则行之。

二、保甲长之运用系统,为省政府行政督察专员公署、县政府、区署、乡镇公所。

三、保长执行任务时,受乡镇长之指挥监督,甲长执行任务时,受保长之指挥监督。保甲长为推选制,应对推选人负责。

四、保甲长执行任务时,得指挥所辖居民,协力办理;依法应由居民担任工作,应由保长分配督率。

乙 运用原则

五、运用保甲长须有一定之目标。凡责其保甲长办理事项,应择其与民众有切身利害,适合环境需要者;不可理想过高,无补实际。

六、运用保甲长,须有一定之限度,凡责令保甲长办理事项,必须简而易行者;如非保甲长力所能胜任事项,不得强其办理。

七、运用保甲长,须有一定之分际。指挥人员,应顾虑其身份,尊重其人

---

① 周中一:《保甲研究》,独立出版社 1941 年版,第 214—219 页。

格；不得令服不适宜之劳役。

八、运用保甲长，须有一定之程序。凡责令保甲长办理事项，应酌量性质，分别缓急、先后、次第举办；不可同时并举，使穷于应付。

丙　运用范围

九、保甲长对于地方自治及政府委办事项，凡经乡镇长饬办者，均有遵行义务，其工作分经常、中心、临时三种。

十、经常工作，左列各项均属之：

1. 保甲之编组整理事项；

2. 户口之查报登记事项；

3. 国民教育之督导事项；

4. 合作事业推广事项；

5. 造产事业之发展事项；

6. 仓储事业之促进事项；

7. 壮丁之编练调遣事项；

8. 汉奸盗匪之检举搜捕事项；

9. 保民大会、保务大会、户长会议，甲居民会议之召集指导事项；

10. 与宪兵、警察及国民兵之联系事项；

十一、中心工作：由乡镇公所于每年度开始前，在不妨碍经常工作进展之原则下，选择适合需要者，呈经县政府核定施行，但至多不得超过三次。

十二、临时工作：凡不属于经常和中心工作之临时发生事项均属之。除特别重要有提前赶办之必要者外，应以不妨碍经常及中心工作之进行为原则。

十三、上年度中心工作，有赓续办理之必要者，得列入下年度中心工作内；有永久办理之必要者，得列入经常工作内；上年度临时工作，有赓续办理之必要者，得于下半年度继续办理，其重要者，得列入下半年度中心工作内，有永久办理之必要者，得列入经常工作内。

十四、各保得就环境需要与不违背政令与善良风俗及不妨碍经常、中心工作进行之原则下，指定保民公约，呈经乡镇公所核准实施。其办法另订之。

前次保民公约所规定事项，至多不得超过三项，其有效期间为一年，期满得另行改订；如有赓续办理必要者，得列入下年度公约内，或另订专条，永久遵守。

十五、保甲长执行任务时，由乡镇长督促指导，并按月派员分赴各保考核成绩；必要时，由县政府或区署派员考核之。

十六、凡责成保甲长遵办之临时事项，应由县政府令饬该管乡镇长统筹支配，全体各机关团体，不得直接指挥，但经乡镇长之同意者，不在此限。

前次临时事项，经各级行政机关查核与运用原则不合者，应停止或暂缓施行。

十七、保长每月应集中乡镇公所办公一次，甲长每旬应集中保办公处一次，其办法另订之。

十八、各县政府为加强保甲长及居民工作效能起见，必要时对于重要禁令，得呈经省政府核准，令各甲居民，互相联保，并责成该管保甲长负责联保；如甲内居民有违反规定事情，联保人失于检举，应予连坐处分，审判官吏徇情故纵者亦同。其办法另订之。

前次联保所担保之事项，至多不得超过三项，其有效期间不得逾一年；如有继续延长之必要时，应呈经省政府核准。

十九、保甲长经选定后，非有特殊理由呈经乡镇长核准，不得避不任职；经乡镇长指定应办事项，不得藉故延搁。

二十、保甲长在执行任务时，如有受人侮辱或强暴胁迫等情事，得声叙事实，呈由乡镇长转呈县政府核办。

二十一、保甲内居民有不服保甲长指挥情事，得由保甲长呈请乡镇长处罚；保甲长有滥用职权或违法舞弊情事，居民亦得向乡镇公所举发。

二十二、保甲长因执行任务受奖惩抚恤，须经乡镇长查明核办，各机关团体，或其所派指导人员，不得直接办理。其办法另订之。

戊 附则

二十三、保甲长因执行任务所必须之费用，应由原机关支拨；不得责令自筹或垫付；保甲长亦不得藉故向居民需索摊派。

二十四、保甲长对本乡镇保以外，概不行文，必要时应呈由乡镇保长核转。

乡镇长对保长，保长对于甲长行文，均用令；甲长对保长，保长对乡镇长行文，用呈或报告；保长对同乡镇内各保甲长，对同保内各甲行文，均用函，对所辖居民，均用通告，担其拘束力与命令同。

二十五、本通则之实施细则及各种关系章则，由省政府拟定，并咨内政部备案。

二十六、本通则自公布之日施行。

附录二：《广东省各县区总动员视导保甲暂行办法》①

一、广东省政府为切实整顿保甲，藉利政令推进起见，特订定本办法，举行总动员视导保甲，由各县分区组织保甲视导团（以下简称视导团）办理之。

二、视导团由区长、区自治协助员征集本区左列人员组成之：

（一）区署全体职员；（二）校长教职员私塾教师高年级学生；（三）国民兵团队部全体职员；（四）各乡镇长联保主任；（五）警察所警察，分驻所警察，派出所职员；（六）区内声誉素著人士。

三、视导团应于每乡镇设若干组，每组团员至少五人，并就中指定一人为组长。

四、视导团出发日期由县政府另以命令定之，限十日内完竣，组长员均为义务职，但得酌支伙食。

前项伙食费，由县府先行开列预算，呈准在地方款项下支给。

五、视导团出发前三日，应由区长召集视导团各组长员，依左列所定事项，分别详予指示。直属县政府之乡镇，由县政府第一科分别召集之。

（一）保甲编组：

甲．是否合法（注意以十进制编余之数）。

乙．户口是否确实（注意复户）。

丙．图表册是否符合规定（注意《修正广东省编办保甲章程实行办法》第十四条规定者）。

（二）保甲长人选：

---

① 广东省档案馆藏档，案卷号：2-2-74。

甲．有无识字办事能力，品行操守如何。

乙．选用是否合法（注意有无轮充顶替）。

丙．有无不良嗜好。

（三）联保连坐切结：

甲．是否完备。

乙．是否出于本意。

丙．是否明了意义。

丁．曾否实行连坐。

（四）门牌：

甲．是否完整。

乙．有无遗漏编订。

丙．有无毁失、字迹不清。

（五）保甲规约：

甲．是否依法制订，具报公布。

乙．是否适合地方环境。

丙．曾否实行。

丁．居民是否了解规约内容及订约意义。

（六）户口清册：

甲．各保甲是否有存一份。

乙．保甲略图是否完备。

丙．每月户口异动底册是否更正，偶有违误期限是否按照规定处罚。

丁．乡镇户口清册与保甲之户口清册是否符合。

戊．填载是否合法。

己．人口是否确实。

（七）壮丁编组：

甲．名册是否齐全。

乙．凡十八岁以上四十五岁以下之男子是否一概列入名册。

丙．曾否受过训练，有无流弊。

丁．集合有无困难。

（八）烟民登记：

甲．各保有无名册。

乙．名册是否确定（注意真姓假名）。

丙．登记有无遗漏。

丁．领照是否合法（注意年龄及贫富）。

戊．勒戒后有无复吸。

己．一烟照有无两人共用。

庚．有无利用烟照开设烟馆。

（九）枪支烙印：

1、册照是否齐全确实，并注意下列各点：

甲．有照无枪者。

乙．有枪无照者。

丙．枪照不符者。

丁．号码不符者。

2、子弹有无增减。

右列九项三十六目由组长安目填表报告，区署各视导员均应签名连带负责。统限于出发后十五日以前，由区汇齐呈报县政府派员按表抽查，转报专员公署呈报省政府，如有不符不实，区长区自治协助员以贻误公务议处。

六、本办法本省各县市局通用之。

七、本办法施行日期以命令定之。

附录三：广东省各县推行建保年工作纲领[①]

一、省政府为普遍健全保基层组织给农村保政治、经济、文化、警卫各项事务，以促进地方自治起见，订定本纲领，推行建保年。

二、实行建保年之范围暂以实施新县制之县份及韶关市为限。

三、建保年以三十二年七月为开始实行时期，至三十三年六月整一年为限，所有一切建保工作统限于期内完成之。

四、在建保年推行之前两个月为准备期间（即三十二年五六两个月），所有建保年应准备事项，应于期内赶速办理之。

五、建保年未开始之前，各乡镇公所组织有未臻健全及有未举办之事业，足为建保推行之障碍者，应赶速办理完成，至各保组织并应预为指导改善，其未成立保办事处者，尤应先赶速成立，以期建保年开始后，工作推行之便利。

六、推行建保年应体察地方人民智识水准，集合层级人力尽量运用宣传督导方式，唤起民众参加建设工作，以期达到建保完成之目的。

七、建保年执行机关为县政府、区署、乡镇公所及保办公处。

八、保甲工作应由各行政区专员公署主管科长、视察县政府主管科长、县指导员、各区区长、区指导员、各乡镇长及股主任干事层级负督导检核之责。

九、前项督导及检核之方式如左：

甲．经常督检：由各乡镇长及股主任干事负责按月分赴各保督导其工作之推进，其指导员、区长、区指导员均应巡回，前赴全乡镇督导，并抽查各保工作，各按月填具建保督检工作月报表，呈报县政府备查，月报表式另订之。

乙．分期督检：由县政府指派人员及主管科长、县指导员（各县已设有督导

---

① 广东省档案馆藏档，案卷号：3-2-72。

队者，并由该队协同办理），于建保年开始，分赴各区会同区长、区指导员前赴各乡镇指导其工作之进展，并于建保年将界结束时分，赴各乡镇举行普遍检阅。各均应编造总报告书，呈由县长转呈该管区专员，查核各区专员公署应于建保年开始两个月后，指派人员及主管科长视察，会同前赴各县视察督导并抽查各乡镇之建保工作，于建保年结束后，再赴各县举行普遍检阅，均应分别编造总报告书，报由专员转呈省政府查核。总报告书编制要点另订之。

十、建保年以保为单位，分别办理左列事项，其细目另表定之。

甲．充实保办公处设备。

乙．健全保办公处人事。

丙．确定保办公处经费概算。

丁．开展保政治、经济、文化、警卫各项业务。

十一、前次所定保办公处人事，及各项业务依照乡镇组织暂行条例之规定，及完成地方自治实施方案所列条件保应办之重要事项为标准。

十二、建保工作各县得就地方情形，将建保年分为四期，拟定分期推进表以为实施准则。在二十九、三十两年度实施新县制县份，其保组织及事业已有相当成绩者，并得将进度提前完成之。

十三、各县为推行建保必要时得酌查地方情形，择定乡镇设置该乡镇建保协进会，协助各该乡镇所属各保推进建保工作，协进会以乡镇长，中心学校校长，农林场合作社，卫生所各主管人员及各保热心公益绅士为委员组成之，但以不支薪金为原则，并指导乡镇长为主任委员，协进会组织章程由县政府订之。

十四、建保年之宣传工作，应由县政府会同县党部、督饬所属区署（或县指导员）、乡镇公所及保办公处各职员，各级学校教职员、学生、各协进会委员，各级区党部、各政工队等深入乡村举行之。其方式如左：

甲．口头宣传，个别谈话，家庭访问及集会演讲。

乙．文字宣传，布告、标语、漫画及特刊。

十五、各县在准备期间，应分县乡镇两级举行讲习，其方法如左：

甲．县讲习会在县政府举行，县长、秘书、科长、县中学校长、区长、区指导员、乡镇中学校长及各乡镇协进会委员（可派代表一人）均应出席。时间三日为标准，讲习材料应着重工作目标、范围要点，推行方法程序及注意事项。

乙．乡镇讲习会在乡镇公所举行，乡镇中心学校校长、乡镇公所主任干事均应出席，时间以一日为限，讲习材料应照县讲习事项，但应力求切合实际及着重推行方法，并邀请建保协进会委员列席商讨。

丙．保以下不设讲习会，应由保长召集保民大会传习之。

十六、各项负责推行建保工作人员，应由基层考核其成绩，分别予以奖惩，其考核方法如左：

甲．乡镇保长及所属职员等应由县指导员、各区区长考核，就推行建保工作成绩拟具意见，送由县长核定行之，并呈报该管专员公署备查。

乙．县政府各主管科长、县指导员、区长、区指导员等应由县长考核其推行建保工作成绩，拟具拟具意见送呈该管专员核定行之，并呈报省政府备案。

丙．县长推行建保之成绩，应由该管专员核查，拟具意见，呈请省政府核定，列为该县长总考察成绩之一，其有特殊劳绩或特别怠玩者，得由专员呈由省政府专案奖惩之。

丁．党团及其他不属前项各机关管辖之参加工作人员，应由县政府列具事实，拟具意见，呈由该管专员（或转呈省政府）函请其主管机关行之。

十七、建保经费以左列原则办理：

甲．行政费以不另支经费为原则，但各县因增派人员，加强督导工作及召开讲习会必要之公旅费暨各乡镇协进会必须之办公费，应由县政府统筹规定，其数额由自治户捐本年改订捐率后增加之收入或预备金项下拨支，仍先编造概算呈核。

乙．事业经费以下列方法筹集之：

（子）经常事业得由（1）清理共有产款之增加收入；（2）造产之收益（似乡镇造产实施细则之规定）；（3）神当神会寺庙之孳息等筹拨之。

（丑）生产事业得组织合作社向银行请求贷款行之，或向殷户暂时借垫，在事业收益项下拨还之。

（寅）临时事业必要之经费得经保民大会之决议，向殷户捐募，或鼓励人民自动报效劳力或另订征工、征料办法行之。

十八、建保年各保办公处经费应由各县体察地方情形，在自治户捐本年改订捐率后所增加之收入项下统筹，尽量增拨，惟最低度不得少于最近修正保办公处编制及经费预算标准表之推定。

十九、建保经费之支出，应于建保年结束后，检备单拨，呈报核销，并公布周知。

二十、建保督检人员不得接受地方招待供应及金钱物品之馈赠，违背依法严惩。

附录四：《中共中央关于保甲长指示》①
——中共秘密文件之四

（一）根据许多材料在国民党统治区内，共产党党员取得下层各种行政机构公务在职人员（保甲长区长到县府科员直到县长）之地位，还有许多可能。因此各级党必须认真辅助和培养一部分党员尤其是知识分子党员，使之能取得上述各级公务人员之地位。同时并须教育党员慎重在管教养卫合一的条件之下，共产党员在下层行政机构中，工作是有重大的作用和意义，对许多可能取得公务员地位，而不愿做此工作的同志应加以耐心说服和教育。

（二）过去经验之证明，很多共产党员在上述行政机构中，工作多半很快的遭受破获，产生重要原因，在左倾幼稚错误，例如：（甲）不知本身地位大做轰烈的救亡运动。（己）学习陕地作风，抛弃国民党的一般行政人员的地位，或与下级人员或民众居民打成一片。（丙）代领应得薪俸送给别人。（丁）随便批评政府或对政府法令乱发牢骚。（戊）不愿或不会敷衍或适合下级人员，不愿或不会团结同级人员或地方绅士。

（三）对兵役和民运与一般的管教养上，工作做得太好，特别突出而与众不同，同时地方党部或一部分同志，不愿重视这一工作，或者主要公务人员同志提出许多过分的要求和不应执行的任务，也是引起破获的主要原因。这些共产党员公务人员地位的丧失，对党和革命是严重的损失。

（四）共产党员为保持在公务人员的持久，必须严格遵守下列工作方法：（子）奉公守法，执行政府法令，不作政府法令以外的事，不作同级政府机关或同级公务人员一般不作的事。（丑）善于应付上级，取得上级信任（寅）善于团结同级人员及地方士绅，取得各方好感。（卯）善于保护民众利益，但须限于一定程度范

---

① 广东省档案馆藏档，案卷号：1-4-26。

围，不作自己政府以外的事，以免暴露政治面目，不作与别人相差太远的事，以免引上或妒忌。（辰）不贪污，不腐化，但生活习惯应适合某级公务人员之身份，不标新立异，同时，必须使县、区、村级地方党部及公务员同认真懂得共产党员面目，公开参政使重根本目的，（按原文似有语病）既不是为了今天在这里去实现党的纲领口号，又不是为了今天在那里照自己主张去解决民众痛苦，而是为了切实掌握这些公开的权力，并藉这些合法地位掩护而建立起与团结各阶层广大群众的密切关系。

（五）当政府顽固反共法令（如逮捕某地区内共产党员）时，共产党员的公务人员，不应直接出面表示反对，而应秘密设法使共产党员得以避免逮捕，当政府颁布违反民众利益法令时，应与乡中策动当地士绅及民众团体提出抗议或交涉，自己以个人立场，出面取得各方面的好感或信任。

（六）为使公务员地位不致丧失起见，地方党部应允许现有共产党员公务人员一律加入国民党或三青团，当入团入党时，不必表示迟疑态度，以免引起怀疑，同时加入党入团一般的，在须填反共表及反共宣誓时，可照例举行于国民党或三青团，因发现某同志为共产党党员，而以此要挟或逼迫自首时，则应严肃拒绝填写任何文件、作任何反共表文，已经暴露无法继续其职务之共产党员，即时迅速撤退，以免被捕被害。

（七）公务人员照例遭受国民党或三青团训练，方能取得信任，因此，我们公务人员同志，应自动参加受训，根据过去经验党有益于自己，因此，干部应乐于受党考察。

（八）审查干部机关应尽可能从一个人的材料去发现另一个人的材料，但是对于每个需要查明的材料，切务悬案不决，必须彻底查清，使干部安心，使主管机关易于分配工作。

（九）干部调动调出的机关，须有正确的鉴定与正式的介绍，未经介绍而自跑的人，在未正式介绍以前，不应分配他重要工作。

（十）干部部门工作的干部，需要符合工作任务的数量，而且必经过考验与审查清楚的忠实可靠的干部，又必须坚守党的原则，而不是感情用事的干部一般的不要调动他的工作，使他们积累工作经验，他们的工作的决定必须经过党的常委或政治部的通过，并报中央分局，总政治部，中央书记处。

（十一）审查与管理干部的工作，应统归各级干部科员负责，游击区各级党政民学及地方武装的干部的审查，统一于地方党干部科，军队干部的审查统一于政治部干部科，干部科应根据自己审查干部的结果，向党的党委和政治部调出调动核备干部的意见，党委及政治部应尊重干部科所提出的意见。

（十二）干部科应总结审查记备干部的经验，并写成书面材料，一方面向上级报告；另一方面，用以训练管理干部工作的工作人员，干部科中应有专人负责干部的登记与统计工作。

（十三）愈是熟悉当地党历史与社会情况，则愈能正确的鉴定干部，因此，从省委区党委到中央应当有计划的搜集下列材料：（1）各省党的历史及负责干部。（2）全国各个监狱及法院劳动营的情况。（3）各反省院与非常的社会团体及劳动局。（4）各地国民党反共防共的情况，西西复兴及日本特务机关，托派分子，各该叛徒活动的情况，收上述材料继续送中央组织部以便汇编专报材料，便于全党审查干部。

附录五：《广东省各县户口异动查报暂行办法》①

一、本办法依据《修正广东省编办保甲章程实施办法》第十三项之规定订定之。

二、凡本省各县户口之异动，足以影响户口数目之增减时，悉照本办法之规定查报。

三、在各县保甲编组完竣，举办户口异动查报之始，应按照户口清册所列户数，举行人口复查。造具户口登记簿，簿内详注户长及其家属暨同居者之姓名、性别、年龄出生年月日、籍贯、职业、教育程度、婚姻状况等项。以为查报异动之依据。户籍登记簿式样如附件一。

四、户口异动之查报暂分为左列四类：（一）出生（二）死亡，（三）迁入，（四）徙出。关于婚姻、认领、收养、继承及雇佣等项，归入迁入类查报。离婚、死亡、宣告（失踪）及退雇等项，归入徙出类查报；分居一项，应于迁入、徙出两项同时查报。

五、户籍登记由乡镇长督同保甲长查报，举办时得酌请当地学校教职员，及年长之学生协助之。户口异动由户长报由甲长保长，递报乡镇长办理。乡镇长保甲长并应随时指导督促各户长，报告户口异动事宜。

六、户籍登记簿及户口异动登记簿应各造一份，保存于乡镇公所，遇有乡镇长交代，应分别点交，妥为保管。

七、户长或其代理人，于该户发生异动时，应以口头或填具户口异动报告书，报告本甲甲长，其报告之方法及期限如左：

（一）报告出生者，应叙明婴孩之姓名、性别出生年月日、与户长之关系，及

---

① 《广东省各县户口异动查报暂行办法》（1937年年底），《户口异动、抽验保甲办法计划及报告表，各县保甲概况》，广东省档案馆藏档，案卷号：3-1-46。

其父母之姓名等项，于出生后三日内报告之。

（二）报告死亡者，应叙明死亡者之姓名、性别、年龄、死亡日期、死亡之原因，及与户长之关系等项，于死亡后之三日内报告之。

（三）报告迁入者，应叙明迁入人之姓名、性别、年龄及出生年月日、籍贯、职业、教育程度、婚姻状况、迁入原因、迁入日期，及以前住址等项，于迁入后两日之内报告之。

（四）报告徙出者，应叙明徙出人之姓名，徙出日期、徙出原因及徙往地点等项，于徙出前一日报告之。户口异动报告书式样如附件二、三、四、五。

八、甲长据户长报告，经审核确无错误后，应即分别注明于户口清册备考栏内，并于户口异动报告书签名盖章，随时送达本保保长，如户长系口头报告，应由甲长代填报告书，如甲长不谙书写时，得将异动实事，报由保长代为填写，但仍须亲自加盖印章，以照核实，同时须依照下列方法处理之：

（一）如系户长死亡，应令该户即行指定新户长，并饬于互保切结及保甲规约内改署新户长之姓名，及户口清册内改正之。

（二）如系新户迁入，应即饬该户户长加盟保甲规约，同时加入互保，共同出具切结，并顺序填注于户口清册。

（三）如系全户迁出，应于保甲规约互保切结及户口清册内注销该户长之姓名，并应分别通告加内各户。

九、保长接到各甲长户口异动报告书，经审核确无错漏后，应即分别注明于户口清册备考栏内，并就原报告书签名盖章，于每半个月汇报乡镇公所一次，汇报日期为每月十八日，及下月之三日，并以下列方法处理之：

（一）如系户长死亡，应协同甲长办理新户长之签盟及互保事宜，并于户口清册内改正之。

（二）如系新户迁入，应即指导办理加盟保甲规约及户保事宜，并顺序填注于户口清册。

（三）如系全户迁出，应于保甲盟约及互保切结除名，并于户籍清册内注销之。

十、乡镇长接到保长缴到之户口异动报告书，经审核确无错漏后，应即照下列方法处理之：

（一）依据报告书，分类登记于乡镇户口异动登记簿，簿籍式样如附件六、七、八、九。

（二）编造乡镇户口异动统计表，表式如附件十。

（三）如系出生报告书，应于该户户籍登记表内，顺序添注婴儿之姓名、性别、出生年月日、与户长之关系及婴儿父母之姓名。

（四）如系死亡报告书，应于该户户籍登记表内，以红笔注销死亡者姓名，并于附记栏内注明死亡原因，及死亡日期，倘系户长之死亡，应令饬保甲长指导该户即行指定新户长，改编户籍，并于保甲规约及互保切结内改署新户长之姓名。

（五）如系迁入报告书，应于该户户籍登记表内分别添注迁入者之姓名、性别、年龄及出生年月日、籍贯、教育程度、婚姻状况、职业，与户长之身份关系，并于附记栏内注名迁入原因、迁入日期。其有全户迁入或新立一户者，应另造户籍登记表，并令饬保甲长指导新户长加盟保甲规约，同时加入互保，共同出具切结。

（六）如系徙出报告书，应于该户户籍登记表内，分别注销徙出者之姓名，并于附记栏内注明徙出原因、徙往地点、及徙出日期。其系全户徙出者，除于原户籍表内分别注明外，并以红笔在该表之上端注明"注销"字样，同时于该保甲规约及互保切结内注销该户户长之姓名。

十一、区署接到乡镇长索报告统计表，经审核确无错漏后，应即按月汇编该区户口异动统计表，于月之七日以前，呈送县政府，并须随时核查各乡镇所办户口异动事项有无错误。

十二、县政府接到各区户口异动统计表后，应即汇造全县户口异动统计表，于下月十五日以前分呈民政厅及行政督察专员公署，并须随时派员分赴各乡镇抽查检验。

十三、户长对于户口异动应行报告事项，如延不报告，或报告不实，经察觉警告而犹不补报更正者，除勒令仍照规定报告登记外，并应依据《修正广东省编办保甲章程》第十六条之规定处罚。

十四、乡镇保甲长办理户口异动查报，如有怠忽情事，准用《修正广东省编办保甲章程》第十八条之规定惩处。

十五、关于查报户口异动之书表清册等件，均由县政府印制，分别颁发应用，其经费由县政府开列预算，于自治经费项下支给。（二十六年度开办费准在地方款预备费项下拨支）

十六、本办法自呈奉省政府核准之日施行。

附录六:《对奸伪"动员知识青年到农村去"之推断及其对策》①

查原总结参照大纲系奸伪检讨《动员知识青年到农村去》工作进行情形各地组织与活动所提示之注意要点。执此可知,奸伪现正普遍发动是项工作,至其内容及实际活动情形,尚无具体之资料可供研究。对策之依据只能就奸伪一贯之策略与过去之作风及目前社会情形作概要之推断,并以之拟定一般对策。

一、奸伪可能活动情形之推断:

(一)发动知识青年(当以学生及小学教员为主要)普遍深入各地进行争取知识青年与煽动农工群众。

(二)活动地区不仅限于农村,当包括区、城、市镇。

(三)争取对象为低级公务员、小学教师、学生、各业小职员、在野军人、会党分子、失意分子、事业失学青年、游闲青年,以及土匪与地痞。

(四)运用各种政治社会关系取得公开之掩护(例如混充各机关团体职员、乡镇自治人员、小学教师、店员、执业律师业务,及各种社会服务集团人员等)各就公开开之职务或地位向所在地之知识青年展开争取活动。

(五)利用一般知识青年对求学、就业,及生活等方面之苦闷,对粮政、役政之弊端,及目前政治上种种贪污非法现象社会病态等不满情绪,投机取巧,作煽动性与麻醉性之宣传,加深其对政治、经济、社会之怨懑,以离间一般青年与政府间之情感,增加并扩大我推行政令、安定社会之阻力,更进而引诱吸收为其工具。

(六)利用土匪、流氓、地痞为其扰乱社会治安破坏政府法纪之潜伏力量,与设法利用会党组织为其阻挠政治、武断乡曲、操纵选举之工具。

---

① 中国第二历史档案馆藏:《对奸伪动员知识青年到农村去之推断及其对策一案》(1945年7月),全宗号十二(2),案卷号1454。

（七）深入农村后，除争取知识青年外，必更从事于各种破坏工作（如策动已被诱惑之分子利用各种机会尽量向机关、团体、学校等进攻、捣乱）以操纵选举，斗渠政权等（如策动可供利用之分子，竞选乡镇保甲长，各级民意机关代表及人民团体职员等）。

（八）暑期间将有更多人员下乡（奸伪学生回乡或寄居同学家中或参加各种青年活动等）作更广泛之活动。

二、我方应有之对策：

（一）改善现状，使奸伪无可乘之机会。

1. 根绝贪污、澄清吏治，彻底改善粮政役政，对于一切贪污案件，应认真查究，从严惩处，使奸伪无所藉口，青年不感不满。

2. 纠正社会病态，取缔奢侈淫佚生活，并加重征收利用战时发国难财者之所得税，以平青年公教人员及贫苦民众之积愤。

3. 严禁乡镇保甲人员向地方人民摊派捐款，以杜一切流弊。

4. 切实革除政府机关积习，并提高公务员待遇安定其生活，俾能增进行政效能，实现清廉政治，以转移知识青年及一般民众之观感。

5. 积极改进教育设施及整饬学校内容，并改善教职员待遇，以便利青年求学与安定小学教师生活使其思想意志不致发生动摇。

6. 设法救济事业及失学青年（如办理职业介绍及升学救济等事项，各省各级训练机关尤应加紧征收中小学校毕业学生予以就业训练，令其担任地方工作）以接触知识青年之苦闷。

7. 彻底肃清各地土匪，以消灭可供奸伪利用之潜伏力量。

8. 严密取缔或设法改进各地会党组织，澄清会党分子不致为奸伪利用。

9. 积极兴办或改进农村福利及救恤事业（如推行合作、稳定物价，以减少人民剥削，废除苛杂，革除征收机关积弊，以减轻人民负担。增筹并整理共有款产，积极办理救灾、恤贫等业）使人民各得其所，各遂其生。

（二）严密防范使奸伪无可入虚隙。

1. 由各地党政军（各级党团部、县市政府机关、乡镇公所、保甲长、各级保国民兵队及当地驻军等）密切配合作严密广泛之防范。

2. 密令各级机关、学校、公私团体、社会团体、各工商行业等，对现有各级职员、教员、学生、工友、店员等全部加以秘密清查，务使奸伪潜伏。对新进入人员必须严密考查，务使奸伪混入，并随时注意其生活言行。

3. 严密保甲组织、联保连坐运用，使奸伪无地隐藏。

4. 各级警察机关督同乡镇保甲人员严密注意管区内青年学生及游闲青年、流氓、地痞之活动（尤其在暑假期内）。

5. 中等以上学校当局应会同各地主管政府于暑假前秘密通知各学生家长，注意其子弟之交游及言行。

6. 由党团双方合组特种行动队，秘密深入农村侦察并破坏奸伪之组织，监视其行动，制止其发展。

7. 认真办理奸伪自首，凡知识青年受奸伪诱惑者，应设法促其觉悟（应由其教师、家长等负训导之责）向当地党团部或主管政府自首，从自首以后，应予以有待并保护。

8. 侦察奸伪活动，应注意左列各点（针对原总结参照大纲）。

a. 奸伪进行准备工作之情形如何，应用何种方法予以打击。

b. 奸伪对各种出身不同之青年（公务员、店员、小学教员等）采用何种不同之方法加以煽动与诱惑，我方应如何分别予以抵制。

c. 当地或其他各地是否已发现有奸伪分子从事活动，其活动之结果如何。

d. 奸伪活动遇有困难时适用何种伎俩掩护回避，反之我方应采取方法继续予以打击。

e. 当地有何弱点（包括政治、经济等种种方面）可能为奸伪利用，应用何种方法予以补救。

f. 当地有许人可能容易被奸伪引诱利用（应特别注意知识青年）应如何加以防范。

g. 当地党政军对于防范工作是否已再配合行进，各级干部人员对于防范工作是否一致认真努力。

h. 当地民众组织保甲组织及各级关团体、学校等是否组织健全严密，不致为奸伪所乘。其补救之方法如何（应根据实际情形详加分析）。

i. 对于防范与肃清奸伪之工作，应如何加强改进。

（三）开展我方工作与奸伪积极斗争，以粉碎其阴谋。

1. 各地党政军协同一致在统一指挥之下分工合作，动员忠实干练之知识青年，普遍深入各地（奸伪可能去之一切地区）作有组织、有计划之各种服务。

2. 加速训练青年干部深入农村工作，由中央党部团部于各地设立青年干部训练分校，挑选刻苦耐劳陈毅勇敢之优秀青年施以严格训练，令其担任基层骨干。

3. 普遍发动党员、团员，深入民间服务，并寓宣传组训于服务之中，尽量介绍知识青年自治干部及优秀农民、工人入党入团，以巩固与充实我方力量。

4. 由教育部制颁全国中等以学校学生组织暑期农村服务团办法，由各级学校训导学生巡回农村服务，负联络知识青年宣传组训民众之责。

5. 切实整理完成各地人民团体、社会团体、职业团体及国民兵队，以加强民众组组训，并须有团员干部加入活动，尤须取得领导地位。

6. 各工作人员在服务活动中，应注意左列事项：

a. 妥善运用时机作政令及政府艰苦抗战、积极改革政治、整饬贪污、改善人民生活等宣传，并揭破奸伪诱惑青年、勾结敌人阻挠抗战、破坏统一建国等阴谋及其罪行（切忌有形式之宣传）。

b. 必须热忱勤恳，切忌官场习气，并须与当地各级机关切取联系。

7. 各级主管机关及地方基层机构对政权知识青年与组训民众、宣传政令等应有精密之计划与妥适之行动，以资与以上各县服务工作密切之配合。

8. 加强对奸伪之文字宣传。应将奸伪自抗战以来阴谋捣乱祸国殃民之种种罪行用极恳挚、极生动之文字描写成册，普遍散布于民间，使一般知识青年、各界民众能彻底明了其真相，不致为其蒙蔽，并引起敌忾同仇之心理（关于此种工作，应由党团部负责办理）。

主要参考文献

一、档案材料与资料丛编

中国第二历史档案馆藏：国民政府内政部档案全宗：十二（1－6）。

中国第二历史档案馆藏：汪伪国民政府内政部档案全宗：二○○五、二一○。

广东省档案馆藏：广东省政府档案（2全宗）及广东省民政厅档案（3全宗）。

广东省档案馆馆藏：广州市保甲编查委员会印发《保甲长须知》（汪伪），政类376。

广东省档案馆馆藏：广东省政府编译室编印《战时粤政》（1945年9月），案卷号：2-2-440。

广东省档案馆藏：《地政局关于各县完成新县制促进地方自治实行办法（1943—1944年）》，案卷号：14-2-2。

广东省档案馆馆藏：《广东省实施新县制重要事项报告、各级组织纲要、实施计划及工作进度表；职员名单和推行新县制座谈会》（之一、二），案卷号：32-2-3。

广东省档案馆藏：《广东、江西实施新县制报告书》（1940---1943年），案卷号：32-2-35。

广东省档案馆藏：《灵山、云浮、高要县实施新县制各乡镇保办法，实施新县制各项工作，报告各乡镇调整概括及灵山县交通图》（1941年），案卷号：32-2-33。

广东省档案馆藏档：《广东省政概况》（1942年）。案卷号：汪伪6。

广州市档案馆藏：024 号资政类，042 号民政类。

韶关市档案馆藏档：《各县市局办理联保连坐切结情形》，案卷号：1-12-47。

韶关市档案馆藏档：《有关征兵及保甲调整来往文书》，案卷号：1-15-50。

韶关市档案馆藏档：《有关实施各级纲要及举办示范乡镇计划，各县市"保民"大会训令及往来文书》，案卷号：1-16-180，290、191。

韶关市档案馆藏档：《曲江之沿革及环境》，案卷号：1-16-293。

汕头市档案馆藏档：《伪广东省政府有关各县推行建保工作纲领成立各级民意机关步骤等材料》，案卷号：1-1-16。

汕头市档案馆藏：《伪市四、五公所保长名册，选举保长副保长等材料》，案卷号：12-6-676。

广东民政厅编印：《广东全省地方纪要》，1934 年。

广东军事政治学校编：《广东省地方自治工作概况汇编》，1934 年。

林翼中：《广东省地方自治概况》，广东省民政厅编印，1935 年。

广东全省高中以上员生战时乡村服务指导委员会印发：《广东全省高中以上员生战时乡村服务团工作方案》，1938 年印。

章有义编：《中国近代农业史资料》（第 3 辑，1927—1937），三联书店，1957 年。

中国人民政治协商会议广东省委员会文史资料研究委员会、中国科学院广州哲学社会科学研究所中国近代史研究组：《有关陈炯明资料》，1965 年 9 月，内部发行。

秦孝仪主编：《中华民国史料丛编：抗战建国六周年纪念丛刊》，台北中央文物供应社，1976 年。

秦孝仪主编：《革命文献》（第 71 辑），《抗战前国家建设史料——内政方面》，台北中央文物供应社，1977 年。

广州市政协学习和文史资料委员会、广州市地方志编纂委员会办公室编：《广州文史》，广东人民出版社，1979 年。

魏宏运主编，郭彬蔚、金普森副主编：《中国现代史资料选编》（4·抗日战争时期），黑龙江人民出版社，1981年。

中国社会科学院经济研究所中国现代经济史组编：《第一、二次国内革命战争时期土地斗争史料选编》，人民出版社1981年。

（美）包华德主编，沈自敏译：中华民国史资料丛稿（译稿）《民国名人传记辞典》第4分册，中华书局，1983年。

中国人民政治协商会议广东省广州市委员会文史资料研究委员会编：《广州百年大事记》（下），广东人民出版社，1984年。

广东省档案馆编：《东江纵队史料》，广东人民出版社，1984年。

广东省档案馆资料丛刊：《陈济棠研究史料（1928-1936）》，1985年印。

琼崖武装斗争史办公室编：《琼崖纵队史料》，广东人民出版社，1986年。

中共广东省委党史资料征集委员会、中共广东省海南行政区委员会党史办公室编：《琼崖抗日斗争资料选编》，1986年。

广州市政协文史资料研究委员会编：《南天岁月——陈济棠主粤时期见闻实录》，广东人民出版社，1987年。

广州市人民政府参事室编：《广州八年抗战记》，1987年。

中央档案馆、广东省档案馆编：《广东革命历史文件汇集》，1987年。

广东省档案馆编：《民国时期广东省政府档案史料选编》，1988年。

中国第二历史档案馆编：《汪伪国民政府公报》，江苏古籍出版社，1991年。

中国第二历史档案馆编：《汪伪政府行政院会议记录》，档案出版社，1992年。

费正、李作民、张家骧：《抗战时期的伪政权》，河南人民出版社，1993年。

中国第二历史档案馆编：《国民党政府政治制度档案史料选编》，安徽教育出版，1994年。

中共汕头市委党史研究室、中共梅州市委党史研究室编著：《韩江纵队史料》，广东人民出版社，1995年。

中央档案馆、中国第二历史档案馆、吉林省社会科学院合编：《日汪的清乡》，中华书局，1995年。

广州市地方志编撰委员会办公室等编译：《近代广州口岸经济社会概况——

粤海关报告汇集》，暨南大学出版社，1996 年。

季啸风、沈友益主编：《中华民国史史料外编》（71），广西师范大学出版社，1996 年。

章伯锋、庄建平主编，中国社会科学院近代史研究所、中国史学会编：《抗日战争》（第三卷，政治），四川大学出版社，1997 年。

中国第二历史档案馆编：《中华民国史档案资料汇编》（第五辑，第二编），江苏古籍出版社，1998 年。

马金科：《早期香港史研究资料选辑》（下册），三联书店（香港）有限公司出版发行，1998 年。

徐有威、（英）贝思飞主编：《洋票与绑匪——外国人眼中的民国社会》，上海古籍出版社，1998 年。

中共广东省委党史研究室编，李淼祥、官丽珍主编：《华南抗战号角——〈新华南〉》，广东人民出版社，1999 年。

中央档案馆编：《伪满洲国的统治与内幕——伪满官员供述》，中华书局，2000 年。

罗屏：《民国广东大事记》，羊城晚报出版社，2002 年

广州市地方志办公室编：《广州近现代大事典（1840—2000）》，广州出版社，2003 年。

徐秀丽编：《中国近代乡村自治法规选编》，中华书局，2004 年。

何国强主编，陈运飘、马建春副主编：《粤东凤凰山区文化研究调查报告》，香港国际炎黄文化出版社，2004 年。

张中华主编：《日本侵略广东档案史料选编》，中国档案出版社，2005 年。

《广东农民运动报告》，《解放前的中国社会》，《华南农村危机研究》，《广东省政府公报》，《广州市政府公报》（汪伪）、《广东文史资料》、《广东党史资料》、《广州文史资料》等。

二、地方志

道光《佛山忠义乡志》、民国《顺德县志》、民国《顺德龙江乡志》、民国《潮连乡志》、民国《茶山乡志》、民国《番禺县古坝乡志》、民国《番禺河南小志》、民国《阳江县志》、民国《开平县志》、民国《新修大埔县志》、民国《清远县志》、民国《龙门县志》、民国《连山县志》、民国《电白县新志稿》、中华民国《新修丰顺县志》等。

三、杂志

《东方杂志》，《中国农村》，广东《地方行政》，广东《农村丛刊》，《广东统计季刊》，《广东政治》，广州《汗血周刊》，中山《自治月刊》，《南海县政月报》，《广东党务月刊》，广东《第一军月刊》，《广东西北区绥靖月刊》，广州《保甲周刊》（汪伪），广州《警政月刊》（汪伪），《广东一月间》，广州《抗战农村》，广州《抗战行动》，广东《抗战周刊》，《广东行政》，《广东党务》，广州《抗日青年》，广州《抗日旬报》，《粤政简报》，广东《地方行政》，《广东兵役》，广东《自治导报》，广州《抗日路线》，《战时南路》，曲江《地方干部》，广西《抗战时代》，广西《基层建设》，重庆《农学月刊》，南京《行政研究》，南京《地方自治》，江西《地方行政周刊》，《三民主义半月刊》等。

四、报刊

《申报》，《中央日报》，《大公报》，《益世报》，《新华日报》，《广东群报》，上海《民国日报》，广州《国华报》，《广州民国日报》，广州《中山日报》，广州《大光报》，广州《广东迅报》，广州《公正报》，香港《华商报》，《香港华字日报》，韶关《中山日报》，韶关《大光报》，韶关《建国日报》，韶关《新华南》，梅县《中山日报》等。

五、中文著作

陈高傭：《抗战与保甲运动》，商务印书馆，1937 年。

陈端志：《抗战与民众训练》，商务印书馆，1937 年。

陈翰笙：《解放前的地主与农民——华南农村危机研究》，中国社会科学出版社，1984 年。

陈志让：《军绅政权——近代中国的军阀时期》，三联书店，1980 年。

陈柏心：《中国县制改造》，国民图书出版社，1942 年。

陈之迈：《中国政府》，（第 2、3 册），商务印书馆，1945、1946 年。

陈那波等著：《乡村的终结——南景村 60 年变迁历程》，广东人民出版社，2010 年。

程建型：《剿匪区地方行政制度》，中华书局，1936 年。

程懋型：《现行保甲制度》，中华书局，1936 年。

程才：《中国县政概论》，商务印书馆，1939 年。

丛翰香主编：《近代冀鲁豫乡村》，中国社会科学出版社，1995 年。

第四路军政训处编印：《雪耻与兵役》，第四路军政训处印发，1938 年。

丁旭光：《近代中国地方自治研究》，广州出版社，1993 年。

丁旭光：《孙中山与近代广东社会》，广东人民出版社，1999 年。

丁身尊主编：《广东民国史》（上、下），广东人民出版社，2004 年。

董修甲编著：《中国地方自治问题》（上册），商务印书馆，1936 年。

房学嘉：《围不住的围龙屋——粤东古镇松口的社会变迁》，花城出版社，2002 年。

傅伯言、汤乐毅、陈小清著：《中国村官》，南方日报出版社，2001 年。

高亨庸编著：《保甲长之任务》，正中书局，1947 年。

葛剑雄主编、侯杨方著：《中国人口史》第 6 卷（1910-1953 年），复旦大学出版社，2001 年。

顾复：《农村社会学》，商务印书馆，1936 年。

黄永伟：《地方自治理论与实施》，南京拔提书店，1935 年。

黄强：《中国保甲实验新编》，中正书局，1935 年。

黄伦：《地方行政论》，正中书局，1942 年。

黄振位：《中共广东党史概论》，广东高教出版社，1994 年。

贺跃夫：《晚清绅士与近代中国社会变迁——兼与日本士族比较》，广东人民出版社，1994 年。

何炳贤：《地方自治问题》，北新书局，1930 年。

何怀宏：《选举社会及其终结——秦汉晚清历史的一种社会学阐释》，读书·生活·新知三联书店，1998 年。

何文平：《盗匪问题与清末民初广东社会（1875－1927）》，中山大学 2002 年博士论文（未刊稿）。

胡春惠：《民初地方主义与联省自治》，中国社会科学出版社，2001 年。

胡次威：《国民党反动统治时期的"新县制"》，载《文史资料选辑》第 29 辑，中国文史出版社，1995 年。

蒋祖缘、方志钦主编：《简明广东史》，广东人民出版社，1993 年。

江沛、王先明主编：《近代华北区域社会史研究》，天津古籍出版社，2005 年。

孔庆榕主编：《碧血烽火铸国魂》，广东人民出版社，1995 年。（美）孔飞力著，谢亮生、杨品泉、谢思炜译：《中华帝国晚期的叛乱及其敌人》，中国社会科学出版社，2002 年。

郎擎霄：《保甲运动之理论与实际》，广东民政厅编辑兼发行，1929 年。

劳格文、科大卫：《中国乡村与墟镇神圣空间的建构》，社会科学文献出版社，2014 年。

雷家宏：《中国古代的乡里生活》，商务印书馆国际有限公司，1997 年。

冷隽：《地方自治述要》，正中书局，1935 年。

李剑农：《最近三十年中国政治史》，太平洋书店，1933 年。

李宗黄：《地方自治之理论与实际》，正中书局，1941 年。

李宗黄：《现行保甲制度》，中华书局，1945 年。

李西潭：《中山先生主权在民理论之研究》，台北中正书局，1991 年。

李德芳：《民国乡村自治问题研究》，人民出版社，2001 年。

李浈：《花开梦怀》，汕头大学出版社，2004 年。

黎文辉：《中国地方自治之实际与理论》，商务印书馆，1935 年。

梁漱溟著，黄克剑、王欣编：《梁漱溟集》，群言出版社，1996 年。

林家有：《孙中山与中国近代化道路研究》，广东教育出版社，1999 年。

刘岱总主编、杜正胜主编，中国文化论社会篇：《吾土与吾民》，台北经联出版事业公司印行，1982 年。

刘泱泱：《近代湖南社会变迁》，湖南人民出版社，1998 年。

刘劲峰：《赣南宗族社会与道教文化研究》，国际客家学会、法国远东学院、海外华人资料研究中心，2000 年。

刘大可：《闽西武北的村落文化》，国际客家学会、海外华人资料研究中心、法国远东学院，2002 年。

刘平：《被遗忘的战争——咸丰同治年间广东土客大械斗研究》，商务印书馆，2003 年。

罗一星：《明清佛山经济发展与社会变迁》，广东人民出版社，1994 年。

罗志渊：《地方自治的理论体系》，商务印书馆，1970 年。

罗威廉著、李里峰译：《红雨：一个中国县域七个世纪的暴力史》，中国人民大学出版社，2014 年。

吕復：《比较地方自治论》，商务印书馆，1943 年。

马若孟著，史建云译：《中国农民经济》，江苏人民出版社，1999 年。

马小泉：《国家与社会：清末地方自治与宪政改革》，河南大学出版社，2001 年。

南开大学近代中国研究中心、南开大学历史学院编：《近代中国社会、政治与思潮》，天津人民出版社，2000 年。

欧初：《少年心事要天知——抗战时期回忆录》，广东人民出版社，1999 年。

潘敏：《江苏日伪基层政权研究（1937-1945）》，上海人民出版社，2006 年。

彭泽湘：《抗战与民主》，抗战行动社，1938 年。

钱端升、萨师炯等合著：《民国政制史》（下册），商务印书馆，1945 年。

强世功：《法制与治理：国家转型中的法律》，中国政法大学出版社，2003 年。

乔志强主编、行龙副主编：《近代华北农村社会变迁》，人民出版社，1998 年。

瞿同祖：《中国法律与中国社会》，中华书局，1981 年。

瞿同祖：《清代地方政府》，法律出版社，2003 年。

冉绵惠、李慧宇：《民国时期保甲制度研究》，四川大学出版社，2005 年。

沙东迅：《粤海近代史谭》，华南理工大学出版社，1989 年。

尚傅道：《非常时期之地方行政》，中华书局，1937 年。

唐孝刚：《非常时期之地方自治》（中国新论社非常时期丛书），中华书局，1937 年。

唐力行主编：《国家、地方、民众的互动与社会变迁》，商务印书馆，2004 年。

汤水清：《传统与现代之间：中南乡村社会改造研究（1949-1953）》，科学文献出版社，2014 年。

王亚南：《中国官僚政治研究》，生活书店，1948 年。

王春生：《区域政治视角下的乡村治理——珠三角农村村制变迁及基层民主政治建设研究》，华中师范大学 2001 年博士论文（未刊稿）。

王先明：《近代绅士——一个封建阶层的历史命运》，天津人民出版社，1997 年。

王先明：《中国近代社会文化史论》，人民出版社，2000 年。

王先明：《变动时代的乡绅——乡绅与乡村社会结构变迁（1901-1945）》，人民出版社，2009 年。

王奇生：《党员、党权与党争——1924-1949 年中国国民党的组织形态》，上海书店出版社，2003 年。

王铁：《中国东南的宗族与宗谱》，汉语大词典出版社，2002 年。

王瑞芳：《土地制度变动与中国乡村社会变革：以新中国成立初期土改运动为中心的考察》，社会科学文献出版社，2010 年。

汪士杰：《乡里制度考略》，商务印书馆，1944 年。

汪熙、[美]魏斐德编：《中国现代化问题——一个多方位的历史探索》，复旦大学出版社，1994 年。

闻钧天：《中国保甲制度》，商务印书馆，1935年。

吴顾毓：《县保甲户口编查办法诠释》，商务印书馆，1943年。

吴晗、费孝通等著：《皇权与绅权》，上海观察社，1948年。

吴相湘：《晏阳初传——为全球乡村改造奋斗六十年》，岳麓书社，2001年。

西北研究社编：《保甲制度研究》，西北研究社出版，1941年。

萧文哲：《行政效率研究》，商务印书馆，1942年。

肖自力：《陈济棠》，广东人民出版社，2002年。

肖如平：《民国时期保学在江西推行的历史考察》江西师范大学2003年硕士论文（未刊稿）。

熊培云：《一个村庄里的中国》，新星出版社，2011年。

（清）徐栋辑：《保甲书》。

徐德邻：《地方自治理论与实施》，会文堂新汇书局，1933年。

徐则骧：《抗战与民众组织》，商务印书馆，1937年。

徐以扬：《政治动员之原则与条件》，抗战杂志图书出版社，1938年。

徐勇：《非均衡的中国政治：城市与乡村比较》，中国广播电视出版社，1992年。

徐矛：《中华民国政治制度史》，上海人民出版社，1992年。

徐有礼等编：《30年代皖西乡村建设模式研究》，中州古籍出版社，1999年。

徐茂明：《江南士绅与江南社会（1368－1911年)》，商务印书馆，2004年。

许崇灏：《中国政制概要》，商务印书馆，1943年。

薛暮桥：《战时乡村工作》，新知书店，1938年。

言心哲：《农村社会学概论》，中华书局，1939年。

杨国安：《明清两湖地区基层组织与乡村社会研究》，武汉大学出版社，2004年。

杨红运、王先明：《复而不兴：战前江苏省保甲制度研究（1927-1937)》，山西人民出版社，2013年。

叶木青：《中国保甲制度之发展与运用》，世界书局，1936年。

由黎：《怎样对付伪组织》，中山文化教育馆，1938年。

恽逸群：《抗战与农民》，五洲书报社，1937年。

于建嵘：《岳村政治：转型期中国乡村政治机构的变迁》，商务印书馆，2001年。

曾庆榴：《广州国民政府》，广东人民出版社，1996年。

左双文：《华南抗战史稿》，广东高等教育出版社，2004年。

张俊显：《新县制之研究》，台北正中书局印行，1988年。

郑振满：《明清福建家族组织与社会变迁》，湖南人民出版社，1992年。

张厚安等主编：《中国农村基层建制的历史演变》，四川人民出版社，1992年。

张静如、卞查英主编：《国民政府统治时期中国社会之变迁》，中国人民大学出版社，1993年。

张静：《基层政权——乡村制度诸问题》，浙江人民出版社，2000年。

张研：《清代社会的慢变量》，山西人民出版社，2000年。

张仲礼：《中国绅士——关于其在十九世纪中国社会中作用的研究》，上海社会科学院出版社，2002年。

张宏业，《训政时期的地方自治》，广益书局，1929年。

张鸣：《乡村社会权力和文化结构的变迁（1903-1953）》，陕西人民出版社，2008年。

赵秀玲：《中国乡里制度》，中国社会科学文献出版社，1998年。

郑大华：《民国乡村建设运动》，社会科学文献出版社，2000年。

郑泽隆：《李汉魂与广东抗日战争研究（1935－1945）》，中山大学2001年博士论文（未刊稿）。

中华文化复兴运动推行委员会、中国近代现代史论集编辑委员会编：《中国近代现代史论集》第26编：对日战争（下），台北商务印书馆，1986年。

中国社会科学院科研局组织编选：《陈翰笙集》，中国社会科学出版社，2002年。

钟卓安：《陈济棠》，广东地图出版社、暨南大学出版社，1999年。

周中一：《保甲研究》，独立出版社，1947。

周兴樑：《孙中山的伟大思想与革命实践》，广东高等教育出版社，1998 年。

周成：《山西地方自治纲要》，上海泰东图书局，1925 年。

周建新等著：《民间文化与乡土社会——粤东梅县五大墟镇考察研究》，花城出版社，2002 年。

周大鸣：《当代华南的宗族与社会》，黑龙江人民出版社，2003 年。

周锡瑞著、史金金等译：《叶：百年动荡中的一个中国家庭》，山西人民出版社，2014 年。

朱德新：《二十世纪三四十年代河南冀东保甲制度研究》，中国社会科学出版社，1994 年。

六、中文译著

［英］贝思飞著，徐有威、李俊杰等译：《民国时期的土匪》，海人民出版社，1992 年。

［美］杜赞奇著、王福明译：《文化、权利与国家——1900－1942 年的华北农村》，江苏人民出版社，1996 年。（美）费正清、费维恺编：《剑桥中华民国史》，中国社会科学出版社，1993 年。

［美］费正清著，张理京译：《美国与中国》，世界知识出版社，1999 年。

冯尔康：《18 世纪以来中国家族的现代转向》，上海人民出版社，2005 年。

［美］黄宗智：《华北的小农经济与社会变迁》，中华书局，2004 年。

［美］明恩溥著，午晴、唐军译：《中国乡村生活》，时事出版社，1998 年。

［美］莫里斯·弗里德曼著，刘晓春译，王铭铭校：《中国东南的宗族组织》，上海书店出版社，2000 年。

［日］织田万撰，李秀清、王沛点校：《清国行政法》，中国政法大学出版社，2003 年。

［美］魏菲德著，王小荷译：《大门口的陌生人》，中国社会科学出版社，2002 年。

七、外文著作

Kulp, D. H, *Country Life in South China.* The Sociology of Familinm. New York Teacher College, Columbia University, 1925.

Yang, C. K. *A Chinese Village in Early Communist Transition,*M. J. T. Press, 1959.

Hsiao Kung-Chuan:*Rural China:Imperial Control in the Nineteenth Century,* Washington:University of Washington Press, 1960.

Ping-ti Ho:*The Ladder of Success in Imperial China,*Columbia University Press, 1962.

Evelyn S. Rawski:*Agricultural Change and the Peasant Economy of South China,* Cambridge, Mass:Harvard University Press, 1972.

John H. Boyle, *China and Japan at War,1937 —1945 :The Politics of Collaboration* , tanford:Stanford University Press, 1972.

Gerald E. Bunker, *The Peace Conspracy:Wang Ching-Wei and the China War ,1937 —1941,* Cambridge, MA:Harvard University Press , 1972.

Joels. Migdal, *Peasants,Politics,and Revolution:Pressures toward Political and Social Chang in the Third World,* London. Princeton University press, 1974.

Hugh D. R. Baker, *Chinese Family and Kinship,Macmillan* :London, 1979.

Robert Marks, *Rural Revolution in South China :Peasants and the Making of History in Haif eng County ,1570 —1930 ,*Madison:University of Wisconsin Press, 1984.

James Scott, Weapons of the Weak:*Everyday Forms of Peasant Resistance,* New Haven:Yale University Press, 1985.

Rubie S. Watson:*Inequality among brothers:Class and Kinship in South China,* Cambridge:Cambridge University Press, 1985.

Mary Backus Rankin:*Elite Activism and Political Transformation in China:Zhejiang Province,1865-1911,* Stanford, California:Stanford University Press, 1986.

P. Steven Sangren, *History and Magical Power in a Chinese Community,* Stanford, California: Stanford University Press, 1987.

Susan Mann: Local Merchants and the Chinese Bureaucracy, 1750-1950, Taipei, Taiwan: SMS PUBLISHING INC, 1987.

Little, Daniel. *Understanding Peasant China: Case Studies in the Philosophy of Social Science,* New Haven; London: Yale University Press, 1989.

Siu, Helen F., *Agents and Victims in South China: Accomplices in Rural Revolution,* New Haven: Yale University Press, 1989.

Joseph Esherich and Mary Rankin (eds.), *Chinese Local Elites and Patterns of Dominace,* University of California Press. 1990.

Edward Friedman, Paul G. Pickowicz, Mark Selden with Kay Ann Johnson: *Chinese Village, Socialist State,* Yale University Press, 1991.

David Faure and Helen Siu (eds.), *Down to Earth: The Territorial Bond in South China,* Stanford University Press, 1995.

Myron L. Cohen: *Kinship, contract, community, and state: anthropological perspectives on China,* Stanford, California: Stanford University Press, 2005.

Geil Hershatter, *The Gender of memory, Rural Women and China's Collective Past,* University of California Press, 2011.

Tong Lam, *A Passion for Facts: Social Surveys and the Construction of the Chinese Nation-State, 1900-1949,* University of California Press, 2011.

Janet Y. Chen, *Guilty of Indigence: The Urban Poor in China, 1900-1953,* Princeton University Press, 2012.

Kin-ming Liu Edit, *My First Trip to China: Diplomats and Journalists Reflect on their First Encounters with China,* East Slope Publishing Limited, 2012.

后 记

本书的写作和修改历经十余年。我也从一个孜孜以求的研究生而成为一位谨小慎微的大学教员。一路走来，感悟颇多，但觉坐实持平与静气平心乃为学之道、立身之本。感谢我的师友们，和他们的切磋、争论中，我逐渐形成自己的学术研究领域；感谢我的同事们，与他们共事时，我方有集体归属感和心灵归依。我的全部幸运都来自旧雨新知的接纳包容、家人亲属的关怀呵护。

在学术道路上，必须要感谢我的师友们，他们是周兴樑教授、李吉奎教授、林家有教授、邱捷教授、桑兵教授、吴义雄教授、赵立彬教授、关晓红教授、程美宝教授、刘志伟教授、曹天忠教授、敖光旭教授、孙宏云教授、谷小水教授、何文平教授、陈金龙教授、张晓辉教授、霍新宾教授、肖自力教授、江中孝教授。还要多多感谢在学术会议中、在聊天问学中指教甚多的李红岩教授、任贵祥教授、李仲明教授、房德邻教授、杨奎松教授、李细珠教授、陈红民教授、张济顺教授、陈进金教授、肖如平教授、魏鸿运教授、胡永恒博士、魏兵兵博士，以及美国哈佛大学宋怡明教授、欧立德教授、柯伟林教授、傅高义教授、麦克法夸尔教授、孙晓苏博士，斯坦福大学的郭岱君教授、林孝庭教授、陈明述教授和哈佛大学费正清中国研究中心 FUNG 图书馆馆长 NACY 女士。

在人生道路上，我为自己能碰到一大群友善可爱的同事而万分欣喜，我也要感谢他们给予的无私信任和爱护，他们是李萍教授、郑永廷教授、李辉教授、郭文亮教授、钟明华教授、林滨教授、吴育林教授、吴炜教授、孟庆顺教授、袁洪亮教授、周全华教授、王丽荣教授、詹小美教授、刘燕教授、夏银平教授、谭毅副教授、朱跃副教授、柳媛副教授、胡雪莲副教授、张龙林副教授、贺希荣老师、薛蓉副教授、李文珍副教授、古南永副教授、龙柏林副教授、李安勇副教授、袁清瑞副教授、黄寿松副教授、童建军副教授、胡晓坤副教授、胡莹副教授、罗嗣亮副教授、万欣荣副教授、陈淑琼、李珍、林钊、雷传平老师，等等。信手拈来，挂一漏万，希望表达我全部的感谢；衷心感谢章幸愉先生关心关照和不厌指教。

十年来，我经历了人生中最大的悲痛——双亲先后病故。每念及此，则于夜深人静，黄卷孤灯之下，掷笔掩面，不能自己；也经历了人生中最大的乐事——结婚生女。我的爱人张琰琰女士，虽未曾直接为本书补苴罅漏，但她的支持、督促和以身作则乃是我平心静气继续我学术人生的动力。女儿沈格方开心成长，落落大方，让我感受生命之动人。

本书涉及问题较多，史料庞杂，诸多内容尚需进一步论述。著作疏漏、谬误之处，至祈诸位师友惠予指正。刍荛之献，以待来者。

沈成飞

2015 年 3 月

责任编辑:林　敏
封面设计:徐　晖

图书在版编目(CIP)数据

抗战时期的广东保甲制度/沈成飞 著. –北京:人民出版社,2015.10
ISBN 978–7–01–015043–7

Ⅰ.①抗…　Ⅱ.①沈…　Ⅲ.①地方政府–政治制度–研究–广东省–1937~
　1945　Ⅳ.①D693.62

中国版本图书馆 CIP 数据核字(2015)第 155172 号

抗战时期的广东保甲制度
KANGZHAN SHIQI DE GUANGDONG BAOJIA ZHIDU

沈成飞　著

人民出版社 出版发行
(100706　北京市东城区隆福寺街 99 号)

北京市大兴县新魏印刷厂印刷　新华书店经销

2015 年 10 月第 1 版　2015 年 10 月北京第 1 次印刷
开本:710 毫米×1000 毫米 1/16　印张:22.5
字数:300 千字

ISBN 978–7–01–015043–7　定价:55.00 元

邮购地址 100706　北京市东城区隆福寺街 99 号
人民东方图书销售中心　电话 (010)65250042　65289539